टीवी पत्रकारिता पुस्तक-माला 2

ख़बरें विस्तार से

लेखक : डॉ. श्याम कश्यप • मुकेश कुमार

राजकमल प्रकाशन
नयी दिल्ली इलाहाबाद पटना

मूल्य : ₹ 995

पहला संस्करण : 2008

प्रकाशक : राजकमल प्रकाशन प्रा.लि.
1-बी, नेताजी सुभाष मार्ग, दरियागंज
नई दिल्ली-110 002

शाखाएँ : अशोक राजपथ, साइंस कॉलेज के सामने, पटना-800 006
पहली मंजिल, दरबारी बिल्डिंग, महात्मा गांधी मार्ग, इलाहाबाद-211 001

वेबसाइट : www.rajkamalprakashan.com
ई-मेल : info@rajkamalprakashan.com

मुद्रक : बी.के. ऑफ़सेट
नवीन शाहदरा, दिल्ली-110 032

आवरण व भीतरी सज्जा : नरेन्द्र श्रीवास्तव

KHABREIN VISTAR SE (Part II)
by Dr. Shyam Kashyap & Mukesh Kumar

ISBN : 978-81-267-1460-5

श्रृंखला के बारे में

भारत इस समय एक तरह की समाचार क्रांति से गुज़र रहा है। न्यूज़ चैनलों की बाढ़ आई हुई है। हर तरफ कैमरे नज़र आ रहे हैं और टीवी पत्रकार ख़बरों का पीछा करते दिख रहे हैं। टीवी ने मध्यवर्गीय समाज का रूपांतरण इस अंदाज़ में कर दिया है कि टीवी न्यूज़ उसकी दैनिक ख़ुराक का हिस्सा बन गई है। इससे प्रेम करे या घृणा, मगर अब इसके बिना वह रह नहीं पाता है। उसकी तमाम चर्चाओं में कहीं न कहीं से टीवी समाचार आ ही जाते हैं। यह इस बात का प्रमाण है कि वह इनसे किस हद तक प्रभावित है। टीवी न्यूज़ के इस क्रांतिकारी विस्तार के साथ-साथ टेलीविज़न पत्रकारिता के प्रशिक्षण संस्थानों की भी बाढ़ आई है। इन संस्थानों की बहुत ही महत्त्वपूर्ण भूमिका इस अर्थ में रही है कि इन्होंने टीवी न्यूज़ के इस तेज़ विस्तार को पत्रकार उपलब्ध करवाकर सहयोग किया है। लेकिन यह सच्चाई भी किसी से छिपी हुई नहीं है कि ज़्यादातर संस्थानों में प्रशिक्षण की समुचित व्यवस्था नहीं है।

जहाँ तक विश्वविद्यालयों और उनमें थोक के भाव से खुल रहे पत्रकारिता और जनसंचार विभागों का सवाल है, तो एकाध अपवाद को छोड़कर, वे ज़्यादातर 'सेल्फ-फाइनेंसिंग स्कीम' के तहत चल रहे हैं। इस तरह वे हज़ारों और लाखों में फीस की मोटी रकमें वसूलने वाली दुकानों की तरह हैं। 'फेकल्टी' का हाल यह है कि ज़्यादातर विभाग 'गेस्ट फेकल्टी' के बल पर चल रहे हैं। अगर इन विभागों में इक्का-दुक्का स्थायी नियुक्तियाँ होती भी हैं, तो अधिकांश शिक्षक ऐसे होते हैं, जिनका व्यावहारिक पत्रकारिता से कोई लेना-देना ही नहीं रहा। प्रिंट पत्रकारिता की पढ़ाई तो फिर भी किसी तरह से इधर-उधर की कुछ किताबों के बल पर खिंच जाती है, लेकिन टेलीविज़न पत्रकारिता के नाम पर मामला बिलकुल गोल नज़र आता है। शिक्षक ज़्यादातर ऐसे होते हैं जिन्होंने न कभी कैमरा हैंडल किया, न कभी किसी टेलीविज़न स्टूडियो के दर्शन किए। पाठ्य सामग्री के नाम पर कुछ भी नहीं है। विश्वविद्यालय अनुदान आयोग (यूजीसी) के अंतर्गत पाठ्यक्रम तैयार करने वाले भी ज़्यादातर उसी श्रेणी में आते हैं, जिनका व्यावहारिक ज्ञान लगभग शून्य होता है। नतीजतन, ऐसे पाठ्यक्रम तैयार होते हैं, जिनकी उपयोगिता टेलीविज़न पत्रकारिता की व्यावहारिक दुनिया में बिलकुल सिफ़र होती है। विश्वविद्यालयों के ऐसे विभागों से आनेवाले प्रशिक्षु पत्रकारों को कुछ सिखाने से पहले सीखे हुए को भूलने की हिदायत दी जाती है।

प्रशिक्षण सामग्री का न होना उससे भी बड़ी वजह रही है। ख़ास तौर पर भारतीय भाषाओं में तो टीवी पत्रकारिता के बारे में पढ़ने-पढ़ाने के लिए किताबें या तो लिखी ही नहीं गईं या फिर वे ऐसी नहीं हैं जो इस कमी को पूरी तरह से भर सकें। हिंदी में तो हालत यह है कि एक भी ढंग की किताब उपलब्ध नहीं है। सब कुछ विदेशी किताबों के आधार पर चल रहा है। ये किताबें ज़ाहिर है कि पश्चिमी परिवेश को ध्यान में रखकर लिखी गईं थीं और भारतीय संदर्भ में उनकी उपयोगिता संदिग्ध है। तकनीकी स्तर पर इतना कुछ बदल गया है कि पाँच साल पहले लिखी गई किताब भी आज अपनी प्रासंगिकता खो देती है। हाँ, कुछ बुनियादी जानकारी हासिल करने तक के लिए तो वे ठीक हैं मगर मातृभाषा में यही सब बहुत आसान और ग्राह्य हो जाता है। इसीलिए पिछले कई वर्षों से यह बात उठ रही है कि टेलीविज़न पत्रकारिता की पढ़ाई के लिए हिंदी या किसी भी भारतीय भाषा में एक भी ढंग की किताब आख़िर क्यों नहीं है। प्रिंट पत्रकारिता पर तो बहुत सारी किताबें लिखी गई हैं। उनमें से कई बहुत अच्छी भी हैं और वे छात्रों की ज़रूरतों को काफ़ी हद तक पूरा करती हैं। प्रिंट पत्रकारिता की पढ़ाई इसलिए भी थोड़ी आसान हो जाती है क्योंकि यह अब काफी पुरानी हो चली है और अच्छे पेशेवर पत्रकारों की भी हमारे यहाँ कमी नहीं है।

भारतीय भाषाओं में तो टीवी पत्रकारिता के बारे में पढ़ने-पढ़ाने के लिए किताबें या तो लिखी ही नहीं गईं या फिर वे ऐसी नहीं हैं जो इस कमी को पूरी तरह से भर सकें। हिंदी में तो हालत यह है कि एक भी ढंग की किताब उपलब्ध नहीं है। सब कुछ विदेशी किताबों के आधार पर चल रहा है। ये किताबें ज़ाहिर है कि पश्चिमी परिवेश को ध्यान में रखकर लिखी गईं थीं और भारतीय संदर्भ में उनकी उपयोगिता संदिग्ध है। तकनीकी स्तर पर इतना कुछ बदल गया है कि पाँच साल पहले लिखी गई किताब भी आज अपनी प्रासंगिकता खो देती है।

लेकिन टेलीविज़न के मामले में ऐसा नहीं है। यह एक बिलकुल नया माध्यम है। टेलीविज़न के आविष्कार को अभी सौ साल भी पूरे नहीं हुए हैं। यही हाल टीवी की पढ़ाई का है। वह तो और भी नई है। अगर इक्का-दुक्का संस्थानों को छोड़ दें तो टेलीविज़न पत्रकारिता की पढ़ाई को दो दशक से भी ज़्यादा नहीं हुए हैं। टेलीविज़न पत्रकारिता भी सही मायनों में डेढ़-दो दशक पुरानी ही मानी जाएगी। एक तरह से देखा जाए तो प्राइवेट चैनलों के आने के बाद से ही इसे एक विशिष्ट पहचान मिली है। इस हिसाब से यह हद से हद डेढ़ दशक पुरानी बात मानी जाएगी। कहने का मतलब है कि जब टेलीविज़न पत्रकारिता ही अभी अपने शैशव में है तो उसकी पढ़ाई कैसे बहुत व्यवस्थित और परिपक्व हो सकती है? यही वजह है कि टेलीविज़न पत्रकारिता के अभी जितने भी संस्थान हैं, वे बहुत अच्छा प्रशिक्षण नहीं दे पा रहे हैं और मेधावी छात्र अपनी लगन, मेहनत और व्यावहारिक स्तर पर काम करके ही खुद को तैयार करते रहे हैं। इसमें प्रशिक्षण संस्थानों का योगदान केवल इतना है कि वे उन्हें मोटे तौर पर टेलीविज़न पत्रकारिता की दुनिया से परिचय भर करवा देते हैं।

ज़ाहिर सी बात है कि टीवी पत्रकारिता की पढ़ाई और उसमें गुणात्मक परिवर्तन लाने के लिए ज़रूरी है कि उसकी अध्ययन सामग्री पर ज़ोरदार ढंग से काम किया जाए। टीवी पत्रकारिता के विभिन्न आयामों पर श्रृंखलाबद्ध ढंग से पुस्तकें लिखने के पीछे हमारा यही इरादा है। इस श्रृंखला के तहत हम टीवी पत्रकारिता के संपादकीय और तकनीकी, दोनों ही पक्षों पर बराबर ध्यान दे रहे हैं। प्रिंट पत्रकारिता के मुक़ाबले टीवी में ये दोनों पक्ष एक-दूसरे से बेहद नज़दीक से जुड़े हुए हैं। किसी भी अच्छे टीवी पत्रकार के लिए यह जानना अनिवार्य है कि कैमरे का बढ़िया ढंग से कैसे इस्तेमाल किया जाए या फिर वीडियो एडिटिंग के समय अपनी रिपोर्ट को कैसे प्रभावी बनाया जा सकता है। इस जानकारी के बिना वह टीवी पत्रकार अधूरा ही रहेगा। तकनीक से जुड़े और भी कई पहलू हैं जिन पर हम अपनी श्रृंखला में जानकारियाँ देंगे।

इस श्रृंखला की पुस्तकों के लेखन के समय हमारा सबसे ज़्यादा ज़ोर इस बात पर है कि छात्रों की पाठ्यक्रम से जुड़ी आवश्यकताएँ तो इससे पूरी हों ही, साथ ही उन्हें यह भी पता चले कि टीवी पत्रकारिता की दुनिया कैसी है, वहाँ कैसे काम होता है, किस तरह के परिवर्तन वहाँ घटित हो रहे हैं और इन सबके मद्देनज़र खुद को कैसे तैयार किया जाए। हम कोई दावा तो नहीं करते, लेकिन हमें इस बात का भरोसा है कि यह श्रृंखला न केवल छात्रों के लिए अत्यंत उपयोगी साबित होगी, बल्कि उनके अध्यापकों के लिए भी मददगार सिद्ध होगी। इसके अलावा टेलीविज़न के इतिहास और उसकी दुनिया को जानने के उत्सुक सामान्य पाठकों को तो यह श्रृंखला रुचिकर लगेगी ही।

चूँकि टेलीविज़न पत्रकारिता की शिक्षण सामग्री तैयार करने के लिए हमारे जानते यह पहला महत्त्वपूर्ण प्रयास हो रहा है इसलिए हम प्रशिक्षण जगत से जुड़े तमाम लोगों से अनुरोध करना चाहेंगे कि वे हमें अपने बहुमूल्य सुझावों से अवगत कराएँ। हम मानते हैं कि इस तरह की किताबों की यह पहली श्रृंखला तो हो सकती है, मगर आख़िरी नहीं, क्योंकि निरंतर विकास ही प्रकृति का नियम है।

श्रृंखला के सुरुचिपूर्ण प्रकाशन के लिए हम राजकमल प्रकाशन के प्रबंध निदेशक अशोक महेश्वरी और आकर्षक रूप-सज्जा के लिए नरेन्द्र श्रीवास्तव के अत्यंत आभारी हैं।

टीवी पत्रकारिता की पढ़ाई और टीवी पत्रकारिता में गुणात्मक परिवर्तन लाने के लिए ज़रूरी है कि उसकी अध्ययन सामग्री पर ज़ोरदार ढंग से काम किया जाए। टीवी पत्रकारिता के विभिन्न आयामों पर श्रृंखलाबद्ध ढंग से पुस्तकें लिखने के पीछे हमारा यही इरादा है। इस श्रृंखला के तहत हम टीवी पत्रकारिता के संपादकीय और तकनीकी, दोनों ही पक्षों पर बराबर ध्यान दे रहे हैं। प्रिंट पत्रकारिता के मुकाबले टीवी में ये दोनों पक्ष एक दूसरे से बेहद नज़दीकी से जुड़े हुए हैं।

डॉ. श्याम कश्यप

लेखक-परिचय

डॉ. श्याम कश्यप पिछले चार दशकों से सक्रिय पत्रकारिता में विभिन्न रूपों में मौजूद हैं। छात्र जीवन में ही मध्यप्रदेश के प्रतिष्ठित *दैनिक नई दुनिया* से जुड़ने के साथ ही उन्होंने पत्रकारिता की दुनिया में क़दम रखा। इसके बाद जबलपुर से शुरू हुए *दैनिक देशबंधु* में आरंभ से ही जुड़े। 1973 में दिल्ली आए और *दैनिक जनयुग* की शुरुआत की। बाद में इस अख़बार के संपादकीय विभाग के प्रभारी भी रहे। *जनयुग* के बंद होने के बाद *दैनिक भास्कर* के विभिन्न संस्करणों के सम्पादक और फिर भास्कर समूह के कार्यकारी संपादक की ज़िम्मेदारी सँभाली। प्रसिद्ध कथाकार और पत्रकार कमलेश्वर के साथ मासिक पत्रिका 'गंगा' का संपादन किया। कमलेश्वर के साथ फिल्म एवं टेलीविज़न का अनुभव भी प्राप्त किया। वे समसामयिक विषयों के टीवी कार्यक्रमों में विशेषज्ञ के तौर पर हिस्सा लेते रहते हैं। डॉ. कश्यप *दैनिक जागरण, नवीन दुनिया* और *लोकमत समाचार* सहित कई समाचार पत्रों के विशेष संसदीय संवाददाता और ब्यूरो-प्रमुख भी रहे।

पत्रकारिता के अलावा डॉ. कश्यप अध्यापन से भी जुड़े रहे हैं। वे लगभग चार साल तक सागर विश्वविद्यालय के जनसंचार एवं पत्रकारिता विभाग में प्रोफेसर एवं अध्यक्ष रहे। इसके अतिरिक्त उन्होंने विश्वविद्यालय अनुदान आयोग (यूजीसी) के लिए संयोजक के रूप में पत्रकारिता से संबंधित विभिन्न पाठ्यक्रम भी तैयार किए। यूजीसी ने इन पाठ्यक्रमों को भारतीय विश्वविद्यालयों के लिए मॉडल पाठ्यक्रमों के तौर पर प्रस्तावित किया था।

डॉ. श्याम कश्यप हिंदी के जाने-माने कवि एवं आलोचक हैं। उनकी कविताओं एवं आलोचना की पाँच किताबें प्रकाशित हो चुकी हैं। इनके अलावा उन्होंने *परसाई रचनावली* और डॉ. रामविलास शर्मा की *इतिहास और समकालीन परिदृश्य* पुस्तकमाला सहित कई पुस्तकों का संपादन भी किया है।

डॉ. कश्यप ने सागर विश्वविद्यालय से राजनीति विज्ञान में एम.ए. किया है और वे लखनऊ विश्वविद्यालय के जनसंचार एवं पत्रकारिता विषय के प्रथम पी-एच. डी. हैं।

वर्तमान में वे दिल्ली विश्वविद्यालय से संबद्ध हैं।

मुकेश कुमार भारतीय टेलीविज़न का एक जाना-माना नाम है। टेलीविज़न की दुनिया में लगभग पन्द्रह साल पहले दूरदर्शन की लोकप्रिय पत्रिका *परख* से प्रवेश किया। इसके बाद दैनिक कार्यक्रम *द फर्स्ट एडीशन* और *द सेकंड एडीशन* में विशेष संवाददाता के तौर पर काम किया। साप्ताहिक पत्रिका *फ़िलहाल* और टॉक शो *कही-अनकही* का निर्देशन और संचालन किया। दूरदर्शन के बहुचर्चित कार्यक्रम *सुबह सवेरे* ने उन्हें राष्ट्रव्यापी ख्याति दिलाई। इस कार्यक्रम में उन्होंने समसामयिक विषयों पर बातचीत का संचालन तो किया ही, साथ ही ब्यूरो चीफ के रूप में संपादकीय सामग्री का निर्धारण भी किया। यहीं रहते हुए उन्होंने ज्ञानदर्शन चैनल के लिए *साहित्य भारती* कार्यक्रम का निर्देशन एवं संचालन किया। टीवी टुडे द्वारा निर्मित डाक्यू-ड्रामा *आज की नारी* के लिए पटकथा भी लिखी।

चैनल प्रमुख के रूप में *सहारा समय* मध्यप्रदेश-छत्तीसगढ़ चैनल की शुरुआत की और उसे अग्रणी समाचार चैनल के रूप में सुप्रतिष्ठित किया। इसके बाद दिल्ली और राष्ट्रीय राजधानी क्षेत्र के चैनल एस-1 को शुरू किया और उसे इस क्षेत्र का नंबर वन चैनल बना दिया। इन चैनलों में चैनल प्रमुख रहते हुए वे बतौर एंकर विशेष कार्यक्रम भी प्रस्तुत करते रहे।

मुकेश कुमार प्रिंट मीडिया में भी सक्रिय रहे। वे गुवाहाटी से प्रकाशित होनेवाले दैनिक *सेंटिनल* के संस्थापक संपादक रहे और उन्होंने पाक्षिक पत्रिका *समय सूत्रधार* के कार्यकारी संपादक के रूप में भी काम किया। इसके अलावा वे *दैनिक नई दुनिया, देशबंधु, समय* और *माया* आदि पत्र-पत्रिकाओं में भी सेवाएँ दे चुके हैं। मुकेश कुमार हिंदी साहित्यिक पत्रिका *हंस* में मीडिया पर कॉलम के स्तंभकार हैं।

विशेषज्ञ सलाहकार के रूप में विभिन्न समाचार चैनलों को सेवाएँ देने के अलावा मुकेश कुमार ने वृत्त चित्र, टेलीफिल्म और टॉक शो का निर्माण भी किया। इनमें दूरदर्शन का बहुचर्चित साप्ताहिक कार्यक्रम *आपकी बैठक* का संचालन शामिल है। टेलीफिल्म *कंठा* के लिए पटकथा एवं संवाद लेखन, सेट निर्देशन और अभिनय भी किया। इस समय वे सीएनइबी न्यूज़ चैनल के संपादक हैं।

मुकेश कुमार ने प्राणिशास्त्र में एम.एस-सी. किया है। उन्होंने सागर विश्वविद्यालय से जनसंचार एवं पत्रकारिता में स्वर्ण पदक के साथ स्नातक की उपाधि भी प्राप्त की है।

मुकेश कुमार

प्रकाशकीय

प्रिय पाठक,

पिछले कई वर्षों से यह बात उठ रही है कि *टेलीविजन पत्रकारिता* की पढ़ाई के लिए हिंदी या किसी भारतीय भाषा में आखिर ढंग की एक भी किताब क्यों नहीं है?...अभी *टेलीविजन पत्रकारिता* के जितने भी संस्थान हैं, वे बहुत अच्छा प्रशिक्षण नहीं दे पा रहे हैं। मेधावी छात्र अपनी लगन, मेहनत और व्यावहारिक स्तर पर काम करके ही खुद को तैयार करते रहे हैं।....आज *टीवी पत्रकारिता* की पढ़ाई और उसमें गुणात्मक परिवर्तन लाने के लिए ज़रूरी है कि उसकी अध्ययन-सामग्री पर ज़ोरदार ढंग से काम किया जाए। *टीवी पत्रकारिता* के विभिन्न आयामों पर शृंखलाबद्ध ढंग से पुस्तकें प्रकाशित करने के पीछे हमारा यही इरादा है।

इस पुस्तक-माला की पुस्तकों में सबसे ज्यादा ज़ोर इस बात पर है कि छात्रों की पाठ्यक्रम से जुड़ी आवश्यकताएँ तो इससे पूरी हों ही, उन्हें यह भी पता चले कि टीवी पत्रकारिता की दुनिया कैसी है, वहाँ कैसे काम होता है, किस तरह के परिवर्तन वहाँ घटित हो रहे हैं और इन सबके लिए खुद को कैसे तैयार किया जाए।...हमें भरोसा है कि यह पुस्तक-माला न केवल छात्रों के लिए बल्कि उनके अध्यापकों के लिए भी अत्यंत उपयोगी साबित होगी। टेलीविज़न के इतिहास और उसकी दुनिया को जानने के उत्सुक सामान्य पाठकों को तो यह पुस्तक-माला रुचिकर लगेगी ही।

मीडिया, टीवी और पत्रकारिता विषयक पुस्तकें हम पहले भी प्रकाशित करते रहे हैं। लगभग दो वर्ष पूर्व माखनलाल चतुर्वेदी पत्रकारिता विश्वविद्यालय के साथ प्रकाशित पुस्तक शृंखला इस दिशा में एक बड़ी शुरुआत थी। इस शृंखला में हमने छात्रोपयोगी शैली में, अपने-अपने क्षेत्र के विशिष्ट विद्वानों द्वारा लिखी हुई ग्यारह पुस्तकें प्रकाशित की थीं जिनमें 'समाचार संपादन', 'भेंटवार्ता और प्रेस कांफेरेंस', 'आंचलिक संवाददाता', 'खेल पत्रकारिता', 'पत्रकारिता में अनुवाद', 'फीचर लेखन : स्वरूप और शिल्प', 'संवाद समिति की पत्रकारिता', 'समाचार पत्र प्रबंधन' और 'राज्य सरकार और जनसंपर्क' शीर्षक पुस्तकें शामिल थीं।

मीडिया के सामाजिक-सांस्कृतिक विमर्श को बहस के बीच लाने के लिए हमने सुधीश पचौरी, रामशरण जोशी, यशवंत व्यास आदि मीडिया विशेषज्ञ लेखकों की पुस्तकें प्रकाशित कीं, वहीं वरिष्ठ पत्रकार प्रभाष जोशी का पूरा लेखन भी हम जल्दी ही पाँच जिल्दों में प्रकाशित करने जा रहे हैं जिससे न सिर्फ जिज्ञासु जनों को पत्रकारिता के स्याह-सफेद का पता चलेगा, बल्कि पिछले तीन-चार दशकों की भारतीय राजनीति और समाज के उतार-चढ़ाव का भी एक खाका मिलेगा।

प्रस्तुत पुस्तक-माला का आरम्भ 'टेलीविजन की कहानी' (टीवी का इतिहास) और 'खबरें विस्तार से' (टीवी खबरें और न्यूज चैनल का कामकाज)–दो पुस्तकों से हो रहा है। उसके बाद आनेवाली पुस्तकें हैं : 'चैनलों के चेहरे' (टीवी एंकरिंग), 'धार भी, रफ्तार भी (टीवी रिपोर्टिंग), 'कहानी कहने की कला' (स्क्रिप्ट राइटिंग), 'कानून और ईमान-धरम' (प्रेस कानून एवं आचारसंहिता), 'मीडिया मंडी' (मार्केटिंग और डिस्ट्रीब्यूशन), 'परदे के पीछे के पत्रकार' (पोस्ट प्रोडक्शन), 'चैनल चलाने की कला' (चैनल प्रबंधन), 'कैमरे का करिश्मा' (कैमरा, लाइटिंग और साउंड), 'दृश्यों की दुनिया' (वीडियो एडिटिंग), 'कार्यक्रमों का ककहरा' (प्रोग्रामिंग) और 'पारिभाषिक शब्दावली'।

प्रशिक्षु और जिज्ञासु पाठकों को ध्यान में रखते हुए जिन सीरियलों, कलाकारों, संस्थानों के प्रतीक-चिह्न इस पुस्तक-माला में इस्तेमाल किए गए हैं, हम उनके आभारी हैं। उक्त प्रकाशन सामग्री हमें इस पुस्तक-माला के लेखक-द्वय से प्राप्त हुई है, हम उनके आभारी हैं कि उन्होंने पाठकों की रुचि को ध्यान में रखकर हमें ये चित्र अपनी जिम्मेदारी पर उपलब्ध कराए।

हमें विश्वास है, टीवी पत्रकारिता पुस्तक-माला पाठकों को पसंद आएगी, और वे पूर्ववत् अपनी राय से हमें अवगत कराते रहेंगे।

विषय-सूची

आगे बढ़ने से पहले...

आज से एक दशक पहले किसी ने कल्पना भी नहीं की थी कि भारत में टेलीविज़न का इतना व्यापक और ऐसा बहुआयामी प्रचार-प्रसार हो जाएगा कि समाचारों की दुनिया अजनबी-सी लगने लगेगी। अगर कोई पत्रकार एक-डेढ़ दशक के अज्ञातवास के बाद आज भारत लौटेगा तो वह टीवी के विकास को देखकर दंग रह जाएगा। उसे समझ में नहीं आएगा कि इतने कम समय में ऐसा कैसे हो गया कि समाचारों का पूरा का पूरा परिदृश्य ही बदल गया। एक साथ एक नहीं, दो नहीं, दस नहीं, दर्ज़नों न्यूज़ चैनल चौबीस घंटे ख़बरों की बमबारी कर रहे हैं। दूरदर्शन के एकाधिकार का युग ख़त्म हो चुका है और घटनाओं की एकपक्षीय सूचना और विश्लेषण से देश आज़ाद हो चुका है। हालाँकि आज़ाद कहना एक विवादास्पद कथन होगा क्योंकि सरकार की सत्ता की जगह अब बाज़ार की सत्ता ने ले ली है और वह भी उसी तरह से समाचारों के प्रवाह और उनके तथ्यों-कथ्यों को नियंत्रित कर रही है जैसी कभी सरकारें करती थीं या शायद उनसे भी कहीं ज़्यादा। फिर भी इससे इनकार नहीं किया जा सकता कि दर्शकों को विकल्प उपलब्ध हुए हैं। उनके टेलीविज़न पर एक साथ कई चैनल आ रहे हैं और वह जब चाहे अपने रिमोट का इस्तेमाल कर सकता है। इस रिमोट नामक हथियार ने टीवी चैनलों को भी मजबूर किया है कि वे कुछ भी करते समय दर्शकों का ख़याल रखें, उनकी पसंद की ख़बरों को प्राथमिकता दें। ज़ाहिर है कि समाचारों का संसार केवल मात्रा के लिहाज़ से ही नहीं बदला है बल्कि गुणवत्ता और प्रस्तुति के लिहाज़ से भी उसमें महत्त्वपूर्ण बदलाव आए हैं। परिवर्तन का यह सिलसिला यहीं रुक गया हो ऐसा नहीं है। यह अभी भी जारी है और निरंतर जारी रहेगा। सामाजिक-आर्थिक और राजनीतिक परिवर्तनों के साथ-साथ समाचारों के रूप-रंग में परिवर्तन आना भी लाज़िमी है। भूमंडलीकरण

आगे बढ़ने से पहले...

और नई आर्थिक नीतियों ने हमारे परिवेश को जिस तेज़ी से और जिस पैमाने पर बदला है, उसमें बाक़ी चीज़ें न बदलें, यह संभव ही नहीं है। एक विशाल बाज़ार और बीस करोड़ लोगों का उपभोक्तावादी मध्यवर्ग इस महापरिवर्तन का सूत्रधार भी है और नियंता भी।

परिवर्तन का एक और बड़ा औज़ार हर रोज़ आ रही नई टेक्नोलॉजी है। संचार के क्षेत्र में आनेवाली हर नई तकनीक समाचारों को एकत्र करने से लेकर उनके प्रसारण तक के तौर-तरीकों को बदल डालती है। न केवल टेलीविज़न के क्षेत्र में हो रहे आविष्कार बल्कि इंटरनेट से लेकर मोबाइल फ़ोन तक समाचारों के रूप-रंग में परिवर्तन के ज़रिया बन रहे हैं। सेल फ़ोन पर समाचार एक बहुत ही विचारोत्तेजक परिघटना होगी जिसे हम आनेवाले दिनों में घटित होते देखेंगे। कहने का मतलब यह है कि जितना हैरतअंगेज परिवर्तन पिछले एक-डेढ़ दशक में हुआ है, आनेवाले दिनों में होनेवाले बदलाव उससे कम हैरान करने वाले नहीं होंगे।

समाचारों के बदलते स्वरूप को लेकर काफी बहस-मुबाहिसा देश में चल रहा है। बहुत से लोग मानते हैं कि बढ़ते चैनलों और उनके बीच गला-काट प्रतिस्पर्धा ने समाचारों की मर्यादा को भारी नुक़सान पहुँचाया है। न्यूज़ चैनल पत्रकारिता के मूल उद्देश्य से भटके हैं। संभव है कि इस आलोचना में सत्यता हो। मगर इस तथ्य को भी नज़रअंदाज नहीं किया जा सकता कि न्यूज़ चैनल अभी खुद सीखने के दौर से गुज़र रहे हैं। वे प्रयोग कर रहे हैं और प्रयोग में ग़लतियाँ भी होती हैं। हो सकता है कि इन ग़लतियों से वे सबक लें और मौजूदा संकट से एक नए मीडिया का उदय हो। हम यह भी कैसे भूल सकते हैं कि मीडिया एक तरह से समाज का दर्पण है और वह समाज का वही चेहरा दिखा

रहा है जो वास्तव में है। आख़िरकार दर्शकों की मर्ज़ी के ख़िलाफ़ कौन-सा चैनल चल सकता है। इसलिए मीडिया से ज़िम्मेदारी की माँग करते वक़्त यह भी देखा जाना ज़रूरी है कि उसका दर्शक-समाज कैसा है, वह क्या चाहता है?

हक़ीक़त चाहे जो भी हो मगर सचाई यही है कि टेलीविज़न आम हिंदुस्तानी के लिए जानकारी और मनोरंजन का सबसे बड़ा ज़रिया बन चुका है। इसमें टीवी न्यूज़ का एक बड़ा हिस्सा है। सामान्य तौर पर एक हिंदुस्तानी टीवीधारक हर दिन औसतन कम से कम बीस मिनट समाचार ज़रूर देखता है। चुनाव, बजट या अन्य ख़ास मौकों पर यह समय और भी बढ़ जाता है। पत्र-पत्रिकाओं की प्रसार संख्या बढ़ी है, मगर टीवी के दर्शकों की तुलना में उनके पाठकों की संख्या बेहद कम होती है। फिर न्यूज़ चैनलों ने भारतीय दर्शकों की रुचियों को ही नहीं बदला है, अख़बारों तक को बदलने के लिए मजबूर कर डाला है। चैनलों के बढ़ते महत्त्व और प्रभाव का मुक़ाबला करने की कोशिश में वे उन्हीं के जैसी सामग्री परोसने के लिए लालायित हुए हैं। कलेवर और चटखारेदार हुआ है तथा चित्रात्मकता पर ज़ोर बढ़ा है। पेज-3 की पत्रकारिता का विस्तार इसकी बानगी प्रस्तुत करता है।

बहरहाल, टेलीविज़न पत्रकारिता श्रृंखला की इस पुस्तक का मक़सद यही है कि सामान्य पाठकों और छात्रों को टीवी न्यूज़ की मुकम्मल जानकारी दी जाए। इसे लिखते वक्त हमने यह ध्यान रखने की पूरी कोशिश की है कि इसमें दी जा रही जानकारी किताबी भर न हो और इसका लाभ केवल परीक्षा पास करने के काम न आए। उन्हें इसके ज़रिए टेलीविज़न और समाचारों की दुनिया को पूरी तरह से समझने में मदद मिले। इसीलिए हमने टेलीविज़न पत्रकारिता पुस्तक-माला की इस

आगे बढ़ने से पहले...

कड़ी की रूपरेखा इसी ढंग से तैयार की है कि पाठकों का परिचय टीवी न्यूज़ की बदलती दुनिया से भी हो और ख़बरें बनने की प्रक्रिया को समझने में भी उन्हें मदद मिले। इस किताब में न्यूज़ चैनलों की कार्यप्रणाली को विस्तार के साथ बताया गया है और ऐसा करते समय उसके संपादकीय तथा तकनीकी दोनों पक्षों को सामने रखा गया है। हालाँकि टीवी पत्रकारिता के तमाम पहलुओं को एक साथ समेटना मुमकिन नहीं है इसीलिए हमने इसे विभिन्न हिस्सों में बाँटने का निर्णय लिया है। लेकिन जहाँ तक इस किताब का सवाल है तो कोशिश यही की गई है कि टीवी ख़बरों का संसार उनके सामने खोलकर रख दिया जाए। उम्मीद है कि इन सीमाओं को ध्यान में रखते हुए पाठक इस प्रयास को परखेंगे और इस किताब को खरी पाएँगे।

बहरहाल, सुझाव, जानकारियों और तस्वीरों से पुस्तक को इस रूप तक पहुँचाने में बहुत से मित्रों-परिचितों और अपरिचितों का योगदान रहा है। कई मीडिया प्रतिष्ठानों ने भी हमें विभिन्न तरह से सहयोग दिया है और हम उनके शुक्रगुज़ार हैं। यहाँ हम अपने मित्र वीरेंद्र मिश्र का उल्लेख ज़रूर करेंगे। मगर आभार प्रकट करके संबंधों को औपचारिक नहीं बनाना चाहेंगे।

01

टीवी पत्रकारिता संभावनाएँ और चुनौतियाँ

शुरू-शुरू में जब टेलीविज़न आया था तो यह बहस फैशन में थी कि क्या टेलीविज़न पत्र-पत्रिकाओं को निगल जाएगा? इस बहस का अंत आम तौर पर इस तरह से होता था कि पत्र-पत्रिकाओं की अपनी विशेषताएँ और उपयोगिताएँ हैं, इसलिए चाहे कुछ भी हो जाए उन पर कोई असर नहीं होने वाला। इसके बाद जब ज़ोर-शोर से टेलीविज़न न्यूज़ का दौर शुरू हुआ तो इस बहस ने एक बार फिर से सिर उठाया और इस बार भी उसका अंत तकरीबन उसी अंदाज़ में हुआ। यह सच भी है कि टीवी न्यूज़ के नए दौर को एक दशक से ज़्यादा होने के बावजूद देश में आज प्रिंट पत्रकारिता न केवल मौजूद है बल्कि फल-फूल भी रही है। अख़बारों के पन्ने लगातार बढ़ रहे हैं। विज्ञापनों में उनकी हिस्सेदारी अच्छी-ख़ासी है। वे अच्छे कागज़ पर अच्छी छपाई के साथ पाठकों तक पहुँच रहे हैं। इनमें काम करनेवाले पत्रकारों की आर्थिक स्थिति में भी पहले की तुलना में सुधार हुआ है। सबसे बड़ी बात तो यह है कि आज कोई भूले से भी नहीं कहता कि प्रिंट पत्रकारिता के अस्तित्व पर कोई संकट मँडरा रहा है। यह बहस भी लगभग ख़त्म हो गई है कि टीवी कहीं प्रिंट को निगल तो नहीं जाएगा।

इतना सब कहने के बाद यह कहना ज़रूरी हो जाता है कि टेलीविज़न के साथ होड़ में प्रिंट पत्रकारिता बहुत बदली है। उसका रंग-रूप और साज-सज्जा ही नहीं

बदली है, बल्कि कलेवर भी पूरी तरह से बदल गया है। वह टेलीविज़न की तरह ही रंग-बिरंगी, मनोरंजक और सतही हो गई है। उसमें पहले जैसी गंभीरता और गरिमा नहीं रही। आक्रामकता की जगह बाज़ारपरस्ती ने ले ली है। इसका नतीजा यह निकला है कि उसने अपना वह जलवा भी खो दिया है जो दो दशक पहले तक उसे हासिल था। विश्वसनीयता का संकट तो बहुत बड़ा है। यही वजह है कि समाज में उसे जो शक्तिशाली भूमिका हासिल थी अब वह नहीं रही। न्यूज़ चैनलों ने उनसे यह भूमिका हथिया ली है। इसलिए नहीं कि उनकी विश्वसनीयता ज़्यादा है या वे निष्पक्ष एवं निर्भीक हैं, बल्कि इसलिए कि इस माध्यम की ताक़त के सामने प्रिंट कमज़ोर पड़ जाता है। एक तो दृश्यों का प्रभाव बहुत ज्यादा होता है। दूसरे, टीवी की पहुँच भी कई गुना तेज़ और अधिक होती है। टीवी की यही

खूबियाँ हैं जो आम जनमानस को आकर्षित करती रही हैं। टीवी के न्यूज़रीडर, एंकर और रिपोर्टर फिल्मी कलाकारों जितना नहीं भी, तो एक हद तक पब्लिक के हीरो और रोल मॉडल रहते आए हैं। मौजूदा पीढ़ी का एक बड़ा हिस्सा अगर अब टेलीविज़न पत्रकारिता की तरफ आकर्षित हो रहा है तो इसी वजह से। यहाँ तक कि पत्र-पत्रिकाओं में काम करनेवाले बहुत से पत्रकारों का सपना भी टेलीविज़न के लिए काम करने का ही होता है।

बहरहाल, प्रिंट में आए इस बदलाव के पीछे टेलीविज़न ही एक कारण रहा हो ऐसा कहना भी ज़्यादती होगी, क्योंकि असल बदलाव तो सामाजिक-आर्थिक स्तर पर आया है। सन् 1985 के बाद से ही भारतीय अर्थव्यवस्था ने करवट लेनी शुरू कर दी थी और 1991 तक वह नव उदारवाद और निजीकरण की चपेट में भी आ गई। भूमंडलीकरण भी इस परिवर्तन का एक हिस्सा था। इन सबसे कुल मिलाकर जो हालात बनने शुरू हुए उनमें सारी चीज़ें बदलनी थीं, इसलिए मीडिया भी बदला।

टीवी न्यूज़ के प्रारंभिक दौर में टीवी पत्रकारिता अख़बारों से खुराक हासिल करती थी। पत्रकार अख़बार पढ़कर ख़बरें सोचते और बनाते थे। मगर जैसे-जैसे टीवी न्यूज़ का नेटवर्क बढ़ता गया, प्रिंट पर उसकी निर्भरता भी घटती चली गई। आज आलम उल्टा हो गया है। आज न्यूज़ चैनल ख़बरों के मामले में उसे पछाड़ रहे हैं। वे जिन ख़बरों को प्रमुखता देते हैं, उनको महत्त्व के साथ छापने पर भी बाध्य हो जाते हैं। ज़्यादा से ज़्यादा ख़बरें अब टीवी पर ही ब्रेक होती हैं। खोजपरक ख़बरें हों या फिर स्टिंग ऑपरेशन, न्यूज़ चैनल आगे रहते हैं। और यह तो तब है जब टीवी न्यूज़ अपने शैशव काल में है। अगले पाँच सालों में जब छोटे-छोटे शहरों के अपने चैनल होंगे तो क्षेत्रीय या स्थानीय स्तर की ख़बरों पर भी अख़बारों को टीवी का पिछलग्गू बनना पड़ जाएगा।

ऐसा नहीं है कि अख़बारों ने टीवी को कुछ नहीं दिया या नहीं दे रहे। सच तो यह है कि टीवी न्यूज़ चैनलों में काम करने वाले जो सर्वश्रेष्ठ लोग इस समय हैं, उनमें से नब्बे फ़ीसदी से ज़्यादा प्रिंट से ही आए हैं। प्रिंट से आने वाले ये पत्रकार अपने साथ अच्छी भाषा, पत्रकारिता की एक बेहतर समझ और काफी हद तक प्रतिबद्धता लाने वाले भी रहे हैं। अमूमन देखा गया है कि जो पत्रकार सीधे टेलीविज़न में आए हैं या आ रहे हैं वे भाषा के मामले में कंगाल होते हैं, उनका अध्ययन कमज़ोर होता है और विश्लेषण का हुनर उनके पास नहीं होता। इसीलिए पत्रकारिता के छात्रों को यह राय भी दी जाती है कि वे कुछ समय प्रिंट में गुज़ारें ताकि इस तरह की तैयारी भी हो जाए। ख़ैर, टीवी पत्रकारिता को

गहराई और गंभीरता देने का काम प्रिंट कर रहा है। अभी भी महत्त्वपूर्ण टीवी चर्चाओं में अख़बारों और पत्रिकाओं के पत्रकारों को ही आमंत्रित किया जाता है। वजह यही है कि प्रिंट में पढ़ने-गुनने की परंपरा अभी भी ज़्यादा है। इसके अलावा इस सचाई के बावजूद कि अख़बार टीवी से होड़ लेने के चक्कर में उनकी नकल कर रहे हैं, बहुत-सी ऐसी ख़बरें दे ही देते हैं जिन पर टीवी पत्रकारों को ध्यान ही नहीं देना पड़ता, काम भी करना पड़ता है।

यहाँ साफ़ कर देना ठीक होगा कि उपरोक्त चर्चा का मक़सद ये जताना नहीं है कि टीवी अख़बार से श्रेष्ठ है। हमारा उद्देश्य तो पत्रकारिता का जो नया संसार बन रहा है, उसकी एक मोटी-मोटी तस्वीर खींचना है। ऐसी तस्वीर जो पत्रकारिता के छात्रों को दिखा सके कि जिस माध्यम में वे कदम रखना चाह रहे हैं, वह कैसा है, उसकी अच्छाइयाँ और खामियाँ क्या हैं। प्रिंट पत्रकारिता यहाँ एक संदर्भ बिंदु की तरह से है। दरअसल प्रिंट की पत्रकारिता द्वारा स्थापित परंपराएँ और मानदंड इस क़दर गहरे हैं कि उन्हें दरकिनार करके भारतीय पत्रकारिता की बात ही करना मुश्किल हो जाता है।

अख़बारों के संदर्भ में प्रिंट पत्रकारिता के जिन मूल्यों और महत्त्व के चुकने का ज़िक्र हम कर रहे थे, वे टेलीविज़न पत्रकारिता को उसी से विरासत में मिले थे। मगर शुरुआत के एक छोटे से कालखंड के बाद वे गायब हो गए। दरअसल बाज़ार का आक्रमण सबसे पहले और सबसे ज़बर्दस्त तरीके से उसी पर हुआ। वैसे भी भारत में टेलीविज़न को शिक्षा और सूचना से ज्यादा मनोरंजन के माध्यम के रूप में देखा गया और उसे मान्यता या स्वीकार्यता भी उसी रूप में मिली। ग्लैमर उस पर शुरू से हावी था। इसके अलावा जिस दर्शक वर्ग को वह संबोधित करता था, उसकी माँग भी शहरी मध्यवर्ग की ज़रूरतों से बनी थी। टीवी और मध्यवर्ग का विस्तार लगभग साथ-साथ ही हुआ है। इस बीच मध्यवर्ग का चरित्र भी बदला और उसके हिसाब से टेलीविज़न न्यूज़ और कार्यक्रमों का भी। टेलीविज़न पत्रकारिता अब बिलकुल बदली हुई भूमिका में है।

टीवी पत्रकारिता को अपना लक्ष्य बनाने वाली पीढ़ी को इस नई भूमिका को समझकर ही अपनी तैयारी करनी होगी। नई भूमिका से तात्पर्य यह नहीं है कि अगर टीवी पत्रकारिता के बारे में यह कहा जा रहा है कि वह मिशन से प्रोफेशन और फिर कमीशन में तबदील हो गई है तो वे भी इसके हिसाब से खुद को तैयार करने में जुट जाएँ। ध्यान रहे कि कोई भी दौर स्थायी नहीं होता। समाज की ज़रूरतें बदलती रहती हैं। इसलिए न तो नियतिवादी होने की ज़रूरत है और न ही समझौतावादी। ज़रूरत इस बात की है कि इन परिस्थितियों में भी कैसे प्रतिबद्ध

पत्रकारिता करने के लिए खुद को तैयार किया जाए। सबसे अच्छी बात यह है कि टेलीविज़न न्यूज़ की दुनिया इस समय हलचलों और अवसरों से भरी हुई है। चैनलों की संख्या पहले से ही कम नहीं है मगर अब एक के बाद एक सैकड़ों न्यूज़ चैनल आने के लिए कतार में खड़े हैं। स्थानीय, क्षेत्रीय, राष्ट्रीय और अंतर्राष्ट्रीय सभी तरह के चैनल होंगे। जो अपनी क्षमताओं में जितना विस्तार करेगा, अपने हुनर को माँजेगा, उसके लिए आगे बढ़ने के मौके भी उतने अधिक होंगे।

अब ज़रा पत्रकारिता के नए दौर को प्रिंट बनाम टीवी से हटकर देखते हैं। अक्सर कहा जाता है कि टेलीविज़न पत्रकारिता भारत में अभी अपने शैशव काल में है। अभी वह चलना सीख रही है। इस जुमले के दोनों मतलब निकाले जा सकते हैं। एक तो यह कि इसमें जो बचकानापन है या गंभीरता और समझ का जो अभाव दिखता है वह धीरे-धीरे ख़त्म होगा और वह ज़िम्मेदार पत्रकारिता की तरफ उन्मुख होगी। हालाँकि इस वाक्य का इस्तेमाल न्यूज़ चैनलों की कमज़ोरियों को छिपाने के लिए भी किया जाता है। 'पूत के पाँव पालने में ही दिख जाते हैं' वाले मुहावरे को कसौटी बनाएँ तो भविष्य बहुत उज्ज्वल नहीं दिखता। मगर हमें आशावादी होना चाहिए और उम्मीद करके चलना चाहिए कि पहली वाली बात ही ज़्यादा सही होगी। इस आधार पर कहा जा सकता है कि आने वाले समय में उन्हीं पत्रकारों की पूछ होगी जो पत्रकारिता के उद्देश्यों और ज़रूरतों को गहराई से समझकर काम करने वाले होंगे। लेकिन टीवी पत्रकारिता में चुनौती केवल भाषा, समझ और सरोकार के स्तर पर ही नहीं है। एक अलग माध्यम होने की वजह से यह कुछ और चुनौतियाँ भी पेश करती है। सबसे बड़ी तो टेक्नॉलॉजी की चुनौती है। टीवी के बारे में कहा जाता है कि यह टेक्नॉलॉजी संचालित (टेक्नालॉजी ड्रिवेन) माध्यम है। ज़ाहिर है कि तकनीक टीवी पत्रकारिता में अहम भूमिका निभा रही है क्योंकि उसकी अपनी एक भाषा, एक माँग और एक दबाव होता है। इनको समझकर काम करना बहुत महत्त्वपूर्ण है। जो इन्हें समझ लेते हैं, वे बहुत ही आत्मविश्वास के साथ काम कर पाते हैं। ऐसा भी होता है कि तकनीक में महारत रखने वाले लोग पत्रकारिता को अपने हिसाब से निर्देशित करने लगते हैं। इसलिए तकनीक पर कमांड पाना इस माध्यम में सफलता की बुनियादी शर्त बन जाती है।

तकनीक में आए तेज़ बदलाव को इससे समझा जा सकता है कि कुछ साल पहले तक ख़बरों की शूटिंग एक बड़ा काम मानी जाती थी। इसके लिए चार-पाँच लोगों का एक दल जाता था। आउटडोर शूटिंग हुई तो ऐसा लगता था मानो शूटिंग के लिए नहीं किसी मिशन या बड़े ऑपरेशन पर जा रहे हों। मगर आज वह बात नहीं रही। शूटिंग बच्चों का खेल हो गई है। दो लोगों की टीम शूटिंग

निपटा लेती है। बहुत से पत्रकार तो खुद ही कैमरा भी करते हैं। विभिन्न चैनलों के लिए काम करने वाले अंशकालिक संवाददाता तो वन मैन टीम ही होते हैं। पश्चिमी देशों में इसी अंदाज़ में काम होता है। इस परिवर्तन की दो बड़ी वजहें हैं–पहली तो यह कि शूटिंग के उपकरण अब हलके और सुविधाजनक हो गए हैं। खास तौर पर ख़बरों की शूटिंग के लिए इस्तेमाल होने वाले कैमरे तो बेहद हलके हो गए हैं। अब तो हैंडी कैम तक का इस्तेमाल होने लगा है जो कि आधा किलो वजन के भी नहीं होते। इसी तरह लाइट अब कैमरे पर ही माउंट हो जाती है और साउंड रिकॉर्डर अलग से नहीं होता। दूसरे, कैमरे का इस्तेमाल अब बहुत आसान हो गया है। थोड़े से प्रशिक्षण और अभ्यास से कैमरा सीखा जा सकता है। ज़ाहिर है कि यह बहुत उम्दा किस्म की शूटिंग नहीं होगी, मगर न्यूज़ की दुनिया में जल्दी से जल्दी ख़बरें दिखाने का महत्त्व होता है और इसमें दृश्यों के स्तर पर थोड़ा-बहुत समझौता कर लिया जाता है। फिर आर्थिक दृष्टि से भी यह लाभदायक होता है कि कम लोगों से ज़्यादा काम लिया जाए। उद्योग-धंधों का तो बुनियादी सिद्धांत ही यही होता है। इसलिए अब सभी चैनल और ख़ास तौर पर कम बजट वाले चैनल इन रास्तों पर चल पड़े हैं।

शूटिंग के स्तर पर टेक्नोलॉजी में जो सरलता आई है, वीडियो एडिटिंग के मामले में भी उसका आना लाज़िमी था। शुरुआती दौर के भारी-भरकम वीडियो टेप रिकॉर्डर, प्लेयर आदि अब आउटडेटेड हो गए हैं। नॉन लीनियर एडिटिंग सिस्टम में इनकी ज़रूरत ही नहीं रह गई है। पहले एबी और एबीसी रोल करना काफी मशक्कत का काम होता था और महँगा भी पड़ता था, क्योंकि इसके लिए अतिरिक्त प्लेयर की ज़रूरत होती थी। दूसरे, इफेक्ट्स के लिए भी तरह-तरह की मशीनों का सहारा लेना पड़ता था। मगर अब ये एक कंप्यूटर में पड़े एडिटिंग सॉफ्टवेयर से आसानी से और काफी सस्ते में हो जाते हैं।

कहने का मतलब यह है कि टेक्नोलॉजी ने टेलीविज़न को पहले के मुक़ाबले काफी बदल डाला है। बेशक बुनियादी बातें वही हैं मगर अर्थशास्त्र और कार्य शैली में क्रांतिकारी परिवर्तन आ गया है। अब अगर इसमें न्यूज़ चैनलों की टेक्नोलॉजी को और जोड़ लें तो ये परिवर्तन और भी व्यापक लगने लगता है। न्यूज़ चैनलों का प्रसारण स्वचालित मशीनों से होता है। समाचार संकलन से लेकर समाचार बनाने और प्रसारित करने तक सभी स्तरों पर तकनीक ने काम को आसान किया है और तेज़ भी। अब टेक्नोलॉजी अगर तेज़ हो गई है तो उसके हिसाब से काम करने वाले को भी तेज़ होना पड़ेगा। इस तेज़ी की ज़रूरत को पूरा करने के लिए पत्रकारों को शारीरिक रूप से ही नहीं, मानसिक तौर पर भी तैयार होना पड़ेगा।

समाचार संकलन से लेकर समाचार बनाने और प्रसारित करने तक सभी स्तरों पर तकनीक ने काम को आसान किया है और तेज़ भी। अब टेक्नोलॉजी अगर तेज़ हो गई है तो उसके हिसाब से काम करने वाले को भी तेज़ होना पड़ेगा। इस तेजी की ज़रूरत को पूरा करने के लिए पत्रकारों को शारीरिक रूप से ही नहीं, मानसिक तौर पर भी तैयार होना पड़ेगा।

यह तो सबको पता है कि टेलीविज़न काम के लंबे घंटों की माँग करता है। इसमें आठ घंटों की नौकरी से बात नहीं बनती और यह स्थिति न्यूज़ चैनलों के आगमन के पहले से ही है। न्यूज़ चैनलों के आने के बाद दबाव और भी बढ़ गया है। तकनीक के साथ बढ़ती प्रतिस्पर्धा भी इसके लिए ज़िम्मेदार है। यह प्रतिस्पर्धा प्रतिद्वंद्वी चैनलों से ही नहीं है, बल्कि साथ काम करने वालों से भी होती है। टेलीविज़न पत्रकारिता अभी भी असंगठित क्षेत्र की तरह ही काम कर रही है। काम के घंटे तय नहीं हैं और काम करने की स्थितियाँ ज़्यादातर चैनलों में बेहद खराब हैं। लोगों को मोटी तनख्वाहें आकर्षित करती हैं। मगर उनके एवज़ में एक पत्रकार से तीन लोगों का काम लिया जाता है, इसका अंदाज़ा उन्हें नहीं होता। फिर नौकरी पर हर समय तलवार अलग लटकती रहती है। एक छोटी-सी चूक भी बर्दाश्त नहीं की जाती। उस पर हमेशा सही फैसले करने का दबाव अलग होता है। हर पल आ रही नई ख़बरों की सही परख करना और उन्हें चैनलों की ज़रूरत या एजेंडे के हिसाब से तैयार करके दिखाना अतिरिक्त दबाव पैदा करता है। चैनलों के न्यूज़ रूम में अफरा-तफरी का दृश्य आम होता है। कोई अनजाना आदमी हैरत में पड़ सकता है कि ख़बरों को लेकर इतनी मारामारी क्यों है। क्यों लोग इतने उत्तेजित हो जाते हैं और बदहवास से दौड़ते फिरते हैं। इन पत्रकारों में आपस में इतनी होड़ क्यों है कि हर शख़्स दूसरे को निगलने के लिए तैयार बैठा रहता है? ज़ाहिर है कि यह एक स्वस्थ माहौल नहीं है। यह वातावरण एक स्वस्थ व्यक्ति को भी बीमार कर सकता है। यही वजह है कि ज़्यादातर पत्रकार बहुत कम उम्र में ही ब्लड प्रेशर और डायबिटीज़ जैसी बीमारियों के शिकार हो जाते हैं। ऐसे में एक बड़ी चुनौती तो यही हो जाती है कि कैसे खुद को शारीरिक और मानसिक तौर पर मजबूत बनाया जाए ताकि इस वातावरण के प्रभाव से न केवल खुद को बचा सकें, बल्कि अच्छा काम भी कर सकें।

बहरहाल, नई तकनीक और आटोमेशन काम करने वालों की संख्या कम करते जा रहे हैं। मगर टीवी पत्रकारिता के क्षेत्र में कदम रखने के इच्छुक लोगों के लिए अच्छी बात यह है कि इसके बावजूद उनके लिए अवसरों में लगातार वृद्धि हो रही है। इस समय देश में करीब ढाई सौ चैनल हैं जिनमें से कम से कम एक-तिहाई ऐसे हैं जो किसी न किसी रूप में समाचारों से जुड़े हुए हैं। इन चैनलों में सीधे तौर पर करीब एक लाख लोग काम कर रहे हैं। परोक्ष रूप से जुड़े लोगों की संख्या इससे कहीं ज़्यादा है। टेलीविज़न न्यूज़ इंडस्ट्री के लिए यह समय उछाल का है। करीब सवा सौ न्यूज़ चैनलों की अर्ज़ियाँ सरकार के पास हैं। ज़ाहिर है कि अगले कुछ साल में इनमें से ज़्यादातर को अपना प्रसारण शुरू कर देना है। अगर यह मानकर भी चला जाए कि इनमें से आधे चैनल भी शुरू हो जाते हैं और औसतन उनमें सीधे या परोक्ष रूप से दो सौ पत्रकारों को काम

टेलीविज़न न्यूज़ इंडस्ट्री के लिए यह समय उछाल का है। करीब सवा सौ न्यूज़ चैनलों की अर्ज़ियां सरकार के पास हैं। ज़ाहिर है कि अगले कुछ साल में इनमें से ज़्यादातर को अपना प्रसारण शुरू कर देना है। अगर यह मानकर भी चला जाए कि इनमें से आधे चैनल भी शुरू हो जाते हैं और औसतन उनमें सीधे या परोक्ष रूप से दो सौ पत्रकारों को काम मिलता है तो कम से कम बारह हज़ार पत्रकारों की तत्काल ज़रूरत इनको पड़ेगी।

मिलता है तो कम से कम बारह हज़ार पत्रकारों की तत्काल ज़रूरत इनको पड़ेगी। इस बीच चैनल शुरू करने के और भी आकांक्षी आ जाएँगे। संभावनाएँ बन रही हैं कि अगले दस सालों में हर शहर के अपने चैनल उसी तरह से होंगे जैसे कि उनके अपने अख़बार हैं। अगर ये संभावनाएँ फलीभूत हुईं तो सोचा जा सकता है कि पत्रकारों के लिए काम करने के कितने अवसर होंगे। और फिर यह तो बात हुई न्यूज़ चैनलों की। इतने सारे न्यूज़ चैनलों के आने से उन्हें तरह-तरह के कार्यक्रमों की ज़रूरत पड़ेगी। ज़ाहिर है कि उनको बनाने के लिए बड़ी संख्या में प्रोडक्शन हाउस भी पनपेंगे और वहाँ भी हर तरह के काम करने वालों के लिए अवसर खुलेंगे। टेलीविज़न न्यूज़ का विकास अगर निचले स्तर पर जाएगा तो ऊपर की तरफ भी तो होगा। बड़े टीवी-अख़बार घराने, उद्योगपति और व्यापारी राष्ट्रीय ही नहीं, अंतर्राष्ट्रीय स्तर के चैनल लाने के लिए सोचेंगे ही, क्योंकि हिंदी का बाज़ार केवल भारत तक तो सीमित है नहीं। यही नहीं, भूमंडलीकरण और उदारीकरण की जो हवा चल रही है, उसमें आज नहीं तो कल, पश्चिम के न्यूज़ चैनल या बड़ी बहुराष्ट्रीय कंपनियाँ भी इस बाज़ार में घुसकर मुनाफ़ा कमाने के लिए टीवी के कारोबार में उतरेंगी।

एक बात और। टीवी का कारोबार धन कमाने का ज़रिया ही नहीं है। ये प्रभाव और ताक़त इस्तेमाल करने का हथियार भी हैं। अगर मीडिया का इस्तेमाल अपने व्यापारिक-राजनीतिक हितों की रक्षा करने के लिए किया जा रहा है तो यह राष्ट्रीय या स्थानीय स्तर पर ही नहीं, अंतर्राष्ट्रीय स्तर पर भी हो रहा है। इसके अलावा मीडिया सामरिक और राजनयिक स्तर पर भी हथियार के तौर पर इस्तेमाल किया जाता है। इराक़ पर हमले के समय *सीएनएन* अमेरिकी सरकार का प्रवक्ता ही बन गया था। अल *जज़ीरा* का इस्तेमाल उसे जवाब देने के लिए किया जा रहा है। कहने का मतलब यह है कि विभिन्न मक़सदों से चैनल लाए जाते हैं और लाए जाएँगे। फिलहाल भारत में विदेशी कंपनियों को चैनल लाने की इजाज़त नहीं है और मीडिया में विदेशी निवेश की भी एक सीमा तय है। इस वजह से अभी वे न तो खुद टीवी चैनल ला पर रही हैं और न ही भारतीय चैनलों को सीधे कंट्रोल कर पा रही हैं। मगर जिस तरह का दबाव पश्चिमी देशों का पड़ रहा है और कुछ मीडिया घराने भी इसमें दिलचस्पी ले रहे हैं, उसे देखते हुए यह आशंका देर-अबेर हक़ीक़त में बदल सकती है। उस सूरत में पत्रकारों के सामने ढेर सारे अवसर उपस्थित होंगे। मगर तब यह चुनौती भी होगी कि कैसे विदेशी खिलाड़ियों के खेल के मोहरे बनने से बचा जाए। वे अपने स्वार्थों के लिए भारतीयों को इस्तेमाल करना चाहेंगे। इसके लिए बड़े-बड़े प्रलोभन दिए जाएँगे, डराया-धमकाया भी जाएगा मगर तब पत्रकारों को सोचना होगा कि वे पत्रकारिता में किसलिए आए हैं और पत्रकारिता को कहाँ ले जाना चाहते हैं।

02

   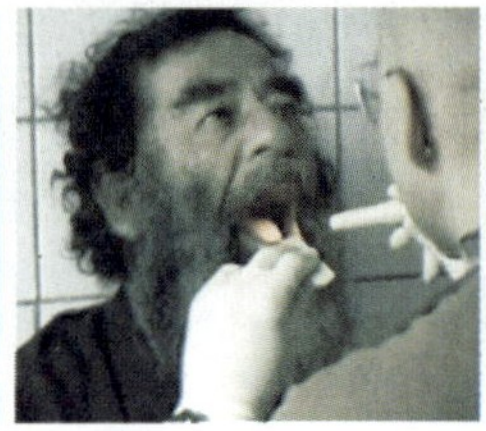 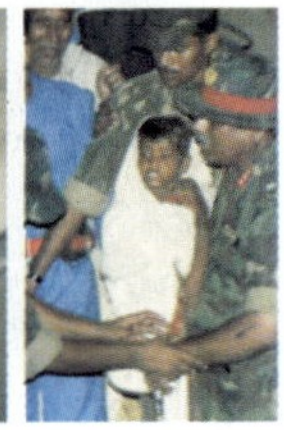

टीवी न्यूज़ की ताक़त

पूरा मुल्क साँस रोके टेलीविज़न सेट्स पर आँखें गड़ाए हुए है। आँखें फाड़े वह देख रहा है कि सत्तारूढ़ दल का अध्यक्ष नोटों की गड्डियाँ लेकर उन्हें रख रहा है और सौदेबाज़ी कर रहा है। इसके बाद परदे पर एक के बाद एक कई और दृश्य आते हैं। पता चलता है कि रक्षामंत्री के घर पर भी लेन-देन हो रहा है। सेना के बड़े अफ़सर शराब, लड़कियाँ और पैसे के लिए हथियारों की डील कराने और जानकारियाँ मुहैया कराने का वादा कर रहे हैं। देशवासी इन तस्वीरों को देखकर हिल गए। उन्होंने पहली बार देखा कि रक्षा सौदों में हमारे नेता और अफ़सर कैसे बिक जाते हैं। यह ताक़त थी टीवी न्यूज़ की, टीवी पत्रकारिता की।

तहलका का भंडाफोड़

●●●

एक होटल में एक राजनीतिक दल का नेता शराब पी रहा है और खदानों के पट्टों का सौदा किसी व्यापारी से कर रहा है। व्यापारी उसे नोटों की गड्डी देता है। नेता गड्डी माथे से लगाता है और कहता है—पैसा खुदा तो नहीं पर खुदा से कम भी नहीं है। ज़रा सोचिए अपने टेलीविज़न सेट्स पर नेताओं की बेशर्मी के ये नज़ारे देखकर जनता को कैसा लगा होगा? एक ही झटके में लोगों को एहसास हो गया कि जिन नेताओं को वे पाक-साफ़ समझते हैं, उनकी असलियत क्या है। ये है टीवी न्यूज़ का कमाल।

●●●

तीन हवाई जहाज बढ़ रहे हैं अपने लक्ष्य की तरफ...एक ऐसे लक्ष्य की तरफ जो इतिहास को बदल देने वाला है। एक के बाद एक दो विमान टकराते हैं, उन

न्यूयॉर्क स्थित वर्ल्ड ट्रेड टॉवर पर आतंकवादी हमले के दृश्य

जुड़वाँ गगनचुंबी इमारतों से, जिन्हें वर्ल्ड ट्रेड टावर कहा जाता है और जो अमेरिकी साम्राज्य की आर्थिक प्रगति के प्रतीक हैं। कुछ ही क्षणों के भीतर तीसरा विमान अमेरिकी रक्षा की धुरी कहे जाने वाले पेंटागन से टकराता है।

पूरी दुनिया स्तब्ध होकर टेलीविज़न के परदे पर इन नज़ारों को देखती है और बार-बार देखती है। उसे यकीन नहीं होता कि यह वही महाशक्ति अमेरिका है जिसके किले को आतंकवादियों ने इतनी आसानी से भेद लिया और सीधे उसकी नाक पर ही चोट कर दी। टीवी ने दुनिया भर को बता दिया कि अपराजेय समझी जाने वाली महाशक्ति अंदर से कितनी कमज़ोर है। यह थी टेलीविज़न न्यूज़ की शक्ति।

•••

हरियाणा के एक छोटे से गाँव में एक गड्ढे के अंदर एक छह साल का बच्चा प्रिंस गिर जाता है। न्यूज़ चैनल अपने कैमरों और ओबी वैन के साथ पहुँचते हैं और पल-पल की ख़बर दर्शकों को देना शुरू कर देते हैं। प्रशासन हरकत में आता है और युद्ध स्तर पर बच्चे को बचाने की कोशिशें शुरू हो जाती हैं। कुछ ही घंटों में पूरा देश इस घटना से जुड़ जाता है। जगह-जगह प्रार्थनाएँ शुरू हो जाती हैं। चैनलों पर एसएमएस के ज़रिए बच्चे की सलामती की दुआएँ माँगी जाने लगती हैं। क्या हिंदू, क्या मुसलमान और क्या सिख, क्या ईसाई—सब

चाहते हैं कि बच्चा बच जाए। सरकार और राजनीतिज्ञों पर दबाव बनने लगता है और वे खुद घटनास्थल पर पहुँचकर ऑपरेशन की निगरानी करने लगते हैं। कई घंटों की कोशिशों के बाद आख़िरकार बच्चा बच जाता है। खुशियाँ मनाई जाती हैं, मिठाइयाँ बाँटी जाने लगती हैं। नेता और सरकार उस बच्चे के लिए तरह-तरह की घोषणाएँ करने लगते हैं। यह है टेलीविज़न न्यूज़ का जादू। एक घटना की रिपोर्टिंग से पूरे देश को जोड़ देता है। जातियों और संप्रदायों की दीवारें तोड़ देता है।

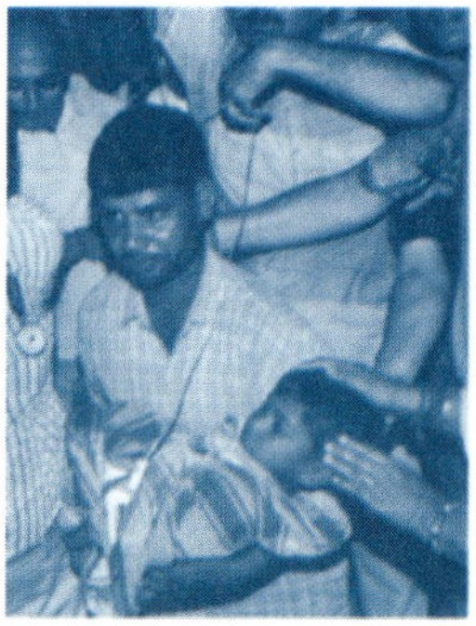

न्यूज़ चैनलों की प्रिंस को बचाओ मुहिम

•••

ऐसे बहुत से दृश्य और कथाएँ हैं जो लोगों के दिमाग़ों पर अंकित हैं। पत्रकारिता में कहा जाता है कि एक तस्वीर दस हज़ार शब्दों के बराबर होती है। अब सोचिए कि टेलीविज़न में एक तस्वीर नहीं, तस्वीरों की श्रृंखला होती है और वह भी स्थिर चित्रों की नहीं, चल चित्रों की। कल्पना की जा सकती है कि इनका प्रभाव कितना व्यापक और कैसा होता होगा। कल्पना करना कोई मुश्किल भी नहीं है। वर्ल्ड ट्रेड सेंटर पर हुए आतंकवादी हमले की दृश्यावली ने पूरे विश्व को हिलाकर रख दिया था। इन दृश्यों ने विश्व राजनीति को ही नहीं बदला, मानव जाति की मानसिकता को भी बदल डाला है। वास्तव में ये केवल दृश्य नहीं थे। ये विश्व राजनीति को नए ढंग से परिभाषित करने वाले क्षण थे, जिन्हें कैमरों ने दृश्यों के रूप में क़ैद कर लिया था। कुछ इसी तरह के दृश्य 1990 में खाड़ी युद्ध के दौरान अमेरिकी फौजों द्वारा किए गए हमलों के भी थे। दुनिया ने पहली बार अपने घर के टेलीविज़न पर एक युद्ध का सीधा प्रसारण देखा था। ये हतप्रभ करने वाले दृश्य थे। उन देशों और उन समाजों को आतंकित करने वाले दृश्य थे, जो अमेरिकी दादागीरी की मुख़ालफ़त करते थे या उसे नापसंद करते थे। इस अर्थ में खाड़ी युद्ध के दृश्य दुनिया के लिए एक धमकी भी थे।

इराक़ पर अमेरिकी हमला

हम यहाँ दृश्यों के अर्थ इसलिए खोलने की कोशिश कर रहे हैं, ताकि उनके प्रभाव की व्यापकता को समझाया जा सके। मसलन, अगर हम यह नहीं बताएँगे कि एक राष्ट्रीय पार्टी के अध्यक्ष को नोटों की गड्डी लेकर रखते हुए टेलीविज़न पर दिखाया गया था तो उसके क्या अर्थ और संदेश थे, तो उसके प्रभाव को समझना भी मुश्किल होगा। यह उस पार्टी के नेतागण ही समझते होंगे कि इस एक घटना के बाद उनकी पार्टी की विश्वसनीयता और लोकप्रियता को कितना धक्का लगा। ये ऐसे दृश्य थे, जो न केवल उस पार्टी के लोगों और राजनीति के बारे में बयान कर रहे थे बल्कि इन दृश्यों में लोग बदलती राजनीति का चेहरा भी पढ़ रहे थे। टेलीविज़न की ताक़त यही है। अपने यहाँ कहा जाता है कि कानों सुनी बात का भरोसा मत करो मगर आँखिन देखी को कैसे झुठलाया जा

सकता है। हालाँकि आँखें भी धोखा खाती हैं। दृश्य भी झूठे हो सकते हैं। वे गढ़े हुए हो सकते हैं। मगर फिर भी उनका प्रभाव होता है।

ऐसा नहीं है कि दृश्यों का ही असर होता है। टीवी के इस युग में अदृश्य भी कम प्रभावशाली नहीं होता। अदृश्य का मतलब होता है, जो होते हुए भी न दिखे। आज कहा जाता है कि जो घटना टीवी पर नहीं दिखी वह हुई ही नहीं। हम जानते ही हैं कि बहुत-सी बड़ी घटनाएँ टीवी पर रिपोर्ट नहीं होतीं और इसलिए लाखों लोगों के लिए वे हुई ही नहीं होतीं। टेलीविज़न चैनल ख़बरों को दिखाने के लिए बाज़ार को ध्यान में रखकर चुनाव करते हैं। इसका मतलब है कि जो ख़बरें रेटिंग नहीं देतीं और जिनसे चैनल को कमाई नहीं होती, वे छँट जाती हैं। (इसलिए हर कोई इस प्रयास में होता है कि वह जो कुछ भी कर रहा है वह टीवी पर दिख जाए। इसके लिए वह तरह-तरह के जतन करता है। जोड़-तोड़ करता है, धन खर्च करता है।) सोचा जा सकता है कि इस कसौटी की वजह से कितनी सारी घटनाएँ टीवी पर आती ही नहीं हैं और इसका मतलब होता है कि वे दर्शकों के लिए हुई भी नहीं होतीं। टीवी दर्शकों के लिए एक दूसरा संसार ही रच देता है, एक कटा-छँटा, बाज़ार-केंद्रित संसार। यही संसार उनकी सोच को, उनके रहन-सहन को और उनके आसपास के संसार को आकार देने लगता है।

यदि अख़बार पुराने मॉडल की बंदूक हैं तो टेलीविज़न आधुनिक मिसायल या परमाणु बम जितनी ताक़त रखता है। यह ताक़त दृश्यों का माध्यम होने की वजह से तो है ही मगर अपनी ज़बर्दस्त पहुँच की वजह से भी है। टेलीविज़न एक साथ एक ही समय में दूर-दराज़ के क्षेत्रों में बैठे लाखों-करोड़ों दर्शकों को संबोधित कर सकता है। यह कमाल केवल टीवी पर हो सकता है। रेडियो आवाज़ तो पहुँचा सकता है मगर छवियाँ नहीं।

दरअसल, लोगों के लिए टेलीविज़न ही सूचना का सबसे बड़ा स्रोत है। कुछ भी होता है, वे टीवी की तरफ भागते हैं। एक तरह से वे टीवी पर निर्भर हो गए हैं और इस निर्भरता की वजह से वे सेलेक्टिव कवरेज़ के शिकार हो जाते हैं। उनके लिए वही सूचना और ज्ञान का संसार हो जाता है जो उन्हें टीवी से प्राप्त होता है। लेकिन यही टीवी की ताक़त है। ऐसी स्थिति में वह दर्शकों के दिमाग़ों को नियंत्रित करने लगता है। दर्शकों के दिमाग़ों को नियंत्रित करने का मतलब है कि वह बहुत सारे लोगों के स्वार्थों को सिद्ध कर सकता है। वह एक हथियार के रूप में इस्तेमाल किया जा सकता है। मीडिया का इस्तेमाल अतीत में भी होता रहा है। अख़बार और रेडियो युद्धों तक में इस्तेमाल हुए हैं। बड़े मुल्क अपने साम्राज्य विस्तार के लिए विश्व स्तर पर सूचनाओं के प्रवाह को नियंत्रित करते रहे हैं और राष्ट्रीय से लेकर स्थानीय स्तर तक नेताओं और व्यापारियों ने इसे अपने स्वार्थों के हिसाब से चलाया है। मगर यदि अख़बार पुराने मॉडल की बंदूक हैं तो टेलीविज़न आधुनिक मिसायल या परमाणु बम जितनी ताक़त रखता है। यह ताक़त दृश्यों का माध्यम होने की वजह से तो है ही मगर अपनी ज़बर्दस्त पहुँच की वजह से भी है। टेलीविज़न एक साथ एक ही समय में दूर-दराज़ के क्षेत्रों में बैठे लाखों-करोड़ों दर्शकों को संबोधित कर सकता है। पंद्रह अगस्त को

बाबरी मस्जिद को ढहाते कारसेवक

प्रधानमंत्री लाल किले से जब बोलते हैं तो देश की एक बहुत बड़ी आबादी एक साथ उन्हें देख-सुन रही होती है। यह कमाल केवल टीवी पर हो सकता है। रेडियो आवाज़ तो पहुँचा सकता है मगर छवियाँ नहीं। महाभारत या रामायण धारावाहिक टीवी पर चलता था और पूरा मुल्क उनमें डूब जाता था। सारी गतिविधियाँ ठप पड़ जाती थीं। अगर भारतीय टीम किसी काँटे के मुकाबले में उलझी होती है तो करोड़ों क्रिकेट प्रेमी साँस रोके उसे देखते रहते हैं। ऐसा ही किसी बड़ी, महत्त्वपूर्ण ख़बर के समय होता है। मसलन, 1991 में जब भारत के लोगों ने अयोध्या में बाबरी मस्जिद के गुंबदों पर सवार कारसेवकों को उसे ध्वस्त करते हुए देखा था तो वे सकते में पड़ गए थे। उन्होंने कभी कल्पना भी नहीं की थी कि देश की परंपराओं, सांप्रदायिक भाईचारे, कानून, संविधान और शासन को अँगूठा दिखाते हुए ये लोग ऐसी हरकत कर देंगे जिससे बाद में सैकड़ों जानें जाएँगी और आपसी विश्वास में गहरी दरार पड़ जाएँगी। ये दृश्य आज भी लोगों के दिल-ओ-दिमाग़ पर अंकित हैं और उस हादसे से होने वाले नुक़सान की हमें याद दिलाते रहते हैं।

दृश्यों के अलावा पहुँच अगर टेलीविजन की ताक़त का दूसरा स्रोत है तो उसकी शक्ति का तीसरा ज़रिया है किसी भी घटना का सीधा प्रसारण। दुनिया में कहीं भी कुछ हो रहा हो, आप उसे अपने ड्राइंगरूम में बैठकर देख सकते हैं। इसकी उम्मीद आप किसी और जन माध्यम से नहीं कर सकते। घटनाओं को लाइव देखने का एक अलग रोमांच है। आप एक तरह से उस घटना के प्रत्यक्षदर्शी बन जाते हैं, गवाह बन जाते हैं। दूर अंतरिक्ष में अमेरिकी अंतरिक्ष यान से जब भारतीय मूल की अंतरिक्ष यात्री सुनीता विलियम्स धरती पर स्थित स्टेशन से बात करती है, तो लोग इस चमत्कार से एक तरह से अभिभूत से हो जाते हैं। घटनाओं को इस तरह लाइव देखने का दर्शक पर सबसे ज़्यादा असर पड़ता है, क्योंकि वह उसे खुद देख रहा होता है और अपनी राय स्वयं बना भी रहा होता है। यही वजह है कि टेलीविज़न में लाइव का महत्त्व बेहद अधिक है। टेलीविज़न की इन्हीं खूबियों और शक्तियों ने दुनिया को बदल डाला है। आज अगर हम यह कहते हैं कि दुनिया एक गाँव जैसी हो गई है, ग्लोबल विलेज बन गई है तो उसका एक बड़ा आधार संचार क्रांति है और उसमें भी टेलीविज़न की बड़ी भूमिका है।

टेलीविज़न ने हमारे अंदर एक विश्व नागरिक होने का एहसास भर दिया है। हालाँकि अभी ये उतना पक्का नहीं है मगर यह प्रक्रिया लगातार जारी है और कुछ ही वर्षों में रहा-सहा बेगानापन भी जाता रहेगा। तब दुनिया और भी बदलेगी, क्योंकि हम एक-दूसरे की चिंताओं में साझीदार हो सकेंगे या क्या पता, एक दूसरे की चिंताएँ बढ़ाने में योगदान देंगे। इस प्रक्रिया का एक पक्ष यह भी तो है कि लोग जितना अधिक टीवी से जुड़ रहे हैं, उतना ही समाज और आसपास के परिवेश से कटते भी जा रहे हैं।

टेलीविज़न ने दूरियों के एहसास को काफ़ी हद तक ख़त्म कर दिया है। जब हम विश्व के किसी कोने में घट रही किसी घटना को लाइव देखते हैं, तो हम एक तरह से वहाँ पहुँच जाते हैं। एक अपरिचित देश में घट रही किसी घटना से हम दृश्यों के माध्यम से जुड़ जाते हैं। कई बार तो हम उनको लेकर उतने ही उत्तेजित होते हैं जितने कि आसपास घटने वाली किसी घटना पर। टेलीविज़न ने हमारे अंदर एक विश्व नागरिक होने का एहसास भर दिया है। हालाँकि अभी यह उतना पक्का नहीं है मगर ये प्रक्रिया लगातार जारी है और कुछ ही वर्षों में रहा-सहा बेगानापन भी जाता रहेगा। तब दुनिया और भी बदलेगी, क्योंकि हम एक-दूसरे की चिंताओं में साझीदार हो सकेंगे या क्या पता, एक दूसरे की चिंताएँ बढ़ाने में योगदान देंगे। इस प्रक्रिया का एक पक्ष यह भी तो है कि लोग जितना अधिक टीवी से जुड़ रहे हैं, उतना ही समाज और आसपास के परिवेश से कटते भी जा रहे हैं। उनका मिलना-मिलाना कम हो रहा है, एक दूसरे के दुख-सुख बाँटने का जज़्बा भी कम होता जा रहा है।

लेकिन विश्व स्तर पर ही क्यों—देश, समाज और परिवार के स्तर पर भी क्या टेलीविज़न ने कम बदलाव लाए हैं? आज यह माना जाता है कि बच्चे जितना अपने माँ-बाप और स्कूल-कॉलेज से सीखते हैं, उससे ज़्यादा टेलीविज़न उन्हें सिखाता है। उनका अधिकांश समय टीवी के साथ ही गुज़रता है। टीवी उनकी मानसिकता के निर्माण में महत्त्वपूर्ण भूमिका निभाता है। अब यह ज़रूर है कि टीवी से उन्हें जो मिलता है, उनका चरित्र भी उसी के अनुसार ढल रहा है। टेलीविज़न ने समाज में

एक तरह से ओपिनियन लीडर की हैसियत भी हासिल कर ली है। राजनीतिक, आर्थिक या सामाजिक मसले चाहे जैसे हों, टेलीविज़न न्यूज़ और बहसों के माध्यम से लगातार दर्शकों के विचारों को आकार देता रहता है। वह उनकी राय तैयार करने में ज़बर्दस्त भूमिका निभाता है। अमेरिका के राष्ट्रपति चुनाव में टीवी की भूमिका सर्वविदित है। वहाँ तो कहा जाता है कि राष्ट्रपति का फैसला मतपेटियों से पहले टेलीविज़न के परदों पर हो जाता है। इसलिए टेलीविज़न चैनलों को मैनेज करने और टेलीविज़न चैनलों के ज़रिए मतदाताओं को लुभाने के लिए दोनों प्रमुख पार्टियाँ जी-जान लगा देती हैं। हिंदुस्तान की राजनीति में भी टेलीविज़न का असर लगातार बढ़ता जा रहा है। विभिन्न पार्टियाँ चैनलों पर कवरेज़ पाने के लिए तरह-तरह से जुगत लगाती हैं। उम्मीदवार अपनी रैलियों के कवरेज़ और अपने पक्ष में हवा बनाने के लिए मेज़ के ऊपर और नीचे से बड़ी-बड़ी रकमों का भुगतान करते हैं। अभी इस तरह के अध्ययन हुए नहीं हैं कि टेलीविज़न किस पैमाने पर जनमत की राय बनाता-बिगाड़ता है और चुनाव में किसी पार्टी के जीतने या हारने में उसकी भूमिका कितनी होती है। मगर इस बात से कोई शायद ही इनकार करे कि टीवी में वह ताक़त होती है कि बड़े परिवर्तनों का आधार बन सके। अब टीवी की ख़बरें अख़बारों की तरह नहीं होतीं, जिनकी गूँज एक क्षेत्र विशेष और पढ़े-लिखे तबके में ही होती हो। वह सब तक पहुँचती हैं और सब तक पहुँचाती है। देश या राज्य के एक कोने का गुस्सा बाकी हिस्सों में भी गूँजता है और वहाँ के मतदाताओं की राय पर असर भी डालता है।

चुनाव से इतर भी टेलीविज़न का सीधा हस्तक्षेप विभिन्न तरह से राजनीति पर पड़ता है। नेताओं के स्कैंडल हों या उनकी भ्रष्टाचार गाथाएँ, एक बार टीवी चैनलों पर आ जाती हैं तो फिर उन्हें मुँह छिपाने की जगह नहीं मिलती। पूर्व अमेरिकी राष्ट्रपति बिल क्लिंटन से ज़्यादा इस बात को कौन जानता है कि मोनिका लेविंस्की के साथ उनके संबंधों के खुलासे ने उनकी कितनी फज़ीहत कराई थी। हमारे अपने जनप्रतिनिधि भी इसका स्वाद चख चुके हैं। पैसे लेकर प्रश्न पूछने का मसला हो या फिर सांसद निधि के इस्तेमाल में घपले की ख़बर, जैसे ही चैनलों पर यह आई, उन्होंने समूची संसद को हिलाकर रख दिया। साख तो गई ही, बहुतों को अपनी सदस्यता तक गँवानी पड़ी।

टेलीविज़न का सीधा हस्तक्षेप विभिन्न तरह से राजनीति में पड़ता है। नेताओं के स्कैंडल हों या उनकी भ्रष्टाचार गाथाएँ, एक बार टीवी चैनलों पर आ जाती हैं तो फिर उन्हें मुँह छिपाने की जगह नहीं मिलती। पूर्व अमेरिकी राष्ट्रपति बिल क्लिंटन से ज़्यादा इस बात को कौन जानता है कि मोनिका लेविंस्की के साथ उनके संबंधों के खुलासे ने उनकी कितनी फज़ीहत कराई थी। हमारे अपने जनप्रतिनिधि भी इसका स्वाद चख चुके हैं। पैसे लेकर प्रश्न पूछने का मसला हो या फिर सांसद निधि के इस्तेमाल में घपले की ख़बर, जैसे ही चैनलों पर यह आईं, उन्होंने समूची संसद को हिलाकर रख दिया।

अमेरिका के पूर्व राष्ट्रपति बिल क्लिंटन मोनिका लेविंस्की के साथ

टेलीविज़न की यही शक्तियाँ हैं जिनकी वजह से वे तमाम लोग जो देश और दुनिया पर राज करना चाहते हैं, सबसे पहले टीवी पर नियंत्रण करना चाहते हैं। कई देशों में तो तख़्तापलट करने वालों ने सबसे पहले टीवी स्टेशनों पर कब्ज़ा किया है या सेना को साथ लेने के बाद वे टीवी को हाथ में ले लेते हैं। तख़्तापलट करने के बाद उनके सामने सबसे बड़ी चुनौती जनता को साथ लेने

अबू ग़रीब की जेलों में इराक़ी कैदियों के साथ अमेरिकी फौजी जिस क्रूरता से पेश आए, उनकी तस्वीरों ने दुनिया भर में बुश प्रशासन की इराक़ मुहिम के खिलाफ जनमत तैयार किया। इसके बाद उन्होंने अल जज़ीरा पर लगाम कसने के लिए तमाम तरह के हथकंडे अपनाए। उसके पत्रकारों पर जानलेवा हमले करवाए। कतर के शासक पर दबाव बनाने की कोशिश की कि किसी तरह उनका चैनल बुश प्रशासन की छीछालेदर करने से बाज़ आए, मगर ऐसा हुआ नहीं। यह भी टेलीविज़न की ताकत का दूसरा पहलू है, जहाँ वह एकतरफा सूचना प्रवाह का प्रतिरोध करता हुआ दिखाई देता है।

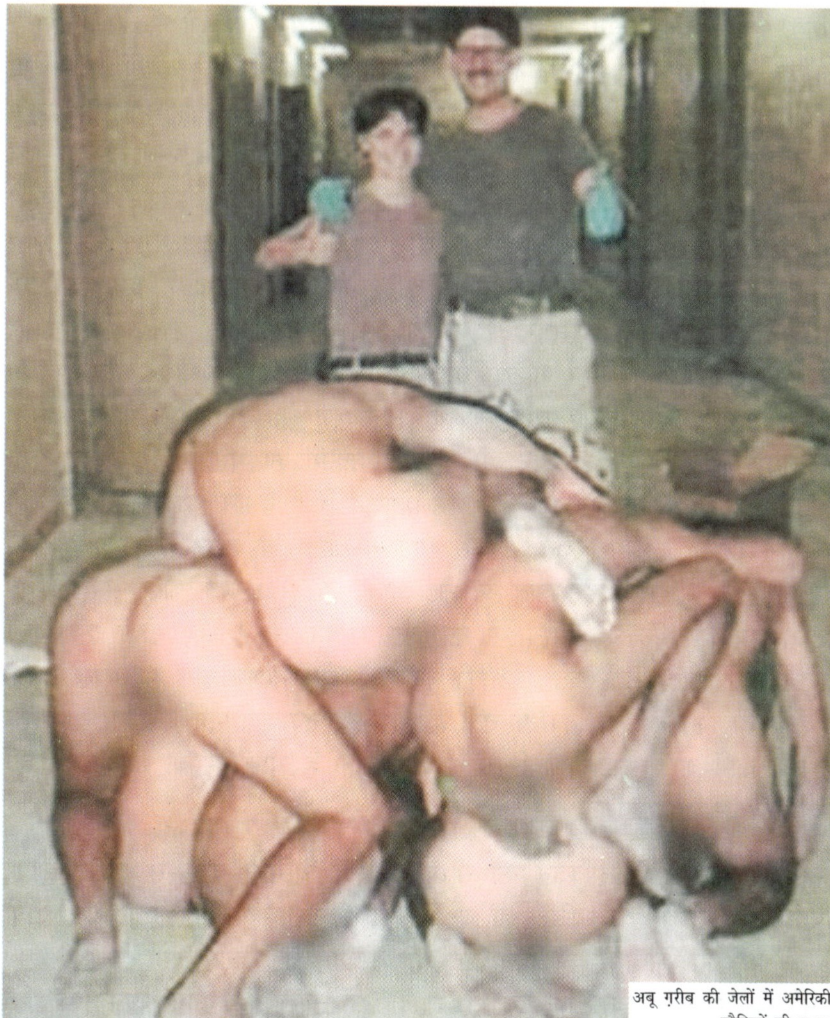

अबू ग़रीब की जेलों में अमेरिकी फौजियों की क्रूरता

की होती है। टेलीविज़न के ज़रिए वे जनमत को प्रभावित-निर्देशित-नियंत्रित कर सकते हैं। इसके अलावा अंतर्राष्ट्रीय स्तर पर राजनीति को प्रभावित-नियंत्रित करने के लिए टीवी का इस्तेमाल होता है। अमेरिकी राष्ट्रपति जार्ज बुश ने इराक़ पर हमला किया और *सीएनएन* की मदद से इस हमले को जायज़ ठहराने की कोशिश की। *सीएनएन* ने इस काम को करने में कोई कोताही भी नहीं की। उसने वही ख़बरें दिखाई जो कि बुश प्रशासन के फैसलों को सही ठहराती हों और अमेरिकी सेना द्वारा किए जा रहे अत्याचारों को सरासर अनदेखा कर देती हों। मगर *अल जज़ीरा* ने उनकी पोल खोल दी। एक के बाद ऐसे रहस्योद्‌घाटन किए कि बुश महाशय को लेने के देने पड़ गए। अबू ग़रीब की जेलों में इराक़ी क़ैदियों के साथ अमेरिकी फौजी जिस क्रूरता से पेश आए, उनकी तस्वीरों ने दुनिया भर

में बुश प्रशासन की इराक़ मुहिम के खिलाफ़ जनमत तैयार किया। इसके बाद उन्होंने *अल जज़ीरा* पर लगाम कसने के लिए तमाम तरह के हथकंडे अपनाए। उसके पत्रकारों पर जानलेवा हमले करवाए। क़तर के शासक पर दबाव बनाने की कोशिश की कि किसी तरह उनका चैनल बुश प्रशासन की छीछालेदर करने से बाज़ आए, मगर ऐसा हुआ नहीं। यह भी टेलीविज़न की ताक़त का दूसरा पहलू है, जहाँ वह एकतरफा सूचना प्रवाह का प्रतिरोध करता हुआ दिखाई देता है। *सीएनएन* और *अल जज़ीरा* की ये भूमिकाएँ साबित करती हैं कि टीवी न्यूज़ चैनलों की क्या ताक़त है। वे सत्ताओं को हिला सकते हैं, हुक्मरानों को झुका सकते हैं। युद्ध के समय तो उनकी भूमिका और भी महत्त्वपूर्ण हो जाती है। वे प्रोपेगंडा के साधन बन जाते हैं, जैसे कि *सीएनएन* बना और करगिल युद्ध के समय भारत के अधिकांश चैनल बन गए थे। शासक उनका इस तरह भी इस्तेमाल कर सकते हैं।

अब ज़रा आर्थिक स्तर पर टेलीविज़न न्यूज़ की ताक़त का जायज़ा लेते हैं। पूँजी के भूमंडलीकरण में टेलीविज़न ने बहुत बड़ी भूमिका अदा की है। उसने दुनिया भर में लोगों के मन में उन उत्पादों और सेवाओं के लिए ललक पैदा की, जिन्हें बहुराष्ट्रीय कंपनियाँ बेचना चाहती थीं, यानी टेलीविज़न ने उनके लिए बाज़ार तैयार किए। आज से दो दशक पहले हिंदुस्तान में न वैसा बाज़ार था, न ही वैसे उपभोक्ता थे जैसे कि आज हैं। 1982 में एशियाड के प्रसारण के समय टीवी रंगीन हो गए थे और उसके बाद से ही उपभोक्ता वर्ग के निर्माण का काम गति पकड़ने लगा था। टीवी पर आने वाले विज्ञापनों ने दर्शकों के मन में तरह-तरह से एक शानदार विलासितापूर्ण ज़िंदगी जीने की आकांक्षाओं को उभारने का सिलसिला शुरू कर दिया। नतीजतन, सौंदर्य प्रसाधन सामग्री की बिक्री में इज़ाफा होने लगा। लोगों में नए उत्पादों और बड़े ब्रांडों को लेकर आकर्षण बढ़ने लगा। सुख-सुविधा और विलासिता के साधन जुटाने की एक होड़ समाज में शुरू हो गई और इसके लिए तमाम तरह के ग़लत-सही तरीके अपनाने के लिए भी लोग तत्पर हो गए। इस भूख ने तमाम मर्यादाओं को तोड़ दिया। लोगों ने बचाने के बजाय खर्चने की संस्कृति को गले लगा लिया। इस तरह एक बड़े मध्यवर्ग का निर्माण भी होने लगा जो कि बाज़ार का सबसे बड़ा लक्ष्य भी था। बहुराष्ट्रीय कंपनियों के लिए यह सुनहरा मौका था। विश्व बैंक, अंतरराष्ट्रीय मुद्राकोष और विश्व व्यापार संगठन आदि की मदद से उन्होंने धावा बोल दिया। परिणाम हम देख ही रहे हैं। और ऐसा नहीं है कि यह केवल भारत में ही हुआ। पूरी दुनिया में यह हुआ है और इस उपभोक्ता क्रांति में टेलीविज़न एक बड़े शस्त्र के रूप में इस्तेमाल हुआ है और हो रहा है।

लोगों ने बचाने के बजाय खर्चने की संस्कृति को गले लगा लिया। इस तरह एक बड़े मध्यवर्ग का निर्माण भी होने लगा जो कि बाज़ार का सबसे बड़ा लक्ष्य भी था। बहुराष्ट्रीय कंपनियों के लिए यह सुनहरा मौका था। विश्व बैंक, अंतर्राष्ट्रीय मुद्राकोष और विश्व व्यापार संगठन आदि की मदद से उन्होंने धावा बोल दिया। परिणाम हम देख ही रहे हैं। और ऐसा नहीं है कि यह केवल भारत में ही हुआ। पूरी दुनिया में यह हुआ है और इस उपभोक्ता क्रांति में टेलीविज़न एक बड़े शस्त्र के रूप में इस्तेमाल हुआ है और हो रहा है।

भारत की आधी से अधिक आबादी अनपढ़ है। ग़रीबों की तादाद उनसे भी ज़्यादा है। आर्थिक विषमता और शोषण तो बेहिसाब है। समाज को बाँटने वाली वर्ण व्यवस्था है। सांप्रदायिक संगठन हैं जो हर घड़ी इस फ़िराक में होते हैं कि कैसे नफरत फैलाकर राजनीति करें और अपने स्वार्थ सिद्ध करें। तमाम तरह की समस्याओं से घिरे इस देश में टेलीविज़न एक प्रगतिशील नेतृत्व प्रदान कर सकता है। वह लोगों को जगाने का काम कर सकता है, उन्हें शोषण और भ्रष्टाचार के ख़िलाफ़ लामबंद करने का काम कर सकता है।

दरअसल, टेलीविज़न एक बहुत बड़ा हथियार है और ये जिसके हाथ में जाता है वह उसे अपने हिसाब से इस्तेमाल कर सकता है। अगर इरादे नेक हैं तो इसका इस्तेमाल अच्छे उद्देश्यों के लिए भी हो सकता है। शुरुआत में हमने गड्ढ़े में गिरे हरियाणा के एक बच्चे का उदाहरण दिया था कि कैसे उस मासूम को लेकर पूरे देश में चिंता व्याप्त हो गई थी और उसे बचाने के लिए सरकारी-गैरसरकारी मशीनरी जुट गई थी। यह टेलीविज़न पर लगातार लाइव प्रसारण की वजह से ही संभव हो सका था। इसी तरह टेलीविज़न की सक्रियता की वजह से कई आपराधिक मामलों में जनता जाग्रत हुई और पुलिस की मिलीभगत से छूट रहे आरोपी फिर से सींखचों के पीछे चले गए। पैसे लेकर सवाल पूछने वाले, कमीशन लेकर ठेके देने वाले और फ़र्जी पासपोर्ट पर लोगों को विदेश ले जाने वाले सांसदों को बेनकाब भी टीवी पत्रकारिता ने किया है। ऐसी और भी बहुत-सी मिसालें दी जा सकती हैं जब टीवी की ख़बरों ने सक्रिय और सकारात्मक भूमिकाएँ निभाई हैं। गुजरात में जब भूकम्प आया था या कुछ साल पहले जब सूनामी की लहरों ने दक्षिण और पूर्व के समुद्री तटों पर तबाही मचाई थी तो टीवी पत्रकारों ने अपनी ख़बरों से ऐसा माहौल बना दिया था कि दूर-दूर से लोग पीड़ितों की मदद करने निकल पड़े थे। दिल्ली में भीषण बम विस्फाटों के बाद भी उन्होंने ज़िम्मेदारी से काम लिया और सांप्रदायिक सद्‌भाव को बढ़ाने की गरज से बहुत-सी अच्छी रिपोर्ट दिखलाईं। कई साल पहले जब देश भर में गणेशजी को दूध पिलाने का उन्माद लोगों के सिर पर सवार था तो टीवी की ख़बरों ने ही इसका पर्दाफाश किया था कि इसमें चमत्कार जैसा कुछ भी नहीं है और इसके अपने वैज्ञानिक कारण हैं।

कुछ समय पहले एक क्षेत्रीय चैनल ने नर्मदा बाँध बनाए जाने की वजह से डूब रहे मध्यप्रदेश के एक छोटे से कस्बे हरसूद की जिस तरह से रिपोर्टिंग की थी, उसने साबित कर दिया था कि अगर चैनल चाहें तो क्या कर सकते हैं। इस चैनल ने विस्थापन और पुनर्वास से जुड़े मसलों पर दो महीने तक आक्रामक ढंग से निरंतर ख़बरें इस तरह दिखाईं कि राज्य सरकार बेनकाब हो गई और मंत्री तथा प्रशासन की तरफ से किए गए दावों की पोल खुल गई। विस्थापितों की पीड़ा लोगों तक पहुँची और पर्यावरण के बारे में लोगों की जागरूकता में इज़ाफा हुआ। भले ही इस तरह के उदाहरण गिनती के हों और इनके पीछे भी रेटिंग आदि का लालच काम कर रहा हो मगर ये बताते हैं कि अगर सामाजिक सरोकारों से जुड़कर टेलीविज़न चल सके, तो वह क्रांतिकारी परिवर्तनों का औज़ार भी हो सकता है।

भारत जैसे देश में तो टेलीविज़न की भूमिका और भी महत्त्वपूर्ण हो जाती है। भारत की आधी से अधिक आबादी अनपढ़ है। ग़रीबों की तादाद उनसे भी ज़्यादा है। आर्थिक विषमता और शोषण तो बेहिसाब है। तरह-तरह की संक्रामक

सूनामी की कहर बरपाती लहरें

बीमारियों से लाखों लोग हर साल मरते हैं। समाज को बाँटने वाली वर्ण व्यवस्था है। हज़ारों किस्म की समाजिक कुरीतियाँ हैं। सांप्रदायिक संगठन हैं जो हर घड़ी इस फ़िराक में होते हैं कि कैसे नफ़रत फैलाकर राजनीति करें और अपने स्वार्थ सिद्ध करें। तमाम तरह की समस्याओं से घिरे इस देश में टेलीविज़न एक

प्रगतिशील नेतृत्व प्रदान कर सकता है। वह लोगों को जगाने का काम कर सकता है, उन्हें शोषण और भ्रष्टाचार के ख़िलाफ़ लामबंद करने का काम कर सकता है। पर्यावरण चेतना फैलाने का काम कर सकता है और लोकतांत्रिक प्रक्रिया को मज़बूत करने में क्रांतिकारी भूमिका निभा सकता है। भारत जैसे देश में टीवी पत्रकारिता और टीवी पत्रकारों के एजेंडे में यही होना चाहिए।

सन् 1959 में जब टेलीविज़न का प्रसारण भारत में शुरू किया गया था, तो इसी इरादे के साथ कि इसे देश के सामाजिक-आर्थिक परिवर्तन में एक सकारात्मक भूमिका निभाना है। इन्हीं उद्देश्यों को ध्यान में रखकर नीतियाँ भी बनीं और विभिन्न कमेटियों ने सुझाव वग़ैरह भी दिए। मगर दुर्भाग्य यह रहा कि सद्भावना पर बाज़ार और मुनाफ़ाख़ोरी हावी होती चली गई। निजी चैनलों के आगमन के बाद ये प्रवृत्ति और भी बढ़ती चली गई और अब तो आलम यह है कि टीवी पर सामाजिक सरोकारों की बात करना पिछड़ापन एवं हास्यास्पद माना जाता है। यह ज़िम्मेदारी पब्लिक ब्रॉडकास्टर यानी प्रसार भारती पर छोड़ दी गई है, जहाँ काम का माहौल ही नहीं है, सरकार और नौकरशाह मिलकर जिसका टेंटुआ दबाए रहते हैं, जो चापलूसों, कामचोरों, अनाड़ियों और रिश्वतख़ोरों का जमावड़ा है और जहाँ अधिकांश लोग किसी प्रतिबद्धता और निष्ठा से काम करने नहीं आते, सिर्फ तनख़्वाह लेने आते हैं। लेकिन शायद सारी अपेक्षाएँ प्रसार भारती से करना उसके साथ भी ज़्यादती ही होगी। आख़िरकार उस पर भी बाज़ार का दबाव है और उस सरकार का भी दबाव है, जिसके अनुदान से यह चलती है।

जो भी हो, टेलीविज़न के आविष्कारकों ने सोचा भी नहीं होगा कि एक दिन उनका खोजा यह बुद्धू बक्सा चुपचाप बिना किसी हिंसा या उथल-पुथल के दुनिया को उलट-पलट देगा। यह उनकी कल्पनाओं से परे रहा होगा कि सदी के अंत तक टेलीविज़न तस्वीरों को महज़ एक जगह से दूसरी जगह तक ले जाने का ज़रिया भर नहीं रह जाएगा, बल्कि यह दुनिया को जोड़ने का, ग्लोबल विलेज की अवधारणा को साकार करने का हथियार बन जाएगा। मगर यह हक़ीक़त है कि टीवी बहुत सारे परिवर्तनों का सूत्रधार बन गया है। उसने एक नए समाज को गढ़ डाला है। यह टीवी समाज टीवी के ज़रिए अपनी जीवन-शैली तय करता है, अपने विचार बनाता है, सपने देखता है। बड़े फलक पर देखें तो टीवी की भूमिका और भी विराट दिखलाई पड़ती है। राष्ट्रीय-अंतर्राष्ट्रीय स्तर पर राजनीति का बहुत बड़ा ज़रिया बन चुका है टीवी। बहुत-सी लड़ाइयाँ टीवी पर लड़ी जा रही हैं, बहुत-से हमले टीवी के ज़रिए हो रहे हैं। ग्लोबल विलेज में विश्व विजय की आकांक्षा रखने वाले देश और बहुराष्ट्रीय कंपनियाँ, टेलीविज़न न्यूज़ की ताक़त का लोहा आज हर कोई मानता है।

03

टीवी न्यूज़ का इतिहास

जॉन लॉगी बेयर्ड

आज टेलीविज़न न्यूज़ का व्यापक फैलाव और गति चकित कर देने वाली है, लेकिन इसकी शुरुआत बहुत धीमे ढंग से हुई थी। पीछे मुड़कर हम देखते हैं तो आज से सौ साल पहले इसका अस्तित्व ही नहीं था और टीवी न्यूज़ का ही क्यों, उस वक्त तो टेलीविज़न का ही वजूद नहीं था। टेलीविज़न उस समय अपने आविष्कार के दौर से ही गुज़र रहा था। अमेरिका और यूरोप के वैज्ञानिक चित्रों को एक जगह से दूसरी जगह भेजने में जुटे हुए थे। और तो और, कुछ ही समय पहले सन् 1900 में रूसी वैज्ञानिक कोंस्तांतिन पेर्स्की ने पहली बार इस तरह के यंत्र के लिए टेलीविज़न शब्द का इस्तेमाल किया था। मगर हाँ, 1922 के आसपास टेलीविज़न की कल्पना साकार रूप लेने लगी थी।

फ्रांसिस जेनकिंस

सन् 1926 में इंग्लैंड के जॉन लॉगी बेयर्ड और अमेरिका के चार्ल्स फ्रांसिस जेनकिंस ने मैकेनिकल (यांत्रिक) टेलीविज़न के ज़रिए चित्रों को एक स्थान से दूसरे स्थान तक पहुँचाना संभव बना दिया। मगर मील का पत्थर बना इलेक्ट्रानिक टेलीविज़न, जो आज के टेलीविज़न का सही मायने में पुरखा है। रूसी मूल के अमेरिकी वैज्ञानिक ब्लादीमिर ज़्वोर्खिन ने सबसे पहले इसका आविष्कार किया, मगर 1927 में केवल इक्कीस साल के फिलो टेलर फार्नस्वर्थ ने सैन फ्रांसिस्को में इलेक्ट्रानिक टेलीविज़न का व्यावसायिक प्रदर्शन किया। मुहावरे में कहें तो फार्नस्वर्थ सही मायनों में गुदड़ी का लाल ही था। वह जिस छोटे से घर में रहता था, उसमें 14 साल की उम्र तक बिजली भी नहीं थी। मगर हाई स्कूल की पढ़ाई

के दौरान ही उसके खोजी दिमाग़ में हलचल मचने लगी थी और उसने टेलीविज़न के बारे में सोचना शुरू कर दिया था। सैन फ्रांसिस्को में उसने केवल एक रेखा के प्रसारण का प्रदर्शन ही किया था। इसके बाद वह अपना एक पुराना-सा कैमरा लिए घूमता था जिस पर डॉलर का निशान बना हुआ था। डॉलर का यह निशान निवेशकों के कहने पर बनाया गया था, जो उससे पूछते रहते थे कि भैया फार्नस्वर्थ तुम्हारा ये अविष्कार कब डॉलर बरसाएगा?

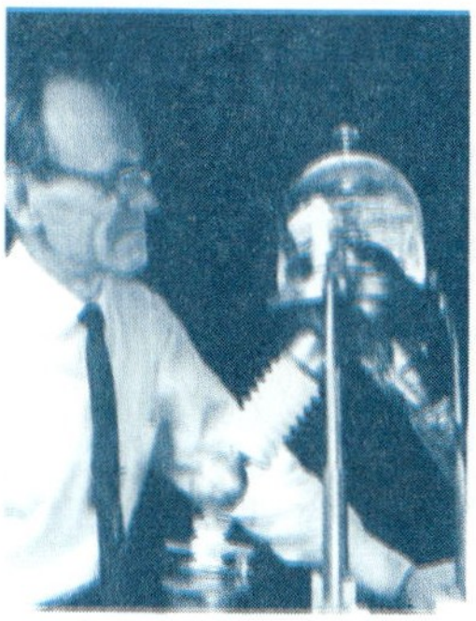

फिलो टेलर फार्नस्वर्थ

फार्नस्वर्थ का अविष्कार आज डॉलर बरसा रहा है। यह और बात है कि इस बारिश में नहाने वाले आविष्कारक नहीं, उद्योगपति हैं। वैसे यह विवादास्पद है कि टीवी का आविष्कार किसने किया। अमेरिकी मानते हैं कि जेनकिंस, ज़्वोर्खिन या फार्नस्वर्थ ने किया था, जापानियों का मत है कि तकायानागी ने किया था, रूसी मानते हैं कि बोरिस रोसिंग आविष्कारक थे, फ्रांसीसियों की धारणा है कि बेलिन और बर्थलेमी ने किया था, पूर्वी यूरोप के लोग वान मिहाली को, जर्मन कारोलस को और ब्रिटेन के लोग अवधारणा के लिए कैम्पबेल-स्विंटन को और व्यावहारिक प्रदर्शन का श्रेय बेयर्ड को देते हैं।

टीवी न्यूज़ का पहला चरण–धीमी शुरुआत

व्लादीमिर ज़्वोर्खिन

लेकिन टेलीविज़न के आविष्कार का यह मतलब नहीं है कि टीवी पर ख़बरों का सिलसिला भी जल्दी ही शुरू हो गया। इसके लिए उसे लगभग चौदह वर्षों का इंतज़ार करना पड़ा। शुरू में तो यह वैसे भी संभव नहीं था, क्योंकि उस समय टीवी नाम का ही टीवी था। उस समय के टेलीविज़न सेट्स में तस्वीरें बहुत छोटी

कोलंबिया ब्रॉडकास्टिंग सर्विस का मुख्यालय

और धुँधली होती थीं। टीवी सेट्स भी गिने-चुने थे और अभी इसे एक जन माध्यम के रूप में विकसित होने में सालों लगने वाले थे। इसीलिए ज़्यादा ज़ोर कम दूरी से सीमित क्षेत्र में सीधे प्रसारण पर ही होता था। चालीस के दशक के अंत तक आते-आते तकनीकी विकास ने टेलीविज़न को सशक्त माध्यम के रूप

में विकसित करना शुरू कर दिया। 1939 में अमेरिकी रेडियो प्रसारण में दबदबा रखने वाली कंपनी आरसीए ने न्यूयॉर्क विश्व मेले के उद्घाटन और राष्ट्रपति फ्रेंकलिन रूज़वेल्ट के भाषण का सीधा प्रसारण किया। इसी साल उसने बेसबॉल के एक मैच का भी प्रसारण किया।

इसी तरह यूरोप में 1930 में अपनी स्थापना के बाद से बीबीसी ने भी छिटपुट प्रसारणों का प्रायोगिक सिलसिला जारी रखा। मोटे तौर पर 1932 में ही बीबीसी

चुनाव प्रचार पर पूर्व अमेरिकी राष्ट्रपति फ्रेंकलिन

टेलीविज़न अस्तित्व में आया और 1936 के आसपास उसके कार्यक्रमों की रूपरेखा उभरनी शुरू हुई। दूसरा विश्व युद्ध छिड़ जाने का असर टेलीविज़न के विकास पर भी पड़ा। सारे प्रयास ठप से पड़ गए। बीबीसी का प्रसारण तो थम ही गया। मगर इसी दौरान टीवी न्यूज़ की शुरुआत हो गई। 1 जुलाई, 1941 को आरसीए के मुख्य प्रतिद्वंद्वी कोलंबिया ब्रॉडकास्टिंग सर्विस ने अपने न्यूयॉर्क टेलीविज़न स्टेशन से रोज़ाना 15 मिनट की न्यूज़ बुलेटिन की शुरुआत कर दी। ज़ाहिर है कि यह बहुत सीमित दर्शकों के लिए ही थी, क्योंकि इसकी पहुँच बहुत नहीं थी और टीवी सेट्स की संख्या भी उस समय बहुत कम थी। ख़बरों का स्तर भी बहुत खराब हुआ करता था। चूँकि विश्व युद्ध का दौर था, इसलिए समाचार वाचक यूरोप के नक्शे पर उँगली रखकर जंग की ख़बरें बताया करता था। मगर आलम यह था कि न तो समाचार वाचक ठीक से नज़र आता था और न ही नक्शा। घटनाओं के वीडियो फुटेज तो खैर होते ही नहीं थे।

टीवी न्यूज़ का दूसरा दौर–रफ़्तार ही रफ़्तार

दूसरे विश्व युद्ध की समाप्ति के बाद टीवी की दुनिया में हलचलें फिर से तेज़ हो गईं। तकनीकी विकास ने एकदम से तेज़ी पकड़ी और 1946 में रंगीन टेलीविज़न के आविष्कार से टीवी ने एक लंबी छलाँग फिर लगाई। तकनीक में आ रहे इन परिवर्तनों का प्रभाव यह हुआ कि टीवी कार्यक्रमों के स्तर में सुधार होने लगा। बेहतर कैमरों और स्पष्ट प्रसारण की वजह से टेलीविज़न लोकप्रिय होने लगा। टेलीविज़न सेट्स की संख्या में आशातीत वृद्धि होने लगी। पहली बार ऐसा लगने लगा कि टेलीविज़न का युग अब शुरू होने वाला है। इन सब परिवर्तनों का कुल प्रभाव यह पड़ा कि टीवी ख़बरों की दुनिया भी क्रांतिकारी ढंग से बदलने लगी। डगलस एडवर्ड *एनसीबीएस न्यूज़* पर तो एनबीसी पर कैमरून स्वेज़ 15-15 मिनट के बुलेटिन प्रस्तुत करने लगे। मज़े की बात यह है कि *एनबीसी* की न्यूज़ में समाचार वाचक जब भी स्क्रीन पर आता था तो उसके हाथ में जलती हुई सिगरेट होती थी। ऐसा इसलिए था क्योंकि ख़बरों की प्रायोजक एक तम्बाखू बनाने वाली कंपनी थी और उसने प्रायोजन के एवज़ में यह शर्त रखी थी। बहरहाल, अभी भी हाल यही था कि ज़्यादातर समय तक समाचार वाचक ही परदे पर बना रहता था, क्योंकि दृश्यों की कमी रहती थी। शुरू में घटनाओं के दृश्यों के लिए टीवी कंपनियां न्यूज़रील बनाने वाली कंपनियों पर ही निर्भर रहती थीं। बीबीसी का प्रसारण तो मुख्य रूप से 1954 तक न्यूज़रील पर ही निर्भर रहा। 1955 में जाकर उसने न्यूज़ के प्रसारण की तरफ़ अपने क़दम बढ़ाए।

साठ के दशक में राष्ट्रपति के चुनाव के नामांकन समारोहों के कवरेज ने टीवी चैनलों को अमेरिकी राजनीति के केंद्र में ला दिया। इसके बाद से दोनों ही राजनीतिक दल टीवी पर खूबसूरत और प्रभावशाली दिखने के प्रति बेहद चौकन्ने हो गए। इस घटना ने टीवी न्यूज़ को भी लोकप्रियता दिलाने में भूमिका निभाई। टीवी की ख़बरों की माँग बढ़ने लगी और उसका प्रभाव क्षेत्र भी लगातार विस्तृत होता चला गया।

टेलीविज़न न्यूज़ के विकास का यह सिलसिला चलता रहा। अमेरिका में राजनीतिक ख़बरों के कवरेज़ ने इसे नया आयाम दिया। साठ के दशक में राष्ट्रपति के चुनाव के नामांकन समारोहों के कवरेज ने टीवी चैनलों को अमेरिकी राजनीति के केंद्र में ला दिया। इसके बाद से दोनों ही राजनीतिक दल टीवी पर खूबसूरत और प्रभावशाली दिखने के प्रति बेहद चौकन्ने हो गए। इस घटना ने टीवी न्यूज़ को भी लोकप्रियता दिलाने में भूमिका निभाई। टीवी की ख़बरों की माँग बढ़ने लगी और उसका प्रभाव क्षेत्र भी लगातार विस्तृत होता चला गया। यूरोप में भी टेलीविज़न के विस्तार के साथ-साथ ख़बरों का महत्त्व बढ़ता गया। बीबीसी के अलावा ढेर सारे टेलीविज़न चैनलों का आगमन हुआ और वे दिन में एक-दो या उससे ज़्यादा न्यूज़ बुलेटिन का प्रसारण करने लगे। 1955 में शुरू हुए आईटीएन ने बीबीसी को तगड़ी चुनौती दी। रेटिंग के मामले में कई बार वह बीबीसी से भी आगे निकल जाता था।

तीसरी दुनिया के देशों में टेलीविज़न ने साठ के दशक के आसपास ही प्रवेश

सीएनएन के प्रमुख टेड टर्नर

किया मगर यह भी प्रायोगिक स्तर पर ही हुआ। इसकी मुख्य वजह यही थी कि टेलीविज़न को विलासिता के रूप में लिया गया। ख़बरों के मामले में तो वे और भी पीछे चल रहे थे, क्योंकि टेलीविज़न 'सामाजिक विकास के औज़ार' की अवधारणा के तहत चलाया जा रहा था। भारत में भी कुछ ऐसा ही आलम था, मगर इसकी चर्चा हम आगे करेंगे।

न्यूज़ चैनलों का आगमन

न्यूज़ के क्षेत्र में लगातार उथल-पुथल बनी रही। टीवी चैनल गिनी-चुनी बुलेटिनों का प्रसारण करते रहे, मगर उनका मुख्य ज़ोर समसामयिक मामलों के कार्यक्रमों पर ज़्यादा रहा। समाचारों और समसामयिक मामलों के विभिन्न तरह के कार्यक्रम बनने और लोकप्रिय होने लगे। टीवी चैनलों पर इस तरह की सामग्री का हिस्सा लगातार बढ़ता चला गया। यह इस बात का संकेत था कि न्यूज़ का एक बड़ा दर्शक वर्ग तैयार हो रहा है। सत्तर के दशक के अंत तक न्यूज़ चैनल के लिए

सीएनएन का न्यूज़ रूम

एक आधार भूमि तैयार हो चुकी थी। इस परिवर्तन और अवसर को सबसे पहले समझा टेड टर्नर ने।

उसने देखा कि उसके जैसे बहुत से लोग घर देर से पहुँचते हैं और तब तक शाम की न्यूज़ ख़त्म हो चुकी होती है। लिहाज़ा उसने सब ख़बरें सब समय के—न्यूज़ फार्मेट के साथ 1980 में केबल न्यूज़ नेटवर्क यानी सीएनएन की शुरुआत कर दी। ज़ाहिर है कि इस न्यूज़ चैनल को असाधारण लोकप्रियता मिलनी शुरू हो गई और जल्दी ही वह नंबर वन चैनल बन गया। सीएनएन ने चौबीस घंटे के इस न्यूज़ चैनल में लगातार ख़बरें देने की नई शुरुआत तो की ही, साथ ही उसने ज़्यादा से ज़्यादा घटनाओं को लाइव दिखाने के इरादे पर भी अमल करना शुरू किया। इसका उसे लाभ भी मिला। 1986 में स्पेस शटल चैलेंजर के दुर्घटनाग्रस्त होने के जीवंत प्रसारण ने उसे दुनिया भर में मशहूर कर दिया। इसके बाद 1990 में खाड़ी युद्ध के दौरान तो उसने जैसे झंडे ही गाड़ दिए। यह एक ऐतिहासिक स्कूप था। बाहरी दुनिया को अमेरिकी बमबारी की शुरुआती तस्वीरें सीएनएन के हवाले से ही देखने को मिली थीं। बग़दाद के होटल अल रशीद से उसके संवाददाताओं बर्नार्ड शॉ, जॉन हालीमन और पीटर अर्नेट ने इस जोखिम-भरे काम को अंजाम दिया। हालाँकि यह भी कहा जाता है कि सीएनएन का यह कवरेज अमेरिकी प्रशासन की मदद से ही संभव हुआ था, क्योंकि जब इतनी भयानक बमबारी हो रही थी तो यह शानदार होटल क्यों बचा रहा? वैसे भी सीएनएन

स्पेस शटल चैलेंजर के दुर्घटनाग्रस्त होने का दृश्य

खाड़ी युद्ध कवर करते सीएनएन के रिपोर्टर एवं कैमरामैन

की छवि काफी हद तक सरकारपरस्त चैनल की रही है। उस पर इस तरह के आरोप लगातार लगते रहे हैं। बहरहाल, खाड़ी युद्ध की बदौलत सीएनएन का नाम दुनिया के काने-कोने में पहुँच गया। वह अमेरिका के तीनों टीवी नेटवर्क में अव्वल तो हो ही गया।

न्यूज़ चैनल स्काई न्यूज़ का स्टूडियो

ब्रिटेन में चौबीस घंटे के न्यूज़ चैनल को शुरू होने में लगभग एक दशक लग गए। मीडिया मुग़ल रूपर्ट मर्डोक ने 1989 में लंदन से स्काई न्यूज़ की शुरुआत कर दी। जल्दी ही यह चैनल भी ब्रिटेन में लोकप्रिय हो गया। इस समय तक बीबीसी न्यूज़ दुनिया भर में अपनी ख्याति जमा चुका था और उसका नेटवर्क भी सीएनएन आदि के मुक़ाबले काफी बड़ा था। उसके पत्रकारों और कर्मचारियों की संख्या भी बहुत ज़्यादा थी मगर इसके बावजूद चौबीस घंटे का चैनल शुरू करने में उसने काफी देर लगाई। बीबीसी का चौबीस घंटे का न्यूज़ चैनल 1997 में जाकर लांच हुआ। इसके तीन साल बाद आईटीएन ने भी न्यूज़ चैनल शुरू किया मगर 2005 में उसे बंद करना पड़ गया।

मीडिया मुग़ल रुपर्ट मर्डोक

यहाँ अंतर्राष्ट्रीय मीडिया जगत में बहुत कम समय में ख्याति प्राप्त करने वाले अल जज़ीरा चैनल का ज़िक्र करना भी ज़रूरी है, क्योंकि पश्चिमी न्यूज़ चैनलों को चुनौती देने का काम उसी ने किया। क़तर की राजधानी दोहा से चलने वाले इस चैनल ने अपनी साहसिक रिपोर्टिंग से दिखा दिया कि पश्चिमी मीडिया कितना पक्षपाती है और वह तीसरी दुनिया के प्रति किस तरह के दुराग्रह रखता है। पश्चिमी देशों के पत्रकार खुलकर स्वीकार करते हैं कि अल जज़ीरा ने पश्चिमी मीडिया को आईना दिखा दिया है। इस चैनल ने अमेरिकी हुकूमत को बुरी तरह बेनकाब कर दिया और ऐसी-ऐसी ख़बरें प्रसारित कीं कि न केवल दुनिया भर में उसकी निंदा-भर्त्सना हुई बल्कि अमेरिका के अंदर भी जनमत उसके विरुद्ध बन गया। अल जज़ीरा का अंग्रेज़ी में अंतर्राष्ट्रीय चैनल भी शुरू हो गया है और पश्चिमी चैनल घबराए हुए हैं कि अब वह एकतरफ़ा ख़बरें कैसे दिखाएँगे।

अरबी भाषा का न्यूज़ चैनल अल ज़ज़ीरा

अल जज़ीरा ने न केवल पश्चिमी मीडिया को चुनौती दी है बल्कि दुनिया-भर को एक राह दिखाने का काम भी किया है। उसने साबित किया है कि पश्चिमी

चैनलों के बरक्स कहीं भी अच्छे चैनल खड़े किए जा सकते हैं और समाचार-स्वतंत्रता के लिए ऐसा किया जाना चाहिए।

दूरदर्शन की ओबी वैन

दूरदर्शन का ज़माना

भारत में टेलीविज़न का आगमन 1959 में ही हो गया था मगर वह एक बहुत ही धीमी और संकोची शुरुआत थी। लगभग हर टेक्नोलॉजी के साथ ऐसा होता है कि वह शुरुआत में महँगी होती है और इसलिए उसे विलासिता से जोड़कर देखा जाता है। भारत में टेलीविज़न के साथ भी यही हुआ। माना गया कि भारत जैसे ग़रीब मुल्क में इसकी कोई उपयोगिता नहीं है क्योंकि यह एक महँगा उपकरण है और इसका खर्च चंद लोग ही वहन कर सकते हैं, यानी इसे विलासिता का साधन मान लिया गया। यह दौर लंबा चला। धीरे-धीरे राय बदलनी शुरू हुई। लेकिन टेलीविज़न समाचारों के पक्ष में राय बनने में बहुत ज़्यादा वक़्त लगा। सन् 1968 में दूरदर्शन पर ख़बरों का प्रसारण शुरू हुआ। उस समय उद्घोषिका का काम कर रही प्रतिमा पुरी पहली समाचार वाचिका बनीं।

हर टेक्नोलॉजी के साथ ऐसा होता है कि वह शुरुआत में महँगी होती है और इसलिए उसे विलासिता से जोड़कर देखा जाता है। भारत में टेलीविज़न के साथ भी यही हुआ। माना गया कि भारत जैसे ग़रीब मुल्क में इसकी कोई उपयोगिता नहीं है क्योंकि यह एक महँगा उपकरण है और इसका खर्च चंद लोग ही वहन कर सकते हैं, यानी इसे विलासिता का साधन मान लिया गया। यह दौर लंबा चला। धीरे-धीरे राय बदलनी शुरू हुई। लेकिन टेलीविज़न समाचारों के पक्ष में राय बनने में बहुत ज़्यादा वक़्त लगा।

दूरदर्शन के इतिहास का बड़ा हिस्सा रेडियो की छाया में बीता है और इसका असर न्यूज़ पर भी पड़ना लाज़िमी था। यही वजह थी कि शुरुआत में दूरदर्शन का नाम आकाशवाणी-दूरदर्शन रखा गया था। ऑल इंडिया रेडियो समाचार सेवा प्रभाग द्वारा इन ख़बरों की स्क्रिप्ट लिखी जाती थी। इसीलिए इन्हें टीवी पर रेडियो समाचार भी कहा जाता था। तकनीकी रूप से भी यह सही था, क्योंकि ख़बरें पढ़ी जाती थीं और दृश्यों के नाम पर स्थिर तस्वीरें दिखाई जाती थीं। दूरदर्शन के दिल्ली केंद्र में एक फोटो लाइब्रेरी में देश-दुनिया के जाने-माने लोगों और प्रमुख स्थलों की तस्वीरें होती थीं और इन्हीं के आधार पर ख़बरें बना ली जाती थीं। बाद में स्क्रिप्ट लेखक रखे गए मगर वे भी एआईआर द्वारा दी गई ख़बरों पर ही काम करते थे और यह सिलसिला अगले कई दशकों तक बदस्तूर जारी रहा।

धीरे-धीरे यह समझ विकसित होने लगी कि टेलीविज़न समाचारों को इस माध्यम के हिसाब से ही गढ़ा जाना चाहिए और इस तरह इसके निर्माण और प्रस्तुतीकरण में परिवर्तन आने शुरू हुए। स्थिर चित्रों की जगह चल-चित्र लेने लगे। फिर बात आगे बढ़ी तो तीन बुलेटिन प्रतिदिन दिखाई जाने लगीं। इनमें से दो हिंदी में होती थीं और एक अंग्रेज़ी में। हिंदी की दो में से एक बुलेटिन स्थानीय समाचारों की होती थी। पेशेवर टीवी पत्रकारों और प्रोड्यूसरों को लेकर समाचार बनाने की नौबत 1977 में जाकर आई।

यह वह दौर था जब ख़बरों का मतलब था–प्रधानमंत्री और सरकार की घोषणाओं और कामकाज का प्रचार-प्रसार। इसलिए पेशेवर पत्रकारों और प्रोड्यूसरों की वजह से भले ही ख़बरों के स्तर और उनके प्रस्तुतीकरण में सुधार हुआ हो मगर कुल मिलाकर रंग-ढंग सरकारी ही था। ख़ैर, समाचारों में क्रमिक विकास जारी रहा। इस बीच कुछ क्षेत्रीय केंद्र शुरू हुए और वहाँ से भी क्षेत्रीय भाषाओं में खबरों का प्रसारण शुरू होने लगा।

अंग्रेज़ी के जाने-माने एंकर और एनडीटीवी प्रमुख प्रणय रॉय

सन् 1982 में एशियाड के रंगीन प्रसारण से टेलीविज़न प्रसारण ने एक नए दौर में प्रवेश किया। दूरदर्शन के कार्यक्रमों की गुणवत्ता में सुधार आना शुरू हुआ। यही काम ख़बरों के मामले में भी हुआ। ख़बरों के कवरेज, पैकेजिंग और प्रस्तुतीकरण पर ध्यान दिया जाने लगा। यही दौर था जब बहुत सारे न्यूज़ रीडर लोकप्रिय हुए और रोल मॉडल बनने लगे। न्यूज़ बुलेटिनों की संख्या में भी इज़ाफ़ा होने लगा। हिंदी के अलावा उर्दू, संस्कृत और क्षेत्रीय भाषाओं में प्रसारित होने वाली बुलेटिन बढ़ती चली गईं।

दूरदर्शन के समाचार केंद्रित कवरेज़ को एक ज़बर्दस्त उछाल मिला चुनाव विश्लेषण के विशेष कार्यक्रमों से। हालाँकि हर दिन प्रसारित होने वाली न्यूज़ बुलेटिनों से इनका कोई सीधा संबंध नहीं था मगर इन कार्यक्रमों ने दिखा दिया कि ख़बरों की दुनिया में क्या खेल हो सकते हैं। प्रणय रॉय और विनोद दुआ के सधे हुए संचालन ने उन्हें देश के सबसे जाने-पहचाने चेहरों में तो शुमार किया ही, समाचार, विचार और विश्लेषण के क्षेत्र में एक नए युग का सूत्रपात भी किया। इस जोड़ी के पहले और बाद में समाचार वाचकों के तौर पर कई धुरंधर आए, उन्होंने भी अपनी पहचान बनाई, लोगों ने उन्हें सराहा भी। मगर इन दो महारथियों ने उस समय जो कर दिखाया, वह उन्हें और उनकी प्रतिष्ठा को एक तरह से स्थायित्व दे गया।

हिंदी के सुपरिचित एंकर विनोद दुआ

अव्वल तो इन्होंने दूरदर्शन के तकनीकी तंत्र का बेहतरीन इस्तेमाल करते हुए देश भर से लाइव कवरेज़ को सफलतापूर्वक अंजाम दिया। दूसरे, देश ने पहली बार शानदार ग्राफिक्स के ज़रिए चुनावी आँकड़ों को देखा और समझा कि चुनाव के अंदर दरअसल क्या कुछ छिपा हुआ है, कैसे उनमें से सरकार निकलती और बनती है। तीसरे, इतने विराट ऑपरेशन को कैसे सँभाला और संचालित किया जाता है, इसकी भी यह कार्यक्रम एक मिसाल था। चौथे, बड़े-बड़े नेताओं को कैसे बराबरी पर रखकर तीखे सवाल-जवाब किए जा सकते हैं, यह इस जोड़ी ने बताया। दूरदर्शन की तमाम सीमाओं के बावजूद एक तरह से यह खरी-खरी पत्रकारिता का भी नमूना थे। इस चुनाव विश्लेषण ने जो मानदंड तब स्थापित

किए थे, आज भी कमोबेश उन्हीं के आधार पर चुनाव-विश्लेषण होता है।

अफ़सोस की बात यह रही कि दूरदर्शन के समाचारों ने इनसे कोई सबक नहीं सीखे। वे अपने ढर्रे पर चलते रहे। उनमें न तेज़ी आई और न ही खरापन। निजी चैनलों के आने तक दूरदर्शन इसी अंदाज़ में चलता रहा। (दूरदर्शन समाचारों पर विस्तार से अगले अध्याय में जानकारी दी गई है।)

देश का पहला न्यूज़ चैनल ज़ी न्यूज़

निजी न्यूज़ चैनलों का दौर

भारत में जैन टीवी के ज़रिए निजी क्षेत्र का ख़बरों की दुनिया में प्रवेश 1994 में हुआ। 13 मार्च, 1995 को ज़ी टीवी पर भी रोज़ शाम ख़बरें प्रसारित होने लगी थीं। ज़ी के समाचार भाषा, शैली और प्रस्तुति के लिहाज़ से दूरदर्शन से अलग पहचान बनाने में कामयाब हुए। शुरुआत में विज़ुअल कवरेज़ के मामले में ये बेहद कमज़ोर थे। भाषा भी इसने हिंदी के बजाय हिंग्लिश रखी जिसकी वजह से हँसी का पात्र बना। मगर फिर भी बड़ी संख्या में दर्शक इसकी तरफ खिंचे। इसकी एक बड़ी वजह यह भी थी कि ये सरकारी नियंत्रण से मुक्त थे। दूरदर्शन की ख़बरें सरकार की मर्ज़ी और सुविधा के हिसाब से तैयार होती थीं जो कि यहाँ नहीं था। हालाँकि निजी निर्माताओं से करेंट अफेयर्स पर दूरदर्शन में कार्यक्रम बनवाए जा रहे थे और उनमें एक हद तक खुलापन और बेबाकी भी होती थी, मगर सरकारी सेंसरशिप उन पर भी लागू होती थी। हर प्रोग्राम पहले दूरदर्शन के अधिकारियों द्वारा देखा जाता था और काट-छाँट के बाद ही वे उन्हें दिखाने की अनुमति देते थे। इस तरह निजी चैनलों में ख़बरों का एक नया आस्वाद दर्शकों को मिलने लगा और वे उनसे जुड़ने लगे।

इसके बावजूद यह कहना ज़रूरी है कि निजी चैनल भी ख़बरों की समझ और प्रस्तुति के मामले में प्रयोग के दौर में ही थे। उन्हें ठीक-ठीक पता नहीं था कि उनके वास्तविक दर्शक कौन हैं, वे क्या चाहते हैं और उन्हें क्या दिखाना ठीक रहेगा। भाषा के मामले में तो भ्रम की स्थिति थी ही। अंग्रेज़ी पत्रकारिता से आए लोग मानते थे कि अंग्रेज़ी मिश्रित हिंदी जिसे हिंग्लिश कहा जाता है, वही लोगों की भाषा है। इस सोच ने ख़बरों को हास्यास्पद भी बना दिया। हालाँकि बाद में यह धारणा टूट गई। ख़बरें भी रिकॉर्डेड होती थीं या लाइव होती भी थीं तो उनमें लाइव इनपुट कुछ नहीं होता था। प्रस्तुति का अंदाज़ कुल मिलाकर दूरदर्शन जैसा ही था।

निजी चैनल भी ख़बरों की समझ और प्रस्तुति के मामले में प्रयोग के दौर में ही थे। उन्हें ठीक-ठीक पता नहीं था कि उनके वास्तविक दर्शक कौन हैं, वे क्या चाहते हैं और उन्हें क्या दिखाना ठीक रहेगा। भाषा के मामले में तो भ्रम की स्थिति थी ही। अंग्रेज़ी पत्रकारिता से आए लोग मानते थे कि अंग्रेज़ी मिश्रित हिंदी जिसे हिंग्लिश कहा जाता है, वही लोगों की भाषा है। इस सोच ने ख़बरों को हास्यास्पद भी बना दिया। हालाँकि बाद में यह धारणा टूट गई।

जनवरी, 1994 को जैन टेलीविज़न शुरू हुआ जो 24 घंटे ख़बरें देने वाला पहला

टेलीविज़न समाचारों को नई दिशा देने वाले एस.पी. सिंह

चैनल भी है। मगर 1 फरवरी, 1999 को ज़ी टेलीफिल्म्स ने चौबीस घंटे का न्यूज़ चैनल शुरू कर दिया जो कि सही मायनों में भारत का पहला न्यूज़ चैनल कहा जा सकता है। इस तरह देश में ख़बरों का संसार अब आकार लेने लगा था। उधर बिज़नेस इंडिया टेलीविज़न यानी बीआई टीवी भी मैदान में उतरने की तैयारी में जुटा था। वह उतरा भी। मगर लंबी तैयारी और अच्छे कार्यक्रमों के बावजूद उसका त्रासद अंत हुआ। बुरा और खर्चीला प्रबंधन उसे ले डूबा। मगर उसने इतना ज़रूर किया कि टीवी न्यूज़ इंडस्ट्री को एक प्रशिक्षित वर्क फोर्स उपलब्ध करवा दी। बीआई टीवी के इस असमय अंत ने चैनल लाने वालों को सावधान भी कर दिया कि अगर चैनल चलाना है तो किन चीज़ों का ध्यान रखा जाना चाहिए।

लेकिन टीवी न्यूज़ को सही मायनों में अगर किसी ने निर्णायक रूप से मोड़ दिया तो 17 जुलाई, 1995 को शुरू हुई 'आजतक' की बीस मिनट की बुलेटिन ने। हालाँकि यह बुलेटिन दूरदर्शन पर ही प्रसारित होती थी और काट-छाँटकर दिखाई

जाती थी, फिर भी ख़बरों के चयन और उन पर संपादकीय पकड़ की वजह से वह फौरन ही हिट हो गई। यह बुलेटिन टेलीविज़न की बहुत सारी कसौटियों पर खरी नहीं उतरती थी, मगर दर्शकों की नब्ज़ की सही पहचान ने इसे बेहद लोकप्रिय बना दिया। स्व. सुरेन्द्र प्रताप सिंह एवं क़मर वहीद नक़वी के नेतृत्व में शुरू हुई 'आजतक' की बुलेटिन की इस लोकप्रियता ने कई भ्रम एकदम से तोड़ दिए। पहला तो यह कि चाहे समाचार जगत हो या फिर विज्ञापन की दुनिया, सब जगह यह धारणा जड़ जमाए हुई थी कि अंग्रेज़ी में ही सर्वश्रेष्ठ काम हो सकता है और वही बिकती है। आज तक के हिंदी समाचार जैसे-जैसे लोकप्रिय होते गए, वैसे-वैसे अंग्रेज़ी के पैरोकारों के हौसले पस्त होते चले गए। दूसरी बड़ी बात 'आजतक' की सफलता से यह स्थापित हुई कि देश के अधिकांश हिस्से में अगर न्यूज चैनल सफल हो सकते हैं तो वे हिंदी भाषा के ही।

मगर 1998 में आए स्टार न्यूज़ को यह बात समझ में नहीं आई थी। दरअसल, उसे शुरू करने वालों में अंग्रेज़ीदाँ और अंग्रेज़ी मानसिकता के लोग ही थे। उन्होंने बीच का रास्ता अपनाने की कोशिश की। चैनल को हिंदी और अंग्रेजी दोनों में यानी द्विभाषी बना दिया। हिंदी इसमें अंग्रेज़ी की चेरी थी, क्योंकि ज़्यादातर ख़बरें अंग्रेजी से अनुवाद होती थीं और यह चैनल में साफ़ तौर पर दिखाई देता था। यही वजह है कि उसे हिंदी दर्शकों में वह स्वीकार्यता नहीं मिली जो कि तब तक ज़ी न्यूज़ को मिल चुकी थी और 31 दिसंबर, 2000 को शुरू हुए 'आजतक' के चौबीस घंटे के चैनल को मिली। यही नहीं 14 अप्रैल, 2003 में एनडीटीवी ने जब चौबीस घंटे का अलग से हिंदी चैनल एनडीटीवी इंडिया शुरू किया तो वह भी चल पड़ा और स्टार न्यूज़ का भी पूरी तरह हिंदी चैनल आते ही दौड़ने लगा।

यहाँ सवाल सिर्फ भाषा का ही नहीं है। भाषा तो ज़रिया साबित हुई एक मानसिकता को तोड़ने की। उस मानसिकता को तोड़ने की जो मानती थी कि हिंदी पत्रकारिता और हिंदी पत्रकार दोयम दर्ज़े के हैं। इस मानसिकता के टूटने से बहुत कुछ टूटा। टीवी समाचारों में जो उच्चवर्गीयता या आभिजात्यता काबिज़ थी, वह काफ़ी हद तक हटी। हिंदी पत्रकारों का आत्मविश्वास बढ़ा और वे दिखाने लगे कि अंग्रेज़ी पत्रकारों से भी बेहतर काम कर सकते हैं। इसका नतीजा यह निकला कि टीवी न्यूज़ बदलने लगी। उसका मुहावरा आकार लेने लगा जो कि ज़्यादा देसी और ज़मीन से जुड़ा हुआ था।

ख़बरों के नए मुहावरे

आजतक ने ख़बरों का जो मुहावरा गढ़ा, वह था सबसे तेज़ का। उसने सबसे

पहले टेलीविज़न की इस ताक़त का इस्तेमाल किया कि उसके ज़रिए फौरन समाचार दिए जा सकते हैं। नतीजा यह निकला कि ख़बरों को जल्दी से जल्दी या यों कहें कि सबसे पहले दर्शकों तक पहुँचाने के मामले में उसने काफी चैनलों को पीछे छोड़ दिया। वह दर्शकों के दिमाग़ में ये बैठाने में कामयाब हो गया कि अगर सबसे पहले कोई ख़बर दे सकता है तो वही। तेज़ी के साथ-साथ उसने ख़बरों को विस्तार से देना भी शुरू किया, यानी किसी भी महत्त्वपूर्ण घटना का सबसे विस्तृत कवरेज वही दे सकता है उसने यह भी स्थापित कर दिया। इन खूबियों ने उसे पहले पायदान पर बैठा दिया। हालाँकि पहले आने का लाभ तो उसे मिला ही मगर केवल इसी आधार पर ही आगे नहीं बना रहा। वह टीवी न्यूज़ इंडस्ट्री में ट्रेंड सेटर हो गया। सभी चैनल उसके नक्शे क़दम पर चलने को बाध्य हो गए। बाद में आने वाले चैनल तो उसके जैसा बनने की होड़ में ही शामिल हो गए। आजतक के बरक्स एनडीटीवी हिंदी समाचारों की एक दूसरी धारा है। इसमें ज़्यादा संतुलन है, दिखावटी आक्रामकता नहीं है और दृश्यों के लिहाज़ से कहीं बेहतर समझ और प्रस्तुति है। तुलनात्मक दृष्टि से कलेवर में गहराई ज़्यादा है और सनसनी से स्पष्ट परहेज़ है। कार्यक्रमों में विविधता इसकी विशेषता है। इसीलिए यह चैनल ज्यादा परिपक्व नज़र आता है और इसका दर्शक वर्ग भी इसी के अनुरूप है। स्टार न्यूज़ आज तक के फार्मूले पर ही शुरू हुआ था मगर धीरे-धीरे उसने भी अपना एक फार्मूला गढ़ना शुरू कर दिया। उसने सनसनी को अपना हथियार बनाया। ख़बरों को सनसनी बनाकर आक्रामक अंदाज़ में पेश करने के उसके अंदाज़ ने उसे एक नया दर्शक वर्ग दिया। विषयों के चुनाव में भी उसने एक अलग रुख़ अपनाया। उसने ख़बरों को उनकी न्यूज़ वैल्यू के बजाय जनरुचि की कसौटी पर दिखाना शुरू किया। हालाँकि यह पहले भी हो रहा था मगर स्टार न्यूज़ ने इस फार्मूले को बड़े पैमाने पर आज़माना शुरू कर दिया। इसका उसे लाभ भी मिला।

स्थानीय एवं क्षेत्रीय चैनल

जहाँ राष्ट्रीय स्तर पर न्यूज़ चैनलों की संख्या में लगातार इज़ाफ़ा होने लगा, वहीं स्थानीय और क्षेत्रीय स्तर पर भी टेलीविज़न न्यूज़ का विस्तार होने लगा। दूरदर्शन पहले ही क्षेत्रीय स्तर पर चैनल लाने लगा था, मगर ये न्यूज़ चैनल नहीं थे। इनमें एकाध बुलेटिन ही क्षेत्रीय भाषा में होती थी। निजी क्षेत्र में क्षेत्रीय चैनलों की पहल सर्वप्रथम दक्षिण भारत में ही हुई। एशियानेट, सन टीवी वग़ैरा ने बहुत जल्दी अपने पैर जमा लिए। हैदराबाद में ईनाडु टीवी ग्रुप ने एक साथ कई क्षेत्रीय चैनलों की शुरुआत कर दी। ये चैनल पूरी तरह से न्यूज़ चैनल नहीं थे। इनमें

ख़बरों के साथ मनोरंजक कार्यक्रमों का तालमेल बैठाया गया था। मगर कई हिंदीभाषी राज्यों के लिए अलग-अलग चैनल लाकर इसने इस क्षेत्र में टीवी न्यूज़ को निचले स्तर तक पहुँचाने में महत्त्वपूर्ण भूमिका अदा की। यहाँ हमें दूरदर्शन के क्षेत्रीय प्रसारणों को भी नहीं भूलना चाहिए क्योंकि इस मामले में उनकी भी एक बड़ी भूमिका रही है।

इसी के समानांतर स्थानीय स्तर पर टीवी न्यूज़ की दुनिया गढ़ी जा रही थी। ज़ी टेलीफिल्म्स ने सिटी केबल के नाम से बहुत पहले ही स्थानीय स्तर की छोटी-छोटी ख़बरों को दिखाने का सिलसिला शुरू कर दिया था। हालाँकि यह न्यूज़ चैनल नहीं था और इसमें मनोरंजन तथा समसामयिक कार्यक्रमों का मिश्रण होता था। फिर भी एक या दो बुलेटिन भी स्थानीय स्तर की ख़बरों के महत्त्व को रेखांकित कर रही थीं। तमाम शहरों में केबल ऑपरेटर इस तरह की बुलेटिन दिखाने की कवायद में लगे हुए थे और उन्हें इसके लिए दर्शक तथा विज्ञापनदाता भी मिलने लगे थे। फिर एक समय ऐसा भी आया जब स्थानीय स्तर पर केबल के ज़रिए ही चौबीस घंटे न्यूज चैनलों का प्रसारण होने लगा। मध्यप्रदेश के भास्कर समूह ने इंदौर, भोपाल और फिर जयपुर में यह प्रयोग सफलता के साथ किया।

इस दिशा में सबसे बड़ा परिवर्तन तब आया जब सहारा समूह ने अपने क्षेत्रीय चैनल शुरू किए। इस समूह ने राज्य स्तर पर बड़ा तंत्र खड़ा किया। जगह-जगह ब्यूरो खोले, ढेर सारे संवाददाता रखे, स्टूडियो बनाए, जहाँ से किसी भी समय लाइव किया जा सकता था। ओबी वैन तैनात कीं। इस तरह पहली बार क्षेत्रीय स्तर पर राष्ट्रीय स्तर के चौबीस घंटे के न्यूज़ चैनलों की शुरुआत हुई। सहारा का सबसे पहले उत्तरप्रदेश चैनल आया जिसने शुरुआती झटकों के बाद अपनी जगह बना ली और राष्ट्रीय स्तर के चैनलों को चुनौती देने लगा। इसके बाद आया मध्यप्रदेश, छत्तीसगढ़ चैनल जो आते ही छा गया।

सबसे बड़ा परिवर्तन तब आया जब सहारा समूह ने अपने क्षेत्रीय चैनल शुरू किए। इस समूह ने राज्य स्तर पर बड़ा तंत्र खड़ा किया। जगह-जगह ब्यूरो खोले, ढेर सारे संवाददाता रखे, स्टूडियो बनाए, जहाँ से किसी भी समय लाइव किया जा सकता था। ओबी वैन तैनात कीं। इस तरह पहली बार क्षेत्रीय स्तर पर राष्ट्रीय स्तर के चौबीस घंटे के न्यूज़ चैनलों की शुरुआत हुई। सहारा का सबसे पहले उत्तरप्रदेश चैनल आया जिसने शुरुआती झटकों के बाद अपनी जगह बना ली और राष्ट्रीय स्तर के चैनलों को चुनौती देने लगा। इसके बाद आया मध्यप्रदेश-छत्तीसगढ़ चैनल जो आते ही छा गया।

सहारा ने शहर केंद्रित चैनल के रूप में पहले मुंबई में शुरुआत की मगर वह बुरी तरह से पिट गया। इस मामले में उसका दिल्ली-एनसीआर चैनल बेहतर रहा, हालाँकि तमाम संसाधनों के बावजूद शुरुआत में वह फिसड्डी रहा। दिल्ली से ही शुरू हुए टोटल टीवी ने कम खर्चे में अच्छे ढंग से खुद को प्रस्तुत किया। इन सबके बाद आया एस-1। इसकी शुरुआत धमाकेदार रही और इसने सब चैनलों को पीछे छोड़ दिया। मगर बाद में राष्ट्रीय चैनल का चोला धारण करते ही इसने अपनी पहचान खो दी। आजतक ने भी दिल्ली को केंद्रित करके अपना चैनल शुरू किया। दिल्ली आजतक ने अपनी शुरुआत के कुछ हफ्तों के अंदर ही

सबको पछाड़ दिया और दिल्ली पर अपनी बादशाहत कायम कर ली।

क्षेत्रीय एवं स्थानीय चैनलों का यह दौर तेज़ हो गया है। ढेर सारे चैनल अब कतार में हैं। इसकी सबसे बड़ी वजह टेक्नोलॉजी का सस्ता होना और कम पूँजी में भी चैनल को चला पाना संभव होना है। इसके अलावा चैनल लाने वालों ने चैनलों को चलाने के नए आर्थिक मॉडल भी ढूँढ़ लिए हैं। इनमें विज्ञापनों के ज़रिए होने वाली आय से लेकर ब्लैकमेलिंग और पीत पत्रकारिता तक सब कुछ शामिल हैं।

मोटी बात यह है कि इन चैनलों ने ख़बरों के मुहावरे को और भी देसी रूप दे दिया है। अब छोटी-छोटी ख़बरें भी चैनलों में जगह पाने लगी हैं। स्थानीय समस्याएँ और सरोकार उभरकर आने लगे हैं। ख़बरों की भाषा भी उसी के अनुरूप ढल रही है। कई लोगों को शिकायत हो सकती है कि ख़बरों का स्तर गिर गया है। यह सही भी हो सकता है, क्योंकि इतनी बड़ी तादाद में प्रशिक्षत पत्रकार और टेक्नीशियन उपलब्ध नहीं हैं और संपादकीय दृष्टि का भी अभाव है। फिर भी टेलीविज़न न्यूज़ का विस्तार तो हो ही रहा है।

आज हालात बदल गए हैं। हर स्तर पर लागत में गिरावट आई है। छोटे-छोटे ढेरों प्रशिक्षण संस्थान खुल गए हैं जिनकी वजह से मैन पावर बहुत सस्ता हो गया है। अब छोटे चैनल कुछ करोड़ रुपए में भी शुरू किए जा रहे हैं और उनको चलाने का खर्च भी बहुत कम कर लिया गया है।

समाचार क्रांति का युग

एक साथ कई न्यूज़ चैनलों के आने से एक तरह की समाचार क्रांति ने आकार ले लिया। ख़बरों और ख़बरिया चैनलों की धूम मच गई। यह धूम महानगरों और

बड़े शहरों भर में ही नहीं मची छोटे-छोटे कस्बों और गाँव तक में फैल गई। हर चैनल को अपना राष्ट्रव्यापी समाचार संकलन तंत्र खड़ा करना था, इसलिए उसने जगह-जगह ब्यूरो खोले, संवाददाताओं की नियुक्तियाँ कीं। अंशकालिक संवाददाताओं की एक बड़ी फौज खड़ी हो गई और धीरे-धीरे हर तरफ कैमरे नज़र आने लगे। यह लगभग प्रिंट माध्यम के विस्तार की तर्ज़ पर ही हो रहा था। फ़र्क केवल यह था कि जहाँ प्रिंट में एक कलम से काम हो जाता था और दो पन्नों का अख़बार भी ट्रेडल प्रेस पर छपकर ख़बरें और विचार लोगों तक पहुँचा देता था, वहीं इलेक्ट्रॉनिक मीडिया के लिए कैमरे और चैनल की अनिवार्यता थी जो कि खर्चीला काम था। मगर पिछले पाँच-सात वर्षों में टेक्नोलॉजी भी सस्ती और सुलभ हो गई है। पहले पाँच से पंद्रह लाख के कैमरे ज़रूरी होते थे मगर अब बीस-पच्चीस हज़ार के कैमरों से काम चल रहा है। कुछ सालों पहले तक चैनल लाने के लिए कम से कम पचास करोड़ रुपए की लागत अनिवार्य मानी जाती थी और रोज़मर्रे का भारी-भरकम खर्च अलग होता था। मैन पावर बहुत कम था इसलिए बहुत महँगा भी था। मगर आज हालात बदल गए हैं। हर स्तर पर लागत में गिरावट आई है। छोटे-छोटे ढेरों प्रशिक्षण संस्थान खुल गए हैं जिनकी वजह से मैन पावर बहुत सस्ता हो गया है। (इसकी एक वजह भारत में असाधारण बेरोज़गारी और लोगों में टीवी चैनलों में काम करने की दीवानगी भी है।) अब छोटे चैनल कुछ करोड़ रुपए में भी शुरू किए जा रहे हैं और उनको चलाने का खर्च भी बहुत कम कर लिया गया है। केबल ऑपरेटर तो और भी कम खर्चे और थोड़े से संसाधनों में स्थानीय स्तर पर न्यूज़ कवरेज करके दिखाते हैं।

पिछले एक दशक में टीवी न्यूज़ के इतिहास ने जिस तरह से करवट ली है, उसे समाचार क्रांति ही कहा जा सकता है। टीवी ख़बरों का पूरा परिदृश्य बदल गया है, टीवी चैनलों का अर्थशास्त्र बदल गया है और टीवी देखने वालों की आदतें भी। यह परिवर्तन रुका नहीं है। इतिहास का पहिया लगातार घूम रहा है।

04

दूरदर्शन समाचारों में सरकार-दर्शन

दुनिया-भर में आज टेलीविज़न का सबसे महत्त्वपूर्ण कार्यक्रम समाचार हो गए हैं। समाचारों के साथ ही, उनसे जुड़े हुए 'सामयिक' कार्यक्रम और विशेष रिपोर्टें भी टेलीविज़न में ख़ास अहमियत रखती हैं। इन्हीं का एक हिस्सा, चुनाव-सम्बन्धी कवरेज़, चुनाव-सर्वेक्षण एवं चुनाव-विश्लेषण भी कहे जा सकते हैं। पूरी दुनिया में सैटेलाइट टीवी के जरिए चौबीसों घंटे समाचारों के न्यूज़ चैनलों के आ जाने के बाद से तो टेलीविज़न का मतलब ही हो गया है 'न्यूज़' अथवा 'समाचार'! भारत भी इसका अपवाद नहीं है। इसलिए दूरदर्शन के इतिहास पर एक नज़र डालते हुए दूरदर्शन समाचारों पर अलग से विचार करना बेहतर समझा गया। वैसे भी, एक टेलीविज़न पत्रकार का सबसे ज़्यादा सरोकार समाचारों से ही होता है। यही उसकी वास्तविक ज़मीन है; और यहीं उसे अपनी प्रतिभा, दक्षता, सृजनात्मक कौशल और समूची क्षमताओं का 'लिटमस टेस्ट' देना पड़ता है। इस परीक्षा में पूरी तरह खरा साबित होने के बाद ही कोई व्यक्ति टेलीविज़न पत्रकार माना जा सकता है।

समाचारों की संकुचित समझ

भारत में जब 1959 में टेलीविज़न की शुरुआत हुई, तो पश्चिमी देशों में टेलीविज़न का न केवल काफ़ी विकास हो चुका था, बल्कि समाचारों के क्षेत्र में भी उसने

पर्याप्त अनुभव और ख़ासी दक्षता हासिल कर ली थी। टेलीविज़न न्यूज़ सूचना-संप्रेषण का सबसे प्रमुख माध्यम बन चुकी थी। संयुक्त राष्ट्र के मानव-अधिकारों के घोषणा-पत्र में यह ऐलान किया गया है कि "प्रत्येक व्यक्ति को अपने विचारों को स्वतन्त्रतापूर्वक अभिव्यक्त करने का हक़ है। अभिव्यक्ति की स्वतन्त्रता के इस अधिकार में बिना किसी भी तरह के हस्तक्षेप, किसी भी माध्यम से अपना मत व्यक्त करने तथा स्वतन्त्रतापूर्वक विचार और सूचना की खोज करने एवं उसे हासिल करने तथा उसके संप्रेषण का अधिकार शामिल है।" हमारा संविधान भी अभिव्यक्ति की स्वतन्त्रता के अधिकार को भारतीय नागरिकों के मौलिक अधिकारों में शामिल करता है। लेकिन इतने विलम्ब से और इतना हिचकिचाते हुए, बड़े ही सीमित ढंग से यहाँ टेलीविज़न की प्रयोगात्मक शुरुआत हुई, तो उसमें समाचारों को कोई स्थान नहीं दिया गया था। कालान्तर में, जब 1961 से टेलीविज़न की इस प्रयोगात्मक सेवा को स्थायी और 1965 से दैनिक प्रसारण के रूप में नियमित किया गया, तब भी समाचारों के बारे में नहीं सोचा गया। टेलीविज़न तब रेडियो (आकाशवाणी : AIR) का एक छोटा-सा विभाग था। शायद तब ऐसी धारणा रही हो कि रेडियो तो बड़े पैमाने पर सूचना-संप्रेषण और समाचारों के प्रसारण का एक शक्तिशाली माध्यम है ही, जिसकी पहुँच भी देश में दूर-दूर तक जनता के व्यापकतम समुदायों के बीच है। ऐसे में अत्यन्त सीमित दायरेवाले इस मामूली-से 'डिब्बे' की क्या बिसात! क्या पिद्दी और क्या पिद्दी का शोरबा!

टेलीविज़न तब रेडियो (आकाशवाणी : AIR) का एक छोटा-सा विभाग था। शायद तब ऐसी धारणा रही हो कि रेडियो तो बड़े पैमाने पर सूचना-संप्रेषण और समाचारों के प्रसारण का एक शक्तिशाली माध्यम है ही, जिसकी पहुँच भी देश में दूर-दूर तक जनता के व्यापकतम समुदायों के बीच है। ऐसे में अत्यन्त सीमित दायरेवाले इस मामूली-से 'डिब्बे' की क्या बिसात! क्या पिद्दी और क्या पिद्दी का शोरबा!

कहना न होगा कि यह समझ न केवल तब के राजनीतिक नेतृत्व की थी, बल्कि उसकी नीतियों और फ़ैसलों को अमल में उतारनेवाली नौकरशाही के भारी अमले की भी तकरीबन यही सोच थी। लेकिन श्रीमती इन्दिरा गांधी ने पहले सूचना एवं प्रसारण मन्त्री, फिर प्रधानमन्त्री के रूप में धीरे-धीरे इस सोच को बदला। इस बदलाव को लाने में विख्यात अन्तरिक्ष विज्ञानी और विचारक डॉ. विक्रम साराभाई-जैसे बुद्धिजीवियों और इन्द्रकुमार गुजराल-जैसे राजनेताओं की भी बड़ी भूमिका थी। गुजराल इन्दिरा सरकार में सूचना एवं प्रसारण मन्त्री थे। इन दोनों के माध्यम से, देश के प्रगतिशील बुद्धिजीवियों और संस्कृतिकर्मियों की सोच, इस सकारात्मक परिवर्तन की प्रेरक बनी। विक्रम साराभाई का कहना था कि "किसी भी विकासशील देश में विकास का प्राथमिक चरण सूचना का संचार है" और "जन-शिक्षण की प्रक्रिया, मूलतः और प्रथमतः, सूचना के संचार और हस्तान्तरण की प्रक्रिया ही है।"[1] बहुत विलम्ब से ही सही, लेकिन अन्ततः टेलीविज़न में, 1968 से, समाचारों के प्रसारण की शुरुआत हुई। तब के एकमात्र दिल्ली केन्द्र से 15-15 मिनट के हिन्दी और अंग्रेज़ी के दो बुलेटिनों के रूप में। शीघ्र ही, 1972 में बम्बई केन्द्र तथा 1973 और '74-'75 में क्रमशः श्रीनगर, अमृतसर, पुणे, जालंधर, कलकत्ता, मद्रास और लखनऊ

आदि केन्द्रों की शुरुआत के बाद वहाँ से भी समाचार टेलीकास्ट किए जाने लगे। बाद में, 'साइट' के प्रयोग के दौरान और उसके उपरान्त भी, अन्य कई नए टेलीविज़न केन्द्र और स्टूडियो केन्द्र बने, जहाँ से हिन्दी और अंग्रेज़ी समाचारों के अलावा क्षेत्रीय भाषाओं के न्यूज़ बुलेटिन भी प्रसारित किए जाने लगे।

विश्वसनीयता का अभाव

यहाँ इस तथ्य का उल्लेख आवश्यक है कि टेलीविज़न के पास आरम्भ से ही अपना कोई समाचार विभाग या संवाददाता नहीं थे। वह रेडियो के अन्तर्गत था और ऑल इंडिया रेडियो के समाचार प्रभाग से जो ख़बरें उसे मिलती थीं, उन्हें ही शुद्ध रेडियो की ख़बरों की तरह 'पढ़' दिया जाता था। टेलीविज़न की ख़बरें सबसे पहले और मूलतः 'दृश्यात्मक' होती हैं, यह समझ वहाँ शायद किसी को नहीं थी। टेलीविज़न के अपने टीवी पत्रकार तो थे नहीं, कुल-मिलाकर रेडियो का 'स्टाफ़' था और उनके ऊपर अधिकारियों और नौकरशाहों की नीचे से ऊपर तक, परत-दर-परत विशाल भीड़ थी। बाबुओं की भीड़ का 'पिरामिड' अपनी 'बाबूगीरी' में तो माहिर था, लेकिन एक दृश्य-श्रव्य माध्यम के रूप में टेलीविज़न के विशिष्ट चरित्र से बिलकुल ही अनजान था। वह कुछ जानना, समझना और सीखना भी नहीं चाहता था। वह तो बस अपनी मूढ़ता और अहंकार में इतराता हुआ, राजनीतिक नेतृत्व की जी-हज़ूरी में बिछा रहता था। रेडियो के समाचार की तरह टेलीविज़न में भी 'न्यूज़' का अर्थ उसके लिए सत्ताधारी दल के प्रचार के अलावा और कुछ नहीं था। पेशेवराना दक्षता और पत्रकारिता के विशिष्ट कौशल की उम्मीद करने का तो कोई सवाल ही नहीं था। कोई भी महत्त्वपूर्ण ख़बर जब तक नीचे से ऊपर तक इस 'बाबू-डोम' से 'ओके' नहीं हो जाती थी और उसे कैसे प्रसारित किया जाए, इसका संकेत राजनीतिक आकाओं से नहीं मिल जाता था, तब तक वह ख़बर रेडियो और टेलीविज़न से प्रसारित नहीं हो सकती थी। इस प्रसंग में, कभी-कभी बुद्धि-विवेकहीन बाबुओं से अति-उत्साह में उल्टी-पुल्टी और बेहद हास्यास्पद हरकतें भी हो जाती थीं।

आरंभिक वर्षों में दूरदर्शन का न्यूज़ स्टूडियो

अगर सिर्फ चन्द मिसालें ही गिनानी हों, तो दो प्रधानमन्त्रियों की मृत्यु और दो अन्य बड़े नेताओं की झूठी 'मृत्यु' की ख़बरों पर ग़ौर किया जा सकता है। प्रधानमन्त्री जवाहरलाल नेहरू की मृत्यु दिल का दौरा पड़ने के बाद 27 मई 1964 को सुबह 6 बजे ही हो गई थी। लेकिन आकाशवाणी ने यह सूचना दोपहर 2.25 पर दी। प्रधानमन्त्री श्रीमती इन्दिरा गांधी की हत्या 31 अक्टूबर, 1984 को सुबह 9.30 बजे हो गई थी और कुछ देर बाद ही ऑल इंडिया इंस्टीट्यूट ऑफ़ मेडिकल साइंसेज़

के डॉक्टरों ने उन्हें मृत घोषित कर दिया था। लेकिन आकाशवाणी और दूरदर्शन ने यह ख़बर शाम को प्रसारित की, जबकि पूरी दुनिया बहुत पहले ही इस ख़बर को जान चुकी थी। ख़ुद राजीव गांधी ने यह ख़बर सबसे पहले बी.बी.सी. से सुनी थी। यही बात राजीव गांधी की हत्या की ख़बर प्रसारित करने में की गई अनावश्यक देरी के सन्दर्भ में भी देखी गई, जबकि वे तब प्रधानमन्त्री भी नहीं थे। उससे उलट, जयप्रकाश नारायण और जगजीवन राम के जीवित रहते उनकी 'मृत्यु की घोषणा' करने में आकाशवाणी और दूरदर्शन ने अति-उत्साह में जैसी जल्दबाज़ी दिखाई थी, वैसी शर्मनाक और फूहड़ मिसाल शायद ही कोई अन्य मिले। केन्द्रीय कर्मचारियों की ऐतिहासिक हड़ताल सहित विभिन्न जनान्दोलनों की ख़बरों को रेडियो और दूरदर्शन 'समाचार' ही नहीं मानते थे। इसी तरह, 1974 की रेलवे हड़ताल हो या 'दिल्ली बन्द' और 'भारत बन्द'-जैसी बड़ी घटनाएँ, टेलीविज़न पर झूठे और 'प्रायोजित' दृश्य दिखाकर ग़लतबयानी करने में दूरदर्शन का अति-उत्साह देखते ही बनता था। इसी प्रवृत्ति के दर्शन पंजाब में आतंकवादी दौर और बाबरी मस्जिद के विध्वंस के सन्दर्भ में भी होते हैं। प्रायः समाचारों में एक ओर जहाँ अल्पसंख्यक धार्मिक समुदायों की तुलना में हिन्दू धर्म से सम्बन्धित ख़बरों और धार्मिक उत्सवों का बाहुल्य रहता है, वहीं दूसरी ओर विभिन्न धर्मों की एकता की बात इस तरह पेश की जाती है मानो धार्मिक एकता ही राष्ट्रीय एकता की पर्याय हो। इस तरह, धर्म-निरपेक्षता की अवधारणा के बारे में न केवल भ्रमित किया जाता है, बल्कि उसकी उपेक्षा भी की जाती है। राजस्थान के देवराला में 4 सितम्बर, 1987 को रूपकुँवर के सती कांड की पहले तो 'नोटिस' ही नहीं ली गई, फिर कई दिन बाद जब ख़बर दी गई, तब भी सती-विरोधी ख़बरों और प्रदर्शनों की घोर उपेक्षा की गई।

समाचारों में एक ओर जहाँ अल्पसंख्यक धार्मिक समुदायों की तुलना में हिन्दू धर्म से सम्बन्धित ख़बरों और धार्मिक उत्सवों का बाहुल्य रहता है, वहीं दूसरी ओर विभिन्न धर्मों की एकता की बात इस तरह पेश की जाती है मानो धार्मिक एकता ही राष्ट्रीय एकता की पर्याय हो। इस तरह, धर्मनिरपेक्षता की अवधारणा के बारे में न केवल भ्रमित किया जाता है, बल्कि उसकी उपेक्षा भी की जाती है।

इन तमाम उदाहरणों से यही बात उजागर होती है कि चाहे रेडियो के एक अनुषंग के रूप में हो, चाहे एक अप्रैल, 1976 से स्वतन्त्र अस्तित्व में आने के बाद, दूरदर्शन के समाचार अपनी विश्वसनीयता लगातार खोते ही रहे हैं; बल्कि यह कहना भी शायद अतिशयोक्ति नहीं होगी कि दूरदर्शन 'न्यूज़' की कभी विश्वसनीयता थी ही नहीं, तब खोने को रहा भी क्या! नकटा क्या रोवे जिसकी नाक ही नहीं है! दर्शकों के आगे दूरदर्शन समाचारों की सरकार-परस्ती और विपक्ष तथा जनान्दोलनों को 'ब्लैक-आउट' करने की दुर्नीति इतनी खुलकर रही है कि वे अक्सर हास्य-व्यंग्य और प्रहसन के माध्यम बनते रहे हैं। इसी तरह, जब 1976 से दूरदर्शन पर संसद समाचार आने लगे, तब भी उसका यह पक्षपातपूर्ण रवैया बरकरार रहा। दूरदर्शन के रेडियो से अलग होकर स्वतन्त्र अस्तित्व में आने के बाद उम्मीद की जाती थी कि शायद अब उसकी पेशेवर टीवी पत्रकारों की अपनी कुशल टीम होगी। लेकिन कोई फ़र्क नहीं पड़ा। समाचारों का स्वरूप सरकारी बुलेटिन से अलग नहीं बन सका।

इंदिरा गांधी ने टीवी न्यूज़ की अहमियत को समझा भी और उसका इस्तेमाल भी किया

सरकार दर्शन

दूरदर्शन के समाचार यदि अपनी विश्वसनीयता और साख नहीं बना पाए, तो इसकी वजह उसके अपने दूषित ढाँचे में है और समाचार-निर्माण की अपनी ग़ैर-पेशेवराना प्रक्रिया में है। दूरदर्शन समाचारों के चयन की प्रक्रिया ही इतनी ग़लत है कि पहली सीढ़ी पर ही उनके चयन के उद्‌देश्यों की हत्या हो जाती है। भारतीय टेलीविजन के भारतीय व्यक्तित्व की तलाश के लिए पी.सी. जोशी की अध्यक्षता में 1983 में एक कमेटी गठित की गई थी। इसी का नाम जोशी कमेटी पड़ गया। सन् 1984 में इस कमेटी ने अपनी रिपोर्ट दे दी थी। जोशी कमेटी ने यह सही सवाल उठाया था कि क्या ये समाचार और समाचारों से जुड़े सामयिक कार्यक्रम देश के आम जनसाधारण को नज़र में रखकर तैयार किए जाते हैं? क्या ये ''देश की ग़रीबी-रेखा से नीचे जीवन-यापन करनेवाले लोगों के बारे में होते हैं? और क्या ये वास्तव में उनके लिए होते हैं?''[2] जोशी कमेटी की राय में ऐसा बिलकुल नहीं होता। कमेटी की रिपोर्ट में स्पष्ट कहा गया है कि ''दूरदर्शन की ख़बरें वीआईपी (अतिमहत्त्वपूर्ण व्यक्ति : VIP) लोगों पर ध्यान देनेवाली होती हैं। समाचार के क्षेत्र में सूचना और प्रसारण मन्त्रालय का कितना नियन्त्रण रहा है (और जो आज भी क़ायम है), वह इस बात से ही स्पष्ट हो जाता है कि दूरदर्शन के समाचार सम्पादक और सहायक सम्पादक पदों के लोग केन्द्रीय सूचना सेवा (C.I.S) से ही लिए जाते हैं। केन्द्र सरकार के ये अफ़सर 1982 से बाकायदा दूरदर्शन में अधिकारियों के पद पर बिठाए जाने लगे हैं, हालाँकि इससे पहले भी

यही अधिकारी इन पदों पर आते थे, पर तब वे सभी 'डैपूटेशन' पर कुछ ही समय के लिए आते थे।"[3] कमेटी की राय में 'समाचारों का रूप सरकारी बुलेटिनों-जैसा' होने की वजह यही है। ख़बरों का चयन और उनका निर्माण पत्रकार नहीं, बल्कि यही गैर-पेशेवराना रुख़ वाले अफ़सर करते हैं।

पहले 'प्रोड्यूसर' या समाचार-निर्माता ही समाचारों के संकलन, चयन, सम्पादन और प्रसारण की पूरी प्रक्रिया का संचालन करते थे। इन समाचार-निर्माताओं (Producers) की नियुक्ति दूरदर्शन करता था और ये दूरदर्शन के ही कर्मचारी होते थे। अगर इन नियुक्तियों में होनेवाले बड़े पैमाने के भ्रष्टाचार, भाई-भतीजावाद और राजनीतिक दखलंदाजी की बात फिलहाल दरकिनार कर दी जाए, तो इसमें शक नहीं कि इनमें से सभी नहीं भी, तो कुछ समाचार-निर्माता अपने पेशे में दक्ष और कुशल होते थे। लेकिन तब भी इनके ऊपर केन्द्रीय सूचना सेवा के अधिकारी ही होते थे और समाचारों के चयन से लेकर उनके प्रसारण तक की सारी निर्णायक ज़िम्मेदारी उन्हीं के हाथों में होती थी। उन्हीं के हाथों में इन प्रोड्यूसरों के चयन और उनकी तरक्की आदि की नकेल भी होती थी। अब 1982 के बाद से तो वे दूरदर्शन में बाकायदा इन पदों पर काबिज़ हो गए। इससे पहले ही से हावी नौकरशाही की दखलंदाजी और भी ज़्यादा मज़बूत हो गई।

अगर दूरदर्शन में समाचार-निर्माण की प्रक्रिया पर ग़ौर किया जाए तो वे समाचार पहले अंग्रेज़ी में तैयार किए जाते थे, फिर अत्यन्त हड़बड़ी और अकुशलता से उनका अनुवाद हिन्दी में होता था। अंग्रेज़ी में भी ये सारे समाचार रेडियो के 'न्यूज़ पूल' से तैयार किए जाते थे। इनमें दृश्यों की तो कमी होती ही थी, उन्हें 'पढ़ा' भी जाता था एकदम रेडियो की तरह ही!

कुल-मिलाकर स्थिति बराबर यही बनी रही कि जिन लोगों के हाथ में दूरदर्शन समाचारों की बागडोर होती थी, वे प्रायः इस क्षेत्र के विशेषज्ञ होते ही नहीं थे। अगर कहीं कोई होता भी था, तो उनके ऊपर नौकरशाह थे। इनकी समझ या नासमझी का आलम यह था कि वे समाचार का मतलब सरकारी बुलेटिन या सरकारी गजट समझते थे और हरेक ख़बर को सत्ताधारी राजनीतिक नेतृत्व के हित-अहित और सत्तासीन व्यक्तियों की ख़ुशी-नाख़ुशी की कसौटी पर ही कसकर देखते थे। वैसे भी उनका नज़रिया ख़बरों की उपयोगिता और उनके महत्त्व को लेकर शुद्ध उच्च-मध्यवर्गीय या 'एलीट' तबके की ओर उन्मुख होता था। इसके अलावा कई बार ऐसे समाचार भी प्रसारित होते थे अथवा उन्हें इस तरीके से पेश किया जाता था, जिससे साम्प्रदायिकता को बढ़ावा मिलता था। इससे धर्मनिरपेक्ष दृष्टिकोण की क्षति होती थी। ख़ास तौर से एक पूर्ववर्ती सरकार के समय हिन्दुत्व के रंग में रँगी ख़बरें और साधु-सन्तों तथा धार्मिक कर्मकांड का महिमामंडन करनेवाली ख़बरें भी प्रसारित होती रहती थीं। आज भी साम्प्रदायिकता के विरोध में असरदार ख़बरों की प्रायः उपेक्षा होती है और धर्मनिरपेक्षता को सर्वधर्म समभाव में बदल दिया जाता है।

अगर दूरदर्शन में समाचार-निर्माण की प्रक्रिया पर ग़ौर किया जाए तो वे समाचार पहले अंग्रेज़ी में तैयार किए जाते थे, फिर अत्यन्त हड़बड़ी और अकुशलता से

उनका अनुवाद हिन्दी में होता था। अंग्रेज़ी में भी ये सारे समाचार रेडियो के 'न्यूज़ पूल' से तैयार किए जाते थे। इनमें दृश्यों की तो कमी होती ही थी, उन्हें 'पढ़ा' भी जाता था एकदम रेडियो की तरह ही! इसी तरह, सामयिक कार्यक्रमों में भी जो विचार-विमर्श होते थे, उनमें न खुलकर बात कहने और बहस की आज़ादी होती थी और न ही वे जीवन्त विमर्श का रूप ले पाते थे। इन स्तरहीन और ऊबाऊ कार्यक्रमों में एक लाइन में बैठे चन्द बुद्धिजीवीनुमा तथाकथित विशेषज्ञ बारी-बारी से निहायत अप्रासंगिक बातों की जुगाली करते रहते थे और 'कम्पेयर' या 'एंकर' किसी प्राइमरी कक्षा के 'मॉनीटर' की तरह एक-एक करके उनसे सवाल पूछते रहते थे। कभी-कभार कोई समझदार व्यक्ति ग़लती से आ भी जाता था तथा चर्चा बड़ी प्रासंगिक और विचारोत्तेजक हो जाती थी, तो प्रसारण से पहले दूरदर्शन में बैठे अकुशल नौकरशाहों के 'सेंसर' की कैंची उस कार्यक्रम का संहार कर डालने में कोई कोर-कसर नहीं छोड़ती थी। स्वतन्त्र बौद्धिक अभिव्यक्ति वाले ऐसे समझदार विशेषज्ञ एक-दो बार के बाद प्रायः 'ब्लैकलिस्टेड' (अवांछित) हो जाते थे। वैसे भी तथाकथित 'विशेषज्ञों' को आमन्त्रित करने में मुख्यतः सम्बन्धों का निर्वाह अथवा 'ऊपर के निर्देशों' का ही पालन होता था।

काफ़ी बाद में जब दूरदर्शन के संवाददाताओं की अपनी टीमें भी तैयार हो गईं और वहाँ कई पत्रकारों की भी नियुक्तियाँ हो गईं, तब भी ज़्यादातर संवाददाता और कैमरा टीमें नेताओं के इर्द-गिर्द ही घूमती रहती थीं। संवाददाताओं की इन टीमों में और समाचार कक्ष में सीधी भर्ती से आए पत्रकार कम ही थे। ज़्यादा बड़ी संख्या केन्द्रीय सूचना सेवा से दूरदर्शन में लिए गए लोगों की ही थी। यही कारण है कि दूरदर्शन समाचारों की पेशेवराना दृष्टि से कभी साख नहीं बन सकी, क्योंकि वहाँ हर स्तर पर पत्रकारों की नहीं, बल्कि नौकरशाहों की ही चलती थी। फिर सरकारपरस्ती और सत्ता-प्रतिष्ठान के प्रचार का भोंपू बनने के अति-उत्साह में विश्वसनीयता भी धीरे-धीरे ख़त्म होती गई। बाद में तो हालत यह हो गई कि दूरदर्शन ने जब बाहर के निर्माताओं से समाचार और ऐसे ही सामयिक कार्यक्रम बनवाए, तो वे ज़्यादा लोकप्रिय हुए। हालाँकि 'सेंसर' की कैंची वहाँ भी सक्रिय थी।

17 अगस्त, 1977 को वर्गीज़ कमेटी का गठन दूरदर्शन को स्वायत्तता देने के उद्देश्य से किया गया था। 8 फरवरी 1978 को आकाश-भारती के नाम से इस कमेटी ने अपनी रिपोर्ट सौंपी थी। *वर्गीज़ कमेटी* ने भी दूरदर्शन और आकाशवाणी के इस बेडौल ढाँचे की कड़ी आलोचना करते हुए कहा था कि "प्रसारण एक कला है, कोई व्यापारिक धन्धा नहीं है।"[4] कमेटी की रिपोर्ट में कहा गया था कि "पिछले कई वर्षों के दौरान भारतीय प्रसारण प्रक्रिया की प्रकृति बहुत बदल गई लगती है। जो कार्यक्रम अब बनाए जाते हैं, वे एकदम 'बनावटी' और बने-बनाए-से होते हैं,

जब दूरदर्शन के संवाददाताओं की अपनी टीमें भी तैयार हो गईं और वहाँ कई पत्रकारों की भी नियुक्तियाँ हो गईं, तब भी ज़्यादातर संवाददाता और कैमरा टीमें नेताओं के इर्द-गिर्द ही घूमती रहती थीं। संवाददाताओं की इन टीमों में और समाचार कक्ष में सीधी भर्ती से आए पत्रकार कम ही थे। ज्यादा बड़ी संख्या केन्द्रीय सूचना सेवा से दूरदर्शन में लिए गए लोगों की ही थी। यही कारण है कि दूरदर्शन समाचारों की पेशेवराना दृष्टि से कभी साख नहीं बन सकी, क्योंकि वहाँ हर स्तर पर पत्रकारों की नहीं, बल्कि नौकरशाहों की ही चलती थी।

आरंभिक दिनों में दूरदर्शन का पीसीआर

'रचे' नहीं जाते, उनका सृजन नहीं होता। आज़ादी के फ़ौरन बाद की अवधि के दौरान रेडियो में नौकरशाहों को भर दिया गया, रचनाकारों को नहीं।''[5] कहना न होगा कि बाद में ठीक यही स्थिति दूरदर्शन के सन्दर्भ में भी नज़र आती है।

लक्ष्यों से भटकाव

वर्गीज़ कमेटी के बाद, *पी.सी. जोशी कमेटी* ने भी दूरदर्शन के समाचारों की कठोर आलोचना करते हुए, उसे वास्तविक उद्देश्यों और लक्ष्यों की याद दिलाई थी। कमेटी की रिपोर्ट के अनुसार ''भारतीय समाज के विभिन्न मूलभूत वर्गों की समस्याओं और उनके बदलते हुए रूपों को दूरदर्शन द्वारा प्रतिबिम्बित किया जाना चाहिए। उसे गाँवों में रहनेवाले श्रमजीवी किसानों, कारीगरों और खेत-मज़दूरों, शहरी श्रमिकों, निम्न-मध्यवर्गीय बुद्धिजीवियों और भारत की आधी जनता अर्थात् गाँवों और शहरों में रहनेवाली औरतों की वास्तविक समस्याओं, द्वन्द्वों और आकांक्षाओं को प्रतिबिम्बित करना चाहिए।''[6] लेकिन, दूरदर्शन ने अपने समाचारों और सामयिक कार्यक्रमों में कभी भी इन सवालों को नहीं उठाया और देश की इस अधिसंख्यक आबादी की समस्याएँ प्रतिबिम्बित नहीं कीं। दूरदर्शन के नीति-नियामकों का मूल नज़रिया शुरू से ही शहरी उच्च-मध्यवर्ग और उनकी समस्याओं की ओर उन्मुख रहा है। जोशी कमेटी की रिपोर्ट में व्यक्त इन विचारों की पुष्टि करते हुए ही, बाद में 'नामीडिया' (NAMEDIA) ने भी लगभग यही विचार व्यक्त किए थे : ''भारत में दूरदर्शन को सिर्फ़ विशेषाधिकार-प्राप्त शहरी मध्यवर्ग की सेवा के लिए ही नहीं बनाया जाना चाहिए, जिसकी आबादी तकरीबन बीस करोड़ है। इस तबके को लगभग सम्पन्न पश्चिमी जीवन-स्तर की सारी सुविधाएँ हासिल हैं। इसके विपरीत, दूरदर्शन को उन लोगों की सेवा में खुद को समर्पित करना चाहिए, जो अत्यन्त निचले-स्तर का जीवन-यापन करने के लिए अभिशप्त हैं। ये वही बहुसंख्यक लोग हैं, जो इस विशाल देश के नितान्त अलग-थलग इलाक़ों में रहते हैं और जो ग़रीब हैं तथा दमन और हर तरह के शोषण के शिकार होकर लगभग असाध्य वंचना का जीवन ढो रहे हैं।''[7] लेकिन दूरदर्शन की अपनी प्राथमिकताओं में न ये लोग रहे हैं और न ही उनकी समस्याएँ। इसलिए उसने कभी इनकी ओर रुख़ करने की जहमत भी नहीं उठाई।

यह तो खुली सच्चाई है कि जन-संचार माध्यम अपने ढाँचे और अन्तर्वस्तु तथा कार्यप्रणाली में जितने ज़्यादा लोकतान्त्रिक होंगे, उतने ही वे जनोन्मुख होंगे। किसी भी लोकतान्त्रिक और जनोन्मुख जन-संचार माध्यम को लोगों को ऐसी सामग्री देनी चाहिए, जो उनमें यथार्थ के प्रति आलोचनात्मक रुख़ पैदा करे। कहना न होगा कि दूरदर्शन समाचारों का रूप इससे एकदम उल्टा ही होता है।

पी.सी. जोशी कमेटी ने समाचारों और सामयिक कार्यक्रमों के सन्दर्भ में दूसरे प्रेस आयोग की रिपोर्ट से प्रासंगिक अंश उद्धृत करने के बाद एक बड़ी ही दिलचस्प, किन्तु महत्त्वपूर्ण टिप्पणी की है कि यह हैरानी की बात है, पर सच्चाई है कि निजी क्षेत्र के अन्तर्गत चलनेवाले अख़बारों की भूमिका इस मामले में दूरदर्शन से बहुत

बेहतर नज़र आती है। कमेटी की रिपोर्ट के अनुसार, ''यह बड़े दुख की बात है कि जो माध्यम (यानी दूरदर्शन) न केवल जनता की जेब से चलता है, बल्कि खुद सीधे सरकार उसे चलाती है, ताकि वह समाजोन्मुख विकासवादी भूमिका निभा सके, वह अपने समाचारों और सामयिक कार्यक्रमों में आम जनसाधारण की तरफ इतना कम उन्मुख हो!''[8] दूरदर्शन के समाचार विभाग पर, विशेषकर दिल्ली केन्द्र के सन्दर्भ में, अत्यन्त कड़ी टिप्पणी करते हुए कमेटी की रिपोर्ट में कहा गया कि ''दूरदर्शन का समाचार विभाग किसी मरभुक्खे व्यक्ति की तरह है'' तथा ''ऐन महानिदेशालय की नाक के नीचे, दिल्ली केन्द्र में काम करने की परिस्थितियाँ इतनी ख़राब हैं कि उन्हें देखकर इसी बात की हैरानी होती है कि आख़िर रोज़ समाचार प्रसारित कैसे हो जाते हैं!'' कहना न होगा कि राजनीतिक सत्ता-प्रतिष्ठान और नौकरशाही का केन्द्र होने की वजह से ही दिल्ली में हालात सबसे ज़्यादा बुरे हैं। लेकिन बात सिर्फ़ दिल्ली केन्द्र की नहीं, बल्कि एक सुस्पष्ट लोकतान्त्रिक और कारगर सूचना नीति का अभाव ही इस गड़बड़ी का मूलभूत कारण है।

टेलीविज़न के महत्त्व को रेखांकित करने वाले डॉ. साराभाई

भारत में टेलीविज़न की शुरुआत के एकदम आरम्भिक वर्षों में ही डॉ. विक्रम साराभाई ने टेलीविज़न के लोकतान्त्रिक स्वरूप की बात कही थी। बाद में न केवल वर्गीज़ कमेटी और पी.सी. जोशी कमेटी ने इसकी पुष्टि की, बल्कि 'नामीडिया' रिपोर्ट ने भी इन विचारों पर अपने समर्थन की मोहर लगाई। वर्गीज़ कमेटी ने जन-संचार के लोकतन्त्रीकरण पर बल देते हुए कहा था कि ''एक जन-संचार माध्यम के तौर पर रेडियो और टेलीविज़न को बड़े व्यापक परिप्रेक्ष्य में जन-संचार की एक राष्ट्रीय नीति और उसके लोकतान्त्रिक दर्शन के अनुरूप होना चाहिए।''[9] इसी सन्दर्भ में जोशी कमेटी की रिपोर्ट में कहा गया है कि ''दूसरों का मुँह ताकने की जगह हमें अब अपना संचार-नियोजक स्वयं बनना होगा और अपनी संचार क्रान्ति का विकास करना होगा।''[10] रिपोर्ट के अनुसार, ''संचार क्रान्ति ने सामाजिक विकास के नियोजन के क्षेत्र में एक नए युग का सूत्रपात किया है। यह मुट्ठी-भर विशेषज्ञों (एलीट) पर निर्भर विकास को दरकिनार करके यह संभव करती है कि असंख्य छोटे किसानों को सीधे-सीधे सामाजिक विकास के नायक में बदला जा सके। जन-संचार क्रान्ति का यह नया अर्थ अभी तक न तो संचारकर्ताओं ने पूरी तरह समझा है और न ही विकास के नियोजकों ने।''[11] यह तो खुली सच्चाई है कि जन-संचार माध्यम अपने ढाँचे और अन्तर्वस्तु तथा कार्यप्रणाली में जितने ज़्यादा लोकतान्त्रिक होंगे, उतने ही वे जनोन्मुख होंगे। किसी भी लोकतान्त्रिक और जनोन्मुख जन-संचार माध्यम को लोगों को ऐसी सामग्री देनी चाहिए, जो उनमें यथार्थ के प्रति आलोचनात्मक रुख़ पैदा करे। कहना न होगा कि दूरदर्शन समाचारों का रूप इससे एकदम उल्टा ही होता है।

कमेटी दर कमेटी

समय-समय पर दूरदर्शन समाचारों की कठोर आलोचना के बाद उनमें सुधार के लिए समितियाँ, विशेषज्ञों के पैनल और वर्किंग ग्रुप भी गठित किए गए, लेकिन एक समग्र सूचना नीति और उसको अमल में उतारनेवाले लोकतान्त्रिक ढाँचे के अभाव में वांछित सकारात्मक परिणाम कभी प्राप्त नहीं हुए। इस दिशा में सबसे पहला प्रयास, दूरदर्शन में समाचारों की शुरुआत के समय 1968 में किया गया था। सारे राजनीतिक दलों के प्रतिनिधियों की एक संयुक्त बैठक में 'आकाशवाणी' के लिए एक 'आचार-संहिता' तैयार की गई थी। यह टेलीविज़न पर भी लागू होती थी, क्योंकि वह तब रेडियो का ही एक विभाग था। इसके बाद, 1970 में इस 'आचार-संहिता' में संशोधन किए गए थे। फिर दिसम्बर, 1973 में दूरदर्शन के लिए अलग से एक 'परामर्श समिति' बनाई गई थी। इनसे पहले, दूरदर्शन की कार्यप्रणाली में सुधार और उसके विकास के उपाय सुझाने के लिए 1964 में चंदा कमेटी और 1965 में भगवंतम कमेटियों का भी गठन किया गया था। लेकिन उनकी सिफ़ारिशें या तो ठंडे बस्ते में डाल दी गईं, या आधी-अधूरी लागू भी की गईं, तो कोई लाभ नहीं हुआ। वैसे भी, इन कदमों से दूरदर्शन में नौकरशाही की स्थिति और ही मज़बूत हुई, उसके समाचारों की प्रस्तुति और अन्य कार्यक्रमों में कोई सुधार नहीं आया; न ही उसके ढाँचे का लोकतन्त्रीकरण किया गया।

समाचार नीति के जिन 18 सूत्रों की नीति-निर्देशिका तैयार की गई थी, वे मुख्य रूप से इस प्रकार थे : समाचार और विचार में फ़र्क किया जाए। समाचार तथ्यपूर्ण और पूर्णतः वस्तुगत (Objective) होना चाहिए। केवल उन्हीं विचारों को पेश किया जाए, जिनसे 'समाचार' बन सकता हो। उसे अनिवार्यतः 'ख़बर' होना चाहिए।

दूरदर्शन के 1976 में रेडियो से अलग होने और संसद समाचारों की शुरुआत के बाद फिर एक 'सलाहकार समिति' गठित की गई थी। लेकिन विपक्ष द्वारा लगातार समाचारों में 'ब्लैक आउट' तथा पक्षपात और संसद समाचारों में विपक्ष की घोर उपेक्षा के आरोप लगाए जाते रहे। जनता पार्टी की सरकार द्वारा वर्गीज़ कमेटी का तो गठन ही जन-संचार माध्यमों की स्वायत्तता के लिए किया गया था, जिसकी रिपोर्ट 'आकाश भारती' के आधार पर ही 1990 में संशोधित 'प्रसार भारती' विधेयक पारित किया गया था। श्रीमती गांधी की 1980 में वापसी के बाद 22 जुलाई को दूरदर्शन के लिए पहली 'नीति-निर्देशिका' बनाई गई थी। उसके बाद 1981 में 'प्रसारण माध्यमों' के लिए विशेष रूप से एक 'समाचार नीति' सम्बन्धी दिशा-निर्देशों के लिए पार्थसारथी समिति का गठन किया गया था। पार्थसारथी की अध्यक्षतावाली इस 'सलाहकार समिति' की सिफ़ारिशों के आधार पर, जुलाई 1980 की 'नीति-निर्देशिका' में, मई 1982 में सुधार करके, समाचारों के प्रसारण के सम्बन्ध में एक नई 'नीति-निर्देशिका' तैयार की गई थी।

समाचार नीति के जिन 18 सूत्रों की नीति-निर्देशिका तैयार की गई थी, वे मुख्य रूप से इस प्रकार थे : समाचार और विचार में फ़र्क किया जाए। समाचार तथ्यपूर्ण और पूर्णतः वस्तुगत (Objective) होना चाहिए। केवल उन्हीं विचारों को पेश किया

जाए, जिनसे 'समाचार' बन सकता हो। उसे अनिवार्यतः 'ख़बर' होना चाहिए। किसी भी समाचार के चुनाव का आधार उसका 'समाचारपन' ही होना चाहिए। उसकी प्रस्तुति प्रत्येक जन-संचार माध्यम की अपनी ख़ास विशेषताओं के अनुरूप होनी चाहिए। साथ ही, उस माध्यम-विशेष के लक्षित श्रोता अथवा दर्शक समूह (Target audience or viewers) के लिहाज़ से ही उस समाचार की प्रस्तुति तय होनी चाहिए। सभी प्रसारित समाचार उच्चतम स्तरों और मानकों को निर्धारित करनेवाले होने चाहिए। इस बात को बिलकुल नज़रंदाज न किया जाए कि रेडियो और दूरदर्शन अन्य कई पत्र-पत्रिकाओं की तरह अटकलबाज़ी अथवा मनगढ़ंत किस्सों में मशगूल नहीं हो सकते। उन्हें अपनी प्रत्येक ख़बर के लिए ख़ुद ही ज़रूरी प्रमाण जुटाने चाहिए। किसी भी समाचार की प्रस्तुति की शैली और उसके प्रस्तुतीकरण की पद्धति लोक-प्रसारक (Public broadcaster) माध्यमों के लिए निर्धारित मूलभूत सिद्धान्तों के अनुरूप और उन्हें मज़बूत करनेवाली होनी चाहिए। ये मूलभूत सिद्धान्त निम्नलिखित हैं : राष्ट्रीय एकता, एकजुटता, धर्मनिरपेक्षता, कानून-व्यवस्था का पालन, संसद का सम्मान, न्यायपालिका का मान तथा भेदभाव या फूट डालनेवाली किसी भी बात का निषेध।

नीति-निर्देशिका में बहुत सारी सावधानियाँ बरतने के लिए भी संचारकर्ताओं को सतर्क किया गया है। सबसे ज़्यादा सावधानी हिंसा अथवा साम्प्रदायिक भावनाएँ भड़काने वाली सूचना या विचारों के प्रति रखी जानी चाहिए। दंगे-फ़सादों और हिंसक उपद्रवों के सन्दर्भ में कहा गया था कि जब कभी भी देश के किसी कोने में दंगे, फ़साद या हिंसक उपद्रव हों, रेडियो और दूरदर्शन को उस स्थिति को शान्त करने तथा लोगों में विश्वास और व्यवस्था लाने के प्रयास करने चाहिए।

इनके अलावा, इस नीति-निर्देशिका के अनुसार विभिन्न मन्त्रालयों से सम्बन्धित नीति-विषयक मामलों में विशेष रूप से प्रधानमन्त्री के नीति-सम्बन्धी मामलों में, समाचार ऐसे होने चाहिए जो राष्ट्रीय नीतियों को समझने में मदद करते हों। वे समाचार जिस सीमा तक जनता को यह बात समझाने में मददगार हों, वहीं तक उन्हें महत्त्वपूर्ण माना जाए। साथ ही सरकारी कार्यक्रमों के कार्यान्वयन से सम्बन्धित समाचारों की रिपोर्टिंग भी ज़रूरी समझी जाए। समाचारों में ध्यान किसी व्यक्ति पर न देकर, उस समाचार-विशेष या सूचना पर ही होना चाहिए। रिपोर्टिंग में यह भी ज़रूरी समझा जाए कि विभिन्न सरकारी नीतियों के कार्यान्वयन के प्रति आलोचनात्मक नज़रिए को भी पर्याप्त महत्त्व दिया जाना चाहिए। किसी भी किस्म के राजनीतिक विवाद की ख़बर देते समय इस बात का ख़ास तौर से ध्यान रखा जाए कि समाचार प्रसारित करनेवाले माध्यम की निष्पक्षता और वस्तुनिष्ठता साफ़ तौर पर उजागर होनी चाहिए।

इन तमाम नीति-सम्बन्धी निर्देशों के साथ ही समाचारों की प्रस्तुति के सन्दर्भ में भी कई बातें इस 'निर्देशिका' में शामिल की गई थीं। मिसाल के लिए, ख़बरों की भाषा और शैली के सन्दर्भ में कहा गया था कि रेडियो और टेलीविज़न जैसे इन विशिष्ट माध्यमों की अपनी प्रकृति और क्षमता को नज़र में रखते हुए समाचारों को 'वाचिक' शैली में प्रस्तुत किया जाना चाहिए। अख़बारों की 'पाठ्य भाषा' (Textual language) की बजाए, रेडियो और दूरदर्शन की ख़बरों की भाषा, क्रमशः

'श्रव्य' भाषा तथा 'श्रव्य-दृश्य भाषा' तथा विशेष बात यह होनी चाहिए कि रेडियो और दूरदर्शन को, अपने-अपने माध्यम के ख़ास मुहावरे और विशिष्ट शैली विकसित करनी चाहिए, जो उस माध्यम-विशेष के चरित्र के अनुरूप हो।

इसके अलावा, इस नीति-निर्देशिका में बहुत सारी सावधानियाँ बरतने के लिए भी संचारकर्ताओं को सतर्क किया गया है। सबसे ज़्यादा सावधानी हिंसा अथवा साम्प्रदायिक भावनाएँ भड़काने वाली सूचना या विचारों के प्रति रखी जानी चाहिए। दंगे-फ़सादों और हिंसक उपद्रवों के सन्दर्भ में कहा गया था कि जब कभी भी देश के किसी कोने में दंगे, फ़साद या हिंसक उपद्रव हों, रेडियो और दूरदर्शन को उस स्थिति को शान्त करने तथा लोगों में विश्वास और व्यवस्था लाने के प्रयास करने चाहिए। रेडियो और दूरदर्शन के समाचारों, सामयिक कार्यक्रमों तथा अन्य तमाम प्रसारणों को इस बात का सबसे ज़्यादा ख़याल रखना चाहिए। इसके साथ ही इस बात का भी विशेष ध्यान रखा जाए कि दंगे-फ़सादों और हिंसक उपद्रवों की रिपोर्टिंग करते समय ऐसे सन्दर्भ ख़बरों आदि में बिलकुल नहीं आने चाहिए, जो लोगों को भड़का दें अथवा उन्हें भयभीत कर दें। कहना न होगा कि पार्थसारथी कमेटी की ये सिफ़ारिशें और उन पर तैयार की गई नीति-निर्देशिका सही होते हुए भी बड़ी व्यापक थी और प्रायः सामान्यीकरण की भी शिकार थी।

जब तक दूरदर्शन के समाचारों का एकाधिकार कायम रहा, दर्शकों की विशाल संख्या उन्हें देखती रही। वह उन्हें देखती तो थी, लेकिन उन पर भरोसा नहीं करती थी। एक बार जब दूरदर्शन समाचारों की यह इज़ारेदारी टूटी और धड़ाधड़ चौबीसों घंटे समाचारों के देसी-विदेशी न्यूज़ चैनल आने लगे, उसकी क्रमिक मौत की घंटी बज गई।

दूरदर्शन की सामग्री (सॉफ़्टवेयर) के सन्दर्भ में पहली बार विचार करने के लिए गठित पी.सी. जोशी समिति की रिपोर्ट (1985) के बाद 'नामीडिया' की 'नामीडिया रिपोर्ट' (1986) में भी यही सवाल उठाए गए थे और समाचारों के सन्दर्भ में अकुशलता, दृष्टिहीनता तथा परिप्रेक्ष्य के अभाव की आलोचना की गई थी। इसी दौरान, 1985 में बड़े ज़ोर-शोर से एक नई राष्ट्रीय सूचना नीति की घोषणा की गई थी। लेकिन न तो दूरदर्शन के ढाँचे और उसकी कार्य-प्रणाली में कोई अन्तर आया और न ही उसकी प्रस्तुति में। समाचारों में कुछ भी सुधार न करने की तो जैसे दूरदर्शन के नौकरशाहों ने कसम ही खा रखी थी। नब्बे के दशक में जब सैटेलाइट टीवी की आमद हुई तथा धीरे-धीरे निजी चैनल लोकप्रिय होने लगे, तब भी 'स्टार' का मुकाबला करने के लिए विज्ञापन दरों और नई समय-सारिणी के सुझाव देने की ख़ातिर महालिक कमेटी और उपग्रह प्रसारणों का मुक़ाबला करने के लिए वरदराजन कमेटी तथा टेलीविज़न में निजीकरण और मैट्रो-चैनल के सन्दर्भ में देवधर कमेटी का गठन किया गया था। ध्यान देने की बात यह है, दूरदर्शन में समयावधि की दृष्टि से भी सबसे ज़्यादा उपेक्षा न्यूज़ की ही हुई है। पहले हिन्दी और अंग्रेज़ी के 15-15 मिनट के दो बुलेटिन होते थे। बाद में, सुबह और दोपहर की सभाओं में 5-5 मिनट के 2-2 बुलटिन शुरू हुए। फिर दो बुलेटिन रात 11.30 पर। लेकिन जब 1993 में नया चार्ट बना तो न्यूज़ के 5-5 मिनट कम कर दिए गए।

ये सभी कमेटियाँ, उनकी सिफ़ारिशें और अन्य तमाम प्रयास निष्फल रहे। दूरदर्शन के समाचारों ने एक बार जो अपनी विश्वसनीयता और साख खो दी, तो फिर दोबारा वह नहीं बन पाई। जब तक दूरदर्शन के समाचारों का एकाधिकार क़ायम रहा, दर्शकों की विशाल संख्या उन्हें देखती रही। वह उन्हें देखती तो थी, लेकिन उन पर भरोसा नहीं करती थी। एक बार जब दूरदर्शन समाचारों की यह इज़ारेदारी टूटी और धड़ाधड़ चौबीसों घंटे समाचारों के देसी-विदेशी न्यूज़ चैनल आने लगे, उसकी क्रमिक मौत की घंटी बज गई। हालाँकि 1990 में सुबह और दोपहर की सभाओं में 10-10 मिनट के दो बुलेटिन शुरू करने के अलावा, 1992 से संसद की कार्यवाही का एक सम्पादित कैप्सूल भी रोज दिखाया जाने लगा था, लेकिन दूरदर्शन के समाचारों में सदैव विविधता का अभाव दिखाई देता रहा। भारतीय जन संचार संस्थान (IIMC) द्वारा किए गए एक शोध में बताया गया था कि दूरदर्शन समाचारों में सबसे ज़्यादा ख़बरें (54 प्रतिशत) राजनीतिक होती हैं। शेष 46 प्रतिशत समय में विभिन्न 14 विषयों से सम्बन्धित ख़बरें निपटा दी जाती हैं। इन सब बातों से ऊबकर दूरदर्शन समाचारों के दर्शक एक बार जो विमुख हुए, तो फिर दोबारा उन्होंने कभी उधर का रुख़ नहीं किया। भले ही 'डीडी न्यूज़' के रूप में दूरदर्शन भी चौबीसों घंटे समाचारों का अपना न्यूज़ चैनल लेकर इस प्रतिद्वन्द्विता में कूदा। प्राइवेट चैनलों के 'टीआरपी' बढ़ाने की लड़ाई में चलनेवाले भाँति-भाँति के मूर्खतापूर्ण खेलों से भले ही दर्शकों को भारी उकताहट और झुँझलाहट भी हुई।

चौबीस घंटे का न्यूज़ चैनल
डीडी न्यूज़–वही सरकारी चेहरा

लेकिन एक बार विमुख हुए दर्शक, फिर दोबारा कभी दूरदर्शन समाचारों की तरफ भूले से भी नहीं मुड़े! कहना न होगा कि अपनी इस दुर्गति का ज़िम्मेदार खुद दूरदर्शन ही है, जो दर्शकों से और भी दिनों-दिन दूर होता जा रहा है।

जब तक दूरदर्शन के समूचे ढाँचे में मूलगामी परिवर्तन नहीं होते, उसकी कार्य-प्रणाली का जनतन्त्रीकरण नहीं होता तथा जब तक समाचारों के संकलन, चयन, सम्पादन और प्रसारण की समूची प्रक्रिया में बेहतर दक्षतावाले कुशल पत्रकारों की टीम का हाथ नहीं होता, और सर्वोपरि समाचारों के सन्दर्भ में गैर-पेशेवर नौकरशाही का नियन्त्रण और दखलंदाज़ी दूर नहीं होती, दूरदर्शन और उसके समाचारों का उद्धार नहीं हो सकता। यह एक बड़ा राजनीतिक फ़ैसला है, जिसकी हमारे देश के मौजूदा ढाँचे के भीतर फ़िलहाल कल्पना भी नहीं की जा सकती।

सन्दर्भ

1. डॉ. विक्रम साराभाई, 'साइंस पॉलिसी एंड नेशनल डेवलपमेंट' (मैकमिलन) में संकलित 'टेलीविज़न फ़ॉर डेवलपमेंट' शीर्षक लेख।
2. पी.सी. जोशी कमेटी की 'एन इंडियन पर्सनैलिटी फ़ॉर इंडियन टेलीविज़न' (1985) शीर्षक रिपोर्ट।
3. उपर्युक्त
4. पी.जी. वर्गीज़ कमेटी की 'आकाश भारती' (1978) शीर्षक रिपोर्ट।
5. उपर्युक्त
6. पी.सी. जोशी कमेटी की रिपोर्ट।
7. 'नामीडिया रिपोर्ट' (1986)।
8. पी.सी. जोशी कमेटी की रिपोर्ट।
9. पी.जी. वर्गीज़ कमेटी की रिपोर्ट।
10. पी.सी. जोशी कमेटी की रिपोर्ट।
11. उपर्युक्त

05

टीवी न्यूज़ क्या है ?

क्या टीवी न्यूज़ की कोई अलग से परिभाषा हो सकती है...? न्यूज़ तो आख़िर न्यूज़ ही है। केवल माध्यम का परिवर्तन ही तो है और माध्यम के परिवर्तन से क्या ख़बर बदल जाती है? बदलती है या नहीं, इस पर हम बाद में विचार करेंगे और टीवी न्यूज़ की कोई अलग परिभाषा होती है या हो सकती है, इसको भी लेंगे, मगर पहले यह जान लेना ज़रूरी है कि आख़िर न्यूज़, ख़बर या समाचार किसे कहते हैं।

समाचारों की परिभाषाएँ

न्यूज़ को कई ढंग से परिभाषित किया गया है। मसलन, न्यूज़ शब्द ही न्यू से बना है और इस आधार पर कह सकते हैं कि जो कुछ भी नया है, वह न्यूज़ है। कई बार हम आपस में मिलते हैं तो पूछते हैं कि क्या ख़बर है, यानी आपसे जुड़ी नई सूचना, नई जानकारी क्या है। अगर उन महोदय के पास बताने को कुछ नया होता है तो वही हमारे लिए ख़बर हो जाती है। इसका यह मतलब हुआ कि जिन व्यक्तियों में हमारी रुचि होती है, उनसे जुड़ी सूचनाएँ हमारे लिए ख़बर होती हैं। इसीलिए न्यूज़ की एक परिभाषा यह दी गई है कि *जिसमें लोगों की रुचि हो, वही ख़बर है।* इसका थोड़ा विस्तार करें तो इसमें लोगों के अलावा स्थान और समय भी जुड़ जाता है। रुचियों का संबंध हमारे स्वभाव और स्वार्थ से भी होता है। अगर हमें फिल्मों या क्रिकेट में दिलचस्पी है तो हम निरंतर उनके बारे में जानने को उत्सुक रहते हैं। सेहत की चाहत आपको वैसी ख़बरों की तरफ खींचती है।

ख़बरों के बारे में एक और परिभाषा बहुत प्रचलित है और वह यह कि अगर कुत्ता आदमी को काटे तो न्यूज़ नहीं है, मगर आदमी कुत्ते को काट ले तो न्यूज़ है। इसका मतलब यह है कि सामान्य या रोज़मर्रे की घटनाएँ ख़बर नहीं होतीं। *जिनमें कुछ विशिष्टता होती है, वे ही ख़बर कहलाती हैं।* इसी तरह कहा जाता है कि *अख़बार में छपने वाली ऐसी हर चीज़ ख़बर है जिसमें ज़्यादा से ज़्यादा लोगों की दिलचस्पी हो सकती है।* इसी से मिलती-जुलती परिभाषा यह दी जाती है कि *न्यूज़ वह है जो पत्रकार बनाता है,* यानी पत्रकार जो भी लिख देता है, वही न्यूज़ हो जाती है। मीडिया में सचमुच पत्रकार के हाथों में बहुत शक्ति होती है और अगर वह समझदारी से काम ले तो कहीं से भी ख़बरें निकाल सकता है।

एक बड़े पत्रकार का कहना है कि आज हिंदुस्तान में ख़बरों का मतलब हो गया है संपर्क, यानी अगर आपके संपर्क मंत्रियों-नेताओं-अफसरों-उद्योगपतियों से हैं तो आपको बड़ी ख़बरें आसानी से हाथ लग सकती हैं। लेकिन संपर्क तो ज़रिया हैं, ख़बर नहीं।

बहुत-से लोगों का मानना है कि अच्छी ख़बर कोई ख़बर नहीं होती है। शायद ये जुमला सरकारी तंत्र या प्रचारात्मक नज़रिए से दी जाने वाली अच्छी ख़बरों को ध्यान

एक भारतीय न्यूज़ चैनल का स्टूडियो

में रखकर गढ़ा गया था। प्रतिष्ठान विरोधी पत्रकार मानते हैं कि व्यवस्था की विसंगतियों को उजागर करने वाली ख़बरें ही ख़बर हैं और ऐसी न्यूज़ तैयार करना पत्रकारिता है। इसका एक पहलू यह है कि अपराध, प्राकृतिक आपदाओं और दुर्घटनाओं की सूचना ख़बर हैं। लेकिन इसी के बरक्स हाल में बाज़ार ने न्यूज़ का एक नया मुहावरा पत्रकारिता को दिया है–*फ़ील गुड न्यूज़ यानी ख़ुश ख़बर* का। दरअसल समय और लोगों की बदलती मानसिकता के हिसाब से भी नई-नई परिभाषाएँ बनती रहती हैं। पिछले डेढ़-दो दशकों में भारत में मध्य वर्ग का तेज़ी से विस्तार हुआ है। बाज़ार मानता है कि यह मध्यवर्ग उदास और चिंतित करनेवाली ख़बरें

हाल में बाज़ार ने न्यूज़ का एक नया मुहावरा पत्रकारिता को दिया है–फ़ील गुड न्यूज़ यानी ख़ुश ख़बर का। दरअसल समय और लोगों की बदलती मानसिकता के हिसाब से भी नई-नई परिभाषाएँ बनती रहती हैं। पिछले डेढ़-दो दशकों में भारत में मध्य वर्ग का तेज़ी से विस्तार हुआ है। बाज़ार मानता है कि यह मध्यवर्ग उदास और चिंतित करने वाली ख़बरें देखना-पढ़ना नहीं चाहता। उसे मनोरंजन, उम्मीदें और सपने दिखाने वाली, ख़ुशनुमा एहसास करानेवाली ख़बरें चाहिए। इसी की तर्ज़ पर मीडिया ने फ़ील गुड के मुहावरे को शिरोधार्य कर लिया है।

जानी-मानी हस्तियों से बनती हैं ख़बरें

देखना-पढ़ना नहीं चाहता। उसे मनोरंजन, उम्मीदें और सपने दिखाने वाली, खुशनुमा एहसास कराने वाली ख़बरें चाहिए। इसी की तर्ज़ पर मीडिया ने फ़ील गुड के मुहावरे को शिरोधार्य कर लिया है।

बहुत अरसे तक यह माना जाता रहा कि *बड़ी हस्तियाँ जो भी करती या बोलती हैं, वे ख़बर होती हैं*। इन बड़ी हस्तियों में मंत्री-प्रधानमंत्री से लेकर फिल्मों के स्टार, गायक-गायिकाएँ, खिलाड़ी, कलाकार, लेखक तक सब आ जाते हैं। मीडिया में छाई रहने वाली सेलेब्रिटी इसी धारणा का विस्तार है। मीडिया का एक बड़ा हिस्सा इन हस्तियों से जुड़ी सूचनाएँ इकट्ठा करने में ही लगा होता है या लगाया जाता है।

अरसे तक यह माना जाता रहा कि बड़ी हस्तियाँ जो भी करती या बोलती हैं वे ख़बर होती है। इन बड़ी हस्तियों में मंत्री-प्रधानमंत्री से लेकर फिल्मों के स्टार, गायक-गायिकाएं, खिलाड़ी, कलाकार, लेखक तक सब आ जाते हैं। मीडिया में छाई रहने वाली सेलेब्रिटी इसी धारणा का विस्तार है।

इस लिहाज़ से ख़बरों का दायरा बहुत विराट हो जाता है। इसीलिए किसी ने यहाँ तक कह दिया कि *ज़मीन के ऊपर और आसमान के नीचे हर चीज़ ख़बर है*। यहाँ इसका एक अर्थ यह भी निकलता है कि अगर आपमें न्यूज़ सेंस है तो आप हर जगह ख़बर तलाश सकते हैं।

हमारे आसपास घटने वाली तमाम घटनाओं की सूचना भी न्यूज़ ही है। हम अख़बार, रेडियो और टीवी खोलते ही इस उम्मीद से हैं कि कहीं कुछ घटा हो तो उसकी जानकारी ले लें। अगर हमें वैसा कुछ नहीं मिलता तो या तो हम उन्हें आगे नहीं देखते या फिर कुछ और देखने लगते हैं। न्यूज़ चैनल इसीलिए हमेशा इस कोशिश में लगे रहते हैं कि दर्शकों को किसी भी तरह से बाँधे रखें। बात-बात पर ब्रेकिंग

न्यूज़ देना और चैनलों से आगे निकलने के लिए तो होता ही है, मगर दर्शकों को यह बताने के लिए भी होता है कि कुछ महत्त्वपूर्ण घट गया है या घट रहा है इसलिए हमें देखते रहिए। आने वाली ख़बरों या कार्यक्रमों के बार-बार टीज़र देने के पीछे भी यही सोच काम कर रहा होता है।

कुछ नया जानने की जिज्ञासा या घटनाक्रमों से परिचित रहने की इच्छा जिस समाज में जितनी होती है, वहाँ उनका उत्पादन और खपत भी उतनी ही अधिक होती है। इसी तरह ख़बरों की चाल, चरित्र और चेहरा भी समाज की राजनीतिक-आर्थिक बनावट और उससे निर्मित मानसिकता पर निर्भर करती है। भारतीयों की समाचार आवश्यकता पाकिस्तानियों और अमेरिकियों से भिन्न है।

वर्तमान मीडिया को देखते हुए अगर कोई परिभाषा गढ़ी जाए जो कहा जा सकता है कि ऐसी कोई भी चीज़ जो अख़बारों की प्रसार संख्या या रेडियो-टेलीविज़न की रेटिंग बढ़ाने में मददगार हो सकती है—ख़बर है। इसे अगर और भी खोलकर कहा जाए तो जो बिके, वही ख़बर है। इसीलिए टीवी के कलेवर के बारे में अक्सर कहा जाता है कि जो बिकता है, वह दिखता है।

वैसे वर्तमान मीडिया को देखते हुए अगर कोई परिभाषा गढ़ी जाए जो कहा जा सकता है कि *ऐसी कोई भी चीज़ जो अख़बारों की प्रसार संख्या या रेडियो-टेलीविज़न की रेटिंग बढ़ाने में मददगार हो सकती है—ख़बर है*। इसे अगर और भी खोलकर कहा जाए तो *जो बिके, वही ख़बर है*। इसीलिए टीवी के कलेवर के बारे में अक्सर कहा जाता है कि जो बिकता है, वह दिखता है। पत्र-पत्रिकाओं के संदर्भ में कहा जा सकता है कि जो बिकता है, वह छपता है। इस परिभाषा में पाठक और दर्शक वर्ग केंद्र में होता है और उसी के हिसाब से सब कुछ तय होता है। अगर इसकी दिलचस्पी प्रधानमंत्री में नहीं है तो मीडिया उन्हें कवरेज नहीं देगा या बिल्कुल कम देगा—चाहे वे कितनी ही महत्त्वपूर्ण बात बोलें और उसका समाज तथा देश पर कितना ही दूरगामी प्रभाव पड़ता हो।

टीवी, रेडियो और अख़बारी ख़बरों में फ़र्क

ख़बर क्या है, इसे समझ लेने के बाद अब हम यह देख सकते हैं कि अलग-अलग माध्यमों यानी टीवी, रेडियो और अख़बारों में ख़बर का रूप-रंग और चरित्र क्या होता है। ख़बर देने के लिहाज़ से अख़बार सबसे पुराना माध्यम है। इस माध्यम में कई खूबियाँ हैं। उदाहरण के लिए, लोग अख़बार अपनी सुविधा के हिसाब से जब चाहे पढ़ सकते हैं और चाहे जितनी बार पढ़ सकते हैं। कोई शब्द न समझ में आए या कोई वाक्य उलझा हुआ हो तो पाठक उन्हें खुद से या किसी से समझने की कोशिश कर सकता है। अख़बारों को वह चाहे तो सँभालकर भी रख सकता है।

टीवी और रेडियो दोनों के साथ ऐसा नहीं है। उनमें एक बार जो प्रसारित हो गया सो हो गया। दर्शक या श्रोता अगर कुछ सुनने से चूक गया या उसे कोई चीज़ समझ में नहीं आई तो उसे दूसरा अवसर नहीं मिलता, बशर्ते वह ख़बर दोबारा

सुनाई-दिखाई न जाए और श्रोता-दर्शक फिर से उसे सुने-देखे न। अख़बारों में पाठक पूरे वाक्य को देखकर उसका अर्थ निकालता है, जबकि इलेक्ट्रॉनिक मीडिया में शब्द समूह के रूप में नहीं एक-एक करके बोले जाते हैं और अर्थ समझने के लिए श्रोताओं तथा दर्शकों को पूरे वाक्य को ज़हन में रखना होता है। इसलिए टेलीविज़न के लिए लेखन में शब्दों के सही चयन और वाक्यों के आसान गठन पर बहुत ज़ोर दिया जाता है।

अख़बारों में पाठक पूरे वाक्य को देखकर उसका अर्थ निकालता है, जबकि इलेक्ट्रॉनिक मीडिया में शब्द समूह के रूप में नहीं एक-एक करके बोले जाते हैं और अर्थ समझने के लिए श्रोताओं तथा दर्शकों को पूरे वाक्य को ज़हन में रखना होता है। इसलिए टेलीविज़न के लिए लेखन में शब्दों के सही चयन और वाक्यों के आसान गठन पर बहुत ज़ोर दिया जाता है।

पत्र-पत्रिकाओं में शीर्षक, उपशीर्षक, शब्दों को बोल्ड या इटैलिक करके अथवा वाक्यों को रेखांकित करके बहुत-सी चीजों को स्पष्ट करने की सुविधा होती है। प्रश्नवाचक और विस्मयादिबोधक चिह्नों के ज़रिए भी बहुत कुछ इंगित करने की सुविधा प्रिंट में होती है। ऐसा रेडियो या टीवी में नहीं किया जा सकता। टीवी में तो फिर भी ग्राफिक्स की मदद ली जा सकती है (कभी-कभी लिखे शब्द टीवी में बड़ी भूमिका निभाते हैं। इनका इस्तेमाल दर्शकों को चैनल सर्फिंग के दौरान अपने चैनल पर अटकाने के लिए कई पत्रकार बड़ी खूबी से करते हैं। अचानक स्क्रीन पर उभरी कोई इबारत दर्शक का ध्यान खींचती है और वह रिमोट के ज़रिये मनपंसद कार्यक्रम की तलाश करते-करते ठिठक जाता है)। मगर रेडियो में सारा दारोमदार साउंड पर है। शब्दों पर ज़ोर देकर और कभी-कभी संगीत का इस्तेमाल करके ऐसे प्रभाव पैदा किए जाते हैं। हमें यह भी ध्यान में रखना चाहिए कि अख़बार वही पढ़ सकते हैं जिन्होंने थोड़ी-बहुत पढ़ाई की हो और जिन्हें भाषा तथा समाचारों की हलकी-फुलकी समझ तो हो ही। इसके उलट रेडियो और टीवी जैसे माध्यमों में इसकी अनिवार्यता नहीं होती। भारत जैसे देश में जहाँ आधी आबादी

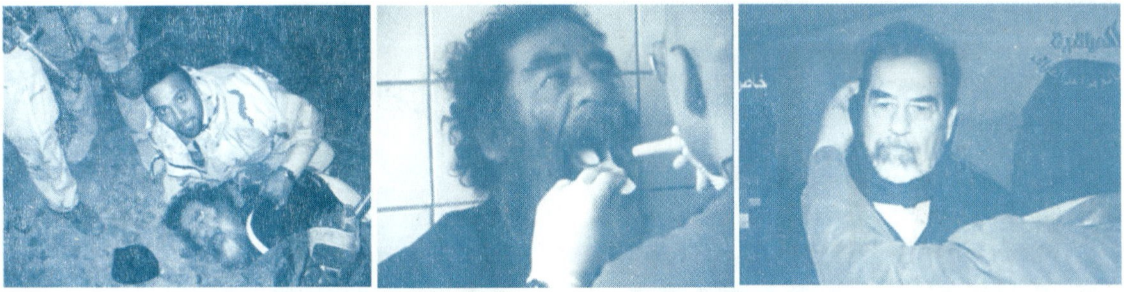

इराक़ के पूर्व राष्ट्रपति सद्दाम हुसैन को पकड़े जाने से लेकर फाँसी पर चढ़ाए जाने तक के दृश्य—अमेरिकी दादागीरी का नमूना

अनपढ़ कही जा सकती है, रेडियो और टीवी दोनों की भूमिका और उपयोगिता इसीलिए महत्त्वपूर्ण हो जाती है। यहाँ इन माध्यमों से ज़्यादा सावधानी और समझदारी की अपेक्षा भी इसीलिए रखी जाती है।

ऊपर हमने इलेक्ट्रॉनिक और प्रिंट मीडिया का फर्क केवल भाषा के स्तर पर देखा है। लेकिन यह मूल अंतर नहीं है। बुनियादी फर्क तो यह है कि प्रिंट मीडिया लिखे हुए शब्दों और छपे हुए स्थिर चित्रों का माध्यम है, जबकि रेडियो में केवल ध्वनि होती है और टेलीविज़न में दृश्य। यहाँ यह बता देना ठीक होगा कि दृश्य में ध्वनि समाहित है। देखने में सुनना शमिल होता है। जैसे हम कहते हैं कि हमने वह फिल्म देखी है। फिल्म देखते वक्त ज़ाहिर है कि हमने संवाद भी सुने और संगीत के ज़रिए जो कुछ कहा गया, उसे भी हमारे मस्तिष्क ने ग्रहण किया।

टीवी—दृश्यों का माध्यम

टेलीविज़न में अक्सर ये शिकायत की जाती है कि प्रिंट मीडिया से आने वाले टेलीविज़न को नहीं समझ पाते। तर्क यह दिया जाता है कि उनका सारा अभ्यास शब्दों में सोचने, कल्पना करने और सृजन करने का होता है। वे इस बात को बहुत मुश्किल से समझ पाते हैं कि टेलीविज़न में दृश्य ही प्रमुख होते हैं, यह दृश्यों की भाषा का माध्यम है। जब तक आप दृश्यों की भाषा और उनका व्याकरण नहीं सीखेंगे, आप इस माध्यम को न तो समझ सकते हैं और न ही इसमें ढंग से काम कर सकते हैं। तो सबसे पहले तो यह देखा जाए कि आख़िर दृश्यों की भाषा होती क्या है?

क्या है दृश्यों की भाषा ?

यह तो साफ़ है कि दृश्य क्या हैं। हम जो भी आँखों से देखते हैं, वे दृश्य कहलाते हैं। एक तरह से इसमें सब कुछ आ जाता है। कैमरे के द्वारा रिकॉर्ड की गई घटनाएँ तो दृश्य हैं ही मगर ग्राफिक्स, एनीमेशन वग़ैरह भी इसके अंतर्गत आ जाते हैं। अब

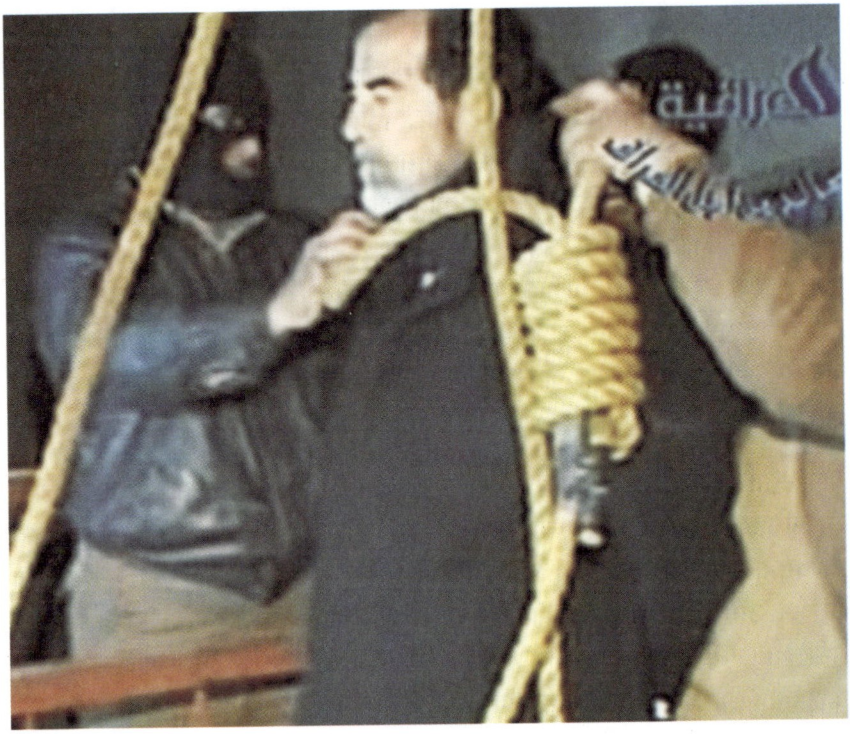

जिन्हें विषय के बारे में जानकारी नहीं है, वे रिकॉर्डिंग को देखकर नहीं समझ सकते और यह भी संभव है कि वे ग़लत समझ लें। ऐसे में यह ज़रूरी है कि उन दृश्यों को सिलसिलेवार ढंग से लगाकर एक कहानी का रूप दे दिया जाए। इससे हर किसी के लिए समझना आसान हो जाएगा। लेकिन यहाँ फिर से यह प्रश्न उठेगा कि दृश्यों को लगाया कैसे जाता है। दरअसल, दृश्यों को सिलसिलेवार ढंग से लगाना ही तो दृश्यों की भाषा है। इसका अपना एक विज्ञान है, एक व्याकरण है और अंदाज़-ए-बयां है।

सवाल उठता है कि क्या तस्वीरें, ग्राफिक्स या एनीमेशन वग़ैरह अपने आप में पूरी कहानी सही-सही बयान कर सकते हैं? नहीं कर सकते हैं। किसी भी रिकॉर्डिंग को देखकर हम थोड़ा बहुत अनुमान लगा सकते हैं कि मामला क्या है। लेकिन यह भी वही कर सकते हैं जो उस विषय से वाकिफ़ हों। जिन्हें विषय के बारे में जानकारी नहीं है, वे रिकॉर्डिंग को देखकर नहीं समझ सकते और यह भी संभव है कि वे ग़लत समझ लें। ऐसे में ज़रूरी है कि उन दृश्यों को सिलसिलेवार ढंग से लगाकर एक कहानी का रूप दे दिया जाए। इससे हर किसी के लिए समझना आसान हो जाएगा। लेकिन यहाँ फिर से यह प्रश्न उठेगा कि दृश्यों को लगाया कैसे जाता है। दरअसल, दृश्यों को सिलसिलेवार ढंग से लगाना ही तो दृश्यों की भाषा है। इसका अपना एक विज्ञान है, एक व्याकरण है और अंदाज़-ए-बयां है।

लेकिन व्याकरण को ध्यान में रखकर दृश्यों को जोड़ देना ही दृश्यों की भाषा को समझ लेना नहीं माना जाएगा। इस भाषा के असल जानकार तो आप तभी समझे जाएँगे जब दृश्यों को समझकर उनका बेहतर ढंग से इस्तेमाल करते हुए उन्हें अपनी कहानी में बुनें। यह बहुत ही रचनात्मक कार्य है। जैसे हम शब्दों को जोड़कर वाक्य बनाते हैं और उन्हें नए अर्थ प्रदान कर देते हैं उसी तरह दृश्यों के सही चयन और उनके क्रम को निर्धारित करके यही काम करते हैं। किसी पुलिस वाले के प्रहार के

लिए उठे हाथ और फिर किसी आम आदमी का आतंकित चेहरे वाला दृश्य अगर एक के बाद एक लगा दिए जाएँ तो पुलिस की क्रूरता साफ दिख जाती है। अगर आप इस तरह से सोचने लगें कि टेलीविज़न में ख़बरें कैमरे के द्वारा लिखी जाती हैं तो आपके लिए इसे समझना थोड़ा आसान हो जाएगा। आप समझने लगेंगे कि क्या बताने के लिए कैसे दृश्य चाहिए होते हैं और जब वैसे दृश्य आपके पास होंगे तो फिर आपको शब्दों पर उतना निर्भर नहीं रहना होगा। आपके पास बहुत सारे दृश्य हो सकते हैं मगर यदि आप नेताओं की सुस्ती दिखाने के लिए किसी नेता के जम्हाई या झपकी लेने का एक शॉट लगा दें तो फिर आपको कुछ भी कहने की ज़रूरत नहीं पड़ेगी। किसी जनसभा में कितनी भीड़ आई थी, इसका अंदाज़ा एक शॉट से मिल जाता है।

अगर आप इस तरह से सोचने लगें कि टेलीविज़न में ख़बरें कैमरे के द्वारा लिखी जाती हैं तो आपके लिए इसे समझना थोड़ा आसान हो जाएगा। आप समझने लगेंगे कि क्या बताने के लिए कैसे दृश्य चाहिए होते हैं और जब वैसे दृश्य आपके पास होंगे तो फिर आपको शब्दों पर उतना निर्भर नहीं रहना होगा।

यहाँ टेलीविज़न की इस ताक़त को भी नहीं भूलना चाहिए कि ये बाक़ी दोनों माध्यमों से अधिक शक्तिशाली है। ऐसा इसलिए कि दृश्यात्मक होने की वजह से ये ज़्यादा विश्वसनीय भी हो जाता है। पहले कोई भी नेता प्रिंट में बयान देकर मुकर जाता था कि उसने तो ऐसा कहा ही नहीं या उसकी बातों को तोड़-मरोड़कर पेश किया गया था। पूरा का पूरा इंटरव्यू देकर वे साफ़ मुकर जाते थे कि उन्होंने किसी से कोई बात भी की है। मगर टेलीविज़न में यह मुमकिन नहीं रह गया है। कैमरे के सामने उसने जो कह दिया, उसे नकारना उसके लिए संभव नहीं होता। इसलिए नेतागण कैमरे के सामने कुछ बोलने से कतराते हैं या फिर बहुत संयम के साथ एक-एक शब्द सोच-समझकर बोलते हैं। हालाँकि इसकी वजह से टीवी पत्रकारों को वे ख़बरें नहीं मिल पातीं जो प्रिंट पत्रकारों को मिल जाती हैं। मगर कभी कोई नेता कैमरे के सामने फिसल जाता है तो फिर वह बहुत बड़ी ख़बर भी बन जाती है। एक अच्छा टीवी पत्रकार ऐसे अवसरों का इस्तेमाल करना जानता है।

अगर एक लाइन में कहना चाहें तो हम कह सकते हैं कि जो भी व्यक्ति दृश्यों के माध्यम से अपनी बात को प्रभावी ढंग से व्यक्त कर सकता है वह टेलीविज़न के माध्यम को अच्छी तरह से समझता है। दृश्यों की बात करते समय हमें यह नहीं भूलना चाहिए कि ध्वनि उनका अविभाज्य हिस्सा होती है। दृश्यों के साथ किस तरह की ध्वनि या संगीत का इस्तेमाल किया जाए कि कहानी ज़्यादा प्रभावशाली बन सके, इसका ज्ञान भी आवश्यक होता है। कई बार कुछ चीज़ों को स्पष्ट करने के लिए दृश्य पर्याप्त नहीं होते। ऐसे में ग्राफिक्स और एनीमेशन का प्रयोग किया जाता है। इनका उपयोग कब, कहाँ और कैसे करना है, इसकी जानकारी भी होनी चाहिए।

टीवी पर ख़बरें

दृश्यों की भाषा के बारे में जानकारी ले लेने के बाद अब हम देखते हैं कि दृश्य कैसे टीवी पर ख़बरों के संसार को प्रिंट से अलग कर देते हैं। अव्वल तो जब भी हम टीवी के लिए ख़बरों का चयन करने बैठते हैं, तो यह देखते हैं कि किस ख़बर में कौन से दृश्य मिलेंगे। अगर घटना ज़्यादा महत्त्वपूर्ण नहीं है, मगर विज़ुअल अच्छे मिल सकते हैं तो वह कवरेज़ प्राथमिकता में ऊपर आ जाएगी। इसका ठीक उल्टा भी होता है। महत्त्वपूर्ण ख़बरें भी कमज़ोर दृश्यों की वजह से या तो कम कवरेज पाती हैं या फिर कवरेज से वंचित ही हो जाती हैं। इसीलिए जब भी कोई संवाददाता किसी स्टोरी का आइडिया देता है तो उससे पूछा जाता है कि इसमें विज़ुअल क्या होंगे। अगर उसने संतोषजनक जवाब दिया तो उसे हरी झंडी मिल जाती है अन्यथा नहीं। इसीलिए समझदार रिपोर्टर अपना होमवर्क करके आते हैं और अपनी बात ही इसी से शुरू करते हैं कि इसमें इस तरह के विज़ुअल मिलेंगे, जिससे स्टोरी दमदार बन जाएगी।

कई बार तो ऐसा होता है कि किसी रिपोर्टर को ऐसे दृश्य हाथ लग जाते हैं जो खब़र के लिहाज़ से मामूली होने के बावजूद बड़ी ख़बर का रूप ले लेते हैं। किसी नेता या महत्त्वपूर्ण व्यक्ति का एक छोटा सा साउंड बाइट चैनल के लिए दर्शकों को आकर्षित करने का बड़ा मसाला दे देता है। प्रसंगवश यह बताना ठीक होगा कि टेलीविज़न में एक्शन और ड्रामा का बहुत महत्त्व है। ऐसे दृश्य, जिनमें लड़ाई-झगड़ा या किसी तरह की नाटकीयता होगी तो वे फौरन एक बड़ी ख़बर का रूप ले लेंगे। इमोशन या जज़्बात एक और ऐसी चीज़ है जिससे न्यूज़ चैनल चलाने वालों और उन्हें देखने वालों को बड़ा प्रेम है। रोना-धोना या प्रेम, ईर्ष्या, द्वेष आदि से जुड़े प्रसंग चैनलों पर खूब चलते हैं। ख़बरों में भी इस तरह के तत्त्व ढूँढ़े जाते हैं और कभी-कभी तो गढ़े भी जाते हैं। इसलिए संवाददाता इस तरह के दृश्यों की तलाश में रहते हैं। कई बार वे इनकी रचना भी कर डालते हैं। यह कथा बहुत प्रचलित है कि एक जानी-मानी टीवी एंकर ने बिहार में बूथ कैप्चरिंग को बाकायदा आयोजित करके शूट किया था और फिर उसके दम पर वह साहसी पत्रकारों की जमात में शमिल हो गई थी। अभी भी चुनाव के समय हथियार बनाने की अधिकांश ख़बरें इसी तरह निर्मित होती हैं।

टेलीविज़न में बहुत सारी ख़बरें इसलिए भी छँट जाती हैं कि उनके विज़ुअल नहीं होते या नहीं हो सकते। प्रिंट माध्यम में बहुत-सी चीज़ें हम केवल लिखकर बता देते हैं, कई चीज़ें सूत्रों के हवाले से कह दी जाती हैं, मगर टेलीविज़न में इससे काम नहीं चलता। कह दिया जाता है कि दृश्य नहीं तो ख़बर नहीं। हालाँकि अब यह

पहली प्राथमिकता ख़बर को एयर पर डालने की होती है, ताकि आप सबसे आगे रहें। अलबत्ता इससे यह निष्कर्ष निकाल लेना कि दृश्यों की कोई भूमिका नहीं रह जाती, सरासर ग़लत होगा। अगर खबरों में दृश्यात्मकता पर यथासंभव ध्यान दिया जाए तो वे दर्शकों की आँखों को ज़्यादा भाएँगी और दूसरे चैनलों से बाज़ी भी मार सकती हैं।

धारणा टूटने लगी है और संवाददाता बोलकर ऐसे समाचार दे देता है। मगर यह कम ही होता है। हालाँकि टीवी न्यूज़ का मामला उतना दृश्य-प्रधान नहीं है या नहीं रह गया है, जितना कि मनोरंजन के चैनलों में होता है। कुछ विशेष कार्यक्रमों या रिपोर्टों में ही इनकी ख़ास अहमियत दिखलाई देती है। इसकी बड़ी वजह यही है कि न्यूज़ के संदर्भ में ख़बर का तत्त्व सबसे महत्त्वपूर्ण होता है और अगर उसमें दम होता है तो बाकी चीज़ें महत्त्वहीन-सी हो ज़ाती हैं। फिर न्यूज़ का मामला रफ़्तार से भी जुड़ा होता है। उसमें इतनी सहूलियत नहीं मिलती कि आप ख़बर को सजा-सँवारकर पेश करने में वक़्त ज़ाया करें। पहली प्राथमिकता ख़बर को एयर पर डालने की होती है, ताकि आप सबसे आगे रहें। अलबत्ता इससे यह निष्कर्ष निकाल लेना कि दृश्यों की कोई भूमिका नहीं रह जाती, सरासर ग़लत होगा। अगर खबरों में दृश्यात्मकता पर यथासंभव ध्यान दिया जाए तो वे दर्शकों की आँखों को ज़्यादा भाएँगी और दूसरे चैनलों से बाज़ी भी मार सकती हैं। किसी घटना-दुर्घटना के समय इसीलिए यह होड़ मच जाती है कि उसके दृश्य सबसे पहले कौन दिखाता है। फिर भी ये तो कहा जा सकता है कि न्यूज़ चैनलों में दृश्यों की उतनी अहमियत नहीं होती जितनी कि मनोरंजन चैनलों में या फिल्मों में, क्योंकि जहाँ पत्रकारिता में तथ्यों और कथ्यों पर बात होती है, वहीं फिल्मों में कल्पनाशीलता और सृजनशीलता की गुंज़ाइश भी कहीं ज़्यादा होती है। इसीलिए फिल्मों में एक-एक सीन पर काफी काम किया जाता है। वहाँ डेडलाइन का दबाव भी नहीं होता, जिससे दृश्यात्मक संप्रेषणीयता और सौंदर्य पर समय देना संभव हो पाता है।

दरअसल, न्यूज़ चैनल प्रिंट और विजुअल मीडियम का मिला-जुला रूप कहा जा सकता है। इसमें प्रिंट मीडिया की बहुत सारी चीज़ें इस्तेमाल होती हैं, चाहे वे स्क्रीन के नीचे वाले ख़बरों के टिकर के रूप में हों, टेक्स्ट हेडलाइंस के रूप में हों या फिर ग्राफिक्स के ज़रिए (चुनाव और बजट के मौकों पर या बिज़नेस की ख़बरों में विशेष तौर पर) सूचनाएँ परोसने के लिए। एंकर भी टेलीप्राम्टर पर देखकर ख़बरें पढ़ता है जो कि ज़ाहिर है कि लिखी जाती हैं। हाँ, यहाँ यह ध्यान रखा जाता है कि यह भाषा लिखने की भाषा से अलग हो, बोलचाल की भाषा हो। टीवी चैनलों में बहुत सारी ख़बरें पहले से रखे विजुअल (लायब्रेरी फूटेज) का उपयोग करके ही तैयार कर ली जाती हैं। इनमें कमाल केवल नई सूचना का होता है या फिर विश्लेषण उन्हें नवीनता प्रदान कर देता है। यहाँ पर दृश्यों के संपादन में सामान्य व्याकरण का ध्यान रखना ही पर्याप्त होता है। यह अवश्य है कि दृश्य समयानुकूल होने चाहिए।

06

कहाँ-कहाँ से आती हैं ख़बरें

टेलीविज़न न्यूज़ चैनलों में चौबीसों घंटे और 365 दिन ख़बरों का प्रवाह चलता रहता है। आम दर्शक के मन में यह सवाल उठ सकता है कि इतनी बड़ी संख्या में दिन-रात चैनलों को दुनिया भर से कैसे ख़बरें मिलती हैं? क्या हर जगह उनके संवाददाता और कैमरा मैन तैनात हैं? अगर ऐसा है तो इतने बड़े तंत्र को चलाना कितना मुश्किल होगा? और यह बहुत खर्चीला तो होगा ही! इसमें संदेह नहीं कि किसी न्यूज़ चैनल का न्यूज़ गेदरिंग सिस्टम यानी समाचार संकलन व्यवस्था बहुत बड़ी और पेचीदा होती है। इसके लिए न केवल अच्छे पत्रकारों और कैमरा मैन आदि की आवश्यकता होती है, बल्कि तकनीकी साज़-ओ-सामान की आवश्यकता भी पड़ती है। आइए, सबसे पहले यह देखें कि किसी भी चैनल में समाचारों के कौन-कौन से स्रोत होते हैं।

समाचारों के स्रोत :

1. समाचार संकलन-तंत्र
2. समाचार एजेंसियाँ
3. अन्य स्रोत

समाचार संकलन-तंत्र

किसी भी समाचार चैनल में ख़बरों को एकत्र करने की जो व्यवस्था होती है उसे

चैनल की सफलता या असफलता का काफ़ी कुछ दारोमदार इस पर रहता है कि उसका समाचार-तंत्र कितना विशाल है। समाचार-तंत्र की विशालता का एक पक्ष तकनीकी भी है। पत्रकार और कैमरा-परसन अपना काम कर दें तो उसके बाद यह ज़रूरी हो जाता है कि फूटेज कैसे जल्दी से जल्दी मुख्यालय पहुँचे, ताकि उसे फ़ौरन दिखाया जा सके। इसके लिए सैटेलाइट संपर्क या लीज़्ड लाइन आदि की आवश्यकता होती है। इसी तरह जहाँ ओबी या डीएसएनजी की ज़रूरत हो वहाँ उनका कोई विकल्प नहीं हो सकता, ख़ास तौर पर प्रतिस्पर्धा के इस दौर में।

समाचार संकलन-तंत्र या न्यूज़ गेदरिंग सिस्टम कहते हैं। इसके लिए चैनलों में कई नामों का इस्तेमाल किया जाता है, जैसे–इनपुट, एसाइनमेंट आदि।

अच्छे समाचार संकलन-तंत्र की कई विशेषताएँ होती हैं :

चप्पे-चप्पे पर नज़र

किसी भी चैनल का कवरेज़ उसकी पहुँच पर, उसके नेटवर्क पर निर्भर करता है। अगर चैनल के संवाददाता जगह-जगह पर नहीं हैं तो उसकी पहुँच भी सीमित हो जाती है और महत्त्वपूर्ण मौकों पर वो पिछड़ जाता है। इसीलिए चैनल की सफलता या असफलता का काफ़ी कुछ दारोमदार इस पर रहता है कि उसका समाचार-तंत्र कितना विशाल है। समाचार-तंत्र की विशालता का एक पक्ष तकनीकी भी है। पत्रकार और कैमरा-परसन अपना काम कर दें तो उसके बाद यह ज़रूरी हो जाता है कि फूटेज कैसे जल्दी से जल्दी मुख्यालय पहुँचे, ताकि उसे फ़ौरन दिखाया जा सके। इसके लिए सैटेलाइट संपर्क या लीज़्ड लाइन आदि की आवश्यकता होती है। इसी

ख़बरें इकट्ठा करती संवाददाता

तरह जहाँ ओबी (आउटडोर ब्राडकास्ट) या डीएसएनजी (डाइरेक्ट सैटेलाइट न्यूज़ गेदरिंग) की ज़रूरत हो वहाँ उनका कोई विकल्प नहीं हो सकता, ख़ास तौर पर प्रतिस्पर्धा के इस दौर में। दूर-दराज़ के इलाकों से पल-पल की ख़बर देने के लिए ये अनिवार्य होती हैं। कुछ कंपनियों ने अब जल्दी खबरें पहुँचाने के लिए ज़रूरत के हिसाब से भाड़े पर ब्राडबैंड सुविधाएँ भी पहुँचानी शुरू की हैं।

समाचार चैनल अल जज़ीरा का न्यूज़ रूम

त्वरित

समाचार संकलन-तंत्र का विशाल होना ही काफ़ी नहीं है। कई ऐसे चैनल समूह हैं जिनके पास दूसरे चैनलों के मुक़ाबले कहीं बड़े समाचार संकलन-तंत्र हैं और साधनों की भी कोई कमी नहीं है, मगर फिर भी वे पिटते रहते हैं। इसकी सबसे बड़ी वजह यह है कि वहाँ इस तंत्र को सही ढंग से चलाने वाले या तो लोग ही नहीं है या फिर वहाँ ऐसी कार्य-संस्कृति ही नहीं है, जिसमें समाचार के महत्त्व को देखकर तीव्र गति से काम करने की गुंज़ाइश हो। इसीलिए अच्छे समाचार-तंत्र के लिए कुशल कर्मियों की आवश्यकता होती है। ये पत्रकार भी होते हैं और तकनीकी काम करने वाले लोग भी। अच्छे पत्रकार ख़बरों के महत्त्व को फ़ौरन समझ लेते हैं और निर्णय भी ले लेते हैं कि उसको कैसे और किस पैमाने पर कवर करना है। इसके बाद वे टीम को अभियान में जुटा देते हैं।

विश्वसनीयता

'सबसे पहले' या 'सबसे तेज़' को टीवी पत्रकारिता और ख़बरिया चैनलों का आधार वाक्य माना जा सकता है। मगर सबसे पहले के साथ-साथ कई और चीज़ें भी होती हैं, जो उस चैनल के समाचार संकलन-तंत्र या प्रणाली के लिए परम आवश्यक होती हैं। इनमें सर्वप्रमुख है विश्वसनीयता। अगर जल्दी समाचार

'सबसे पहले' या 'सबसे तेज़' के साथ-साथ कई और चीज़ें भी होती हैं, जो उस चैनल के समाचार संकलन-तंत्र या प्रणाली के लिए परम आवश्यक होती हैं। इनमें सर्वप्रमुख है विश्वसनीयता। अगर जल्दी समाचार देने के चक्कर में कोई चैनल ग़लत या झूठे समाचार प्रसारित करता है तो उसकी विश्वसनीयता पर असर पड़ता है और अगर समाचार चैनल ने विश्वसनीयता ही गँवा दी तो फिर उसके पास रहा क्या?

देने के चक्कर में कोई चैनल ग़लत या झूठे समाचार प्रसारित करता है तो उसकी विश्वसनीयता पर असर पड़ता है और अगर समाचार चैनल ने विश्वसनीयता ही गँवा दी तो फिर उसके पास रहा क्या? दर्शक एक तो उसे देखेंगे नहीं और किसी वजह से देखते हैं तो हर ख़बर की पुष्टि उस चैनल से करेंगे जिस पर उन्हें ज़्यादा भरोसा होगा। विश्वसनीयता की कसौटी पर समाचार-तंत्र का खरा उतरना इसलिए भी ज़रूरी है क्योंकि ग़लत ख़बरें जहाँ समाज में दुराव पैदा कर सकती हैं वहीं चैनल को भी मुसीबत में डाल सकती हैं। मानहानि और अदालत की अवमानना जैसे मामलों से उसे जूझना पड़ सकता है।

दूसरों से आगे निकलने और बेहतर करने के अलावा उसे यह देखना चाहिए कि अन्य के मुक़ाबले अपने दर्शकों को क्या अतिरिक्त या विशेष दिखा रहा है। अगर वह भी वही सब दिखाएगा जो कि बाक़ी दिखा रहे हैं, तो उसकी अलग पहचान नहीं बन पाएगी। उसे घटनाओं के नए-नए पहलू तलाशने चाहिए। ख़बरों को ख़ास नज़रिए से देखकर रिपोर्ट करवाना और प्रस्तुति के नए अंदाज भी अपनाते रहना उसकी विशेषता मानी जाती है।

सबसे अलग

समाचार संकलन-तंत्र की ज़िम्मेदारी केवल इतनी ही नहीं होती कि तमाम महत्त्वपूर्ण घटनाओं को सबसे पहले सटीक ढंग से रिपोर्ट करे। इन मामलों में दूसरों से आगे निकलने और बेहतर करने के अलावा उसे यह देखना चाहिए कि अन्य के मुक़ाबले अपने दर्शकों को क्या अतिरिक्त या विशेष दिखा रहा है। अगर वह भी वही सब दिखाएगा जो कि बाक़ी दिखा रहे हैं, तो उसकी अलग पहचान नहीं बन पाएगी। उसे घटनाओं के नए-नए पहलू तलाशने चाहिए। ख़बरों को ख़ास नज़रिए से देखकर रिपोर्ट करवाना और प्रस्तुति के नए अंदाज भी अपनाते रहना उसकी विशेषता मानी जाती है। उसे अपने संवाददाताओं से लगातार खोजी रिपोर्ट करवानी चाहिए। उनको हमेशा इस बात के लिए निरंतर प्रेरित करते रहना चाहिए कि सामान्य ढंग से कवरेज़ करते रहने से काम नहीं चलेगा। कुछ अलग, कुछ नया करो, ऐसा जो अन्य चैनलों में न हो। इस मामले में खोजी पत्रकारिता का अहम स्थान है।

समाचार-तंत्र का निर्माण

एक कारगर समाचार संकलन-तंत्र के निर्माण के लिए तमाम चैनल अपनी तरह से प्रयास करते हैं। हम सब जानते हैं कि न्यूज़ चैनल अब विशुद्ध रूप से एक व्यापारिक गतिविधि है और इसका उद्देश्य मुनाफ़ा कमाना है न कि देश या समाज की सेवा करना। इसलिए सबसे पहले तो वे यह देखते हैं कि उनकी टारगेट वीवरशिप क्या है, यानी उनका दर्शक-वर्ग कौन सा है और उसकी रुचियाँ क्या हैं। इस दर्शक-वर्ग को लुभाकर ही वह व्यापारिक सफलता हासिल कर सकता है। इसके लिए मोटे तौर पर तीन मानक इस्तेमाल में लाए जाते हैं:

(अ) ज़्यादा हलचल वाले केंद्र,
(ब) रेटिंग देने वाले क्षेत्र, और
(स) व्यापारिक महत्त्व वाले क्षेत्र।

संसद पर हमले के दौरान आतंकवादियों से जूझते सुरक्षाकर्मी

(अ) ज़्यादा हलचल वाले केंद्र

देश-भर में ऐसे कई शहर हैं जो ख़बरों के लिहाज़ से बेहद सक्रिय और महत्त्वपूर्ण माने जाते हैं। यहाँ हर घड़ी ख़बरें बनती रहती हैं। इन शहरों पर तमाम चैनलों की नज़रें लगी होती हैं। इनमें सबसे अव्वल है दिल्ली।

दिल्ली–ख़बरों के लिहाज़ से सबसे ज़्यादा महत्त्वपूर्ण देश की राजधानी दिल्ली को माना जाता है। ज़्यादातर चैनलों ने अपने मुख्यालय दिल्ली में खोल रखे हैं। जिनके नहीं हैं, वे भी अपने सशक्त न्यूज़ ब्यूरो यहाँ रखते हैं। इसका सबसे बड़ा कारण यही है कि दिल्ली हिंदुस्तान का न्यूज़ सेंटर है। न्यूज़ चैनलों की आधी से अधिक ख़बरें यहीं से आती हैं। दिल्ली की हलचलों में सभी की दिलचस्पी होती है, भले ही उसका सीधा संबंध उनके जीवन से न हो। राजधानी की मामूली-सी ख़बर भी राष्ट्रीय बन जाती है। केंद्र सरकार देश का काम-काज यहीं से चलाती है। उसके सारे मंत्रालय और अन्य अनेक कार्यालय यहीं हैं। राजनीतिक ख़बरों के लिए तो यह सबसे बड़ा गढ़ है ही। तमाम बड़ी पार्टियों के दफ़्तर यहाँ हैं। सभी पार्टियों के बड़े और महत्त्वपूर्ण नेता भी यहीं रहते हैं। पार्टियों और नेताओं की तमाम राजनीतिक गतिविधियों का संचालन यहीं से होता है। उनके कार्यक्रम, रणनीतियाँ यहीं बनती हैं। महत्त्वपूर्ण घोषणाएँ यहीं की जाती हैं। बड़ी पार्टियाँ नियमित प्रेस-ब्रीफिंग करती हैं, जो ख़बरों का एक आसान और नियमित ज़रिया होती हैं।

ज़्यादातर चैनलों ने अपने मुख्यालय दिल्ली में खोल रखे हैं। जिनके नहीं हैं, वे भी अपने सशक्त न्यूज़ ब्यूरो यहाँ रखते हैं। इसका सबसे बड़ा कारण यही है कि दिल्ली हिंदुस्तान का न्यूज़ सेंटर है। न्यूज़ चैनलों की आधी से अधिक ख़बरें यहीं से आती हैं। दिल्ली की हलचलों में सभी की दिलचस्पी होती है, भले ही उसका सीधा संबंध उनके जीवन से न हो। राजधानी की मामूली सी ख़बर भी राष्ट्रीय बन जाती है।

देश की संसद यहाँ है, जहाँ सभी दलों के चुने हुए प्रतिनिधि मिलकर विधायी कार्य करते हैं। संसद राजनीति का अखाड़ा भी है। यहाँ तमाम दल ज़ोर आज़माइश करते रहते हैं। राजनीति के अलावा संसद में अन्य मसलों पर भी चर्चाएँ होती

हैं और फ़ैसले लिए जाते हैं। विभिन्न मंत्रालयों में देश के विकास और उसकी सुरक्षा से जुड़ी नीतियाँ बनती हैं और उन पर कार्यान्वयन के लिए क़दम उठाए जाते हैं। विदेश से आने वाले मेहमान दिल्ली ज़रूर तशरीफ़ लाते हैं। तमाम राज्यों के तार भी दिल्ली से जुड़े होते हैं। वहाँ के नेता, अफ़सर, मंत्री और मुख्यमंत्री वगैरह राजनीतिक और प्रशासनिक वजहों से दिल्ली के चक्कर लगाते रहते हैं। सेना के तीनों अंगों के मुख्यालय भी दिल्ली में ही स्थित हैं। सुरक्षा से जुड़ी बहुत सारी गतिविधियाँ यहाँ चलती रहती हैं।

साहित्यिक, सांस्कृतिक और कला-संबंधी गतिविधियों का केंद्र भी दिल्ली ही बन गई है। साहित्य अकादेमी, ललित कला अकादेमी, राष्ट्रीय नाट्य विद्यालय आदि दिल्ली में ही हैं। दिल्ली एक बड़ा पर्यटन स्थल भी है। लाखों की तादाद में हर रोज़ देश-विदेश से सैलानी इस ऐतिहासिक नगरी को देखने के लिए आते हैं। वाणिज्य-व्यापार के मामले में मुंबई भले ही आगे हो, मगर इन्हें प्रभावित करने वाली तमाम नीतियों का निर्धारण दिल्ली में ही होता है, इसलिए इसका महत्त्व इस क्षेत्र में भी किसी तरह कमतर नहीं होता।

मुंबई–ख़बरों के लिहाज़ से मुंबई दूसरे नंबर पर आती है। मगर यह महानगर राजनीति के बजाय मनोरंजन और व्यापार से जुड़ी ख़बरों के लिए ज़्यादा जाना जाता है। मुंबई में बनने वाली ख़बरों का हिस्सा भी चैनलों में अच्छा-ख़ासा होता है, ख़ास तौर पर फिल्म इंडस्ट्री से जुड़ी ख़बरों का। पहले इन्हें चटनी की तरह इस्तेमाल किया जाता था मगर अब यह चटनी पूरे चैनलों में फैल गई है और नतीजतन मुंबई से निकलने वाली फिल्मी ख़बरों का हिस्सा अगर पहले 15-20 फ़ीसदी होता था तो अब यह लगभग दोगुना हो गया है। कभी-कभी तो यह और बढ़ जाता है और पचास-साठ फ़ीसदी तक पहुँच जाता है। ख़ास तौर पर सप्ताहांत में ऐसा अक्सर देखने को मिलता है।

मुंबई में बनने वाली ख़बरों का हिस्सा भी चैनलों में अच्छा-ख़ासा होता है। ख़ास तौर पर फिल्म इंडस्ट्री से जुड़ी ख़बरों का। पहले इन्हें चटनी की तरह इस्तेमाल किया जाता था मगर अब यह चटनी पूरे चैनलों में फैल गई है और नतीजतन मुंबई से निकलने वाली फिल्मी ख़बरों का हिस्सा अगर पहले 15-20 फ़ीसदी होता था तो अब यह लगभग दोगुना हो गया है। कभी-कभी तो यह और बढ़ जाता है और पचास-साठ फ़ीसदी तक पहुँच जाता है। ख़ास तौर पर सप्ताहांत में ऐसा अक्सर देखने को मिलता है।

मुंबई का दूसरा चेहरा वाणिज्य-व्यापार और शेयर बाज़ार का है। मुंबई को देश की व्यापारिक राजधानी भी कहा जाता है। ज़्यादातर बड़ी कंपनियों, उद्योगपतियों के मुख्यालय मुंबई में ही हैं। व्यापार एवं उद्योग जगत के उतार-चढ़ाव का संकेतक माना जाने वाला शेयर बाजार यहीं अवस्थित है। देश भर के करोड़ों निवेशकों का ध्यान मुंबई के संवेदी सूचकांक पर लगा रहता है। विभिन्न कंपनियों के कामकाज, उनकी भावी योजनाओं, कामयाबियों और नाक़ामियों के बारे में सूचनाएँ यहीं से जारी होती हैं।

मुंबई की एक और विशेषता यह भी है कि अपराध से जुड़ी घटनाएँ वहाँ अक्सर होती रहती हैं। ख़ास तौर पर अंडरवर्ल्ड क्राइम मुंबई में सर्वाधिक हैं। अंडरवर्ल्ड के बॉलीवुड के साथ संबंधों के चलते इसका और भी रोचक आयाम उभरता है। पूरा

मुंबई में बाढ़ के कवरेज़ ने एक हिंदी चैनल की लोकप्रियता को एकदम से बढ़ा दिया था

देश इसमें दिलचस्पी लेता है, इसलिए न्यूज़ का करोबार करने वालों का ध्यान हमेशा इस तरह की गतिविधियों पर रहता है।

अन्य महानगर–अन्य महानगरों मसलन, कोलकाता, चैन्नई और बेंगलूर भी ख़बरों के लिहाज़ से महत्त्वपूर्ण हैं मगर दिल्ली-मुम्बई जितने नहीं। हालाँकि इस नज़रिए में एक तरह का पूर्वग्रह या झुकाव है, क्योंकि यह धारणा हिंदी चैनलों के दर्शकों की दिलचस्पी को ध्यान में रखकर बनी है। दक्षिण के लोगों की बेंगलूर और पश्चिम बंगाल के दर्शकों की कोलकाता में रुचि न हो, यह कैसे हो सकता है? इसलिए यहाँ हम हिंदी चैनलों में जो परंपरा अभी चल रही है उसी के मद्देनज़र यह कह रहे हैं कि बाक़ी के महानगर कम महत्त्वपूर्ण या रोचक ख़बरें देते हैं। यही वजह है कि हिंदी चैनलों के संवाददाता इन शहरों में बहुत कम होते हैं। इनका कवरेज़ भी चैनलों में उसी अनुपात में कम ही दिखलाई पड़ता है। इसके बनिस्बत अंग्रेज़ी चैनलों का सेटअप बड़ा होता है क्योंकि ग़ैर हिंदी भाषी क्षेत्रों में उन्हें तुलनात्मक दृष्टि से ज़्यादा दर्शक मिलते हैं।

कोलकाता, चैन्नई और बेंगलूर भी ख़बरों के लिहाज़ से महत्त्वपूर्ण हैं मगर दिल्ली-मुम्बई जितने नहीं। हालाँकि इस नज़रिए में एक तरह का पूर्वग्रह या झुकाव है, क्योंकि यह धारणा हिंदी चैनलों के दर्शकों की दिलचस्पी को ध्यान में रखकर बनी है। दक्षिण के लोगों की बेंगलूर और पश्चिम बंगाल के दर्शकों की कोलकाता में रुचि न हो, यह कैसे हो सकता है?

बेंगलूर को ज़्यादा महत्त्व उसके आईटी सिटी होने की वजह से दिया जाता है। आईटी और दूसरी तरह की तकनीक से जुड़ी ख़बरें ज़्यादातर यहीं से आती हैं। चैन्नई अमूमन अपनी राजनीतिक हलचलों की वजह से ख़बरों में रहता है जबकि कोलकाता राजनीति के अलावा कला और संस्कृति के समाचारों की वजह से चैनलों में नज़र आता है।

हिंदी चैनलों के लिए इन बड़े महानगरों की तुलना में ज़्यादा महत्त्व पटना, लखनऊ, भोपाल, श्रीनगर, चंडीगढ़, जयपुर, अहमदाबाद, राँची, रायपुर का है, क्योंकि ये हिंदी भाषी राज्य तो हैं ही, साथ ही हलचलों से भी भरे रहते हैं। ख़ास तौर पर

पटना और लखनऊ तो हिंदी पट्टी की राजनीति के अखाड़े ही हैं। ऐसा कोई दिन नहीं जाता जब इन दो शहरों से कोई न कोई बड़ी ख़बर न बनती हो। ये दो शहर जिन राज्यों की राजधानियाँ हैं, वे खुद राजनीतिक रूप से बेहद उथल-पुथल वाले हैं। इन प्रदेशों में जो कुछ भी होता है, वह राजधानी पहुँचता है और फिर वहाँ से आगे के खेल शुरू हो जाते हैं। लिहाज़ा किसी भी चैनल के लिए इन राज्यों की अहमियत कुछ कम नहीं है। इन राज्यों की राजनीति इतनी रंग-बिरंगी है कि उसे देश के दूसरे हिस्से के दर्शक भी देखना-जानना चाहते हैं। इन प्रदेशों से अपराध से जुड़ी ख़बरें भी बहुत बनती हैं। कुख्यात अपराधी, माफ़िया, डकैत और अंडरवर्ल्ड सब कुछ यहाँ बहुतायत में मिलता है। बिहार में जातीय और वर्गीय संघर्ष के भी कई रूप देखने को मिलते हैं।

समाचार संकलन-तंत्र के निर्माण की दूसरी कसौटी और कहा जाए तो सबसे बड़ी कसौटी रेटिंग होती है। हर चैनल चाहता है कि टेलीविज़न की होड़ में वह आगे रहे और यह तभी हो सकता है जबकि वह ऐसी ख़बरें दिखाए जो उन क्षेत्रों में देखी जाएं जहाँ से रेटिंग आती है।

इसी क्रम में आप भोपाल और मध्यप्रदेश को शामिल कर सकते हैं। हालाँकि विभाजन के बाद से इसका जलवा थोड़ा कम हुआ है, फिर भी यहाँ राजनीति, संस्कृति और पर्यटन से जुड़ी ख़बरें बनती रहती हैं। जयपुर और राजस्थान की छवि संस्कृति और पर्यटन तक सिमटकर रह गई है। चंडीगढ़ दो राज्यों की राजधानी है, इसलिए उसका अपना महत्त्व है। राजनीति, उद्योग और अपराध के अलावा पंजाबी संगीत से जुड़े समाचार ही यहाँ से ज़्यादा मिलते हैं।

श्रीनगर (जम्मू-कश्मीर) सालों से चल रहे संघर्ष की वजह से सुर्ख़ियों में रहता है। अलगाववादी वारदातें वहाँ जब-तब होती रहती हैं। सुरक्षा बलों के साथ आतंकवादियों के टकराव का लाइव कवरेज़ दर्शकों को रोमांचित करता है। इसके अलावा मौसम, पर्यटन और तीर्थयात्राओं की भी ख़बरें बनती हैं। वैसे उपरोक्त विश्लेषण कुछ स्टीरियोटाइप्स पर ही आधारित हैं जो कि मीडिया के ही बनाए हुए हैं और बदस्तूर चले आ रहे हैं; मुमकिन है कि ये आम दर्शकों की रुचियों को भी प्रतिबिंबित करते हों। मगर हक़ीक़त यह है कि तमाम हिंदी भाषी राज्यों की पहचान बीमारू राज्यों के रूप में होती है। ये आर्थिक और सामाजिक रूप से पिछड़े हुए हैं। यहाँ अत्यधिक ग़रीबी है, निरक्षरता है, शोषण और दमन है, मगर इनकी रिपोर्टिंग मीडिया में बहुत कम होती है। यह वह हिंदुस्तान है जो मीडिया में नहीं दिखाई देता, क्योंकि मीडिया का ग्राहक इन्हें देखने में दिलचस्पी नहीं रखता।

(ब) रेटिंग देने वाले क्षेत्र

समाचार संकलन-तंत्र के निर्माण की दूसरी कसौटी और कहा जाए तो सबसे बड़ी कसौटी रेटिंग होती है। हर चैनल चाहता है कि टेलीविज़न की होड़ में वे आगे रहे और यह तभी हो सकता है जबकि वह ऐसी ख़बरें दिखाए जो उन क्षेत्रों में देखी जाएँ जहाँ से रेटिंग आती है। प्रसंगवश यहाँ यह बता देना ठीक होगा कि ये रेटिंग आती कैसे है।

फिलहाल टेलीविज़न जगत जिस रेटिंग को सबसे ज़्यादा मान्यता देता है वह टैम इंडिया की रेटिंग है। इस कंपनी ने देश भर के चुनिंदा शहरों के चुनिंदा घरों में पीपल्स मीटर लगा रखे हैं। ये मीटर उन घरों में रिकॉर्ड करते रहते हैं कि कौन-सी ख़बरें या कार्यक्रम देखे जा रहे हैं। हर हफ़्ते इन सैंपल को इकट्ठा किया जाता है और फिर उनका विश्लेषण करके यह बताया जाता है कि किस चैनल को कितना देखा गया। अब चैनलों को अपने डिस्ट्रीब्यूशन नेटवर्क और संपादकीय कलेवर के ज़रिए यह अनुमान हो गया है कि ये पीपल्स मीटर किन शहरों में लगे हैं। लिहाज़ा वे इन शहरों के लोगों की रुचियों और ज़रूरतों के हिसाब से अपना कवरेज़ प्लान करते हैं। इसका मतलब यह हुआ कि अगर पूर्वोत्तर भारत में मीटर नहीं लगे हैं तो वे वहाँ की ख़बरों को ज़्यादा महत्त्व नहीं देंगे और न ही वहाँ ज़्यादा संसाधन लगाएँगे। इसके उलट अगर एक मामूली से शहर में मीटर हैं, तो वे वहाँ का कवरेज इतना अधिक दे सकते हैं कि वह अस्वाभाविक और ग़ैर-ज़रूरी भी लगे तो कोई बात नहीं। इस तरह रेटिंग के लिहाज़ से चालीस से साठ शहरों पर चैनलों की विशेष इनायत हो जाती है। यहाँ एक और चीज़ उल्लेखनीय है और वह यह कि टीआरपी शहरों का महत्त्व भी कम-ज़्यादा है। मसलन, मुंबई और दिल्ली का महत्त्व इतना अधिक है कि दोनों मिलकर पचास फ़ीसदी के आसपास (अनुमानित) टीआरपी देने की हैसियत रखते हैं। यही वजह है कि तमाम चैनल इन दो शहरों की छोटी से छोटी ख़बरों को बहुत ज़्यादा तूल देते हैं। छोटी-सी घटना होती है और सारे चैनलों में हड़कम्प मच जाता है। सबके सब इस होड़ में शामिल हो जाते हैं कि कैसे दूसरे चैनलों से ज़्यादा दर्शकों को ज़्यादा देर तक अपने पास बाँधे रखा जाए। ऐसे में महत्त्वपूर्ण ख़बरें अक्सर हाशिए पर ठेल दी जाती हैं। चैनलों के लिए ये वीवीआईपी हैं इसलिए इनकी ख़ास ख़ातिरदारी ज़रूरी हो जाती है। इन दो महानगरों के अलावा हिंदी चैनलों के लिए और भी कई शहर हैं, जिनको वीआईपी ट्रीटमेंट दिया जाता है। आम शहरों के साथ आम आदमियों की तरह ही सलूक किया जाता है। कुल मिलाकर कवरेज़ का पैमाना टीआरपी होती है।

मुंबई स्टॉक एक्सचेंज

मुंबई और दिल्ली का महत्त्व इतना अधिक है कि दोनों मिलकर पचास फ़ीसदी के आसपास (अनुमानित) टीआरपी देने की हैसियत रखते हैं। यही वजह है कि तमाम चैनल इन दो शहरों की छोटी से छोटी ख़बरों को बहुत ज़्यादा तूल देते हैं। छोटी-सी घटना होती है और सारे चैनलों में हड़कम्प मच जाता है। सबके सब इस होड़ में शामिल हो जाते हैं कि कैसे दूसरे चैनलों से ज़्यादा दर्शकों को ज़्यादा देर तक अपने पास बाँधे रखा जाए।

(स) व्यापारिक महत्त्व वाले क्षेत्र

कोई भी चैनल अपनी तमाम योजनाओं को बनाते वक़्त सबसे ऊपर व्यापारिक लक्ष्यों को रखता है और ज़ाहिर है कि समाचार संकलन-तंत्र को खड़ा करते समय भी यह सर्वोपरि होता है। वैसे तो टेलीविज़न रेटिंग की पूरी अवधारणा ही व्यापार और बाज़ार पर आधारित है। रेटिंग बताने वाली एजेंसी दरअसल मार्केट रिसर्च की एजेंसी है और उसके निष्कर्ष भी एक तरफ़ चैनल के मार्केट के बारे में बताते हैं तो दूसरी तरफ़ उसके उपभोक्ताओं के बारे में। टीआरपी शहरों का चुनाव भी उपभोक्ता वर्ग

को ही ध्यान में रखकर किया जाता है। शहरों के चयन का मुख्य आधार उस शहर के बाशिंदों की आर्थिक हालत और उनके रहन-सहन पर होता है। ऐसे शहर जहाँ व्यापार-व्यवसाय अच्छा है, उद्योग-धंधे काफ़ी हैं, वहाँ लोगों का जीवन-स्तर अच्छा होगा और उनकी क्रय शक्ति भी ज़्यादा होगी। विज्ञापनदाताओं को इन्हीं लोगों तक अपनी पहुँच बनानी होती है और इन तक जिस चैनल की पहुँच सबसे अधिक होती है, वही उनकी पंसद भी बन जाता है। ऐसे में सारे चैनल यही कोशिश करते हैं कि इन सारे शहरों में उनका नेटवर्क हो।

लेकिन और भी ऐसे कई शहर होते हैं जो टीआरपी के दायरे में नहीं आते मगर जहाँ से विज्ञापनों की उम्मीद होती है। ख़ास तौर पर क्षेत्रीय और स्थानीय चैनलों को तो इस हिसाब से और भी सोचना पड़ता है, क्योंकि सीमित क्षेत्र रहने के नाते उन्हें विज्ञापन के दूसरे केंद्र भी खोजने और रचने पड़ते हैं। इसी को ध्यान में रखकर वे अपने समाचार-तंत्र को भी विस्तार देते हैं। मसलन, अगर छत्तीसगढ़ में एक भी टीआरपी शहर नहीं है तो भी वे रायपुर, भिलाई और बिलासपुर की ख़बरों को ढंग से दिखाने का बंदोबस्त करेंगे, क्योंकि आय के हिसाब से ये महत्त्वपूर्ण शहर हैं। इसी तरह उत्तरप्रदेश में मुज़फ़्फ़रनगर, मध्यप्रदेश में ग्वालियर, झारखंड में जमशेदपुर या उत्तरांचल में देहरादून भी महत्त्वपूर्ण हो जाते हैं। इसके अलावा भी न्यूज़ चैनल अपनी टारगेट वीवरशिप को समय-समय पर तय करते रहते हैं और फिर उसी हिसाब से अपना नेटवर्क तैयार करते हैं। मसलन, अगर कोई न्यूज चैनल बाक़ी ख़बरों के अलावा यह तय करता है कि वो व्यापार की ख़बरों को ज़्यादा विस्तार से दिखाएगा तो वो तमाम बड़ी मंडियों और उद्योग-धंधों को कवर करने के लिए अपने प्रतिनिधि अवश्य रखेगा। इसी तरह अगर कोई चैनल तय करता है कि वह नौजवानों को अपनी ओर आकर्षित करेगा तो वह स्कूल-कॉलेज की ख़बरों को महत्त्व देगा, नौजवानों की पसंद मसलन, संगीत, फ़ैशन, कॅरियर आदि को विस्तार से दिखाएगा। ज़ाहिर है, इसके लिए इसी के अनुरूप समाचार संकलन तंत्र भी खड़ा करना लाज़िमी होगा।

न्यूज़ चैनल अपनी टारगेट वीवरशिप को समय-समय पर तय करते रहते हैं और फिर उसी हिसाब से अपना नेटवर्क तैयार करते हैं। मसलन, अगर कोई न्यूज़ चैनल बाक़ी ख़बरों के अलावा यह तय करता है कि वह व्यापार की ख़बरों को ज़्यादा विस्तार से दिखाएगा तो वह तमाम बड़ी मंडियों और उद्योग-धंधों को कवर करने के लिए अपने प्रतिनिधि अवश्य रखेगा। अगर कोई चैनल तय करता है कि वह नौजवानों को अपनी ओर आकर्षित करेगा तो वह उनकी ख़बरों को महत्व देगा।

ख़बरों के अन्य ज़रिए

किसी भी चैनल में ख़बरें केवल संवाददाताओं के हवाले से ही नहीं आतीं, बल्कि इसके अन्य स्रोत भी होते हैं और इनमें न्यूज़ एजेंसियाँ सबसे महत्त्वपूर्ण होती हैं। कुछ समाचार एजेंसियाँ हैं जो दृश्य नहीं देतीं, केवल समाचार देती हैं, मसलन पीटीआई और यूएनआई। इनसे ख़बरें लगातार न्यूज़रूम में पहुँचती रहती हैं। पूछा जा सकता है कि टेलीविज़न में बिना दृश्यों की इन ख़बरों का क्या महत्त्व, लेकिन इनका महत्त्व है और काफ़ी है। इन एजेंसियों का समाचार संकलन-तंत्र

काफ़ी विशाल है और कई बार ये ख़बरें देने में अव्वल रहती हैं। इनका इस्तेमाल ड्राई ख़बरों के रूप में या फिर लाइब्रेरी से विज़ुअल लेकर तब तक किया जाता है जब तक कि अपना संवाददाता ताज़े दृश्य लेकर नहीं आ जाता।

रॉयटर के संस्थापक

हिंदुस्तान में फिलहाल एक ही न्यूज़ एजेंसी है जो विज़ुअल भी मुहैया कराती है और वह है एएनआई। हालाँकि इस दिशा में कई प्रयास हुए हैं, मगर वे कामयाब नहीं हो सके। पीटीआई और यूएनआई ने बहुत पहले वीडियो न्यूज़ एजेंसियाँ शुरू कीं थीं मगर वे इस कारोबार में जम नहीं सकीं। इक्का-दुक्का और भी प्रयास हुए मगर उनका भी आगे-पीछे यही हश्र हुआ। यह बहुत दुर्भाग्यपूर्ण है कि जहाँ इतने सारे समाचार चैनल हैं, वहाँ वीडियो न्यूज़ एजेंसी केवल एक। इसीलिए प्रतिस्पर्धा के अभाव में गुणवत्ता और विविधता के मामले में जो स्थितियाँ बनती हैं, वह यहाँ दृष्टिगोचर होती है। बहरहाल, जैसी भी है, एएनआई देश की एकमात्र सबसे विशाल एजेंसी है और इसका अपना एक विशाल नेटवर्क है। इसीलिए ज़्यादातर चैनल इसकी सेवाएँ लेते हैं। उन चैनलों के लिए ये एजेंसियाँ ख़ास तौर पर ज़्यादा उपयोगी हो जाती हैं, जो बहुत बड़ा नेटवर्क खड़ा करने की हैसियत नहीं रखते। उदाहरण के तौर पर क्षेत्रीय और स्थानीय चैनलों को लिया जा सकता है। भारत के बाहर की ख़बरों के लिए तमाम न्यूज़ चैनल विदेशी एजेंसियों पर निर्भर करते हैं। मुख्य रूप से दो बड़ी न्यूज़ एजेंसियाँ हैं–*रॉयटर और एपीटीएन*। एपीटीएन ने खेल की एक अलग सहयोगी एजेंसी चला रखी है एसएनटीवी के नाम से।

REUTERS
KNOW. NOW.

रॉयटर और एपीटीएन–ये बहुत ही दुर्भाग्य की बात है कि हमारे न्यूज़ चैनल अंतर्राष्ट्रीय ख़बरों के लिए पूरी तरह से विदेशी एजेंसियों पर निर्भर हैं। दुर्भाग्य इसलिए कि इन एजेंसियों द्वारा दी जाने वाली ख़बरें पूरी तरह से पूर्वग्रहों से ग्रस्त तो होती ही हैं, उनमें पश्चिम के संपन्न देशों के हित भी हावी रहते हैं। अरसे से इस बात की कोशिश चल रही है कि विदेशी ख़बरों के मामले में भी हमें आत्मनिर्भर होना चाहिए। गुटनिरपेक्ष देशों ने नामीडिया के रूप में एक पहल की है। मगर वह बहुत ख़ास नहीं कर सकी है। अल जज़ीरा को भी कुछ चैनल एजेंसी के तौर पर देखने लगे हैं, क्योंकि यहाँ अंतर्राष्ट्रीय ख़बरों का एक अलग पहलू देखने को मिलता है, जो पश्चिमी प्रोपेगंडा से अलग होता है। इसके अलावा पाकिस्तान की ख़बरें पीटीवी और जीओ टीवी के ज़रिये ली जा रही हैं।

दरअसल, मुश्किल यह है कि इस तरह की एजेंसी को चलाने के लिए बड़े पैमाने पर संसाधनों की ज़रूरत होती है और ज़ाहिर है कि ज़ोखिम भी उसी स्तर का होता है। हमारी विपन्नता का अंदाज़ा इसी बात से लगाया जा सकता है कि राष्ट्रीय स्तर पर ही हमारे पास एकमात्र न्यूज़ एजेंसी है। कोई विकल्प नहीं, कोई विविधता नहीं। मुश्किल यह है कि हमारे न्यूज़ चैनल भी अंतर्राष्ट्रीय कवरेज़ पर ज़्यादा खर्च करना नहीं चाहते। हाल के वर्षों में शुरू हुई प्रतिस्पर्धा की बदौलत किसी बड़ी घटना के

समय अपने संवाददाता भेजने की परंपरा चल पड़ी है, मगर यह भी बहुत कम होता है। बहरहाल, हिंदुस्तानी न्यूज़ चैनलों में जो भी अंतर्राष्ट्रीय ख़बरें दिखती हैं, उनका पचान्नवे फ़ीसदी इन्हीं दो एजेंसियों की देन होता है।

दुर्भाग्य की बात है कि हमारे न्यूज़ चैनल अंतर्राष्ट्रीय ख़बरों के लिए पूरी तरह से विदेशी एजेंसियों पर निर्भर हैं। दुर्भाग्य इसलिए कि इन एजेंसियों द्वारा दी जाने वाली ख़बरें पूरी तरह से पूर्वग्रहों से ग्रस्त तो होती ही हैं, उनमें पश्चिम के संपन्न देशों के हित भी हावी रहते हैं। अरसे से इस बात की कोशिश चल रही है कि विदेशी ख़बरों के मामले में भी हमें आत्मनिर्भर होना चाहिए। गुटनिरपेक्ष देशों ने नामीडिया के रूप में एक पहल की है। मगर वह बहुत ख़ास नहीं कर सकी है।

रौयटर की शुरुआत 1851 में ब्रिटेन में हुई थी। शुरुआत में यह शेयर बाज़ार की जानकारियाँ इससे जुड़े लोगों को देती थी। धीरे-धीरे इसने अर्थ और वित्त से जुड़े दूसरे कारोबारों में भी हाथ आज़माना शुरू किया। उसे सफलता मिलती चली गई और इसी के साथ उसका विस्तार होता गया। बीसवीं सदी के प्रारंभ में इसने मीडिया के क्षेत्र में कदम रखा मगर इसका मुख्य कारोबार आज भी वाणिज्य-व्यापार से जुड़ा हुआ है। दुनिया भर में 131 देशों में इसके दो सौ के आसपास ब्यूरो हैं, जिनमें करीब ढाई हज़ार कैमरा मैन आदि काम करते हैं। इसका मुख्यालय लंदन में है और यह अपनी ख़बरें सैटेलाइट के ज़रिए ग्राहकों को भेजती है।

एपीटीएन यानी एसोसिएटेड प्रेस टेलीविज़न न्यूज़ रॉयटर से भी पुरानी न्यूज़ एजेंसी है। इसकी स्थापना 1846 में न्यूयॉर्क में हुई थी। *न्यूयॉर्क सन* के स्वामी-प्रकाशक ने दूसरे अख़बारों से मैक्सिको के साथ अमेरिका के युद्ध की ख़बरें बाँटने की पेशकश की और इस तरह से जो व्यवस्था बनी, वह धीरे-धीरे एक एजेंसी का रूप लेती चली गई। इसका नाम एसोसिएटेड प्रेस पड़ा और काफ़ी अरसे तक यह मूल रूप से प्रिंट की ही एजेंसी थी। अपनी स्थापना के करीब डेढ़ सौ साल बाद 1994 में एपी ने एपीटीएन के नाम से लंदन से टेलीविज़न न्यूज़ एजेंसी शुरू की। आज 130 देशों में इसके ग्राहक हैं और 4000 कर्मचारी इसमें कार्यरत हैं। एपीटीएन ने एसएनटीवी के नाम से खेल के लिए एक अलग एजेंसी बना रखी है। खेल पर यह काफ़ी सामग्री देती है, जो कि चैनलों के लिए उपयोगी साबित होती है।

रॉयटर और एपीटीएन–दोनों ही चौबीस घंटे ख़बरें देती रहती हैं। ख़बरों की सूची और स्क्रिप्ट आदि चैनलों के न्यूज़ रूम में लगे वर्क स्टेशन पर उपलब्ध रहती हैं। लेकिन कुछ चैनलों में इन्हें लगातार मॉनीटर करने की व्यवस्था होती है, क्योंकि विजुअल का पूरा अंदाज़ा स्क्रिप्ट्स से नहीं मिलता और अक्सर विजुअल ही रिपोर्ट लेने का आधार बन जाते हैं। ख़ास तौर पर मनोरंजन और फ़ैशन आदि की ख़बरों के मामले में।

अन्य स्रोत–न्यूज़ चैनलों ने अंतर्राष्ट्रीय ख़बरों के लिए कुछ दूसरी तरह की व्यवस्थाएँ भी कर रखी हैं। मसलन, कुछ चैनल दूसरे देशों के चैनल से इस तरह का समझौता कर लेते हैं कि दोनों एक दूसरे की सामग्री का इस्तेमाल कर सकें। एक भारतीय चैनल ने अल जज़ीरा के साथ इसी तरह का अनुबंध किया है और उसकी बुलेटिन वह नियमित रूप से हिंदी में डब करके दिखाता है।

07

समाचार संकलन-तंत्र का ढाँचा

लंबा-चौड़ा समाचार-तंत्र खड़ा करना एक बात है और उसे सुचारु रूप से चलाना दूसरी बात। समाचार-तंत्र को क़ायदे से चलाने के लिए न्यूज़ चैनलों में जो ढाँचा आम तौर पर होता है, वह चैनल के आकार-प्रकार पर निर्भर करता है, यानी चैनल छोटा है तो ढाँचा भी छोटा ही होगा। हम यहाँ पर यह देखने की कोशिश करेंगे कि किस राष्ट्रीय स्तर के न्यूज़ चैनल में आम तौर पर कैसा ढाँचा होता है।

समाचार संकलन-तंत्र की रूपरेखा

किसी भी समाचार चैनल में समाचार संकलन के लिए एक अलग विभाग होता है जिसे इनपुट या असाइनमेंट कहते हैं। इसका एक प्रमुख होता है जिसे अलग-अलग चैनलों में अलग-अलग नाम से पुकारा जाता है। किसी चैनल में इसे इनपुट एडीटर कहा जाता है तो किसी में इनपुट हेड या एसाइनमेंट हेड। आम तौर पर ये सीनियर एक्ज़ीक्यूटिव प्रोड्यूसर या एक्ज़ीक्यूटिव प्रोड्यूसर के स्तर का व्यक्ति होता है, यानी वह काफी वरिष्ठ तथा अनुभवी होता है। विभिन्न चैनलों में इनपुट विभाग का ढाँचा अलग-अलग हो सकता है। इसमें चैनल का स्वरूप और कहाँ से वह चलाया जा रहा है, आदि फैक्टर काम करते हैं। मगर दिल्ली से चलने वाले किसी राष्ट्रीय स्तर

के न्यूज़ चैनल में आम तौर पर जो संरचना होती है उसमें इनपुट हेड के नीचे कई ब्यूरो होते हैं और इन सबको देखने के लिए भी एक-एक प्रमुख होता है।

इनपुट प्रमुख

इनपुट प्रमुख का काम मुख्य रूप से योजना और स्टाफ मैनेजमेंट से जुड़ा होता है। वह अपने अधीनस्थ काम करने वाले वरिष्ठ कर्मियों के साथ हर दिन बैठक करके रोज़मर्रा और विशेष कवरेज की योजना बनाता है और उस पर अमल सुनिश्चित करता है। इनपुट प्रमुख को दिशा-निर्देश चैनल प्रमुख से मिलते हैं। इसके अलावा आउटपुट प्रमुख के साथ मिलकर भी वो योजना बनाता है। मार्केटिंग विभाग से भी उसका सीधा संपर्क होता है और चैनल की तमाम उच्च स्तरीय बैठकों में उसकी सक्रिय भागीदारी होती है। इनपुट प्रमुख के नीचे कई ब्यूरो कार्य करते हैं। ये ब्यूरो इस तरह से हो सकते हैं :

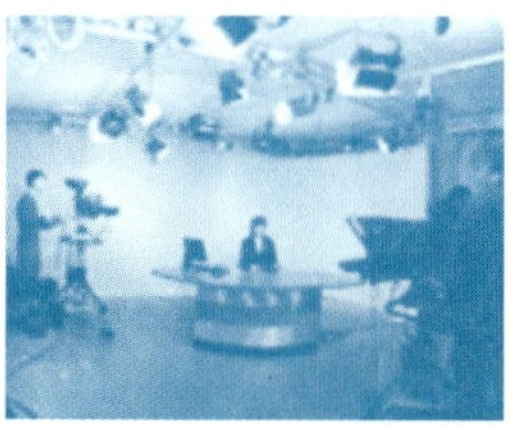
न्यूज़ चैनल का स्टूडियो

1. राष्ट्रीय ब्यूरो

राष्ट्रीय ब्यूरो में मुख्य रूप से वे संवाददाता आते हैं जो राष्ट्रीय स्तर की ख़बरों को कवर करते हैं। इसमें केंद्र सरकार, विभिन्न केंद्रीय मंत्रालय, संसद, प्रमुख राजनीतिक दल शमिल हैं। आम तौर पर बड़ी घटनाओं के समय इसी ब्यूरो में से लोगों को बाहर भी कवरेज के लिए भेजा जाता है।

2. दिल्ली ब्यूरो

चूँकि दिल्ली देश की राजधानी है और टीआरपी के लिहाज़ से भी महत्वपूर्ण है, इसलिए एक अलग से ब्यूरो रखना ठीक होता है। यह ब्यूरो मुख्य रूप से दिल्ली की हलचलों को कवर करता है। इसमें दिल्ली सरकार, उसके विभिन्न मंत्रालय और विभाग, दिल्ली के विभिन्न राजनीतिक दल, दिल्ली नगर निगम आदि आते हैं।

3. आउटस्टेशन ब्यूरो

इस ब्यूरो का काम दिल्ली से बाहर तैनात संवाददाताओं से लगातार संपर्क में रहते हुए उनसे ख़बरें मँगवाना होता है।

4. खेल ब्यूरो

ये ब्यूरो खेल की ख़बरों को कवर करता है। कई चैनलों में खेल के लिए अलग

24 घंटे के चैनल में इनपुट विभाग की संरचना

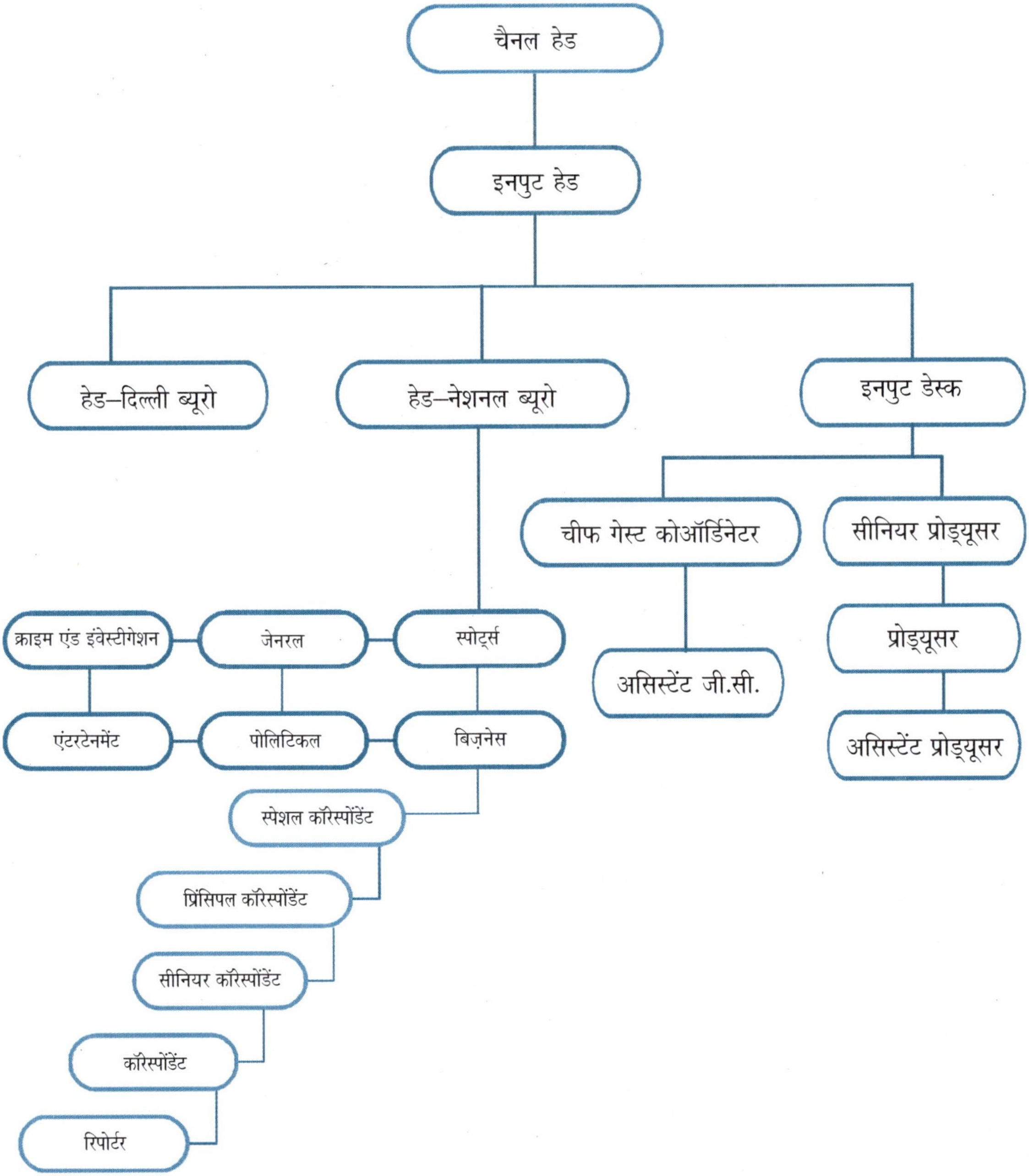

से ब्यूरो नहीं होता, बल्कि एक खेल डेस्क होती है और उसमें काम करने वाले दोहरी भूमिका निभाते हैं, यानी वे रिपोर्टिंग भी करते हैं और डेस्क पर प्रोडक्शन का काम भी देखते हैं।

5. एंटरटेनमेंट ब्यूरो

कला, संस्कृति, फिल्म, फैशन, संगीत और मनोरंजन से जुड़ी तमाम ख़बरों की ज़िम्मेदारी इस ब्यूरो की होती है। अधिकांश चैनलों में खेल की तरह ही यह भी अलग ब्यूरो के बजाय एक डेस्क होती है, जिसमें काम करने वाले दोहरी भूमिका अदा करते हैं।

6. क्राइम ब्यूरो

क्राइम और इन्वेस्टिगेशन ब्यूरो किसी भी चैनल के समाचार संकलन तंत्र का बहुत ही महत्त्वपूर्ण हिस्सा होता है। अपराध की ख़बरों के कवरेज की ज़िम्मेदारी इसी की होती है। अक्सर विधि एवं कानून (कोर्ट) की बीट भी इसी से जोड़ दी जाती है।

7. बिज़नेस ब्यूरो

ज़्यादातर चैनलों में खेल और मनोरंजन की ही तरह बिज़नेस भी दोनों तरह के काम करने वाली जगह होती है। इसे बिज़नेस ब्यूरो या बिज़नेस डेक्स दोनों कहा जा सकता है।

विभिन्न ब्यूरो के अलावा इनपुट डेस्क अलग से होती है जो कि चौबीस घंटे काम करती है। यह डेस्क तीन शिफ़्टों में काम करती है और हर शिफ़्ट का एक इंचार्ज होता है।

शिफ़्ट इंचार्ज

शिफ़्ट इंचार्ज अपनी शिफ़्ट में होने वाली हर गतिविधि के लिए ज़िम्मेदार होता है। वह संवाददाताओं को निर्देशित और नियंत्रित करता है। ओबी वैन कहाँ जाना है, कौन-सी घटना को लाइव करना है, ये सब चीज़ें महत्त्वपूर्ण मौकों को छोड़कर वही तय करता है। सभी जगह से सूचनाएँ उसके पास आती हैं और उसे ही फौरन तय करना होता है कि किस खब़र पर कैसे प्रतिक्रिया करना है। आउटपुड डेस्क के शिफ़्ट इंचार्ज के साथ भी वही तालमेल रखता है। आउटपुट अपनी ज़रूरतों से उसे ही वाकिफ़ कराता रहता है।

सीनियर प्रोड्यूसर, प्रोडयूसर

यह संभव नहीं है कि शिफ़्ट इंजार्च स्थानीय ब्यूरो और दूसरे शहरों में काम कर रहे संवाददाताओं से खुद ही हमेशा संपर्क में रहे। इसलिए उसके नीचे कुछ प्रोड्यूसर रहते हैं। ये प्रोड्यूसर आवश्यकतानुसार सभी ब्यूरो से संपर्क करते रहते हैं और फिर उसी हिसाब से ऊपर सलाह करके क़दम उठाते रहते हैं। कुछ चैनलों में आउटस्टेशन डेस्क अलग से होती है जो कि बाहर के संवाददाताओं से संपर्क कर चैनल की ज़रूरत के हिसाब से उन्हें निर्देशित करती रहती है।

असिस्टेंट प्रोड्यूसर

हर शिफ़्ट में कुछ असिस्टेंट प्रोड्यूसर होते हैं जो कि समय पर फोनो या सिमसेट, लाइव चैट आदि करवाने का काम करते हैं। इसके अलावा आने वाली ख़बरों का ब्यौरा रखना, संवाददाताओं से जल्दी खबरें मँगाना और समय पर इसकी सूचना आउटपुट को देना इनका ही काम होता है।

गेस्ट कोऑर्डिनेटर

न्यूज़ चैनलों में गेस्ट कोऑर्डिनेशन बहुत ही महत्त्वपूर्ण काम होता है जो कि आम तौर पर इनपुट के तहत ही आता है। किसी भी चैनल का प्रभाव और ताकत उसमें

किसी भी चैनल का प्रभाव और ताकत उसमें आने वाले मेहमानों से भी झलकती है। बड़े-बड़े नेता, उद्योगपति, खिलाड़ी और फिल्म स्टार जिस चैनल में दिखाई पड़ते हैं, उसके बारे में आम लोगों की धारणा भी ऊँची बनती है। टीआरपी के खेल में भी स्टार मेहमानों से लाभ मिलता है। यही वजह है कि गेस्ट कोऑर्डिनेशन अब बहुत ही विशेषज्ञता वाला काम हो गया है। बहुत ही अनुभवी और मेलजोल रखने वाले लोग अच्छे वेतन पर इसके लिए रखे जाते हैं।

आने वाले मेहमानों से भी झलकती है। बड़े-बड़े नेता, उद्योगपति, खिलाड़ी और फिल्म स्टार जिस चैनल में दिखाई पड़ते हैं, उसके बारे में आम लोगों की धारणा भी ऊँची बनती है। टीआरपी के खेल में भी स्टार मेहमानों से लाभ मिलता है। यही वजह है कि गेस्ट कोऑर्डिनेशन अब बहुत ही विशेषज्ञता वाला काम हो गया है। बहुत ही अनुभवी और मेलजोल रखने वाले लोग अच्छे वेतन पर इसके लिए रखे जाते हैं।

समाचार संकलन-तंत्र के काम करने का ढंग

इनपुट तय करता है कि उसे कल चैनल के लिए क्या-क्या रिपोर्ट कहाँ-कहाँ से करवाना है और इन्हें कौन करेगा। इस तरह एक दिन पहले ही सभी संबंधित व्यक्तियों को ख़बर हो जाती है कि कल उन्हें क्या करना है। इस डे प्लान को आउटपुट विभाग को भी सौंप दिया जाता है, ताकि वह भी इसके हिसाब से अपनी तैयारी कर सके। इनपुट को डे प्लान में पहले ही यह भी तय करना पड़ता है कि वह सुबह किन ख़बरों को मँगाएगा, फिर दोपहर तक उसके पास क्या कुछ आएगा और शाम को प्राइम टाइम के लिए वह क्या देगा।

यों तो किसी भी चैनल के समाचार संकलन तंत्र की जान होती है उसके सक्रिय और हर समय चौकन्ने रहने वाले संवाददाताओं का संजाल। मगर यह संजाल या नेटवर्क तभी बेहतर ढंग से काम कर सकता है जबकि इनपुट विभाग भी उतना ही गतिशील हो और पूर्व योजना के साथ काम करने में विश्वास करता हो। इसमें सबसे ज़्यादा महत्त्वपूर्ण होता है परस्पर संवाद की एक चुस्त-दुरूस्त व्यवस्था और हर स्तर पर जवाबदेही का निर्धारण। तंत्र में ऐसी व्यवस्था होनी ही चाहिए कि संवाददाताओं द्वारा दी जाने वाली हर सूचना को गंभीरता से लिया जाए और उसका समुचित इस्तेमाल हो। इसी तरह यह भी लाज़िमी होता है कि संवाददाताओं को समय पर दिशा-निर्देश मिलें और चैनल की योजना के बारे में उनको अवगत कराया जाए, ताकि वे भी उसमें अपना यथोचित योगदान दे सकें। इन्हीं सब बातों को ध्यान में रखकर न्यूज़ चैनलों के इनपुट विभाग मोटे तौर पर दो योजनाओं के साथ काम करते हैं :

1. दैनिक योजना (डे प्लान)

दैनिक योजना मुख्य रूप से आज और आने वाले कल तक सीमित रहती है। हर दिन शाम को इनपुट आने वाले दिन के लिए डे प्लान बनाता है। यह डे प्लान संवाददाताओं द्वारा मिली सूचनाओं के आधार पर तैयार होता है। स्थानीय और आउटस्टेशन ब्यूरो के संवाददाता बताते हैं कि कल उनके यहाँ कौन-सी महत्त्वपूर्ण घटनाएँ संभावित हैं। बहुत-सी ऐसी घटनाएँ होती हैं जो पहले से निर्धारित होती हैं। मसलन, संसद की बैठक, किसी राजनीतिक दल की सभा, कोर्ट में किसी मामले की सुनवाई, कोई मैच, कला प्रदर्शनी या कोई त्यौहार आदि। इनपुट यह भी देखता है कि आज कौन-सी ऐसी घटनाएँ हैं जिनका फॉलोअप कल हो सकता है। इसके अलावा वह कुछ विशेष करने की भी योजना बनाता है, ताकि दूसरे चैनलों से अलग कर सके। इन जानकारियों के आधार पर इनपुट तय करता है कि उसे कल चैनल के लिए क्या-क्या रिपोर्ट कहाँ-कहाँ से करवाना है और इन्हें कौन करेगा। इस तरह

एक दिन पहले ही सभी संबंधित व्यक्तियों को ख़बर हो जाती है कि कल उन्हें क्या करना है। इस डे प्लान को आउटपुट विभाग को भी सौंप दिया जाता है, ताकि वह भी इसके हिसाब से अपनी तैयारी कर सके। इनपुट को डे प्लान में पहले ही यह भी तय करना पड़ता है कि वह सुबह किन ख़बरों को मँगाएगा, फिर दोपहर तक उसके पास क्या कुछ आएगा और शाम को प्राइम टाइम के लिए वह क्या देगा। चैनलों में इनपुट का काम सुबह 5-6 बजे से ही शुरू हो जाता है। अगर कोई बड़ी घटना घट जाए तो फिर और भी जल्दी। लेकिन नियमित रूप से तो उसे यही तय करना पड़ता है कि बिलकुल सुबह क्या कुछ ताज़ा अपने दर्शकों को दिखाएगा। चूँकि आम तौर पर सुबह-सुबह कोई बड़ी घटना नहीं घटती, इसलिए संवाददाताओं से ओबी या फोन के ज़रिए कल की घटनाओं पर ताज़ा जानकारी या आज घटने वाली घटनाओं के बारे में ब्यौरा दिलवाया जाता है। इसलिए ज़ाहिर है कि कहाँ ओबी या डीएसएनजी वैन जाएँगी इसका भी निर्धारण एक दिन पूर्व बनाए गए डे प्लान में कर लिया जाता है। लेकिन ध्यान रहे, यह डे प्लान बहुत ही लचीला होता है और इसमें कभी भी किसी भी तरह के रद्दोबदल की गुंज़ाइश बराबर रहती है। ख़ास तौर पर तब जब कभी कोई बड़ी घटना घट जाती है तो यह पूरी तरह से बेकार हो जाता है। एक दिन पहले बने इस डे प्लान पर सुबह की बैठक में फिर से विचार होता है, क्योंकि रात भर में कई और चीज़ें घट चुकी होती हैं और विभिन्न अख़बारों और चैनलों में बहुत कुछ ऐसा नज़र आता है, जिसे नज़रअंदाज नहीं किया जा सकता। कई बार तो इनमें इतनी महत्त्वपूर्ण ख़बरें होती हैं कि दिन की पूरी योजना ही बदल जाती है।

दैनिक योजना एक दिन पहले बन जाने के बावजूद इनपुट को हर समय चौकन्ना रहना पड़ता है, क्योंकि दिन भर नई-नई ख़बरें आती रहतीं हैं और उसे उन पर तुरंत प्रतिक्रिया करनी पड़ती है। देश भर से संवाददाता ख़बर देते रहते हैं कि कहाँ क्या महत्त्वपूर्ण घटना घट गई है। उसे फैसले लेने होते हैं कि किस पर फोनो या सिमसेट लेना है, किससे पूरी रिपोर्ट मँगानी है, किस संवाददाता को कहाँ भेजना है। और ये सब उसे समय पर करना होता है, क्योंकि दूसरे चैनलों से पहले करने में ही उसकी जीत है, कामयाबी है। आउटपुट का भी उस पर लगातार दबाव रहता है कि फलाँ घटना हो गई है तो क्या दे रहे हो और कितनी जल्दी दे रहे हो।

इनपुट को हर समय चौकन्ना रहना पड़ता है, क्योंकि दिन भर नई-नई ख़बरें आती रहती हैं और उसे उन पर तुरंत प्रतिक्रिया करनी पड़ती है। देश भर से संवाददाता ख़बर देते रहते हैं कि कहाँ क्या महत्वपूर्ण घटना घट गई है। उसे फैसले लेने होते हैं कि किस पर फोनो या सिमसेट लेना है, किससे पूरी रिपोर्ट मँगानी है, किस संवाददाता को कहाँ भेजना है। और यह सब उसे समय पर करना होता है, क्योंकि दूसरे चैनलों से पहले करने में ही उसकी जीत है, कामयाबी है।

इसके अलावा इनपुट को टाइम बैंड के हिसाब से भी अपनी योजना बनानी पड़ती है। मसलन, माना जाता है कि सुबह के वक़्त दर्शक हलकी-फुलकी चीज़ें और संक्षेप में समाचार देखना चाहते हैं तो वैसी सामग्री की व्यवस्था करनी होती है। शाम को प्राइम टाइम के लिए तो ख़ैर और भी ज़्यादा तैयारी की ज़रूरत होती है, क्योंकि सबसे ज़्यादा दर्शक उसी समय न्यूज़ चैनलों पर आते हैं। शाम को अगर मेट्रो न्यूज़ का कार्यक्रम होता है तो उसके लिए मेट्रो की ख़बरें इकट्ठी करवाना, क्राइम के

कार्यक्रम के लिए क्राइम की ख़बरें, किसी फिल्मी शो के लिए फिल्मी ख़बरें, दिन की किसी महत्त्वपूर्ण घटना पर कुछ विशेष करना है तो उसके लिए सामग्री जुटाना उसका ही काम होता है। ध्यान रहे, यह सीमित समय में सीमित लोगों और सीमित साधनों में ही करना होता है।

2. आपातकालीन योजना

न्यूज़ चैनलों में योजना का महत्त्व तो है मगर यह सचाई है कि घटनाएँ आपको बताकर नहीं घटतीं। हर दिन ऐसा बहुत कुछ होता रहता है जिसके बारे में आपको कोई जानकारी नहीं होती और न ही कोई अनुमान आप लगा सकते हैं। अचानक कहीं भूकम्प आ सकता है, किसी की हत्या हो सकती है, कहीं दंगा हो सकता है और इसके लिए इनपुट को हमेशा तैयार रहना होता है। इसकी एक रणनीति इनपुट में हमेशा से तैयार होती है कि ऐसा कुछ अप्रत्याशित घट जाए तो उसे फौरन क्या करना है। किन संवाददाताओं को कहाँ-कहाँ दौड़ाना है, किनसे फोन पर बात करनी है, ओबी या डीएसएनजी कहाँ भेजनी है, कैसे वहाँ से जल्दी से जल्दी विजुअल आएँगे आदि। कई बार घटना इतनी बड़ी होती है कि उसे सब कुछ छोड़कर केवल उसी पर ध्यान केंद्रित करना पड़ता है और समूचे तंत्र को, जिसमें संवाददाता भी शामिल होते हैं, उसी में झोंक देना पड़ता है। कई बार घटनाओं के तार कई स्थानों से जुड़े होते हैं। ऐसे में उन सभी जगहों से जानकारी और रिपोर्ट मँगाने का काम

कई बार घटना इतनी बड़ी होती है कि उसे सब कुछ छोड़कर केवल उसी पर ध्यान केंद्रित करना पड़ता है और समूचे तंत्र को, जिसमें संवाददाता भी शामिल होते हैं, उसी में झोंक देना पड़ता है। कई बार घटनाओं के तार कई स्थानों से जुड़े होते हैं। ऐसे में उन सभी जगहों से जानकारी और रिपोर्ट मँगाने का काम करना होता है। यही नहीं, स्टूडियो में उस घटना पर बात करने के लिए मेहमानों का इंतज़ाम भी उसे करना होता है।

हर बड़ा हादसा इनपुट के लिए चुनौती की तरह पेश होता है

करना होता है। यही नहीं, स्टूडियो में उस घटना पर बात करने के लिए मेहमानों का इंतज़ाम भी उसे ही करना होता है।

उदाहरण के तौर पर हम यहाँ एक रेल दुर्घटना को लेते हैं, जो दूर-दराज़ के इलाक़े में घटित हुई है। अब उसकी सूचना मिलते ही इनपुट फ़ौरन निम्नलिखित काम करेगा :

दिल्ली में हुए बम विस्फोट का दृश्य

1. फ़ौरन घटना की सूचना आउटपुट को देगा ताकि वह अपनी तैयारी शुरू कर दे। घटना के बारे में और जानकारी इकट्ठी करेगा।
2. घटना जहाँ हुई है, वहाँ के स्थानीय प्रशासन से जुड़े अधिकारियों और रेल अधिकारियों से फोन पर लाइव बातचीत करने का इंतज़ाम।
3. अपने स्थानीय संवाददाता का फोनो करवाएगा और उसे घटनास्थल पर पहुँचने और लगातार जानकारी देते रहने का निर्देश देगा। जब तक दुर्घटना के दृश्य नहीं आ जाते, उसी के ज़रिए दर्शकों को जानकारी देते रहेगा।
4. घटनास्थल पर ओबी और एक या दो अनुभवी संवाददाताओं को तत्काल रवाना करना।
5. ट्रेन जहाँ से चली थी और जहाँ उसका गंतव्य था, दोनों ही जगहों पर संवाददाताओं को भेजकर जानकारी देना।
6. रेल मंत्रालय, सरकार और विपक्षी दलों में हो रही हलचलों को कवर करवाना।
7. रेल दुर्घटनाओं और रेल सुरक्षा से जुड़े विशेषज्ञों को स्टूडियो में चर्चा के लिए बुलवाना।
8. दुर्घटना के संभावित कारणों के बारे में जानकारी इकट्ठी करवाना।
9. ज़ख्मी लोगों के इलाज के इंतज़ामात का जायज़ा लेना।
10. दुर्घटनाग्रस्त लोगों के संबंधियों की मदद के लिए जारी किए गए नंबरों को बार-बार बताना। अगर मृतकों की पहचान हो जाए तो उनके नाम वगैरह बताना।
11. प्रत्यक्षदर्शियों और दुर्घटनापीड़ितों से बात करना, उनके अनुभवों को एकत्र करना ताकि दर्शकों तक सटीक और विश्वसनीय जानकारी पहुँचाई जा सके।

टीवी ख़बरों की दुनिया अनिश्चितता से भरी होती है और पूरे चैनल को उन्हें चुनौती के रूप में लेना पड़ता है। उसकी दृष्टि उसी समय तक सीमित नहीं रहती, बल्कि आगे भी देखती रहती है। इनपुट को विभिन्न टाइम बैंड के हिसाब से भी योजना बनानी पड़ती है। उसके दिमाग में यह गणित भी चलता रहता है कि शाम को जब दर्शक चैनल पर आएँगे तो वे क्या देखना चाहेंगे और ऐसा क्या दिखाया जाए कि वे उसी चैनल से चिपके रहें।

एक उदाहरण और लेते हैं। मान लीजिए कि शाम के वक्त दिल्ली के किसी भीड़ भरे इलाके में भीषण बम विस्फोट होता है। अब ज़ाहिर है कि इनपुट विभाग सारे काम छोड़कर अपना पूरा ध्यान इस बम विस्फोट पर केंद्रित कर देगा। आउटपुट को ख़बर देने के बाद वह संवाददाताओं की तैनाती, उनके फोनो, ओबी भेजने, अधिकारियों से बातचीत आदि की व्यवस्था में उसी तरह से जुट जाएगा जैसा कि रेल दुर्घटना के समय उसको करना था। लेकिन ऐसा भी होता है कि बम एक नहीं, कई जगहों पर फटे और उसे सभी जगहों पर उसी तरह से कवरेज के इंतज़ाम करने हों। तब उसे सब जगह से बराबर संपर्क में रहना होगा और वहाँ से लगातार जानकारियाँ दर्शकों तक पहुँचाने का इंतज़ाम करना होगा।

इस तरह की आपातकालीन स्थितियाँ अक्सर उपस्थित होती रहती हैं, यानी कभी बाढ़ आ जाती है तो कभी कहीं भूकम्प आ जाता है। कभी किसी जानी-मानी हस्ती की हत्या हो जाती है या वह आत्महत्या कर लेता है, तो कहीं से ख़बर आती है कि किसी गाँव में कोई बच्चा गड्ढे में फँस गया है। अदालतें आए दिन एक से एक महत्वपूर्ण फ़ैसले सुनाती रहती हैं। संघर्ष और टकराव होते रहते हैं। राजनीति की दुनिया में भी अचानक घटनाएँ घटती रहती हैं। सरकारें बनती-बिगड़ती हैं, मुख्यमंत्री-मंत्री बदलते रहते हैं। भ्रष्टाचार, घोटालों के रहस्योद्‌घाटन होते रहते हैं। नई-नई नीतियाँ-रणनीतियाँ बनती हैं, घोषणाएँ होती हैं, जिनके ढेर सारे सामाजिक-आर्थिक पहलू होते हैं।

कहने का मतलब यह है कि टीवी ख़बरों की दुनिया अनिश्चितता से भरी होती है और पूरे चैनल को उन्हें चुनौती के रूप में लेना पड़ता है। ऊपर हमने कुछ क़दमों

तीज-त्यौहार और पहले से निर्धारित दूसरी घटनाओं के लिए इनपुट को पूर्व तैयारी करनी होती है

के बारे में बताया है, जो कि बड़ी घटना घटने के तुरंत बाद इनपुट विभाग फ़ौरन उठाता है। मगर उसकी दृष्टि उसी समय तक सीमित नहीं रहती, बल्कि आगे भी देखती रहती है। इनपुट को विभिन्न टाइम बैंड के हिसाब से भी योजना बनानी पड़ती है। उसके दिमाग़ में यह गणित भी चलता रहता है कि शाम को जब दर्शक चैनल पर आएँगे तो वे क्या देखना चाहेंगे और ऐसा क्या दिखाया जाए कि वे उसी चैनल से चिपके रहें। यह मसला टीआरपी का भी होता है और विज्ञापनों का भी, इसलिए उसे इस नज़रिए से भी अपनी योजना को अंजाम देना होता है।

3. दीर्घावधि योजना

इनपुट का काम रोज़मर्रे की ख़बरों को सँजोने का तो होता ही है मगर चैनलों के बीच चलने वाली निरंतर होड़ के इस दौर में केवल इतने से ही उसकी भूमिका ख़त्म नहीं हो जाती। उसे दूरगामी योजनाएँ भी बनाते रहता पड़ता है। आउटपुट के साथ मिलकर उसे यह तय करना होता है कि आने वाले दिनों में जो भी महत्त्वपूर्ण अवसर आने वाले हैं उन पर वे क्या विशेष करेंगे।

दीर्घावधि की ये योजनाएँ मोटे तौर पर पहले से तय होती हैं, यानी इनके बारे में बहुत पहले से ही सबको पता होता है। मसलन, होली, दीवाली, ईद, बकरीद, क्रिसमस, न्यू इयर आदि की तारीखें तय होती हैं। संसद के सत्र, बजट की तिथियाँ, राज्यों और लोकसभा आदि के चुनाव की तारीखें, पहले से ही निर्धारित हो जाती हैं। बहुत सारे खेलों की स्पर्धाएँ मसलन, एशियाड, ओलंपिक, हॉकी-क्रिकेट के विश्वकप, टेनिस के टूर्नामेंट आदि की तारीखें बहुत पहले से पता चल जाती हैं और इन सबकी तैयारी महीनों पहले से शुरू भी कर दी जाती है।

इनपुट महत्त्वपूर्ण आयोजनों, उत्सवों और पूर्व निर्धारित घटनाओं का एक कैलेंडर तैयार करता है या वह इस तरह की एक डायरी रखता है, ताकि ऐसे अवसरों की तैयारी वह पहले से कर सके। इनमें चैनलों के लिए कुछ ऐसे अवसर होते हैं जब उसे अपनी ताक़त, रचनात्मकता और दूसरी खूबियाँ दिखाने का मौका मिलता है, जैसे चुनाव। चुनाव में दर्शकों की ख़ासी दिलचस्पी होती है, क्योंकि इसमें उन्हें राजनीति के सभी रंग, अपराध, ग्लैमर, टकराव, गरमागरम मुद्दे, सस्पेंस और ड्रामा–सब कुछ देखने को मिलते हैं।

टेलीविज़न में पत्रकारों की तो अहमियत है ही मगर यहाँ तकनीक का भी बहुत महत्त्व है। उसके बिना एक क़दम भी आगे बढ़ना मुश्किल है। टेलीविज़न न्यूज़ के लिए तो यहाँ तक कहा जाता है कि यह टेक्नोलॉजी ड्रिवेन इंडस्ट्री है। इसका मतलब यह हुआ कि तकनीक यहाँ पर बहुत कुछ निर्धारित करती है। जो चैनल तकनीक के स्तर पर जितना मज़बूत होगा वह उतना ही आगे रहेगा। इसीलिए तमाम चैनल इस ओर बहुत ध्यान देते हैं कि सबसे पहले समाचार कैसे आएँ और उन्हें फ़ौरन दिखा दिया जाए।

समाचार संकलन-तंत्र का तकनीकी पक्ष

जैसा कि हमने ऊपर ज़िक्र किया था कि टेलीविज़न में पत्रकारों की तो अहमियत है ही मगर यहाँ तकनीक का भी बहुत महत्त्व है। उसके बिना एक कदम भी आगे बढ़ना मुश्किल है। टेलीविज़न न्यूज़ के लिए तो यहाँ तक कहा जाता है कि यह टेक्नोलॉजी ड्रिवेन इंडस्ट्री है। इसका मतलब यह हुआ कि तकनीक यहाँ पर बहुत कुछ निर्धारित करती है। जो चैनल तकनीक के स्तर पर जितना मज़बूत होगा, वह उतना ही आगे रहेगा। इसीलिए तमाम चैनल इस ओर बहुत ध्यान देते हैं कि सबसे पहले समाचार कैसे आएँ और उन्हें फ़ौरन दिखा दिया जाए। इसके लिए संवाददाता और कैमरा टीम को जितना फुर्तीला बनाया जा सकता है, बनाया जाता है, मगर कवरेज के बाद ख़बरें भेजने की व्यवस्था ज़रूरी होती है।

1. ओबी या डीएसएनजी वैन

ओबी या डीएसएनजी वैन का फ़ायदा यह है कि घटनास्थल से ही ख़बरों को लाइव दिखाया जा सकता है और इन्हें सीधे न्यूज़रूम को भी भेजा जा सकता है, ताकि वे अपनी सुविधा या ज़रूरत के अनुसार उनका इस्तेमाल कर लें।

2. वी सैट या लीज़्ड लाइन

वी सैट या लीज़्ड लाइन में घटनास्थल से सीधे ख़बरें भेजने की सुविधा नहीं होती। ये आम तौर पर चैनल के स्थानीय कार्यालय में ही होते हैं और ख़बरों को वहीं से भेजा जाता है।

3. इंटरनेट के ज़रिए

आजकल बहुत सारे चैनल इंटरनेट के ज़रिए भी ख़बरें मँगाने का काम करते हैं। हालाँकि ई-मेल के ज़रिए स्क्रिप्ट मँगाने का काम तो पहले से ही चल रहा था मगर अब कई चैनल विज़ुअल के लिए भी इंटरनेट का उपयोग करने लगे हैं। इसमें विज़ुअल की क्वालिटी कमज़ोर हो जाती है अथवा उनके आने की रफ़्तार भी कम होती मगर यह एक सस्ता और आसान तरीका है।

4. हाथोंहाथ, कोरियर या कार्गो से

कई चैनल इस तरह के खर्चे नहीं उठा सकते या ऐसी सामग्री जिसका तुरंत पहुँचना ज़रूरी नहीं होता, वे इन माध्यमों से मँगाते हैं।

08

ख़बरों की शूटिंग

पिछले अध्याय में हमने समाचार संकलन तंत्र के बारे में बताया था कि कैसे वह देश-दुनिया के समाचार इकट्ठे करने की प्रक्रिया को अंजाम देता है। मगर हमने वहाँ इस तंत्र के एक ही पहलू पर ग़ौर किया था और वह था ख़बरों का प्रबंधन। मगर प्रबंधन की इस छतरी के नीचे काम करने वाले सैकड़ों कैमरा-परसन और संवाददाता कैसे अपनी भूमिका का निर्वाह करते हैं, यह टेलीविज़न न्यूज़ का संभवतः सबसे दिलचस्प और रोमांचक पहलू है। ये लोग दिन-रात ख़बरों की तलाश में जुटे रहते हैं। हर घटना पर इनकी नज़र रहती है। दूसरे चैनलों से बेहतर करने का जुनून इन्हें चैन से नहीं रहने देता। फिर इनपुट की घंटी उनके कानों पर लगातार बजती रहती है। उस ख़बर का क्या हुआ, क्या कुछ नया हुआ है या होने वाला है, अभी तक ख़बर क्यों नहीं भेजी वग़ैरह-वग़ैरह, ऐसे दसियों सवाल होते हैं जिनके जवाब उन्हें फ़ौरन देने होते हैं। दिन की शुरुआत ही सवालों से होती है। पूछा जाता है कि आज क्या ख़ास है या क्या करने जा रहे हो। हो सकता है कि उसकी बीट या इलाक़े की कोई ख़बर की जानकारी उससे पहले इनपुट को मिल जाए और फिर उसे कठघरे में खड़ा करके सवालों का सिलसिला शुरू हो जाए। उन्हें हमेशा इन सवालों के जवाब के लिए तैयार रहना पड़ता है।

फिर न्यूज़ चैनल किसी विशालकाय दैत्य से कम नहीं है, जिसे हर रोज़ ढेर सारा भोजन चाहिए होता है और यह भोजन भी सुस्वादु और विविधतापूर्ण होना चाहिए। बिना छप्पन भोग के इसका पेट नहीं भरता। यह दैत्य न तो थकता है और न ही

इसे नींद आती है। मनुष्य जाति के संवाददाताओं को इसकी इच्छापूर्ति के लिए निरंतर कार्य करना पड़ता है। अगर वे इसमें चूकेंगे तो उन्हें उसका ग्रास बनना पड़ेगा, यानी चैनल उन्हें नकारा मानकार मुक्ति पा लेगा। कोई बड़ी घटना घट जाए तब तो और भी दुर्गति है। फिर खाने-सोने के लिए समय कहाँ! हर समय भाग-दौड़, हर वक्त तनाव। लेकिन इसी भाग-दौड़ और तनाव में उन्हें आनंद भी आता है। वे ऐसे अवसरों के लिए तरसते हैं, जब उन्हें अपनी प्रतिभा दिखाने का मौका मिले। वह जानता है कि अगर इस मौके पर उसने अच्छा काम कर दिखाया तो वाहवाही मिलेगी और चूक गए तो हमेशा के लिए दाग़ लग जाएगा। इसलिए खीजता भी रहता है और हर बार बेहतर करने की कोशिश में जुटा भी रहता है। यही एक रिपोर्टर के जीवन का द्वंद्व है।

शूटिंग से पहले

ख़बरों की शूटिंग जितनी महत्त्वपूर्ण होती है, उससे कम महत्त्वपूर्ण उससे पहले की तैयारी नहीं होती। शूटिंग की जितनी अच्छी तैयारी होगी और संवाददाता तथा कैमरापरसन को उसके बारे में जितनी जानकारी होगी, उतना ही अच्छा होगा। सवाल उठता है कि हम किस तरह की तैयारी कर सकते हैं। इस सवाल का पहला जवाब तो यही है कि उस ख़बर के बारे में ज़्यादा से ज़्यादा जानकारी इकट्ठी कर ली जाए। मगर तैयारी और योजना का प्रश्न ख़बर के स्वरूप से जुड़ा हुआ है, इसलिए पहले यह समझ लेना ज़रूरी है कि किस तरह की ख़बरों में इनकी कितनी गुंज़ाइश होती हैं। मोटे तौर पर खबरें दो तरह की होती हैं :

1. अप्रत्याशित ख़बरें तथा
2. पूर्व जानकारी वाली ख़बरें।

1. अप्रत्याशित ख़बरें

बहुत सारी ख़बरें ऐसी होती हैं, जो अचानक घटती हैं। इन ख़बरों के बारे में किसी को पता नहीं होता। मसलन, दुर्घटनाएँ। इनके लिए कोई संवाददाता भला किस तरह की तैयारी कर सकता है? अव्वल तो उसके पास वक्त ही नहीं होगा कि वह ख़बर के बारे में जानकारी जुटा सके। न तो वह लाइब्रेरी में बैठ सकता है और न ही इंटरनेट खंगाल सकता है। दूसरे इस तरह की घटनाओं में ऐसी जानकारी की तत्काल कोई विशेष आवश्यकता नहीं होती। उस समय तो दर्शक घटना को विस्तार से जानना चाहता है और अच्छा संवाददाता वही है जो दर्शकों की जिज्ञासा को

शांत कर सके। हालाँकि इससे आगे की रिपोर्टिंग यह कहती है कि संवाददाता को नए प्रश्न भी खड़ा करना आना चाहिए, ताकि दर्शकों के मन में जानने की ललक बनी रहे। मगर यह भी एक सीमा में होना चाहिए न कि तथ्यों को तोड़-मरोड़कर या घटना को सनसनीखेज़ बनाकर।

अप्रत्याशित खबरों को कवर करने में संवाददाता का अनुभव, पूर्व अर्जितज्ञान और उसकी खोजी वृत्ति बहुत काम आती

दरअसल, ऐसे मौकों पर संवाददाता का अनुभव, उसका पूर्व अर्जित ज्ञान और उसकी खोजी वृत्ति ही काम आती है। इसके बल पर वह खुद ही पूछताछ करते हुए जानकारी जुटाता रहता है और उस जानकारी का समझदारी के साथ इस्तेमाल करता रहता है। नए पत्रकारों को यही कला सीखनी होती है। जो जितनी जल्दी और अच्छे से सीख लेता है, उसकी तरक्की भी उसी रफ़्तार से होती है।

उदाहरण के लिए अगर अचानक कहीं बम फटता है तो किसी भी अनुभवी संवाददाता के मन में ये सवाल कौंधेंगे :

1. विस्फोट कब, कहाँ और कैसे हुआ ?
2. विस्फोट में कितने लोग मारे गए ?
3. पुलिस दुर्घटनास्थल पर कब पहुँची और उसने क्या किया ?
4. विस्फोट करने वाले कौन लोग हो सकते हैं ?
5. पुलिस अपराधियों की गिरफ़्तारी के लिए क्या क़दम उठा रही है ?
6. क्या पुलिस के पास ऐसी किसी वारदात के होने की कोई पूर्व सूचना थी ?
7. घायलों को इलाज़ के लिए कहाँ ले जाया जा रहा है ?
8. कितने मृतकों की शिनाख़्त हुई ?
9. चश्मदीद गवाह क्या कह रहे हैं ?
10. घायलों और मृतकों के परिजनों का हालचाल ?

11. सरकार और प्रशासन द्वारा किए जा रहे इंतज़ाम और मुआवज़े आदि की घोषणाएँ ?
12. अस्पतालों में इलाज़ के इंतज़ाम ?
13. जहाँ दुर्घटना घटी, वहाँ सुरक्षा के क्या बंदोबस्त थे ?
14. शहर के दूसरे हिस्सों में सुरक्षा के इंतज़ाम ?
15. संकट की इस घड़ी में अच्छा काम करने वाले लोग ?
16. कौन से विशिष्ट लोग घटनास्थल पर पहुँच रहे हैं ?
17. घटना के राजनीतिक, आर्थिक और सामाजिक प्रभाव क्या हो सकते हैं ?

कोई ज़रूरी नहीं है कि संवाददाता अपनी एक रिपोर्ट में इन सारे सवालों के जवाब दे दे। यह संभव भी नहीं है और न्यूज़ चैनलों में तो इसकी दरकार भी नहीं होती। वहाँ तो लगातार जानकारी दी जाती है और ऐसे मौकों पर अनवरत बातचीत का सहारा लिया जाता है। हाँ, संवाददाता कैमरा-परसन को हिदायत देता रहता है और अगर कैमरा-परसन अनुभवी होता है तो उसे इसकी भी ज़रूरत नहीं होती। वह बिना बताए अपना काम करता रहता है।

यहाँ अनुभवी संवाददाता और कैमरा-परसन की वजह से लगता है कि ऐसे मौकों पर किसी तैयारी की ज़रूरत नहीं होती, मगर फर्ज़ कीजिए कि अगर दोनों नए हों तो क्या किसी चैनल को वांछित परिणाम मिल पाएँगे, क्या वह अपने दर्शकों को संतुष्ट कर पाएगा? कतई नहीं। ऐसे में होता यही है कि इनपुट को और भी अधिक सक्रिय और जागरूक होना पड़ता है। उसे बार-बार निर्देशित करना पड़ेगा और फिर भी मनचाहा काम नहीं हो पाएगा। अब इसे आप चाहें तो इस तरह देख सकते हैं कि दरअसल संवाददाता और कैमरा-परसन ने इस ख़बर की शूटिंग के लिए अपने अनुभव के बल पर जो लंबी तैयारी कर रखी थी, वही काम आई।

अनुभवी संवाददाता और कैमरा-परसन की वजह से लगता है कि ऐसे मौकों पर किसी तैयारी की ज़रूरत नहीं होती, मगर फर्ज़ कीजिए कि अगर दोनों नए हों तो क्या किसी चैनल को वांछित परिणाम मिल पाएंगे? क्या वह अपने दर्शकों को संतुष्ट कर पाएगा? कतई नहीं। ऐसे में होता यही है कि इनपुट को और भी अधिक सक्रिय और जागरूक होना पड़ता है। उसे बार-बार निर्देशित करना पड़ेगा और फिर भी मनचाहा काम नहीं हो पाएगा।

एक और घटना लेते हैं। अचानक ख़बर आती है कि फलाँ मंत्री ने इस्तीफ़ा दे दिया है। अब एक अनुभवी व्यक्ति को किसी तरह की तैयारी की ज़रूरत नहीं होगी। मगर यदि कोई नया संवाददाता हुआ तो उसे कम से कम इतनी जानकारी तो चाहिए ही होगी :

1. ये मंत्री कौन हैं?
2. मंत्री ने इस्तीफ़ा क्यों दिया?
3. अगर किसी घोटाले या नाराज़गी से दिया तो उस बारे में जानकारी ?
4. मंत्री के इस्तीफ़े का सरकार और पार्टी पर क्या असर पड़ सकता है ?

अगर इतनी-सी जानकारी भी उसके पास नहीं हुई तो वह वही ग़लती कर सकता है या कर सकती है, जो कि एक नामी चैनल की संवाददाता ने कुछ साल पहले की थी और जिसके लिए उसे झाड़ खानी पड़ी थी। संयुक्त मोर्चा की सरकार में

गृहमंत्री इंद्रजीत गुप्त से इस संवाददाता ने पूरी बातचीत करने के बाद पूछ लिया था कि आपका मंत्रालय क्या है? इसी तरह एक संवाददाता ने बिलियर्ड के विश्व चैंपियन से जानना चाहा था कि उसने कितने शतक बनाए हैं? अप्रत्याशित घटनाओं के कवरेज में सामान्य ज्ञान और सहज बुद्धि दो सबसे बड़े अस्त्र होते हैं। इनके बल पर जंग जीती जा सकती है। लेकिन ये गुण भी कोई जन्मजात नहीं प्राप्त होते, बल्कि इसके लिए जिज्ञासु और परिश्रमी होना लाज़िमी होता है।

अप्रत्याशित घटनाओं के कवरेज में सामान्य ज्ञान और सहज बुद्धि दो सबसे बड़े अस्त्र होते हैं। इनके बल पर जंग जीती जा सकती है। लेकन ये गुण भी कोई जन्मजात नहीं प्राप्त होते, बल्कि इसके लिए जिज्ञासु और परिश्रमी होना लाज़िमी होता है।

2. पूर्व जानकारी वाली ख़बरें

हमने ऊपर देखा कि अचानक घटने वाली घटनाओं की तैयारी नहीं की जा सकती, बल्कि उनके लिए संवाददाताओं को हमेशा तैयार रहना पड़ता है। मगर जिन ख़बरों के बारे में सूचना पहले सें होती है या जिनको कवर करने से पहले थोड़ा वक्त मिलता है, उनकी कुछ तैयारी अवश्य की जा सकती है। अगर यह तैयारी कर ली गई तो योजनाबद्ध ढंग से शूटिंग की जा सकती है।

शोध का महत्त्व

अच्छी रिपोर्ट के लिए अच्छी जानकारी का होना बहुत ज़रूरी है। अगर रिपोर्टर को ख़बर और उससे जुड़े तमाम पहलुओं के बारे में ज्ञान होता है तो वह दूसरों के

मुक़ाबले उसे ऐसी रंगत दे सकता है, जिससे वह खिल उठे। एक छोटी-सी अतिरिक्त जानकारी ख़बर का महत्त्व बढ़ा सकती है और दर्शकों की दिलचस्पी भी बढ़ सकती है। इसका एक और पहलू यह है कि अगर आप विषय की पर्याप्त जानकारी नहीं जुटाते हैं, तो आपसे कहीं भी चूक हो सकती है। कोई तथ्य ग़लत हो सकता है, जिसकी वजह से पूरी रिपोर्ट में अर्थ का अनर्थ हो सकता है। शोध के दौरान आप तथ्यों को बराबर जाँचते-परखते हैं, क्योंकि कई बार वे परस्पर विरोधभासी होते हैं। तथ्यों के ज़रियों की पड़ताल भी ज़रूरी होती है। निहित स्वार्थी तत्त्व ग़लत तथ्यों और सूचनाओं को प्रभावित करते रहते हैं और अगर उन्हें जाँचा न गया तो आप उनके जाल में फँस सकते हैं। आरक्षण के बारे में या मुसलमानों और महिलाओं के बारे में सैकड़ों ऐसी भ्राँतियाँ फैलाई जाती हैं कि कोई भी ऐसा व्यक्ति गड़बड़ कर सकता है, जो इन चीज़ों को ठीक ढंग से नहीं समझता।

शोध के दौरान आप तथ्यों को बराबर जाँचते-परखते हैं, क्योंकि कई बार वे परस्पर विरोधभासी होते हैं। तथ्यों के ज़रियों की पड़ताल भी ज़रूरी होती है। निहित स्वार्थी तत्त्व ग़लत तथ्यों और सूचनाओं को प्रभावित करते रहते हैं और अगर उन्हें जाँचा न गया तो आप उनके जाल में फँस सकते हैं। आरक्षण के बारे में या मुसलमानों और महिलाओं के बारे में सैकड़ों ऐसी भ्राँतियाँ फैलाई जाती हैं कि कोई भी ऐसा व्यक्ति गड़बड़ कर सकता है, जो इन चीज़ों को ठीक ढंग से नहीं समझता।

शोध में केवल आँकड़े और जानकारियाँ ही नहीं जुटानी चाहिए, बल्कि संबंधित विषय के विभिन्न पहलुओं को भी खँगाला जाना चाहिए। यहाँ हमारा आशय विषय के वैचारिक पक्ष से है। उदाहरण के लिए यदि कोई औद्योगिक समूह अथवा संगठन सरकार की नीति की आलोचना या समर्थन कर रहा है तो इसके पीछे राज़ क्या है :

- क्या उसे किसी लाभ की अपेक्षा या हानि की आशंका है?
- क्या वह सरकार की किसी नीति को प्रभावित करने की कोशिश कर रहा है?
- इस तरह के प्रयासों की पृष्ठभूमि क्या है?
- अगर सरकार उसके दबाव या शाबाशी को स्वीकार कर लेती है तो वह क्या-क्या कर सकती है ?
- अगर सरकार कुछ करने की कोशिश करेगी तो कौन लोग उसका विरोध कर सकते हैं और उसका सरकार पर क्या कोई असर पड़ेगा ?
- अगर सरकार कोई योजना या नीति बदलती है, तो इसका आम जनता के
- हितों और अर्थव्यवस्था पर क्या असर पड़ सकता है?

ये ऐसे मोटे-मोटे सवाल हैं जो शोध के दौरान किसी भी रिपोर्ट के लिए शोध करने वाले के मन में उठने चाहिए, क्योंकि इसी के आधार पर आप तय करेंगे कि किन लोगों से बात करना ज़रूरी है, किस तरह की जानकारी चाहिए और किस तरह के दृश्य रिपोर्ट को अच्छा बना सकते हैं।

ख़बर का एंगल

किसी भी घटना की सबसे ख़ास बात यह होती है कि संवाददाता ने उसे किस नज़रिए से देखा है और फिर उसे ख़बर का रूप दिया है। यह एंगल ख़बर की जान

घटनाओं की सही रिपोर्टिंग के लिए उसे सही नज़रिये से देखना भी ज़रूरी होता है।

होती है और इसी से पता चलता है कि संवाददाता कितना परिपक्व है और उसका सोच क्या है। दिल्ली के उपहार सिनेमा कांड में सैकड़ों लोग मारे गए थे और इस हादसे को सभी चैनलों और न्यूज के कार्यक्रमों ने कवर किया था। मगर आज भी याद किया जाता है कि सुरेन्द्र प्रताप सिंह ने 'आजतक' की बीस मिनट की बुलेटिन में इसे कैसे एक अलग अंदाज़ दे दिया था। इसी तरह से गुजरात में गोधरा के बाद महीने भर तक चले दंगों की रिपोर्टिंग भी सभी चैनलों और अख़बारों ने बड़े पैमाने पर की थी। मगर जिस तरह का काम टेलीविज़न में 'एनडीटीवी' ने और अख़बारों में इंडियन एक्सप्रेस ने किया था, उसे भुलाया नहीं जा सकता। इन्होंने एक-एक हिंसक वारदात को खोलकर दिखाया कि कैसे पुलिस, प्रशासन और एक राजनीतिक

दल ने मिलकर इन्हें अंजाम दिया।

ये तो बड़ी घटनाएँ हैं जिन्होंने पूरे देश को झकझोर दिया था। मगर छोटी-छोटी घटनाओं में भी एंगल का सही चुनाव बहुत कुछ ऐसा दिखा सकता है जो दर्शकों के लिए नया और दिलचस्प हो। कोई भी सरकार या निजी कंपनियाँ अक्सर अपनी सफलता को दिखाने के लिए आँकड़ों से खेलती हैं। वे कुछ चमकदार आँकड़ों को ज़ोर-शोर से प्रचारित करती हैं, जबकि अपनी नाकामियों से जुड़े आँकड़ों को छिपा जाती हैं। ऐसे में अगर कोई संवाददाता छिपाए जा रहे आँकड़ों को सामने रख दे तो यह एक अलग एंगल से इस पूरी घटना को देखना होगा और निश्चय ही ख़बर सबसे अलग तथा दिलचस्प भी बनाएगा।

आपने ऐसा बहुत बार देखा होगा कि राजनीतिक दल या नेतागण किसी अन्य कारणों से प्रेस कॉन्फ्रेंस बुलाते हैं। उनका मक़सद किसी ख़ास मसले पर प्रचार प्राप्त करना होता है, मगर कोई पत्रकार बाक़ी बातों को छोड़ देता है और किसी एक ऐसे बयान को उठाकर ख़बर बना देता है कि सब तरफ़ उसी की चर्चा होने लगती है।

लेकिन सही एंगल का चुनाव सही समझ से आता है और यह समझ तभी आती है जब विषय को गहराई से समझा जाए। इसके लिए अध्ययन की आवश्यकता होती है। इसलिए जहाँ भी समय अनुमति दे, शोध करें और फिर एंगल का चुनाव करें।

एक कामचलाऊ स्क्रिप्ट बनाने के कई फायदे हैं। एक तो विषय पूरी तरह से दिमाग़ में साफ हो जाता है। साथ ही संभावित समय-सीमा में क्या-क्या लिया जा सकता है, इसका अंदाज़ा मिल जाता है। उस स्क्रिप्ट से यह तय हो जाता है कि इसमें किस तरह के और कितने दृश्यों की ज़रूरत होगी। किन-किन लोगों के बाइट ज़रूरी हैं, यह भी पता चल जाता है। इसका लाभ यह होता है कि जब आप शूट पर जाते हैं तो आपको पूरी तरह से पता होता है कि क्या-क्या लेना है और आप फौरन वह लेकर निकल पड़ते हैं, यानी समय की बचत होती है।

स्क्रिप्ट

पहले से पता ख़बर की एक कामचलाऊ स्क्रिप्ट बनाने के कई फ़ायदे हैं। एक तो विषय पूरी तरह से दिमाग़ में साफ़ हो जाता है। साथ ही संभावित समय-सीमा में क्या-क्या लिया जा सकता है, इसका अंदाज़ा मिल जाता है। उस स्क्रिप्ट से यह तय हो जाता है कि इसमें किस तरह के और कितने दृश्यों की ज़रूरत होगी। किन-किन लोगों के बाइट ज़रूरी हैं, यह भी पता चल जाता है। इसका लाभ यह होता है कि जब आप शूट पर जाते हैं तो आपको पूरी तरह से पता होता है कि क्या-क्या लेना है और आप फ़ौरन वह लेकर निकल पड़ते हैं, यानी समय की बचत होती है। शूट लाइन अप करते समय भी आप उतने ही लोगों से संपर्क करते हैं, जितनों की आवश्यकता रिपोर्ट में है। इसका भी नतीजा समय की बचत है। शूटिंग के बाद जब आप रिपोर्ट की एडिटिंग के लिए बैठते हैं, तब भी वक़्त की बचत होती है।

पीटीसी की तैयारी करती रिपोर्टर

पूर्व योजना

किसी ख़बर या घटना को कवर करने के लिए किसी योजना की ज़रूरत होती है, यह एक हास्यास्पद विचार लग सकता है। लेकिन केवल अनुभवी और मँजे हुए लोगों के लिए, क्योंकि वे इतने अभ्यस्त हो जाते हैं कि उन्हें किसी योजना की ज़रूरत ही समझ में नहीं आएगी। मगर जो लोग टीवी न्यूज़ की दुनिया में नए-नए क़दम रख रहे हैं, उनके लिए छोटे-छोटे कवरेज भी महत्त्वपूर्ण हो सकते हैं और वे निश्चय ही चाहेंगे कि इनके लिए योजना बनाकर काम करें, ताकि ग़लतियाँ न करें या वे कम-से-कम हों।

अव्वल तो किसी भी संवाददाता को हमेशा यह सोचना चाहिए कि स्क्रीन पर उसकी खबर कैसी दिखने वाली है, उसका ट्रीटमेंट कैसा होगा, पीटीसी के लिए कैसे फ्रेम में आना है और कैसे स्क्रिप्ट लिखी जाएगी?

शूटिंग की योजना में सबसे पहले तो यह देखना ज़रूरी होता है कि जो रिपोर्ट आप करने जा रहे हैं वह है किस तरह की और क्या उसमें कुछ विशेष तरह की शूटिंग की ज़रूरत है ? मसलन, अगर आप अपराध से जुड़ी कोई ख़बर करने जा रहे हैं तो मुमकिन है कि आप उसका कुछ हिस्सा रीक्रिएट करना चाहें, घटित हुए कुछ दृश्यों की पुनर्रचना करना चाहें। ज़ाहिर है कि इसके लिए एक पूरी योजना की

अगर आप अपराध से जुड़ी कोई ख़बर करने जा रहे हैं तो मुमकिन है कि आप उसका कुछ हिस्सा रीक्रिएट करना चाहें, घटित हुए कुछ दृश्यों की पुनर्रचना करना चाहें। ज़ाहिर है कि इसके लिए एक पूरी योजना की ज़रूरत होती है। यह ध्यान रखना होता है कि आप किस हिस्से को रीक्रिएट करने जा रहे हैं, उसमें पात्र कौन हैं और स्थान क्या है, समय दिन का है या रात का, वग़ैरह-वग़ैरह।

ज़रूरत होती है। यह ध्यान रखना होता है कि आप किस हिस्से को रीक्रिएट करने जा रहे हैं, उसमें पात्र कौन हैं और स्थान क्या है, समय दिन का है या रात का, वग़ैरह-वग़ैरह। इसी तरह अगर किसी फैशन शो को कवर करने जा रहे हैं तो फिर उसकी चकाचौंध को खिलंदड़े अंदाज़ में फिल्माने की योजना आपको बनानी होगी।

टेलीविज़न का खेल टीम के साथ खेला जाता है और कैमरा-परसन की भूमिका किसी भी तरह से कमतर नहीं होती। लिहाज़ा अगर संवाददाता उसे भी अपनी योजना में शामिल कर लेता है तो चीज़ें काफी आसान हो जाती हैं। एक तो संभव है कि कैमरा-परसन आपसे ज़्यादा अनुभवी हो और उस तरह का कवरेज पहले भी कर चुका हो, जैसा कि आप करने जा रहे हैं। अगर ऐसा हुआ तो उसे पहले से पता होगा कि दरअसल, आपको अपनी रिपोर्ट के लिए क्या चाहिए, कितने और कैसे विजुअल चाहिए होंगे।

हमने ऊपर बताया है कि पूर्व निर्धारित कवरेज के लिए शोध और एक कामचलाऊ स्क्रिप्ट तैयार कर लेने से काफी चीज़ें आसान हो जाती हैं। इसके बाद योजना के मामले में जो सबसे महत्त्वपूर्ण बात होती है, वह है शूटिंग टीम के साथ पूरा तालमेल। टेलीविज़न का खेल टीम के साथ खेला जाता है और कैमरा-परसन की भूमिका किसी भी तरह से कमतर नहीं होती। लिहाज़ा अगर संवाददाता उसे भी अपनी योजना में शामिल कर लेता है तो चीज़ें काफी आसान हो जाती हैं। एक तो संभव है कि कैमरा-परसन आपसे ज़्यादा अनुभवी हो और उस तरह का कवरेज पहले भी कर चुका हो, जैसा कि आप करने जा रहे हैं। अगर ऐसा हुआ तो उसे पहले से पता होगा कि आपको अपनी रिपोर्ट के लिए क्या चाहिए, कितने और कैसे विजुअल चाहिए होंगे। वह आपको सलाह भी दे सकेगा कि अगर ऐसा किया जाए तो ज़्यादा बेहतर होगा। मगर मान लीजिए कि उस तरह की रिपोर्ट उसने न भी की हो तो भी एक कैमरा-परसन के रूप में उसका अनुभव बहुत काम का होगा। आपसे विषय जानकर वह योजना बना सकता है कि क्या और कैसे करना है। रिपोर्ट के मूड के हिसाब से कुछ उपयोगी दृश्य रचना भी कर सकता है। जहाँ आप चूक रहे होंगे वह वहाँ आपकी मदद कर सकता है। इसलिए योजना का सबसे अहम हिस्सा यही है कि कैसे इस काम में कैमरा-परसन को भी शामिल किया जाए।

ऐसा अक्सर होता है कि रिपोर्टर और कैमरा-परसन दोनों अहम् के मारे होते हैं और कवरेज के दौरान अपने-अपने ढंग से काम करते रहते हैं। नतीजा यह होता है कि जब वापस लौटकर रिपोर्टर वीडियो संपादन करने बैठता है तो उसे पता चलता है कि उसमें वह नहीं है जो वह चाह रहा है। फिर दोषारोपण का सिलसिला शुरू होता है और अगर बात बढ़ती है तो तू-तू मैं-मैं तक हो जाती है। यह नौबत न आए, इसके लिए बहुत ज़रूरी है कि एक संवाददाता यह मानकर चले कि यह रिपोर्ट जितनी उसकी है, उतनी ही कैमरापरसन की भी। इस बात को कई चैनल अब स्वीकार भी करने लगे हैं और दोनों को क्रेडिट देते हैं। रिपोर्टर भी पीटीसी में कैमरा-परसन का नाम लेता है।

कहने का मतलब यह है कि शूट पर निकलने से पहले या शूट पर जाने के दौरान कैमरा-परसन के साथ रिपोर्ट के बारे में पूरी चर्चा कर लें। उसे बताएँ कि आप क्या करने जा रहे हैं और कैमरा-परसन से आपकी अपेक्षाएँ क्या हैं। अगर कैमरा-परसन

अगर आपको पीटीसी करना है या स्क्रीन पर आना है, तो शूट पर निकलने से पहले आपको देख लेना होता है कि आपने क्या पहना है। आपके कपड़ों के रंग कैमरा फ्रैंडली हैं या नहीं। मसलन, सफेद या पतली धरियों वाली कमीज़ें दिक़्क़त पैदा करती हैं। आपका संस्थान आपसे उम्मीद करता है कि आप स्क्रीन पर चकाचक दिखें। इसलिए आपके लिए लाज़िमी होगा कि आप साफ़-सुथरे दिखें और आपके बाल ढंग से सँवारे हुए हों।

कोई सुझाव देता है तो उस पर ग़ौर कीजिए और उसे भी अपने हिसाब से कुछ करने की छूट दीजिए। रचनात्मकता के लिए स्वतंत्रता परम आवश्यक होती है।

योजना का दूसरा चरण शूटिंग शेड्यूल का होता है। इसकी पूरी योजना बना लेनी चाहिए कि आपको कहाँ-कहाँ, क्या-क्या शूट करना है। रिपोर्ट के लिए जिनके इंटरव्यू लेने हों, उनके साथ समय निश्चित कर लें और यह भी सुनिश्चित कर लें कि आप समय पर वहाँ पहुँच जाएँगे। शूटिंग के लिए कुछ सावधानियाँ बरतनी होती हैं, मसलन—भरी दोपहरी में आउटडोर की शूटिंग में दिक्कत होती है। इसलिए इसका ध्यान रखा जाना चाहिए और शूटिंग का यह हिस्सा सुबह या शाम को रखा जा सकता है।

योजना का एक पक्ष आप खुद भी होते हैं। टेलीविजन दिखाने का माध्यम है इसलिए अगर आपको पीटीसी करना है या स्क्रीन पर आना है, तो शूट पर निकलने से पहले आपको देख लेना होता है कि आपने क्या पहना है। आपके कपड़ों के रंग कैमरा फ्रैंडली हैं या नहीं। मसलन, सफेद या पतली धरियों वाली कमीज़ें दिक़्क़त पैदा करती हैं। आपका संस्थान आपसे उम्मीद करता है कि आप स्क्रीन पर चकाचक दिखें। इसलिए आपके लिए लाज़िमी होगा कि आप साफ़-सुथरे दिखें और आपके बाल ढंग से सँवारे हुए हों।

आपकी योजना में यह भी शामिल होना चाहिए कि घटना का फूटेज दफ़्तर पहुँचाने के लिए आप किस ज़रिए का इस्तेमाल करेंगे। हर समय ओबी वैन ही हो, ऐसा

संभव नहीं होता, इसलिए चतुर संवाददाता अतिरिक्ति टेप लेकर जाते हैं और शुरुआती फूटेज कार से कैसे दफ़्तर पहुँचाना है, इस बारे में ड्राइवर से पहले चर्चा करके एक योजना तैयार रखते हैं। अगर राइडर की ज़रूरत हो तो पहले ही उसका इंतज़ाम करके रखा जाता है। कई संवाददाता प्रेस कॉन्फ्रेंस से पहले ही अंदाज़ा लगा लेते हैं कि ख़बर क्या हो सकती है और उसका एसएमएस बनाकर रख लेते हैं, ताकि घोषणा होते ही अपने दर्शक को सबसे पहले ख़बर दी जा सके। कभी-कभी वे ज़रूरी फ़ाइल फूटेज भी निकलवाने के निर्देश टेप लाइब्रेरी को देकर जाते हैं ताकि लौटते समय उन्हें जल्दी से फूटेज मिल सके।

तकनीकी तैयारी

टेलीविज़न के कवरेज में जितनी भूमिका किसी संवाददाता की होती है उतनी ही और कई बार उससे भी बढ़कर कैमरा-परसन और दूसरे तकनीकी साज़-ओ-सामान की। कैमरा-परसन की लापरवाही या कैमरे की खराबी पूरी मेहनत पर पानी फेर सकती है। शूटिंग पर निकलने से पहले यह ताकीद कर लें कि आपको शूटिंग के लिए जिन चीज़ों की ज़रूरत है, वे ले ली गई हैं या नहीं। कई बार घटनास्थल पर पहुँचने के बाद पता चलता है कि टेप या लेपल माइक या लाइट्स लाना तो भूल ही गए। दोबारा जाकर यह सामान लाना संभव नहीं होता और नतीजतन इनके बिना ही काम करना पड़ता है या फिर खाली हाथ लौटना पड़ता है।

इतनी तैयारी कर लेने के बाद शूटिंग का काम बहुत आसान हो जाता है। आप अपने तय कार्यक्रम के अनुसार शूटिंग संपन्न करते हैं और वापस लौट आते हैं। मगर ध्यान रहे कि पूर्व तैयारी का मतलब यह नहीं है कि आप दिमाग़ बंद करके या पूर्व धारणा के आधार पर ही शूटिंग करें। हमेशा याद रखें कि शूटिंग के दौरान आपको ऐसा कुछ भी मिल सकता है जो कि आपकी रिपोर्ट की मूल धारणा को ही बदल डाले। आपको कुछ ऐसी नई चीज़ मिल सकती है जिसके आधार पर आप ज़्यादा महत्त्वपूर्ण और दिलचस्प रिपोर्ट बना सकते हों। इसलिए शूटिंग के दौरान भी अपनी कल्पना की उड़ान को रोकिए मत और कुछ बेहतर रचने के बारे में सोचते रहिए।

09

ख़बरों का निर्माण

पिछले अध्याय में हमने देखा कि समाचार संकलन तंत्र न्यूज़ चैनल के लिए कहाँ-कहाँ से और कैसे ख़बरें इकट्ठी करता है। आउटपुट का काम इन ख़बरों को सहेज-सँवारकर प्रस्तुत करना होता है। अगर ख़बरों को जल्दी से जल्दी बेहतर ढंग से प्रस्तुत न किया जा सका तो इनपुट की सारी मेहनत पर पानी फिर सकता है और ज़ाहिर है कि चैनल पर इसका बुरा असर पड़ेगा। अतः ख़बरों को लाने और दिखाने के मामले में इनपुट और आउटपुट के बीच बेहतर तालमेल हो, यह किसी भी अच्छे चैनल की विशेषता और ज़रूरत होती है। देखा गया है कि अधिकांश चैनलों में इनपुट-आउटपुट के बीच ठनी रहती है। दोनों एक दूसरे पर सवार रहते हैं। आउटपुट ज़ोर डालता है कि जो भी माँगा जा रहा है वह उसे फौरन क्यों नहीं मिल रहा और इनपुट शिकायत करता रहता है कि उसने जो महत्त्वपूर्ण ख़बर दी है, उसे चलाने में देरी क्यों हो रही है या फलाँ ख़बर को उतना महत्त्व क्यों नहीं दिया गया जितना कि उसको मिलना चाहिए था। यह खींचातानी न्यूज़ रूम का एक सकारात्मक पक्ष हो सकती है, बशर्ते यह एक दूसरे पर दोष मढ़ने या नीचा दिखाने की कवायद में न तबदील हो जाए। दरअसल, तलवार दोनों के ही सिर पर लटकी रहती है, क्योंकि अगर कोई ख़बर दूसरे चैनल पर पहले चल गई तो ज़ाहिर है कि जवाब-तलब किया जाएगा और इनपुट या आउटपुट जिसकी तरफ़ से चूक होगी, उसकी खिंचाई भी होगी।

वास्तव में, इनपुट और आउटपुट के बीच एक अच्छी समझ का होना किसी भी चैनल की प्रगति के लिए बहुत ज़रूरी होता है। अच्छी समझ होती है तो दोनों एक दूसरे की

ज़रूरतों को पहले ही जान लेते हैं और उसी के हिसाब से अपनी तैयारी कर लेते हैं। इससे किसी को भी शिकायत का मौका नहीं मिलता और चैनल का काम एक अच्छे माहौल में अतिरिक्त गति और उत्साह के साथ चलता रहता है। स्पष्ट है कि इसमें चैनल प्रमुख की और उसके नीचे काम करने वाले तमाम वरिष्ठ लोगों की भूमिका होती है। वैसे किसी भी चैनल का आउटपुट बहुत-बहुत महत्त्वपूर्ण हिस्सा होता है, क्योंकि अंततः जो भी ख़बरें चैनल में चलेंगी, उनको सजाने-सँवारने का काम उसी का होता है। ख़बरों के गुण-दोष की अंतिम परीक्षा भी तो उसे ही करनी होती है।

सबसे पहले आइए, देखें कि आउटपुट ख़बरों का चयन किन आधारों पर करता है :

ख़बरों का चयन

किसी भी चैनल में ख़बरों का चयन बहुत ही महत्त्वपूर्ण काम होता है। कौन-सा चैनल किस तरह की ख़बरों को प्रमुखता देता है, इसी से उसकी पहचान बनती है और दर्शक वर्ग भी इसी आधार पर उससे जुड़ता है। हालाँकि ख़बरें मँगाने का काम इनपुट का होता है और चयन का एक भाग वही संपन्न कर देता है। आख़िरकार, जब वह संवाददाताओं को कुछ ख़बरों को करने के लिए कह देता है और कुछ ख़बरें वह अपने विवेक से छोड़ देता है तो उस स्तर पर चयन की प्रक्रिया भी चल ही रही होती है। मगर इसके बावजूद उसके द्वारा उपलब्ध करवाई जा रही ख़बरों में से भी चयन का काम तो

हालाँकि ख़बरें मँगाने का काम इनपुट का होता है और चयन का एक भाग वही संपन्न कर देता है। आख़िरकार, जब वह संवाददाताओं को कुछ ख़बरों को करने के लिए कह देता है और कुछ ख़बरें वह अपने विवेक से छोड़ देता है तो उस स्तर पर चयन की प्रक्रिया भी चल ही रही होती है। मगर इसके बावजूद उसके द्वारा उपलब्ध करवाई जा रही ख़बरों में से भी चयन का काम तो होता ही है और बहुत सारी ख़बरें चैनल में आने के बावजूद नहीं चलती हैं।

होता ही है और बहुत सारी ख़बरें चैनल में आने के बावजूद नहीं चलती हैं। ये फ़ैसले आउटपुट करता है। चैनल की ज़रूरतों के हिसाब से आउटपुट को यह तय करना पड़ता है कि जो भी ख़बरें उसके पास हैं, उनमें से कौन-सी लेनी हैं और कौन सी छोड़ देनी हैं। अब सवाल उठता है कि वह यह काम किस आधार पर करता है?

न्यूज़ चैनलों में ख़बरों के चयन की कई कसौटियाँ हो सकती हैं :

समाचार तत्त्व या न्यूज़ वैल्यू

बहुत सारे समाचार ऐसे होते हैं, जिनके बारे में ज़्यादा सोचना नहीं पड़ता। यह समाचारों में मौजूद समाचार तत्त्व के आधार पर होता है। इसका संबंध न्यूज़ सेंस से होता है। कोई भी पत्रकार जानता है कि कई ख़बरें ऐसी होती हैं, जिनका महत्त्व सीमित

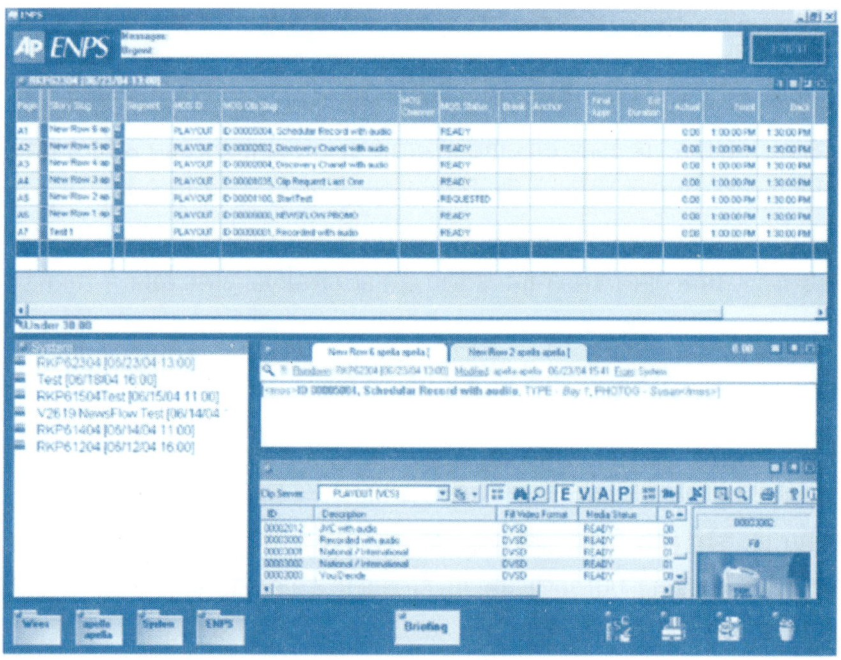

समाचार चैनलों के वर्क स्टेशन पर तैयार होता रन डाउन

नहीं होता और दिलचस्पी के लिहाज़ से भी ये सबसे ऊपर होती हैं। इस तरह की ख़बरों में एक चौंकाने वाला तत्त्व होता है। मसलन, कहीं कोई ट्रेन या हवाई दुर्घटना हो जाए तो यह तुरंत ख़बर बन जाती है। इसी तरह से जहाँ सामूहिक ख़ुशी या सामूहिक दुख का मामला होता है तो वहाँ भी यही स्थिति बन जाती है। यहाँ हम किसी खेल में भारतीय टीम की हार या जीत को ले सकते हैं। सामूहिक भय और सामूहिक सुरक्षा के सवाल पर दर्शकों का ख़बर प्रेम बढ़ जाता है। अगर देश पर हमला हो जाए,

कई ख़बरें ऐसी होती हैं, जिनका महत्त्व सीमित नहीं होता और दिलचस्पी के लिहाज़ से भी ये सबसे ऊपर होती हैं। इस तरह की ख़बरों में एक चौंकाने वाला तत्त्व होता है। सामूहिक भय और सामूहिक सुरक्षा के सवाल पर दर्शकों का ख़बर प्रेम बढ़ जाता है। अगर देश पर हमला हो जाए, कहीं बम फट जाए या कोई बड़ी आपराधिक घटना घट जाए तो दर्शक उस ख़बर को देखेंगे ही ! इसलिए ऐसी ख़बरों के चयन में ज़्यादा सोच-विचार नहीं करना पड़ता।

कहीं बम फट जाए या कोई बड़ी आपराधिक घटना घट जाए तो दर्शक उस ख़बर को देखेंगे ही! इसलिए ऐसी ख़बरों के चयन में ज़्यादा सोच-विचार नहीं करना पड़ता।

नवीनता

ऊपर हमने कुछ बड़ी घटनाओं के उदाहरण दिए मगर नवीनता एक ऐसा तत्त्व है जो न्यूज़ चैनलों में चुंबक का काम करती है। कहीं कोई आविष्कार हुआ हो या कोई अनूठी घटना घट जाए या फिर कुछ अप्रत्याशित हो जाए तो यह स्वाभाविक है कि किसी भी व्यक्ति में उसके बारे में जानने की जिज्ञासा पैदा हो जाती है। इसीलिए जिन ख़बरों में कुछ नई जानकारी मिलने का रोमांच होता है, दर्शक उनकी तरफ आकर्षित हो जाते हैं और चैनल भी उनको विस्तार से दिखाते हैं।

ज़्यादातर यह दर्शक वर्ग आर्थिक आधार पर तय होता है। चैनल कोशिश करते हैं कि वे ऐसे दर्शक वर्ग को पकड़ें जिनमें विज्ञापनदाताओं की दिलचस्पी होती है और यह मोटे तौर पर उच्च और मध्य वर्ग होता है। इसी वर्ग के पास सबसे ज़्यादा क्रय-शक्ति होती है, इसलिए तमाम चैनल इसे लुभाने के लिए उसकी रुचियों को ज़रूर ध्यान में रखते हैं।

चैनल का दर्शक वर्ग

हर चैनल अपने दर्शकों को परिभाषित करता है, ताकि उनको ध्यान में रखकर ख़बरें आदि दिखाए। ज़्यादातर यह दर्शक वर्ग आर्थिक आधार पर तय होता है। चैनल कोशिश करते हैं कि वे ऐसे दर्शक वर्ग को पकड़ें जिनमें विज्ञापनदाताओं की दिलचस्पी होती है और यह मोटे तौर पर उच्च और मध्य वर्ग होता है। इसी वर्ग के पास सबसे ज़्यादा क्रय शक्ति होती है, इसलिए तमाम चैनल इसे लुभाने के लिए उसकी रुचियों को ज़रूर ध्यान में रखते हैं।

टीआरपी का गणित

इनपुट की तरह आउटपुट से भी यह अपेक्षा रखी जाती है कि वह टीआरपी के गणित का ध्यान रखे। इसका मतलब यह है कि उसे ख़बरों को चुनते समय यह ध्यान रखना चाहिए कि कोई ख़बर किस शहर से है और उस शहर का टीआरपी के हिसाब से क्या महत्त्व है। या इसका एक पहलू यह भी हो सकता है कि कोई ख़बर टीआरपी वाले शहरों के लोगों को कितनी भाएगी।

चैनल का स्वरूप

ख़बरों का चयन काफी कुछ चैनल के स्वरूप पर निर्भर करता है। अगर चैनल राष्ट्रीय है तो वह छोटी-मोटी स्थानीय ख़बरों को महत्त्व नहीं देगा। मगर यदि चैनल स्थानीय है तो वही छोटी ख़बरें उसके लिए सबसे बड़ी ख़बर भी हो सकती हैं। इसी तरह क्षेत्रीय चैनल भी क्षेत्रीय आधार पर ख़बरों का चयन करते हैं।

चैनल का चरित्र

चैनल का चरित्र भी ख़बरों के चयन की एक प्रमुख कसौटी होती है। कई चैनल दब्बू किस्म के होते हैं। वे किसी नेता, पार्टी या संगठन से पंगा नहीं लेना चाहते, तो ज़ाहिर है, वे ऐसी ख़बरों को नज़रअंदाज कर जाते हैं। अगर कोई चैनल आक्रामक पत्रकारिता करता है तो वह ऐसी चीज़ों की तलाश करता रहता है, जिनमें कोई भंडाफोड़ हो, परदाफ़ाश हो। टकराव मोल लेना उसकी फ़ितरत में होता है। बहुत-से चैनल मध्यमार्गी होते हैं और संतुलन बनाकर चलते हैं।

वैचारिक और राजनीतिक रुझान

भले ही कोई भी चैनल निष्पक्षता का कितना ही दम भरे मगर आम तौर पर सभी चैनलों का कोई न कोई वैचारिक या राजनीतिक रुझान होता है। आप चैनलों के कलेवर का विश्लेषण करें तो साफ़ हो जाएगा कि कौन किस दल को परोक्ष या प्रत्यक्ष मदद कर रहा है।

ख़बरों का समय

चैनलों में टाइम बैंड के हिसाब से भी ख़बरों का चयन किया जाता है। उदाहरण के लिए सुबह के वक़्त हलकी-फुलकी मनोरंजक ख़बरें ज़्यादा दिखाई जाती हैं, क्योंकि यह माना जाता है कि इस समय दर्शक भारी-भरकम चीज़ें देखने के मूड में नहीं होता।

टाइम बैंड के हिसाब से भी ख़बरों का चयन किया जाता है। उदाहरण के लिए सुबह के वक़्त हलकी-फुलकी मनोरंजक ख़बरें ज़्यादा दिखाई जाती हैं, क्योंकि यह माना जाता है कि इस समय दर्शक भारी-भरकम चीज़ें देखने के मूड में नहीं होता। सुबह चूँकि लोग काम पर जाने की जल्दी में होते हैं, इसलिए संक्षेप में ख़बरें देने का चलन भी है। शाम को गंभीर दर्शक चैनल पर आता है, इसलिए महत्त्वपूर्ण ख़बरें और थोड़ा-बहुत विश्लेषण परोसा जाता है।

सुबह चूँकि लोग काम पर जाने की जल्दी में होते हैं, इसलिए संक्षेप में ख़बरें देने का चलन भी है। दोपहर में उम्मीद की जाती है कि महिला दर्शक टीवी ज़्यादा देखती हैं, इसलिए इस हिसाब से ख़बरों का चयन करने की कोशिश की जाती है। शाम को गंभीर दर्शक चैनल पर आता है, इसलिए महत्त्वपूर्ण ख़बरें और थोड़ा-बहुत विश्लेषण परोसा जाता है। देर रात के लिए अपराध और पेज-3 की सामग्री दिखाने का चलन है। इस तरह बुलेटिन प्रोड्यूसर को ख़बरें चुनते वक्त समय का ध्यान भी रखना पड़ता है।

दर्शकों की दिलचस्पी

किसी भी चैनल में ख़बरों के चयन में सबसे महत्त्वपूर्ण कसौटी यही होती है। हालाँकि ऊपर बताई गई कसौटियों में भी दर्शकों की दिलचस्पी परिलक्षित होती है, मगर यहाँ दिलचस्पी से हमारा मतलब यह है कि कुछ ऐसे विषय हैं जो ज़्यादातर दर्शकों की पंसद के होते हैं। इनमें खेल, फिल्म, अपराध आदि को गिना जाता है।

इनपुट के ज़रिए आने वाली ख़बरें असंपादित होती हैं। वे या तो शूटिंग टेप होते हैं, जो कि सीधे सर्वर में इंजेस्ट कर दिए जाते हैं या फिर फीड होती हैं जो कि सर्वर में स्टोर होती जाती हैं। इन्हें आप कच्चा माल कह सकते हैं, जिनको एक रूपाकार में ढाला जाना है और फिर चैनल में प्रस्तुत किया जाना है। आउटपुट का काम होता है कि वह इन तमाम फूटेज को देखकर स्क्रिप्ट लिखवाए और फिर ख़बरों का वीडियो संपादन करवाए।

बुलेटिन का स्वरूप

किसी भी चैनल में चौबीस घंटे एक ही जैसी बुलेटिन नहीं चलती। अलग-अलग दर्शक वर्ग की रुचियों को ध्यान में रखकर बुलेटिनों का निर्माण करना होता है। मसलन, खेल प्रेमियों के लिए खेल की ख़बरों का बुलेटिन, अपराध और फिल्मी ख़बरों के अलग बुलेटिन। ऐसे में ख़बरों के चयन का एक आधार यह भी हो जाता है कि किस बुलेटिन की ज़रूरत क्या है।

ख़बरों की पैकेजिंग

ख़बरों का चयन कर लेने के बाद आउटपुट का अगला काम होता है उसे एक समाचार का रूप देना। इनपुट के ज़रिए आने वाली ख़बरें असंपादित होती हैं। वे या तो शूटिंग टेप होते हैं, जो कि सीधे सर्वर में इनजेस्ट कर दिए जाते हैं या फिर फीड होती हैं जो कि सर्वर में स्टोर होती जाती हैं। इन्हें आप कच्चा माल कह सकते हैं, जिनको एक रूपाकार में ढाला जाना है और फिर चैनल में प्रस्तुत किया जाना है। आउटपुट का काम होता है कि वह इन तमाम फूटेज को देखकर स्क्रिप्ट लिखवाए और फिर ख़बरों का वीडियो संपादन करवाए। मगर ख़बरों के इस पूरे निर्माण में सीधे प्रवेश करने से पहले आइए देखते हैं कि आउटपुट या समाचार निर्माण का तंत्र किस तरह का होता है :

समाचार निर्माण तंत्र (आउटपुट)

समाचार संकलन तंत्र की तरह समाचार निर्माण तंत्र की व्यवस्था भी काफी बड़ी होती है। फ़र्क यह होता है कि जहाँ इनपुट का तंत्र न्यूज़ रूम के बाहर फैला होता है वहीं आउटपुट का काम एक ही छत के नीचे संपन्न होता है। इनपुट की तरह ही इसमें

आउटपुट का भी एक प्रमुख होता है, जिसके मातहत कई वरिष्ठ पत्रकारों की देखरेख में विभिन्न कार्य संपन्न होते हैं। सबसे पहले देखते हैं कि जो सामान्य बुलेटिन बनती है, उनके लिए किस-किस स्तर पर काम होता है और कौन लोग इन्हें देखते हैं। यहाँ यह बता देना ठीक होगा कि सभी चैनलों में बिलकुल एक जैसी व्यवस्था नहीं होती। चैनलों के आकार-प्रकार के आधार पर भी ये चीज़ें तय होती हैं। हम यहाँ जिस ढाँचे का वर्णन कर रहे हैं वह एक राष्ट्रीय स्तर के चैनल का है। मोटे तौर पर इसी तरह का ढाँचा तमाम न्यूज़ चैनलों में होता है।

आउटपुट प्रमुख

आउटपुट प्रमुख का काम मुख्य रूप से प्लानिंग और स्टाफ मैनेजमेंट से जुड़ा होता है। उसे पता होता है कि कौन लोग किस काम को अच्छे अंदाज़ में कर सकते हैं, इसलिए उन्हें वह ज़िम्मेदारी सौंपी जाए। वह अपने अधीनस्थ काम करने वाले वरिष्ठ कर्मियों के साथ हर दिन बैठक करके नियमित और विशेष बुलेटिन की योजना बनाता है और

24 घंटे के न्यूज़ चैनल में आउटपुट विभाग की संरचना

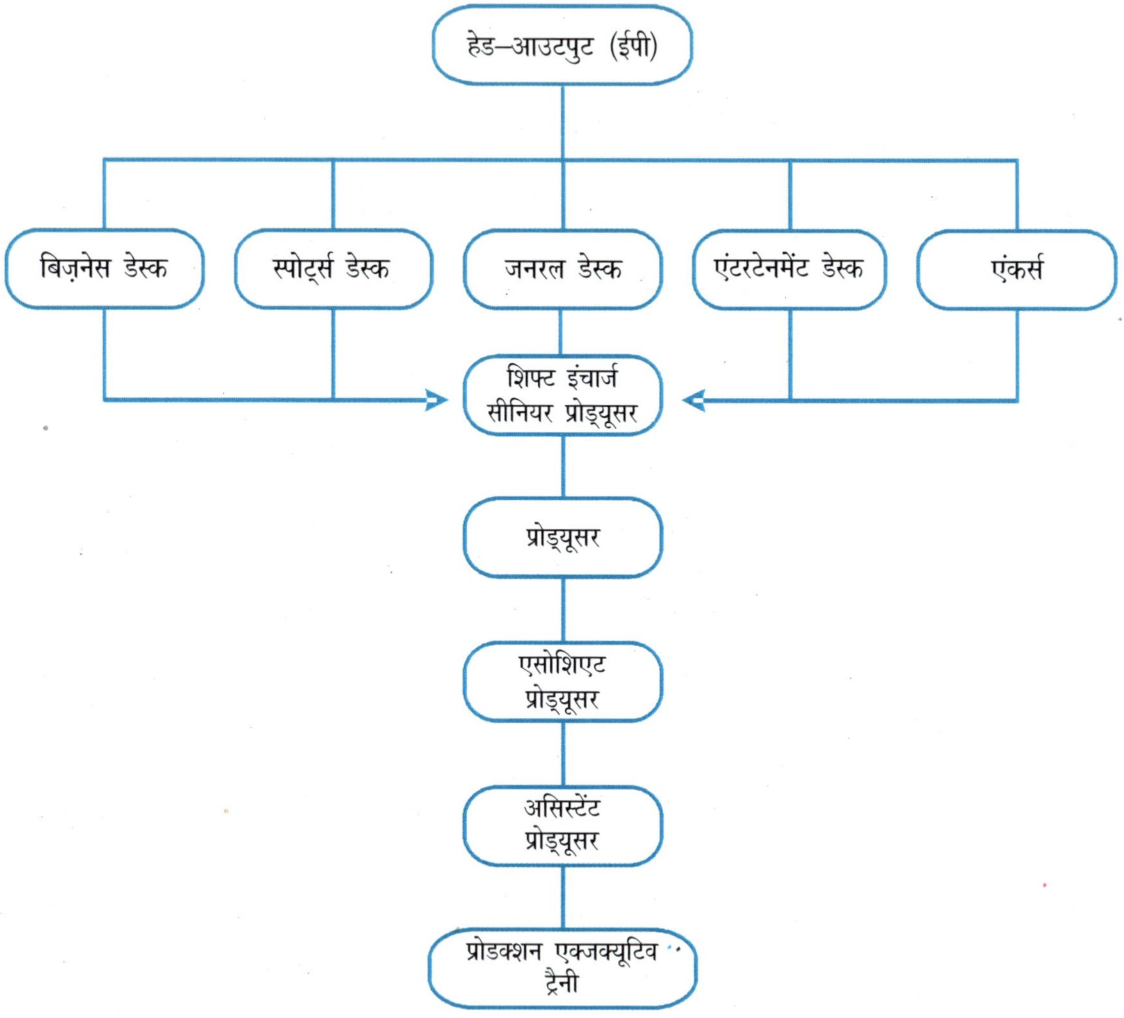

नोट : वीडियो एडिटर्स और ग्राफिक आर्टिस्ट भी न्यूज के प्रोडक्शन में अपना महत्त्वपूर्ण रोल अदा करते हैं, हालाँकि ये लोग टेक्नीकल विभाग से जुड़े होते हैं।

उस पर अमल सुनिश्चित करता है। आउटपुट प्रमुख को दिशा-निर्देश चैनल प्रमुख से मिलते हैं। इसके अलावा इनपुट प्रमुख के साथ मिलकर भी वह योजना बनाता है। मार्केटिंग विभाग से भी उसका सीधा संपर्क होता है और चैनल की तमाम उच्च स्तरीय बैठकों में उसकी सक्रिय भागीदारी होती है।

आउटपुट प्रमुख के नीचे की व्यवस्था को मुख्य रूप से इस तरह वर्गीकृत किया जा सकता है :

1. न्यूज़ डेस्क
2. एंकर

1. न्यूज़ डेस्क

यह वह जगह है जहाँ पर बुलेटिन में जाने वाली सभी ख़बरों की संपूर्ण जानकारी होती है। एक तरह से बुलेटिन का पूरा नियंत्रण इस डेस्क के पास होता है। सभी ख़बरों की सूचना सबसे पहले इसी को दी जाती है और फिर यह तय करती है कि किस ख़बर का क्या करना है। इनपुट के यह सीधे संपर्क में रहती है। न्यूज़ डेस्क भी कई हिस्सों में बँटी होती है :

रन डाउन कंप्यूटर पर बनने वाली ख़बरों की वह फ़ेहरिस्त होती है जिसके आधार पर बुलेटिन प्रसारित होता है। कई चैनलों में इसीलिए इसे तैयार करने वाले को रन डाउन प्रोड्यूसर भी कहा जाता है। इसके अलावा बुलेटिन प्रोड्यूसर तैयार ख़बरों पर नज़र रखता है और उनके एंकर लिंक वगैरह लिखता है।

1. सामान्य या जनरल डेस्क
2. खेल डेस्क
3. व्यापार डेस्क
4. मनोरंजन डेस्क
5. अपराध डेस्क
6. विदेशी समाचार डेस्क

1. सामान्य या जनरल डेस्क—जनरल डेस्क को मेन डेस्क कहा जाता है, क्योंकि ख़बरें बनाने की सारी गतिविधियाँ यहीं से संचालित होती हैं। बाक़ी की डेस्क या तो इसके मातहत होती हैं या फिर इसी से जुड़ी होती हैं। सबसे पहले यह देखते हैं कि यहाँ काम करने वालों का संरचनात्मक ढाँचा कैसा होता है।

शिफ़्ट इंचार्ज—न्यूज़ चैनलों में अमूमन तीन शिफ़्टों में काम होता है इसलिए हर शिफ़्ट का काम देखने के लिए आम तौर पर एक-एक शिफ़्ट इंचार्ज होता है। यह सीनियर प्रोड्यूसर के स्तर का व्यक्ति होता है। शिफ़्ट में काम करने वाले तमाम लोग उसके दिशा-निर्देशों का पालन करते हैं। वही बुलेटिन प्रोड्यूसर के ज़रिए हर बुलेटिन को अंतिम रूप देता है।

पैनल प्रोड्यूसर लगातार बुलेटिन प्रोड्यूसर के संपर्क में रहता है। न्यूज़ एंकर को पूरी तरह से पैनल प्रोड्यूसर के दिशा-निर्देशों पर चलना होता है। पैनल प्रोड्यूसर ही उसे लगातार कमांड देता रहता है। वह बताता है कि अब कहाँ से कौन संवाददाता लाइव है और क्या ख़बर देने वाला है। वह एंकर को संभावित सवाल भी बताता है।

बुलेटिन प्रोड्यूसर–इसका काम ख़बरों को रन डाउन पर क्रमवार ढंग से रखना होता है। रन डाउन कंप्यूटर पर बनने वाली ख़बरों की वो फ़ेहरिस्त होती है जिसके आधार पर बुलेटिन प्रसारित होता है। कई चैनलों में इसीलिए उसे रनडाउन प्रोड्यूसर भी कहा जाता है। इसके अलावा बुलेटिन प्रोड्यूसर तैयार ख़बरों पर नज़र रखता है और उनके एंकर लिंक वगैरह लिखता है। फोनो और सिमसेट के लिए सर्वर में तैयार ग्राफिक टेम्पलेट्स होती हैं। बुलेटिन प्रोड्यूसर उन पर समय-समय पर नई ग्राफिक प्लेट तैयार करता है। ब्रेकिंग न्यूज़ और टिकर पर चलने वाली ख़बरों आदि का खयाल भी उसी को रखना होता है। वह पैनल प्रोड्यूसर के भी सीधे संपर्क में रहता है और उसे लगातार बताता रहता है कि किस ख़बर को गिरा दे या किसको ऊपर ले ले। यहाँ यह बता देना ठीक होगा कि न्यूज़ चैनलों में ज़्यादातर बुलेटिन लाइव होती हैं और उनमें किसी भी क्षण रद्दोबदल की गुंज़ाइश रहती है। इसलिए बुलेटिन प्रोड्यूसर और पैनल प्रोड्यूसर दोनों को हर वक्त चौकन्ना रहना होता है। इसके अलावा हर बुलेटिन को ताज़ा और नया बनाए रखने के लिए वह ख़बरों के क्रम को भी बदलता है और नई-नई हेडलाइन भी बनवाता है।

पैनल प्रोड्यूसर–कई चैनलों में पैनल प्रोड्यूसर को एक टेक्निकल व्यक्ति माना जाता है और उसी आधार पर उसका चयन भी किया जाता है, मगर दरअसल यह एक पत्रकारीय अनुभव वाले व्यक्ति का काम होता है। पैनल पर बैठे प्रोड्यूसर को ख़बरों की अच्छी समझ होनी चाहिए ताकि वह सही समय पर सही फैसला बिना वक्त गँवाए ले सके।

पैनल प्रोड्यूसर की जगह न्यूज़ रूम में नहीं बल्कि पीसीआर (प्रोडक्शन कंट्रोल रूम) में होती है। पीसीआर स्टूडियो से जुड़ा होता है और उसकी तमाम गतिविधियों को नियंत्रित करता है। पीसीआर में पैनल प्रोड्यूसर के साथ विज़न मिक्सर, साउंड और ग्राफिक्स के लोग भी होते हैं। उसके पास एक कंप्यूटर होता है, जिसमें वह रन डाउन देखकर खबरें प्ले करता रहता है। पैनल प्रोड्यूसर लगातार बुलेटिन प्रोड्यूसर के संपर्क में रहता है। न्यूज़ एंकर को पूरी तरह से पैनल प्रोड्यूसर के दिशा-निर्देशों पर चलना होता है। पैनल प्रोड्यूसर ही उसे लगातार कमांड देता रहता है। वह बताता है कि अब कहां से कौन संवाददाता लाइव है और क्या ख़बर देने वाला है। वह एंकर को संभावित सवाल भी बताता है।

कॉपी एडिटर–कॉपी एडीटर सभी ख़बरों की स्क्रिप्ट लिखता है और जाँच करता है। वैसे तो रिपोर्टर खुद अपनी रिपोर्ट लिखते हैं, मगर वे भी एक बार कॉपी एडीटर से जाँच करवा लेते हैं। केवल वरिष्ठ संवाददाताओं को ही यह छूट होती है कि वे चाहें तो स्क्रिप्ट न दिखलाएं। वैसे यह हमेशा बेहतर होता है कि कोई और भी स्क्रिप्ट पर नज़र डाल ले, ताकि कहीं कोई ग़लती न चली जाए। स्थानीय संवाददाता न केवल स्क्रिप्ट लिखते हैं, बल्कि वे अपनी रिपोर्ट संपादित भी करवाते हैं। बहुत से चैनलों में तो अब यह व्यवस्था है कि संपादन के लिए अलग से वीडियो एडीटर नहीं होते और संवाददाता यह काम खुद करते हैं। लेकिन चैनलों में बहुत सारी रिपोर्ट बाहर से भी आती हैं। बाहर से आने वाली रिपोर्ट की स्क्रिप्ट आम तौर पर कमज़ोर होती है, क्योंकि बहुत-से रिपोर्टर प्रशिक्षित नहीं होते। ऐसे में आउटपुट डेस्क ही इनकी स्क्रिप्टिंग भी करता है और संपादन करने या करवाने का ज़िम्मा भी उसी का होता है। वैसे स्क्रिप्ट लिखने का काम कॉपी एडीटर के अलावा पैकेज प्रोड्यूसर भी करते हैं, जो कि उतने अनुभवी और मँजे हुए लोग नहीं होते हैं, इसलिए उनकी स्क्रिप्ट को ठीक से देखने की ज़रूरत होती है।

स्थानीय संवाददाता न केवल स्क्रिप्ट लिखते हैं, बल्कि वे अपनी रिपोर्ट संपादित भी करवाते हैं। चैनलों में बहुत सारी रिपोर्ट बाहर से भी आती हैं। बाहर से आने वाली रिपोर्ट की स्क्रिप्ट आम तौर पर कमज़ोर होती है, क्योंकि बहुत से रिपोर्टर प्रशिक्षित नहीं होते। ऐसे में आउटपुट डेस्क ही इनकी स्क्रिप्टिंग भी करता है और संपादन करने या करवाने का ज़िम्मा भी उसी का होता है।

पैकेज प्रोड्यूसर–पैकेज प्रोड्यूसर का काम वरिष्ठ लोगों की देखरेख में खब़र को संपादित करवाना होता है। हर शिफ़्ट में इनकी संख्या ज़रूरत के हिसाब से रखी जाती है मसलन, प्राइम टाइम में ज़्यादा ख़बरें बनती हैं इसलिए उस समय ज़्यादा पैकेज प्रोड्यूसर रखे जाते हैं, जबकि नाइट शिफ़्ट में अपेक्षाकृत कम काम होता है तो उनकी संख्या कम हो जाती है। पैकेज प्रोड्यूसर आम तौर पर असिस्टेंट प्रोड्यूसर या प्रोडक्शन एक्ज़ीक्यूटिव स्तर के होते हैं। कुछ चैनलों में पैकेजिंग के लिए एक अलग डेस्क ही बना दी जाती है। कॉपी एडीटर और पैकेज प्रोड्यूसर इसी डेस्क पर काम करते हैं। इस डेस्क का प्रभारी बुलेटिन प्रोड्यूसर के सीधे संपर्क में रहता है। पैकेज निर्माण ही दरअसल ख़बरों का निर्माण है। हम आगे के अध्याय में देखेंगे कि ख़बरों की पैकेजिंग कितने तरह से होती है।

असिस्टेंट प्रोड्यूसर, प्रोडक्शन एक्ज़ीक्यूटिव

हर शिफ़्ट में असिस्टेंट प्रोड्यूसर और प्रोडक्शन एक्ज़ीक्यूटिव होते हैं, जो विभिन्न स्तरों पर सहायता करते हैं। कई चैनलों में स्क्रीन के निचले स्तर पर चलने वाले ग्राफिक्स के लिए पूर्णकालिक पत्रकार होते हैं। इनका काम टिकर, ब्रेकिंग न्यूज़, लाइव स्कोर आदि को टेम्पलेट पर बनाकर लगातार फ़ायर करना और चल रही ख़बरों को ताज़ा करते रहना होता है।

ख़बरों का संपादन

ख़बरों की स्क्रिप्टिंग हो जाने के बाद ख़बरों का संपादन या वीडियो एडिटिंग होती है। संपादन के लिए विभिन्न चैनलों में अलग-अलग व्यवस्थाएँ होती हैं। कुछ चैनलों में

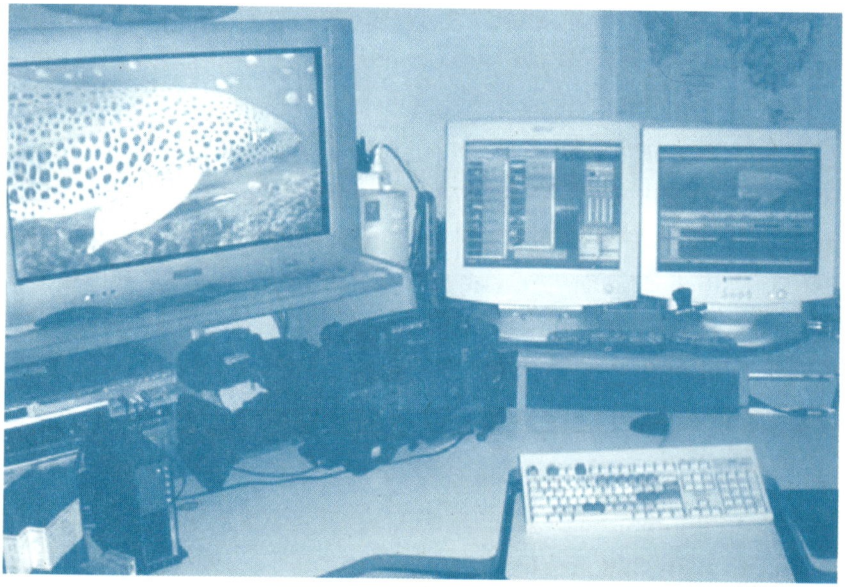

एडिटिंग वीडियो एडीटर करते हैं तो कुछ में आउटपुट के लोग भी योगदान करते हैं। टेक्नोलॉजी ने बहुत सारी चीज़ें बहुत आसान कर दी हैं। एडिटिंग, खास तौर पर ख़बरों की एडिटिंग के लिए बहुत ज़्यादा प्रशिक्षण की आवश्यकता महसूस नहीं की जाती। वीडियो एडिटिंग के व्याकरण की मोटी-मोटी बातें ध्यान में रखने से ही ख़बरों की एडिटिंग हो जाती है।

सर्वर आधारित न्यूज़ चैनलों में सारी ख़बरें सर्वर में इंजेस्ट कर दी जाती हैं। इसके बाद ये ख़बरें सभी एडिटिंग मशीनों और वर्क स्टेशन पर उपलब्ध हो जाती हैं। संपादकीय

विभाग के वर्क स्टेशन में लगे कंप्यूटरों में एडिटिंग के सॉफ़्टवेयर डाले गए होते हैं। लिप माइक के ज़रिए वहीं वॉयस ओवर (कमेंट्री) रिकॉर्ड कर दिए जाते हैं और फिर एडिटिंग का काम भी किया जाता है। एडिटिंग के बाद उस रिपोर्ट का नामकरण करके एक आईडी (आइडेंटिफिकेशन) देकर उसे दोबारा सर्वर में भेज दिया जाता है। यही आईडी रन डाउन में डाली जाती है जो कि पीसीआर से प्ले करने पर टेलीकास्ट हो जाती है। लेकिन इस स्तर पर छोटी-मोटी एडिटिंग ही की जाती है। अच्छे पैकेज जिनमें थोड़ी कलात्मकता की ज़रूरत होती है, मसलन–कला, संस्कृति, फिल्म, फैशन आदि, बेहतर एडिटिंग मशीनों पर अनुभवी एडीटर के द्वारा एडिट किए जाते हैं।

महत्त्व का निर्धारण

ख़बरों के चयन और उनकी पैकेजिंग के बाद आउटपुट की दूसरी ज़िम्मेदारी होती है उनके महत्त्व के निर्धारण की। किस ख़बर को कितना महत्त्व देना है, इसका फ़ैसला उसी के हाथ में होता है। वही रन डाउन में ख़बरों का क्रम निर्धारित करता है।

किस चैनल पर कौन-सी ख़बरें चल रही हैं और किस क्रम में चल रही हैं, उसी से एक मोटा अंदाज़ा लग जाता है कि वह कितना अनुभवी है, परिपक्व है और उसे ख़बरों की कितनी समझ है। वैसे तो किसी भी चैनल की बुलेटिन में एक मोटा-मोटा क्रम पूर्व निर्धारित होता है। हर चैनल बुलेटिन का एक फार्मेट बना लेता है। इसमें यह तय होता है कि बुलेटिन का चक्र एक घंटे का होगा या फिर आधे घंटे का। इसके बाद एक क्रम यह भी तय हो जाता है कि खेल की ख़बरें कब आएँगी, व्यापार की कब और हलकी-फुलकी मनोरंजक या जन रुचि की ख़बरों को कहाँ रखा जाएगा।

एक ज़माना था जब ख़बरों का फार्मेट बहुत ही रूढ़ हुआ करता था। हर चीज़ अपने समय पर आती थी। खेल की ख़बर कितनी ही महत्त्वपूर्ण क्यों न हो, वह दिखाई जाएगी खेल के ही खंड में। इसी तरह से व्यापार या मौसम की ख़बरों के साथ होता था। शायद इसका संबंध रिकॉर्डेड बुलेटिन की मानसिकता से भी था। चूँकि आज चैनल कम से कम बारह घंटे लाइव होते हैं, इसलिए अब उस तरह से नहीं सोचा जाता। नतीजतन अब यह परंपरा ध्वस्त हो गई है। क्रम बहुत पक्का नहीं होता और उसमें इतना लचीलापन रखा जाता है कि कोई भी महत्त्वपूर्ण समाचार आने पर उसे उलटा-पुलटा जा सके। अक्सर ही रन डाउन तोड़ दिया जाता है और किसी बड़े समाचार की वजह से बाक़ी समाचार चल ही नहीं पाते। चैनलों को लगातार उसी ख़बर पर बने रहना पड़ता है और उसी से संबंधित सामग्री लगातार दिखाते रहना पड़ता है, क्योंकि तब तमाम दर्शक उसी घटना के बारे में जानने के इच्छुक होते हैं।

एक ज़माना था जब ख़बरों का फार्मेट बहुत ही रुढ़ हुआ करता था। शायद इसका संबंध रिकॉर्डेड बुलेटिन की मानसिकता से भी था। चूँकि आज चैनल कम से कम बारह घंटे लाइव होते हैं, इसलिए अब उस तरह से नहीं सोचा जाता। नतीजतन अब ये परंपरा ध्वस्त हो गई है। क्रम बहुत पक्का नहीं होता और उसमें इतना लचीलापन रखा जाता है कि कोई भी महत्त्वपूर्ण समाचार आने पर उसे उलटा-पुलटा जा सके। अक्सर ही रन डाउन तोड़ दिया जाता है और किसी बड़े समाचार की वजह से बाक़ी समाचार चल ही नहीं पाते।

ख़बरों के महत्त्व का निर्धारण एक बहुत ही ज़िम्मेदारी भरा काम है और इसके लिए काफ़ी समझ और अनुभव की ज़रूरत होती है। इसीलिए आम तौर पर यह काम शिफ़्ट के सबसे अनुभवी आदमी को ही दिया जाता है। इसके बावजूद मुख्य समाचार क्या लिए जाएँ और उन्हें किस क्रम में दिखाया जाए, इसमें सभी वरिष्ठ दिलचस्पी लेते हैं। चैनल हेड तक की नज़र उन पर होती है और वह लगातार निर्देश देने में लगा रहता है।

रन डाउन पर बैठे व्यक्ति का सबसे पहला काम तो यह तय करना होता है कि सुर्ख़ियाँ क्या होंगी। उपलब्ध ख़बरों में से उसे चार या पाँच बड़ी ख़बरें चुनना होता है। फिर इन ख़बरों के क्रम का निर्धारण भी करना होता है कि पहली, दूसरी, तीसरी या चौथी ख़बर कौन-सी होगी। इसके बाद ख़बरों को विस्तार से दिखाने का नंबर आता है। ऐसा ज़रूरी नहीं होता कि जिस क्रम में सुर्ख़ियाँ गई हों, उसी क्रम में विस्तार से समाचार भी दिखाए जाएँ। उनमें उलटफेर हो सकता है और होता भी है। कई बार तो मुख्य समाचारों के बाद सीधे ही खेल या फ़िल्म से जुड़ी ख़बर भी पहले दिखा दी जाती है। यह भी होता है कि किसी ख़बर पर फोनो या सिमसेट से बुलेटिन शुरू कर दिया जाए।

2. समाचार प्रस्तुतकर्ता (एंकर)

टेलीविज़न समाचारों का तीसरा सबसे महत्त्वपूर्ण हिस्सा होते हैं, उसके एंकर। एंकर को चैनल का चेहरा माना जाता है। किसी चैनल विशेष के प्रति दर्शकों का प्यार-नफ़रत ख़बरों की गुणवत्ता के साथ-साथ इस बात पर भी निर्भर करते हैं कि वहाँ ख़बरें पढ़ने वाले कौन हैं, कैसा पढ़ते हैं और कैसा दिखते हैं। एंकर पर दायित्व होता है कि वह तैयार समाचारों को प्रभावशाली एवं विश्वसनीय अंदाज़ में पढ़े।

एंकर को चैनल का चेहरा माना जाता है। किसी चैनल विशेष के प्रति दर्शकों का प्यार-नफ़रत ख़बरों की गुणवत्ता के साथ-साथ इस बात पर भी निर्भर करते हैं कि वहाँ ख़बरें पढ़ने वाले कौन हैं, कैसा पढ़ते हैं और कैसा दिखते हैं। एंकर पर दायित्व होता है कि वह तैयार समाचारों को प्रभावशाली एवं विश्सनीय अंदाज़ में पढ़े।

एंकर के प्रदर्शन में आउटपुट की भी महत्त्वपूर्ण भूमिका होती है। आम तौर पर चैनलों में आउटपुट ही तय करता है कि कब कौन-सा एंकर कौन-सी बुलेटिन पढ़ेगा। आउटपुट को ही पता होता है कि किस बुलेटिन में क्या जा रहा है और उसे कौन एंकर बेहतर ढंग से प्रस्तुत कर सकता है। किसी एंकर को यदि किन्हीं शब्दों को बोलने में दिक्कत पेश आती है तो वह उसकी बुलेटिन में उन शब्दों से परहेज करता है। आउटपुट एंकर की क्षमताओं को ध्यान में रखकर ही बुलेटिन को रूप देता है। हालाँकि यह तो ख़बरों की माँग और दबाव होता है कि किस पर फोनो, सिमसेट या स्टूडियो चर्चा होनी है, मगर कोशिश यह की जाती है कि वे काम उन्हीं एंकर को दिए जाएँ जो उन्हें अच्छे से हैंडल कर सकते हों। वैसे भी सभी एंकर सभी विषयों के जानकार हों, यह संभव नहीं है। कुछ को क्रिकेट की अच्छी जानकारी हो सकती है तो कोई टेनिस का जानकार हो सकता है। कोई राजनीति को अच्छे से समझता है तो कोई फिल्मी

विषयों की अच्छी समझ रख सकता है। इसलिए यह ज़रूरी है कि चैनल के हित में और दर्शकों के हित में भी किसी काम को उपयुक्त व्यक्ति ही अंजाम दे। इसके अलावा बहुत से एंकर की क्षमताएँ तो और भी सीमित होती हैं। वे अपने से सवाल भी नहीं पूछ पाते या ग़लत सवाल कर डालते हैं। ऐसी स्थिति में भी आउटपुट का दायित्व होता है कि वह टेलीप्राम्पटर पर एंकर को सवाल दे दे या फिर पैनल प्रोड्यूसर एंकर को इयरपीस के ज़रिए सवाल बताता रहता है।

एंकर को ताज़ा जानकारी से लैस करने का काम भी आउटपुट का ही होता है। इनपुट से जो भी जानकारियाँ उसे मिलती हैं, वह उसे एंकर तक पहुँचाता रहता है। मान लीजिए कि किसी दुर्घटना में तीन लोगों के मरने की सूचना आई थी और वही एंकर को मालूम है। मगर बाद में पता चला कि तीन नहीं, दो ही मरे हैं। अब अगर एंकर को समय पर यह जानकारी न दी गई तो वह पुरानी जानकारी को दोहराता रहेगा और उसी आधार पर फोनो या सिमसेट में सवाल करेगा, जिससे स्थिति हास्यास्पद हो सकती है।

कई बार कोई ख़बर किसी चैनल पर पहले आ जाती है और उसकी सूचना भी उस चैनल से ही मिलती है। इसके बाद बाक़ी के चैनल सक्रिय होते हैं कि अब इस मामले में क्या ख़ास किया जाए। मॉनीटरिंग सेल दूसरे चैनलों पर ही नज़र नहीं रखती, बल्कि वह अपने चैनल की ग़लतियों पर भी नज़र रखती है और संबंधित व्यक्तियों को लगातार सूचित करती रहती है, ताकि फ़ौरन सुधार किए जा सकें।

मॉनीटरिंग

हर चैनल में एक मॉनीटरिंग सेल होती है, जिसका काम तमाम न्यूज़ चैनलों पर नज़र

बनाए रखना होता है। किस चैनल पर कौन-सी ऐसी महत्त्वपूर्ण या दिलचस्प ख़बरें चल रही हैं जो अपने चैनल में नहीं हैं और उन पर क्या किया जा सकता है, इसके लिए मॉनीटरिंग व्यवस्था का चुस्त-दुरुस्त होना ज़रूरी है। कई बार कोई ख़बर किसी चैनल पर पहले आ जाती है और उसकी सूचना भी उस चैनल से ही मिलती है। इसके बाद बाक़ी के चैनल सक्रिय होते हैं कि अब इस मामले में क्या ख़ास किया जाए। मॉनीटरिंग सेल दूसरे चैनलों पर ही नज़र नहीं रखती, बल्कि वह अपने चैनल की ग़लतियों पर भी नज़र रखती है और संबंधित व्यक्तियों को लगातार सूचित करती रहती है, ताकि फ़ौरन सुधार किए जा सकें।

न्यूज़रूम आटोमेशन कामों को आसान बना देता है। मसलन, एक जगह स्क्रिप्ट लिखी जाती है और उसे अगर रन डाउन में डाल दिया गया तो कोई भी ज़िम्मेदार व्यक्ति उसे कभी भी देख सकता है। चौबीस घंटों के रन डाउन टेम्पलेट की शक्ल में मौजूद होते हैं और उन पर लगातार काम किया जा सकता है। मसलन, शाम की बुलेटिन या क्राइम की बुलेटिन की तैयारी भी दोपहर से इनमें की जा सकती है। इन रन डाउन में ख़बरों की आईडी डालते ही उनकी अवधि दिख जाती है। ख़बरों को ऊपर-नीचे करना हो या गिराना-हटाना, सब कुछ इनकी वजह से बेहद आसान हो जाता है।

आउटपुट का तकनीकी तंत्र

आउटपुट की पूरी प्रक्रिया अगर कई हाथों से संपन्न होती है तो उसे टेक्नोलॉजी के विभिन्न स्तरों से भी गुज़रना पड़ता है। बाहर से आने वाली सामग्री इंजेस्ट के ज़रिए सर्वर में इकट्ठी होती रहती है। इसके बाद इस सामग्री का इस्तेमाल आउटपुट अपनी सुविधा के हिसाब से करता रहता है। लेकिन ज़ाहिर है, यह मशीनों के ज़रिए ही किया जा सकता है। आइए, एक नज़र इन मशीनों और इनके ज़रिए होने वाले कामकाज पर डालते हैं।

आउटपुट से जुड़े तकनीकी तंत्र को मुख्य रूप से तीन हिस्सों में बाँटा जा सकता है :

1. न्यूज़ रूम आटोमेशन
2. वीडियो एडिटिंग
3. ग्राफिक्स और एनीमेशन
4. स्टूडियो एवं पीसीआर

1. न्यूज़रूम आटोमेशन

पहले जब टीवी चैनलों के लिए ख़बरें बनाई जाती थीं तो आटोमेशन से उसका कोई संबंध नहीं होता था। एक-एक ख़बर टेप पर शूट होकर जाती थी और फिर उनसे ख़बरें तैयार होती थीं। ख़बरों की स्क्रिप्ट हाथों से लिखी जाती थीं। उनके वॉयस ओवर टेप पर रिकॉर्ड होते थे और फिर वीडियो एडिटर रिपोर्ट एडिट करते थे। ग्राफिक्स अलग जगह बनते थे, जिन्हें टेप पर लाया जाता था और फिर उन्हें ख़बरों में जोड़ा जाता था। तमाम तरह की ख़बरों और अगर बुलेटिन रिकॉर्डेड हुई तो न्यूज़ रीडर के हिस्से को भी क्रमवार ढंग से टेप में एसेंबल किया जाता था। इसके बाद ही यह बुलेटिन प्रसारण के योग्य बन पाती थी। अगर बुलेटिन लाइव जाना है तो तमाम संपादित ख़बरें क्यू

न्यूज़ चैनलों का मॉनीटरिंग रूम

करके तैयार रखी जाती थीं और जैसे ही न्यूज़ रीडर बोलना ख़त्म करता था, उन्हें प्ले कर दिया जाता था। शुरू में आए न्यूज़ चैनलों ने भी इसी पद्धति से काम किया। उस समय न्यूज़ रूम आटोमेशन की शुरुआत ही हुई थी और वह काफी महँगा भी हुआ करता था। इसके अलावा ख़बरों को जल्दी दिखाने की कोई होड़ भी नहीं हुआ करती थी। ख़बरों में लाइव तत्त्व लगभग होता ही नहीं था। अगर कोई ख़बर अचानक आ भी जाती है, तो ज़्यादा से ज़्यादा उसे लिखकर न्यूज़ रीडर के पास भेज दिया जाता था और वह उसे पढ़ देता या देती थी।

लेकिन अब हालात एकदम से बदल गए हैं। अब न्यूज़रूम पूरी तरह से आटोमेटेड हो गया है। इस आटोमेशन के कई सॉफ्टवेयर हैं जो अलग-अलग चैनलों में इस्तेमाल होते हैं। सबसे ज़्यादा इस्तेमाल होने वाले सॉफ्टवेयर में ईइनपीएस (इलेक्ट्रानिक न्यूज़ प्रोडक्शन सिस्टम), ऑक्टोपस, विनक्यू आदि हैं।

न्यूज़ रूम आटोमेशन के लिए सॉफ़्टवेयर कोई भी हो मगर निम्नलिखित सुविधाएँ ज़रूर होती हैं :

1. रन डाउन
2. स्क्रिप्ट
3. न्यूज़ एजेंसी
4. आर्काइव
5. रिसर्च
7. एडिटिंग सॉफ़्टवेयर
8. ग्राफिक्स तथा
9. मेल सुविधा।

24 घंटे के न्यूज़ चैनल में ख़बरों का प्रवाह

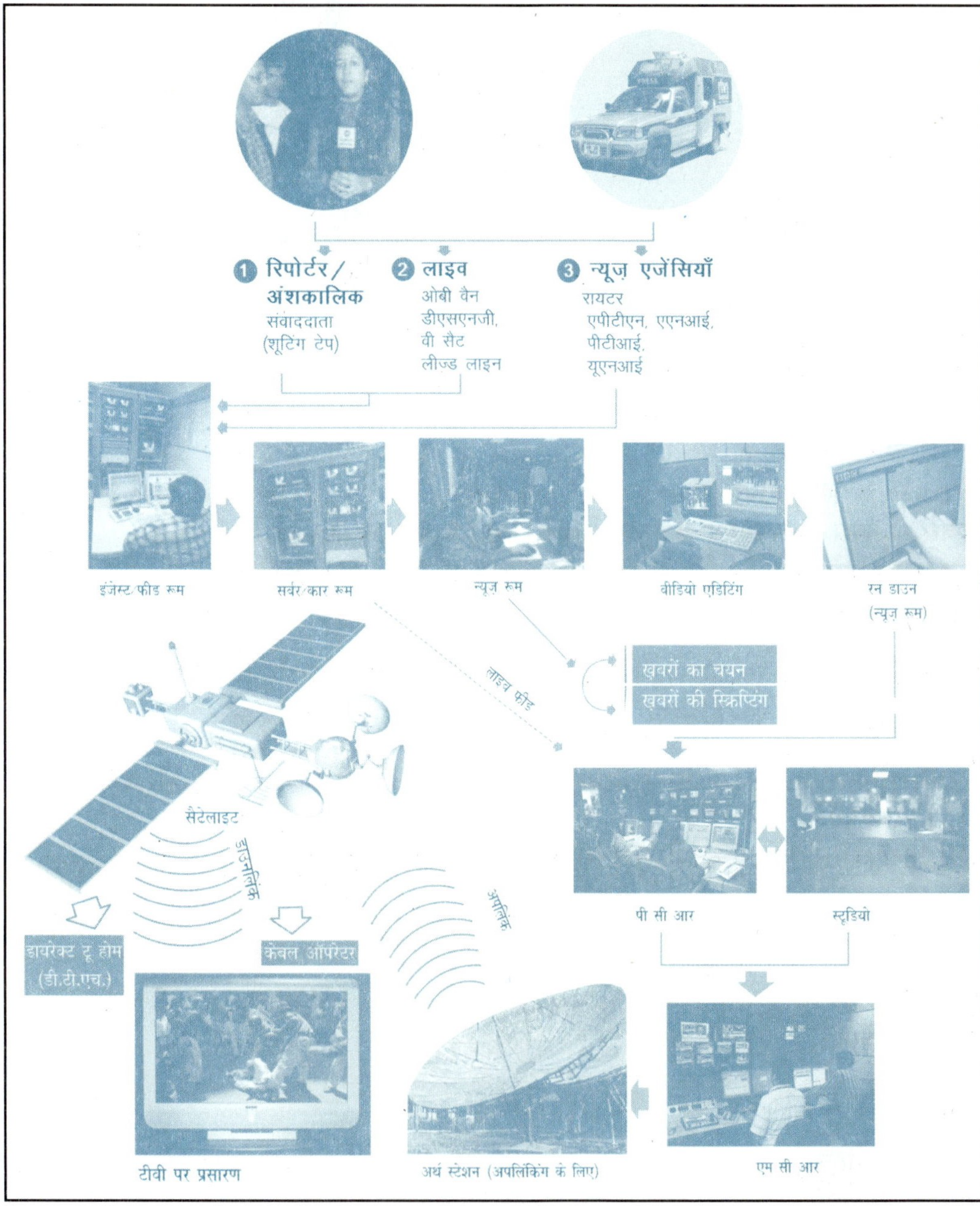

हम ऊपर विस्तार से बता चुके हैं कि न्यूज़रूम में आउटपुट किस तरह से विभिन्न कामों को अंजाम देता है। न्यूज़रूम आटोमेशन उसके इन कामों को आसान बना देता है। मसलन, एक जगह स्क्रिप्ट लिखी जाती है और उसे अगर रन डाउन में डाल दिया गया तो कोई भी ज़िम्मेदार व्यक्ति उसे कभी भी देख सकता है। चौबीस घंटों के रन डाउन टेम्पलेट की शक्ल में मौजूद होते हैं और उन पर लगातार काम किया जा सकता है। मसलन, शाम की बुलेटिन या क्राइम की बुलेटिन की तैयारी भी दोपहर से इनमें की जा सकती है। इन रन डाउन में ख़बरों की आईडी डालते ही उनकी अवधि दिख जाती है। ख़बरों को ऊपर-नीचे करना हो या गिराना-हटाना, सब कुछ इनकी वजह से बेहद आसान हो जाता है। इसमें आर्काइव की सुविधा बहुत महत्त्वपूर्ण होती है। आर्काइव में जाकर देखा जा सकता है कि तीन दिन पहले किसी ख़बर में क्या लिखा गया था या फिर इसकी मदद से किसी मंत्री या खिलाड़ी के विजुअल फौरन मिल सकते हैं। ग्राफिक्स के रेडीमेड टेम्पलेट मौजूद होते हैं, जिन्हें लेकर तुरंत ग्राफिक्स बनाए और दिखाए जा सकते हैं। विभिन्न न्यूज़ एजेंसियों की सेवाएँ सीधे कंप्यूटर पर उपलब्ध होती हैं और ज़रूरी ख़बरें बराबर ऊपर फ्लैश होती रहती हैं। खेल, व्यापार आदि की ख़बरों के अलग-अलग फोल्डर होते हैं, जिन्हें कोई भी कभी भी देख सकता है।

आटोमेशन के तहत अपने या दूसरे चैनलों को टर्मिनल पर ही देखने की सुविधा भी कई जगह होती है। इससे यह पता लगाना आसान हो जाता है कि कहाँ क्या चल रहा है। इसी तरह आपस में मेल करने की सुविधा होती है। इसके ज़रिए पूरा चैनल आपस में संदेशों का आदान-प्रदान करता है। कई चैनलों में तो यह डाक व्यवस्था इतनी महत्वपूर्ण होती है कि बहुत सारे फैसले ही इसके आधार पर होते हैं।

कई चैनलों में वीडियो एडिटिंग का काम मौटे तौर पर पत्रकार ही करते हैं और इसके लिए न्यूज़रूम में लगे टर्मिनल में ही व्यवस्था होती है। मगर यह लो एंड एडिटिंग होती है यानी निम्न स्तर की कामचलाऊ एडिटिंग। इसमें कट टू कट एडिटिंग की जा सकती है। इसका मतलब से हुआ कि यहाँ एडिटिंग कला का ज़्यादा प्रयोग संभव नहीं होता। हाई एंड एडिटिंग या उच्च स्तर की एडिटिंग में यह संभव होता है और इसकी भी व्यवस्था अच्छे चैनलों में होती है। प्रोग्राम की एडिटिंग के लिए आम तौर पर चैनलों में एडिटिंग की अलग मशीनें होती हैं।

2. वीडियो एडिटिंग

न्यूज़ चैनलों में वीडियो एडिटिंग का काम भी सर्वर से ही जुड़ा होता है। जैसा कि हमने ऊपर ज़िक्र किया था, कई चैनलों में वीडियो एडिटिंग का काम मौटे तौर पर पत्रकार ही करते हैं और इसके लिए न्यूज़रूम में लगे टर्मिनल में ही व्यवस्था होती है। मगर यह लो एंड एडिटिंग होती है यानी निम्न स्तर की कामचलाऊ एडिटिंग। इसमें कट टू कट एडिटिंग की जा सकती है। इसका मतलब यह हुआ कि यहाँ एडिटिंग कला का ज़्यादा प्रयोग संभव नहीं होता। हाई एंड एडिटिंग या उच्च स्तर की एडिटिंग में यह संभव होता है और इसकी भी व्यवस्था अच्छे चैनलों में होती है। प्रोग्राम की एडिटिंग के लिए आम तौर पर चैनलों में एडिटिंग की अलग मशीनें होती हैं। इन कार्यक्रमों की एडिटिंग थोड़ा इत्मीनान से होती है और इनमें समय भी ज़्यादा लगता है। कार्यक्रमों के प्रोमो आदि

न्यूज़ चैनलों का पीसीआर

न्यूज़ चैनलों में रोज़मर्रे के लिए तैयार ग्राफिक्स ही ज़्यादा इस्तेमाल होते हैं। मगर जब कुछ विशेष करने की ज़रूरत होती है तो उनसे काम नहीं चलता। मसलन, चुनाव के वक़्त अलग तरह के ग्राफिक्स की ज़रूरत पड़ती है। एक तो चुनाव कार्यक्रमों को अलग पहचान देने के उद्देश्य से ऐसा करना होता है और दूसरे इस तरह के विषयों को ठीक ढंग से दिखाने के लिए उनमें कुछ ख़ास करने की ज़रूरत होती है।

के निर्माण की प्रक्रिया भी समय लेती है। लेकिन इनमें समय से ज़्यादा रचनात्मकता की ज़रूरत पड़ती है। वीडियो एडिटर को तमाम तरह के इफेक्ट्स इस्तेमाल करने की सुविधा मिलनी चाहिए, ताकि वे अच्छे कार्यक्रम और प्रोमो तैयार करके दे सकें।

3. ग्राफिक्स और एनीमेशन

न्यूज़ चैनलों में रोज़मर्रे के लिए तैयार ग्राफिक्स ही ज़्यादा इस्तेमाल होते हैं। हालाँकि सर्वर में पड़े ये ग्राफिक्स पहले ग्राफिक्स आर्टिस्ट द्वारा ही बनाए जाते हैं, मगर जब कुछ विशेष करने की ज़रूरत होती है तो उनसे काम नहीं चलता। मसलन, चुनाव के वक़्त अलग तरह के ग्राफिक्स की ज़रूरत पड़ती है। एक तो चुनाव कार्यक्रमों को अलग पहचान देने के उद्देश्य से ऐसा करना होता है और दूसरे इस तरह के विषयों को ठीक ढंग से दिखाने के लिए उनमें कुछ ख़ास करने की ज़रूरत होती है। मसलन, वोटों का रुझान अगर केवल प्रतिशत से दिखाया गया तो मज़ा नहीं आएगा, जबकि वहीं पाई चार्ट या बार बना दिए जाएँ तो दर्शक को समझने में आसानी हो जाएगी। विधानसभा या लोकसभा में विभिन्न पार्टियों की स्थिति भी एनीमेशन के ज़रिए अच्छी तरह से समझाई जा सकती है। इसी तरह से बजट के प्रसारण के समय भी आँकड़ों को भली भाँति समझाने में अच्छे ग्राफिक ज़्यादा मददगार साबित हो सकते हैं।

एनीमेशन का प्रयोग आजकल बहुत ज़्यादा होने लगा है। कार्यक्रमों की पैकेजिंग हो या प्रोमो बनने हों, सब जगह एनीमेशन की ज़रूरत होती है और यह भी दैनिक स्तर पर

ही होती है। इसके अलावा गाहे-बगाहे घटनाओं से संबंधित एनीमेशन की ज़रूरत पड़ती है। मसलन, किसी ट्रेन-दुर्घटना को दर्शाने के लिए एनीमेशन बनाए जाते हैं।

इस तरह के एनीमेशन बनाने के लिए ज़ाहिर है कि मशीनों की ज़रूरत होती है जो कि मुख्य रूप से कंप्यूटर ही होते हैं। हार्डवेयर के अलावा विभिन्न तरह के सॉफ्टवेयर होते हैं जिनकी मदद से एनीमेशन बनाए जाते हैं।

न्यूज़ स्टूडियो में टेलीप्राम्पटर की मदद से समाचार पढ़ता एंकर

4. स्टूडियो एवं पीसीआर

न्यूज़ रूम में तैयार ख़बरें रन डाउन में डाल दी जाती हैं। ये रन डाउन फिर पीसीआर में खोला जाता है और उसके आधार पर बुलेटिन रोल की जाती हैं। ज़ाहिर है कि

पीसीआर भी सर्वर के ज़रिए न्यूज़रूम से जुड़ा होता है। मगर पीसीआर में और भी ढेर सारी मशीनें होती हैं।

मॉनीटर

पीसीआर में बहुत से मॉनीटर होते हैं। इनमें कुछ स्टूडियो में चलने वाली गतिविधियों को दर्शाते हैं। इनकी संख्या स्टूडियो में लगे कैमरों की संख्या से भी तय होती है। कुछ मॉनीटर बाहर से आने वाली लाइव फीड को दिखाते रहते हैं, ताकि सही समय पर उन्हें चैनल में लिया जा सके। एक मॉनीटर चैनल में जाने वाले ग्राफिक्स के प्रीव्यू के लिए होता है। इसके अलावा कुछ मॉनीटर दूसरे चैनलों को दिखाते हैं ताकि पीसीआर में काम करने वालों की नज़रें भी प्रतिद्वंद्वियों पर लगी रहें और ज़रूरत पड़ने पर वे तुरंत फैसला ले सकें।

पीसीआर में विज़न मिक्सर

विज़न मिक्सर

पीसीआर में एक विज़न मिक्सर होता है। विज़न मिक्सर का संचालन एक एडीटर करता है। विज़न मिक्सर स्टूडियो से कब क्या लेना है, इसका चयन करता है। पैनल प्रोड्यूसर के कहने पर वो विभिन्न तरह के इनपुट के हिसाब से मिक्सिंग करता रहता है। इस एडिटर का सीधा संपर्क एमसीआर (मास्टर कंट्रोल रूम) से रहता है। एमसीआर से ही ब्रेक के समय विज्ञापन या प्रोमो आदि चलते हैं। कई बार वहाँ से रिकॉर्डेड बुलेटिन और प्रोग्राम भी चलाए जाते हैं।

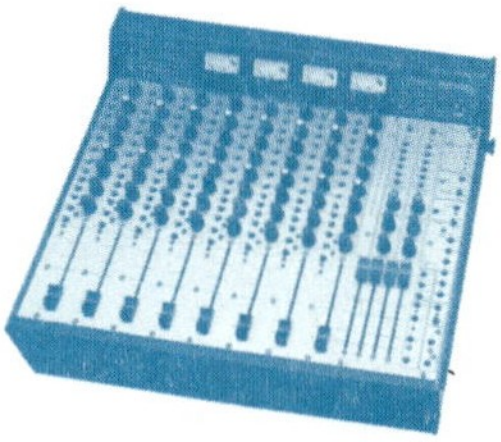

साउंड मिक्सर

साउंड मिक्सर

विज़न मिक्सर के पास ही साउंड रिकॉर्डिस्ट आडियो मिक्सर के साथ बैठता है। साउंड रिकॉर्डिस्ट का काम होता है स्टूडियो से वांछित साउंड को स्पष्टता के साथ एयर पर जाने देना। विज़न मिक्सर पर बैठे एडिटर की तरह ही उसे भी हमेशा चौकन्ना रहना पड़ता है। इनकी तरफ से होने वाली छोटी-सी चूक ऐसी चीज़ें एयर पर डाल सकती हैं, जिसके लिए चैनल को शर्मिंदा होना पड़ सकता है। मसलन, कई बार ऐसा होता है कि एंकर तैयार नहीं होता या वह कुछ अनौपचारिक बातचीत करता रहता है और अनजाने में वह एयर पर चल जाता है। इसे घोर लापरवाही की श्रेणी में रखा जाता है और कोई भी अच्छा चैनल यह सब बर्दाश्त नहीं कर सकता।

ग्राफिक्स स्टेशन

पीसीआर में एक ग्राफिक आर्टिस्ट के लिए भी जगह होती है। विभिन्न चैनलों में व्यवस्था के हिसाब से उस पर ज़िम्मेदारियाँ होती हैं, मगर मोटे तौर पर वह ऐसे ग्राफिक्स तैयार करने का काम करता है जो फ़ौरन प्रसारित होने हैं। ख़ास तौर पर लाइव के मौकों पर एक के बाद एक ग्राफिक्स की ज़रूरत होती है और उसके लिए न्यूज़ रूम पर निर्भर नहीं रहा जा सकता।

टेलीप्राम्पटर

स्टूडियो में एंकर जिस स्क्रीन को देखकर ख़बरें पढ़ता है, वह दरअसल पीसीआर में टेलीप्राम्पटर मशीन से जुड़ा होता है। पीसीआर में टीपी ऑपरेटर पैनल प्रोड्यूसर के निर्देशों के हिसाब से सधी हुई गति से टीपी का संचालन करता है। टेलीप्राम्पटर भी बहुत संवेदनशील मसला होता है, क्योंकि अगर उसमें किसी तरह की गड़बड़ी हुई तो एंकर भी गड़बड़ा जाएगा और स्क्रीन पर यह गड़बड़ाहट दिख जाएगी।

टेलीप्राम्प्टर के साथ स्टूडियो कैमरा

वीटीआर

व्यवस्था के हिसाब से चैनलों के पीसीआर में एक-दो या कई वीटीआर (वीडियो टेपरिकॉर्डर) भी होते हैं। कई बार शूटिंग टेप में ऐसी सामग्री होती है, जिसका तुरंत चलना ज़रूरी होता है, उन्हें इंजेस्ट करने का समय नहीं होता है। ऐसी सूरत में

पीसीआर से सीधे टेप प्ले कर दिया जाता है। इसके अलावा कई चैनल बुलेटिन रिकॉर्ड करने का काम भी वीटीआर से लेते हैं।

फोन इन यूनिट

किसी भी न्यूज़ चैनल में हर दिन औसतन सत्तर-अस्सी फोनो (फोन पर बातचीत) होते हैं। ये फोनो जिस मशीन की सहायता से किए जाते हैं, वह आम तौर पर पीसीआर में ही होती है। इनपुट के लोग यहाँ आकर फोन लगाते हैं और फिर उसे स्टूडियो से जोड़ दिया जाता है।

टिकर मशीन

टीवी स्क्रीन पर निचले एक-तिहाई हिस्से में ग्राफिक्स लगातार चलते रहते हैं। इनमें नीचे चलने वाली पट्टियाँ, जिन्हें टिकर कहा जाता है, भी शामिल होती हैं। इसके अलावा समय, तारीख, तापमान, स्कोर आदि भी होते हैं। इन सभी चीज़ों को चलाने वाला स्टेशन या तो न्यूज़ रूम में होता है या फिर पीसीआर में।

न्यूज़ वर्क स्टेशन

इसके अलावा आटोमेशन के जरिए ख़बरों को ऊपर-नीचे और रोकने की सुविधा देने वाले टर्मिनल को भी रखा जाता है। इसके आधार पर पैनल प्रोड्यूसर पीसीआर को आगे की ख़बरों के बारे में निर्देश देता है।

10

टीवी न्यूज़ के विभिन्न रूप

जब आप किसी भी न्यूज़ चैनल पर ख़बरें देखते हैं तो वे हमेशा एक ही ढंग से बनी हुई नहीं होतीं। ख़बरों के महत्त्व और समय की उपलब्धता के हिसाब से उन्हें विभिन्न रूपों में गढ़कर पेश किया जाता है। मोटे तौर पर चैनलों में ख़बरों के निम्नलिखित रूप होते हैं :

1. ब्रेकिंग न्यूज़
2. टिकर
3. सुर्ख़ियाँ
4. टेक्स्ट हेडलाइन्स
5. वोशॉट या वीओ शॉट
6. वीओ साट
7. ड्राई
8. एंकर ग्राफिक्स
9. एंकर बाइट
10. एंकर शॉट
11. पैकेज
12. फोनो
13. सिमसेट; लाइव और रिकार्डेड,
14. टिकटेक तथा
15. इंटरव्यू।

1. ब्रेकिंग न्यूज़

कोई भी महत्त्वपूर्ण समाचार जिसे कोई चैनल सबसे पहले दिखाता है, ब्रेकिंग न्यूज़ कहलाती है। ब्रेकिंग न्यूज़ का मतलब है स्टोरी ब्रेक होना। पहले इस जुमले का इस्तेमाल कोई बहुत बड़ी ख़बर आने पर ही होता था मगर अब होड़ के चलते इसे कहीं भी उपयोग कर लिया जाता है। तेंदुलकर अर्द्धशतक बना ले तो ब्रेकिंग न्यूज़ है और आउट हो जाए तो भी चैनल इसे ब्रेकिंग न्यूज़ बताने लगते हैं। मगर ब्रेकिंग न्यूज़ का महत्त्व तभी है जब उसका उपयोग सचमुच की बड़ी ख़बरों के ब्रेक होने पर किया जाए।

ब्रेकिंग न्यूज़ का मतलब है स्टोरी ब्रेक होना। पहले इस जुमले का इस्तेमाल कोई बहुत बड़ी ख़बर आने पर ही होता था मगर अब होड़ के चलते इसे कहीं भी उपयोग कर लिया जाता है। तेंदुलकर अर्द्धशतक बना ले तो ब्रेकिंग न्यूज़ है और आउट हो जाए तो भी चैनल इसे ब्रेकिंग न्यूज़ बताने लगते हैं। मगर ब्रेकिंग न्यूज़ का महत्त्व तभी है जब उसका उपयोग सचमुच की बड़ी ख़बरों के ब्रेक होने पर किया जाए।

बहरहाल, किसी महत्त्वपूर्ण ख़बर को महत्त्व के साथ दर्शकों को बताने के लिए इसका उपयोग धड़ल्ले से चल रहा है। इसमें आउटपुट को दिए गए टेम्पलेट में शब्दों की सीमा में रहते हुए ख़बर लिखकर यथाशीघ्र फ़ायर करना पड़ता है। जैसा कि नाम से ज़ाहिर है, इसमें समय का महत्त्व सबसे अधिक है। बिना वक्त गँवाए कम शब्दों में समाचार देने की महारत इसमें चाहिए होती है।

2. टिकर

न्यूज़ चैनलों में टिकर का बहुत महत्त्व है। चैनलों पर अक्सर दर्शक ताज़ा ख़बरें देखने के लिए आते हैं, मगर हर समय तो सुर्ख़ियाँ दिखाई नहीं जा सकतीं, इसलिए टिकर का इस्तेमाल किया जाता है। टिकर में दो-तीन तरह के बैंड होते हैं। ऊपर वाले बैंड पर महत्त्वपूर्ण ख़बरें चलती रहती हैं। स्क्रीन में सबसे नीचे चलने वाली पट्टियों का इस्तेमाल विभिन्न चैनल समाचार, तरह-तरह की जानकारियाँ देने और विज्ञापन दिखाने के लिए करते हैं। टिकर के लिए भी आटोमेटेड ग्राफिक्स के टेम्पलेट होते हैं। इनमें समाचार टाइप करके सेव कर दिए जाते हैं और फिर वे खुद-ब-खुद पट्टी पर चलते रहते हैं।

3. सुर्ख़ियाँ

किसी भी बुलेटिन की शुरुआत सुर्ख़ियों या मुख्य समाचारों से होती है। आम तौर पर ये चार या पाँच होती हैं, मगर कई बार चैनल सात ख़बरों तक को सुर्ख़ियों के तौर पर दिखाते हैं। मुख्य समाचार किसी भी बुलेटिन का सबसे अहम हिस्सा होते हैं। ये एक तरह से दर्शकों को समाचार देखने के लिए लालायित करते हैं, बाध्य करते हैं। सुर्ख़ियाँ जितनी आकर्षक होंगी, दर्शकों में समाचार देखने की रुचि भी उतनी ही ज़्यादा जागेगी। इसीलिए चैनलों में अच्छी हेडलाइन लिखने पर बहुत ध्यान दिया जाता है। इसमें भी समय की सीमा होती है। 7-9 सेकेंड में ही ख़बर बतानी होती है।

4. टेक्स्ट हेडलाइन्स

न्यूज़ चैनलों में टेक्स्ट हेडलाइन्स बुलेटिन के ख़त्म होने के बाद ब्रेक के समय दिखाई जाती हैं। इनका मक़सद भी दर्शकों को मुख्य समाचार बताना होता है। इनमें विज़ुअल

मुख्य समाचार किसी भी बुलेटिन का सबसे अहम हिस्सा होते हैं। यह एक तरह से दर्शकों को समाचार देखने के लिए लालायित करते हैं, बाध्य करते हैं। सुर्ख़ियाँ जितनी आकर्षक होंगी, दर्शकों में समाचार देखने की रुचि भी उतनी ही ज़्यादा जागेगी। इसीलिए चैनलों में अच्छी हेडलाइन लिखने पर बहुत ध्यान दिया जाता है।

नहीं होते या होते भी हैं तो स्टिल। ये भी ग्राफिक टेम्पलेट्स पर बनाई जाती हैं। इसमें सुविधा यह होती है कि ख़बरों की संख्या कम-ज़्यादा की जा सकती है। शब्दों की सीमा यहाँ भी होती है।

5. वोशॉट या वीओ शॉट

ऐसी ख़बरों को जिनमें केवल दृश्यों का इस्तेमाल होता है और उसके साथ-साथ कमेंट्री (वायस ओवर) चलती रहती है, वोशॉट या वीओ शॉट कहते हैं। इनमें किसी व्यक्ति की साउंड बाइट नहीं होती। यह आम तौर पर 20 से 50 सेकेंड की अवधि के होते हैं मगर आवश्यकतानुसार लंबे भी किए जा सकते हैं। वोशॉट का इस्तेमाल मुख्य रूप से दो सूरतों में होता है।

1. जब कभी कोई ऐसी ख़बर आ जाती है जिसे फ़ौरन दिखाना ज़रूरी होता है, ऐसी ख़बरों की ठीक-ठीक एडिटिंग के लिए उस समय वक्त नहीं होता है। ऐसे में उस ख़बर के कुछ दृश्य ले लिए जाते हैं और उन पर ख़बर की मुख्य

बातें वॉयस ओवर के रूप में जोड़ दी जाती हैं। अगर दृश्य नहीं होते तो ग्राफिक्स का सहारा लिया जाता है। वोशॉट की एडिटिंग में ज़्यादा वक्त नहीं लगता। एडिटिंग में महारत रखने वाले लोगों के लिए यह अधिकतम 10 मिनट का काम है। यहाँ तक कि आउटपुट में काम करने वाले पत्रकार इन्हें अपने कंप्यूटर पर ही तैयार कर देते हैं।

2. न्यूज़ चैनलों में ऐसी बहुत-सी ख़बरें आती हैं, जिनके ताज़ा दृश्य नहीं होते। ऐसे में लायब्रेरी के फूटेज का इस्तेमाल किया जाता है। उस ख़बर से संबंधित कुछ दृश्य ले लिए जाते हैं और फिर वॉयस ओवर के साथ उनकी एडिटिंग कर ली जाती है। उदाहरण के तौर पर अयोध्या मामले में अदालत अगर कोई फ़ैसला देती है तो फ़ौरन लाइब्रेरी से बाबरी मस्जिद गिराए जाने और इस मामले में फँसे नेताओं के दृश्य निकाले जाएँगे, फिर उन पर अदालती फैसले के विवरण वीओ की शक्ल में जोड़कर वोशॉट तैयार कर दिया जाएगा।

दुनिया के किसी हिस्से में भूकम्प आ जाता है। अब आप यहाँ किसी और भूकम्प के शॉट्स नहीं लगा सकते, क्योंकि ये दर्शकों के साथ छल होगा और उन्होंने उस छल को पकड़ लिया तो आपकी विश्वसनीयता ख़त्म हो जाएगी या कम से कम प्रभावित तो होगी ही। कुछ समय पहले बीबीसी ने ऐसा ही किया था। उसने बोस्निया-हर्जेगोविना के दृश्य जम्मू-कश्मीर की रिपोर्ट में लगाकर चला दिए थे और इसके बाद उसकी जमकर निंदाभर्त्सना हुई थी।

एक और उदाहरण लेते हैं। मान लीजिए, फिल्म स्टार शाहरुख़ ख़ान ऐलान करते हैं कि वे राजनीति में उतरेंगे। उनका यह बयान किसी अख़बार में छपता है और किसी भी न्यूज़ चैनल के पास शाहरुख़ का कैमरे पर कोई बयान नहीं है। तो क्या आउटपुट इस ख़बर को छोड़ देगा। नहीं। वह शाहरुख़ ख़ान और उनकी फिल्मों के शाट्स लायब्रेरी से निकलवाएगा और उससे ख़बर बना लेगा।

अगर विज़ुअल न हों तो ग्राफिक्स पर भी वोशॉट बनाया जा सकता है।

7. ड्राई ख़बर

जिस ख़बर में कोई विज़ुअल या ग्राफिक्स नहीं होते वह ड्राई ख़बर कहलाती है। ड्राई ख़बर सीधे एंकर पढ़ देता है। इस तरह की ख़बरें भी दो स्थितियों में बनाई जाती हैं :

1. अचानक कोई ख़बर आ जाती है मगर इतना भी वक्त नहीं होता कि शॉट्स निकालकर एडिट किए जाएँ, तब ख़बर ड्राई चला दी जाती है। फर्ज़ कीजिए कि अचानक ख़बर आती है कि फलाँ नेता का विमान दुर्घटना में निधन हो गया है। अब इस ख़बर को फ़ौरन चलाना ज़रूरी होगा। भले ही अगली बुलेटिन तक लायब्रेरी की मदद से वोशॉट बना लिया जाए, मगर उस वक्त तो दर्शक को ख़बर बताना है, चाहे जैसे। ध्यान रहे, न्यूज़ चैनल में सबसे ज़रूरी होता है ख़बर देना, सजाने-सँवारने का काम बाद का है।

2. ऐसा भी होता है कि ख़बर ज़रूरी होती है मगर उससे संबंधित कोई दृश्य या

तो होता नहीं है या फिर लाइब्रेरी में हो ही नहीं सकता। मसलन, दुनिया के किसी हिस्से में भूकम्प आ जाता है। अब आप यहाँ किसी और भूकम्प के शॉट्स नहीं लगा सकते, क्योंकि ये दर्शकों के साथ छल होगा और उन्होंने उस छल को पकड़ लिया तो आपकी विश्वसनीयता ख़त्म हो जाएगी या कम से कम प्रभावित तो होगी ही। कुछ समय पहले बीबीसी ने ऐसा ही किया था। उसने बोस्निया-हर्जेगोविना के दृश्य जम्मू-कश्मीर की रिपोर्ट में लगाकर चला दिए थे और इसके बाद उसकी जमकर निंदा-भर्त्सना हुई थी।

8. एंकर ग्राफिक्स

जब कोई ख़बर ग्राफिक्स के आधार पर बताई जाती है तो इसे एंकर ग्राफिक्स कहते हैं। वोशॉट और एंकर ग्राफिक्स में एकमात्र फर्क यह होता है कि वोशॉट में ख़बर पहले से रिकॉर्डेड होती है और एंकर को केवल उसका इंट्रो पढ़ना होता है, जबकि एंकर ग्राफिक्स में ख़बर का वाचन एंकर ही करता है।

9. एंकर बाइट

इस तरह की ख़बर में एंकर घटना के बारे में समस्त सूचनाएँ दे देता है और उसके बाद उससे संबंधित किसी व्यक्ति का बाइट आ जाता है। एंकर बाइट का इस्तेमाल या तो ख़बर को जल्दी देने के लिए करते हैं या फिर कम महत्त्व की ख़बर को कम समय में निपटाने के लिए ऐसा किया जाता है।

उदाहरण के लिए केन्द्रीय रेल मंत्री ने ऐलान किया है कि रेल किराए में कोई बढ़ोतरी नहीं की जाएगी। अब एंकर बताएगा :

रेल मंत्री ने घोषणा की है कि आने वाले बजट में रेल किराए में वृद्धि नहीं की जाएगी। राजधानी दिल्ली में आयोजित पत्रकार सम्मेलन में उन्होंने कहा कि रेलवे ने इस साल इतना लाभ कमाया है कि यात्री किराए में बढ़ोतरी करने की ज़रूरत ही नहीं है।

(बाइट–रेल मंत्री, भारत सरकार)

लेकिन ध्यान रहे, ख़बर के इस स्वरूप में बाइट का महत्त्व होता है। किसी नेता का बयान इतना महत्त्वपूर्ण हो सकता है कि उसे दिखाने के लिए किसी दूसरे विजुअल सपोर्ट की ज़रूरत ही न हो, यानी वह अपने आप में ही पूरी ख़बर का काम कर जाता है। वैसे कई बार इस फार्मेट का प्रयोग बड़े पैमाने पर भी किया जाता है। जब कभी कोई नेता एक से अधिक महत्त्वपूर्ण बयान देता है तो एंकर और बाइट एक के बाद

ध्यान रहे, ख़बर के इस स्वरूप में बाइट का महत्त्व होता है। किसी नेता का बयान इतना महत्त्वपूर्ण हो सकता है कि उसे दिखाने के लिए किसी दूसरे विजुअल सपोर्ट की ज़रूरत ही न हो, यानी वह अपने आप में ही पूरी ख़बर का काम कर जाता है। वैसे कई बार इस फार्मेट का प्रयोग बड़े पैमाने पर भी किया जाता है। जब कभी कोई नेता एक से अधिक महत्त्वपूर्ण बयान देता है तो एंकर और बाइट एक के बाद एक करके कई बार लगा दिए जाते हैं। ऐसा भी होता है कि महत्त्वपूर्ण बयान एक ही व्यक्ति के न हों, बल्कि कई लोगों के हों और उन सबको एक के बाद एक गूँथ दिया जाए।

एक करके कई बार लगा दिए जाते हैं। ऐसा भी होता है कि महत्त्वपूर्ण बयान एक ही व्यक्ति के न हों, बल्कि कई लोगों के हों और उन सबको एक के बाद एक गूँथ दिया जाए।

10. एंकर शॉट

एंकर शॉट भी समय की कमी की स्थिति में ही इस्तेमाल किया जाता है। इसमें संपादित दृश्य तो होते हैं, मगर ख़बर वॉयस ओवर की शक्ल में रिकॉर्ड नहीं होती, बल्कि उसे एंकर स्वयं पढ़ता है। इसमें एंकर ख़बर पढ़ना शुरू करता है और कुछ सेंकंड के बाद ही स्क्रीन पर उसकी बजाय ख़बर के दृश्य दिखने लगते हैं। एंकर की केवल आवाज़ सुनाई पड़ती है। इसके बाद जब ख़बर ख़त्म होने को होती है तो एंकर फिर स्क्रीन पर लौट आता है। रन डाउन में संपादित दृश्य और एंकर स्क्रिप्ट अलग-अलग होते हैं, मगर पीसीआर में उपर्युक्त ढंग से उन्हें मिला दिया जाता है।

11. पैकेज

अच्छे पैकेज किसी भी न्यूज़ चैनल की जान होते हैं। इनमें उस चैनल की गुणवत्ता की झलक मिलती है। एक पैकेज से उम्मीद की जाती है कि वह हर लिहाज़ से अच्छा होगा। उसमें अच्छे विज़ुअल होंगे, अच्छी और प्रसंग से जुड़ी साउंड बाइट्स होंगी। अच्छे ग्राफिक्स का उपयोग होगा। स्क्रिप्ट बढ़िया अंदाज़ में लिखी और कसी हुई होगी। वीडियो संपादन भी शानदार होगा। स्टोरी की माँग के हिसाब से उसमें स्पेशल इफेक्ट्स का भी इस्तेमाल किया गया होगा। एक अच्छा पैकेज दर्शकों को उस ख़बर के बारे में विस्तार से और प्रभावशाली ढंग से बताता है। पैकेज में उसे सूचनाएँ आपाधापी में नहीं दी जातीं।

एक पैकेज से उम्मीद की जाती है कि वह हर लिहाज़ से अच्छा होगा। उसमें अच्छे विज़ुअल होंगे, अच्छी और प्रसंग से जुड़ी साउंड बाइट्स होंगी। अच्छे ग्राफिक्स का उपयोग होगा। स्क्रिप्ट बढ़िया अंदाज़ में लिखी और कसी हुई होगी। वीडियो संपादन भी शानदार होगा। स्टोरी की माँग के हिसाब से उसमें स्पेशल इफेक्ट्स का भी इस्तेमाल किया गया होगा। एक अच्छा पैकेज दर्शकों को उस ख़बर के बारे में विस्तार से और प्रभावशाली ढंग से बताता है। पैकेज में उसे सूचनाएँ आपाधापी में नहीं दी जातीं।

परिभाषा के लिहाज़ से कहें तो जो ख़बरें एक हद तक पूर्ण होती हैं, मुकम्मल होती हैं, उन्हें पैकेज कहा जाता है। इनमें ख़बरों की शास्त्रीय परिभाषा के मुताबिक ख़बर का सिर, धड़ और पैर सब होता है। ख़बरों के विभिन्न स्वरूपों में ये सबसे लंबी अवधि के होते हैं। इनमें विज़ुअल भी होते हैं और बाइट थी। इनके वायस ओवर करवाए जाते हैं। ये क़ायदे से लिखे और एडिट किए जाते हैं। ज़रूरत के हिसाब से इनमें ग्राफिक्स भी इस्तेमाल होते हैं।

पैकेज तभी बनाए जाते हैं, जबकि सारी सामग्री मौजूद हो और उन्हें बनाने के लिए वक्त भी हो। उदाहरण के लिए ये पैकेज देखिए :

फूलों की बारात

एंकर–सिक्किम की राजधानी गंगटोक में चल रही फूलों की नुमाइश इन दिनों आकर्षण का केन्द्र बनी हुई है। यहाँ प्रदर्शित सैकड़ों तरह के आर्किड लोगों को मुग्ध कर रहे हैं। ख़ास तौर पर देश-विदेश से आने वाले सैलानी तो इस प्रदर्शनी को देखने के लिए टूटे पड़ रहे हैं।

बिल्ड अप–फूलों का मोंटाज़

वीओ-1–फिर छिड़ी बात फूलों की, बात है या बारात फूलों की, इन ख़ूबसूरत फूलों को देखकर किसी के भी दिल में सबसे पहले यही बात आती है।

ब्रेक–फूलों की ये बारात सजी है गंगटोक में चल रही फूल-प्रदर्शनी में। विभिन्न आकार-प्रकार के आर्किड की दो सौ से ज़्यादा किस्में इसमें दर्शायी गई हैं।

ब्रेक बाइट–सैलानी

वीओ-2–हिमालय की गोद में बसे खूबसूरत प्रदेश सिक्किम में इस समय आपको जहाँ-तहाँ फूलों के नज़ारे देखने को मिल सकते हैं। यही वजह है कि गंगटोक में हर

साल इसी मौसम में फ्लॉवर शो होता है। इस फ्लॉवर शो में प्रतियोगिताएँ भी होती हैं और इनाम भी दिए जाते हैं।

बाइट–प्रतिभागी

नई प्रजाति के उत्पादकों के लिए एक अलग प्रतियोगिता होती है। इस साल आर्किड की यह प्रंजाति फ्लॉवर शो में अपना जलवा बिखेर रही है।

बाइट–एक अन्य प्रतिभागी

हालाँकि आर्किड इस फ्लॉवर शो के ख़ास आकर्षण होते हैं, मगर सिक्किम में होने वाले दूसरे फूल, मसलन–ट्यूलिप और लिलियम भी दर्शाए गए हैं। सिक्किम में फ्लॉवर शो करीब पैंतालीस साल से होते आ रहे हैं, मगर 1990 से इसने बड़ा रूप ले लिया और हर साल इसका आकार बढ़ता जा रहा है।

बाइट–आयोजक

दरअसल, सिक्किम एक बड़े फूल उत्पादक राज्य के रूप में तेज़ी से उभर रहा है। इसमें इस फ्लॉवर शो का भी योगदान है, क्योंकि इससे फूल उत्पादकों को फूलों की नई-नई किस्में पैदा करने के लिए प्रोत्साहन मिलता है।

लीड आउट

सिक्किम से ही जुड़ा एक और पैकेज देखिए :

सामरूपची

एंकर–सिक्किम में नामची के पास सामरूपची पहाड़ी धीरे-धीरे एक तीर्थ स्थल के रूप में स्थापित होती जा रही है। हालाँकि सामरूपची पहले से ही बौद्ध धर्म के अनुयायियों के लिए आस्था का केंद्र रही है, मगर गुरु पद्मसंभव की यहाँ दुनिया भर में सबसे विशाल मूर्ति है। पद्मसंभव गुरु रिंपोचे के नाम से भी जाना जाता है। सिक्किम में तो उन्हें कुलदेवता की मान्यता प्राप्त है।

ब्रेक–लामा का पूजा-पाठ

बाइट–लामा-गुरु पद्मसंभव के बारे में

गुरु मद्मसंभव ने आठवीं सदी में सिक्किम की यात्रा की थी। माना जाता है कि यहाँ चार गुफाओं में साधना करने और सभी तरह की बुराइयों से सिक्किम को मुक्त करने के बाद उन्होंने तिब्बती बौद्ध धर्म की निंगपा शाखा की स्थापना की थी।

ब्रेक–पूजा-पाठ

सामरूपची पहाड़ी के बारे में सिक्किम लोगों की मान्यता है कि यहाँ हर किसी की इच्छा पूरी होती है। इसीलिए एक ज़माने से श्रद्धालु यहाँ आकर मन्नते माँगते रहे हैं। मगर इस 135 फीट ऊँची मूर्ति की स्थापना के बाद से यहाँ लोगों का आना-जाना काफी बढ़ गया है। देश-विदेश से सैलानी इस मूर्ति को देखने यहाँ आ रहे हैं।

बाइट–सैलानी

ब्रेक-लामा का चक्कर लगाते हुए पूजा करना

गुरु पद्मसंभव की इस मूर्ति का निर्माण 1997 में शुरू हुआ था। बौद्धों के धर्मगुरु दलाई लामा ने इसकी आधारशिला रखी थी। सैकड़ों मूर्तिकारों, वास्तुविदों, इंजीनियरों और मज़दूरों के अथक परिश्रम से इसका निर्माण तीन साल में पूरा हुआ।

ब्रेक–पूजा पाठ

पर्यटकों की बढ़ती दिलचस्पी और संख्या से राज्य सरकार बेहद उत्साहित है और वह इस स्थान को अपने तीर्थ पर्यटन के तहत विकसित और प्रचारित कर रही है। इसी उद्देश्य से उसने यहाँ ध्यान के लिए कुटिया वगैरह बनवाई हैं। इसके अलावा यहाँ रोपवे, पुस्तकालय, गेस्ट हाउस आदि का निर्माण करवाने की भी उसकी योजना है।

बाइट–पर्यटन अधिकारी

लेकिन पर्यटन इस धर्म स्थान का एकमात्र पहलू नहीं है। मुख्य मक़सद तो यह है कि सामरूपची की इस पहाड़ी से बौद्ध धर्म का शांति और समानता का संदेश दुनिया भर में फैले।

लीड आउट-लामा का मंत्रजाप...

ज़्यादातर चैनलों में एक से डेढ़ मिनट के ही पैकेज बनाने की ताकीद दी जाती है। इसके पीछे तर्क ये है कि लोग फटाफट ख़बरें देखना चाहते हैं। अगर उन्हें ख़बर ज़रा भी लंबी लगी तो वे फौरन चैनल बदल लेंगे। हाँ, अगर ख़बर महत्त्वपूर्ण हो और वह अधिक समय की माँग करती हो तो फिर उसे दो या तीन टुकड़ों में तोड़ दिया जाता है, यानी अलग-अलग पहलू से तीन पैकेज बना दिए जाते है। मगर फिल्म, क्रिकेट या क्राइम की ख़बर के मामले में इस तरह की शर्त लागू नहीं की जाती।

कोई भी घटना हो, अपने संवाददाता या उस घटना से जुड़े व्यक्ति से फोन पर बातचीत करवा दो, बस। ख़बर लिखने की भी ज़हमत नहीं उठानी पडती इसमें। एंकर को थोड़ी सी जानकारी देनी पड़ती है कि यह हुआ है और यह सवाल पूछ लो। एंकर अगर समझदार हुआ तो वह खुद ही सवाल पूछ लेगा। मगर ज़्यादातर एंकर ऐसा नहीं कर पाते, इसलिए उन्हें या तो टेलीप्राम्पटर पर सवाल लिखकर देने पड़ते हैं या फिर पीसीआर में मौजूद पैनल प्रोड्यूसर उसे कान में लगे इयरफोन पर सवाल बताता जाता है और वह पूछता जाता है।

मुंबई अंडरवर्ल्ड का सरगना दाउद इब्राहीम

उक्त खबरों की अवधि लगभग तीन मिनट है। आम तौर पर इतनी अवधि के पैकेज न्यूज़ चैनलों में अब नहीं चलते। ज़्यादातर चैनलों में एक से डेढ़ मिनट के ही पैकेज बनाने की ताकीद दी जाती है। इसके पीछे तर्क यह है कि लोग फटाफट ख़बरें देखना चाहते हैं। अगर उन्हें ख़बर ज़रा भी लंबी लगी तो वे फौरन चैनल बदल लेंगे। हाँ, अगर ख़बर महत्त्वपूर्ण हो और वह अधिक समय की माँग करती हो तो फिर उसे दो या तीन टुकड़ों में तोड़ दिया जाता है। यानी अलग-अलग पहलू से तीन पैकेज बना दिए जाते है। मगर फिल्म, क्रिकेट या क्राइम की ख़बर के मामले में इस तरह की शर्त लागू नहीं की जाती। वहाँ इनकी अवधि बढ़ाने की पूरी छूट होती है, बशर्ते वे मनोरंजक हों, ऊबाऊ न हों। एक नमूना देखिए :

(म्यूजिक के साथ एनिमेशन डालें)

वह अंडरवर्ल्ड की सबसे बड़ी कंपनी का आक़ा है। उसका नाम सुनकर मायानगरी की रंग़ों में सिहरन दौड़ जाती है, पिछले दो दशक से एड़ी चोटी का ज़ोर लगाने के बावजूद पुलिस उस पर शिकंजा नहीं कस पाई, लेकिन वही दाऊद आज अपने दुश्मनों से घिर गया है। अंडरवर्ल्ड का एक बड़ा हिस्सा दाऊद के खून का प्यासा है। जो कल दाऊद के गुर्गे थे, वे आज अपनी पिस्तौल में उसके नाम की गोलियाँ डाले घूम रहे हैं। अब इस शख़्स को ही देखिए। (ब्लैक प्लेट पर हेमंत पुजारी और दाऊद के स्टिल्स एक-एक कर लगाएँ और फिर फ़ायरिंग की आवाज)

विजुअल हटा लें

डॉन मेरा जॉनी दुश्मन

करूँगा दाऊद का ख़ून और कंपनी का सफ़ाया

चुन चुन कर मारूँगा दाऊद के गुर्गों को

हेमंत का स्टिल.....

जी हाँ, यह है हेमंत पुजारी, जिसने ललकारा है अंडरवर्ल्ड के सबसे बड़े डॉन को। हेमंत पुजारी इन दिनों मलेशिया में छुपा है, लेकिन वह वहीं से मुंबई में अंडरवर्ल्ड का कारोबार चला रहा है। इस चैनल के साथ एक्सक्लूसिव बातचीत में हेमंत पुजारी ने कहा कि उसका एक ही मक़सद है–दाऊद का ख़ात्मा।

फोनो.....दाऊद और उसके साथी मेरे पहले दुश्मन हैं और वे अब नहीं बचेंगे। उन्हें ढूँढ़कर मारेंगे।

हेमंत कभी छोटा राजन का दाहिना हाथ हुआ करता था, लेकिन बैंकाक में छोटा राजन

पर हमला होने के बाद दोनों का साथ छूट गया। बाद में हेमंत ने अंडरवर्ल्ड में अपनी अलग पहचान बनाई। लेकिन अब भी वह छोटा राजन को अपना बड़ा भाई मानता है। और दाऊद को साझा दुश्मन।

हेमंत पुजारी... भाई-भाई का नहीं जमता तो... दाऊद को मदद करने वाले उसके साथी। हेमंत पुजारी की तरह छोटा राजन का ख़ास गुर्गा रवि पुजारी भी दाऊद से ख़ार खाए बैठा है। खास बातचीत में रवि पुजारी ने कहा :

आवाज़ बदल कर

दाऊद और उसके भाई, उसके सारे गुर्गे दुश्मन हैं... और उसको जो भी मदद या कांटेक्ट करता है, उसके लिए काम करता है, उसको मैं ठीक कर दूँगा।

यानी निशाना सिर्फ दाऊद पर नहीं, पूरी डी कंपनी पर है। लेकिन डॉन को ख़तरा सिर्फ़ हेमंत या रवि पुजारी से नहीं है। उसके दुश्मन और भी हैं।

पीटीसी–(दरअसल अंडरवर्ल्ड से जब राजन अलग हुआ तो पूरी जुर्म की दुनिया दो तबकों में बँट गई। एक जो दाऊद को अपना बादशाह मानता था और दूसरा वह जो छोटा राजन को अपना बादशाह मानता था लेकिन एक बात साफ़ है कि दाउद की अपनी कंपनी को छोड़ कर बाक़ी सभी गैंगस्टर अंडरवर्ल्ड से दाऊद के एकछत्र शासन को ख़त्म कर देना चाहते हैं। कुल मिलाकर अंडरवर्ल्ड को एक नई दिशा देने की कोशिश की जा रही है। **(आजतक से साभार)**

चैनलों में सिमसेट का बहुत ज़्यादा महत्त्व होता है। इनमें ब्रेकिंग न्यूज़ की तरह एक चौंकाने वाला तत्त्व होता है जो न्यूज़ चैनलों की विशेषता होती है। सिमसेट चैनलों की ख़बरों को गति प्रदान करते हैं। न्यूज़ चैनलों में कई बार बस एक लाइन की ख़बर होती है और उसमें दृश्यों की उस तरह की कोई गुंज़ाइश भी नहीं होती, तब इस फार्मेट का इस्तेमाल किया जाता है।

12. फोनो

ख़बरों को जल्दी दिखाने या बताने का एक आसान ज़रिया है फोनो। कोई भी घटना हो, अपने संवाददाता या उस घटना से जुड़े व्यक्ति से फोन पर बातचीत करवा दो बस। ख़बर लिखने की भी ज़हमत नहीं उठानी पड़ती इसमें। एंकर को थोड़ी-सी जानकारी देनी पड़ती है कि यह हुआ है और यह सवाल पूछ लो। एंकर अगर समझदार हुआ तो वह खुद ही सवाल पूछ लेगा। मगर ज़्यादातर एंकर ऐसा नहीं कर पाते, इसलिए उन्हें या तो टेलीप्राम्पटर पर सवाल लिखकर देने पड़ते हैं या फिर पीसीआर में मौजूद पैनल प्रोड्यूसर उसे कान में लगे इयरफोन पर सवाल बताता जाता है और वह पूछता जाता है।

कई बार ये फोनो बहुत महत्त्वपूर्ण होते हैं। फोन पर बात करने वाले ऐसी बातें बोल जाते हैं जो बेहद विवादास्पद होती हैं और वे अपने आप में ही ख़बर बन जाती हैं। न्यूज़ चैनल उन लाइव फोनो को रिकॉर्डेड फोनो के तौर पर बार-बार चलाते हैं और फिर और लोगों से उस पर प्रतिक्रिया लेकर ख़बर को गरमाते जाते हैं।

किसी भी चैनल के लिए यह संभव नहीं होता कि देश या दुनिया भर में लाइव वीडियो कनेक्टिविटी रखे। न तो वह चप्पे-चप्पे पर वी सैट या लीज़्ड लाइन का बंदोबस्त कर सकता है और न ही उसकी ओबी वैन हर जगह मौजूद रह सकती है। ऐसे में फोनो एक प्रभावशाली विकल्प है, क्योंकि फोन की सुविधा तो आजकल सभी जगह मौजूद है। जहाँ फोन की सुविधा नहीं होती, मगर वे अत्यधिक महत्त्व वाली जगहें होती हैं तो चैनल सैटेलाइट फोन की मदद लेते हैं। कारगिल युद्ध और अफ़गानिस्तान पर अमेरिकी हमले के समय वहाँ गए भारतीय संवाददाताओं ने सैटेलाइट फोन से ही ख़बरें दी थीं।

समय होने पर आउटपुट फोनो का एक छोटा-सा इंट्रो लिखकर पीसीआर को भेज देता है। इसके अलावा फोनो प्लेट भी बनाकर देता है। इस प्लेट में ख़बर का संक्षिप्त शीर्षक, लोकेशन और संवाददाता का नाम एवं तस्वीर होती है। ये प्लेट दरअसल ग्राफिक टेम्पलेट ही होते हैं, जो सर्वर में मौजूद होते हैं और हमेशा उपलब्ध होते हैं।

फोनो और सिमसेट में केवल इतना फर्क होता है कि इसमें संवाददाता स्क्रीन पर बोलता हुआ नज़र आता है लेकिन इसकी विश्वसनीयता अधिक होती है, क्योंकि इससे यह साबित होता है कि संवाददाता घटनास्थल पर मौजूद है। फोनो के मामले में यह संदिग्ध होता है, क्योंकि दृश्य के अभाव में पता नहीं चलता कि वह सचमुच में कहाँ है, वहीं जहाँ बताया जा रहा है या कहीं और। दूसरे, जब संवाददाता खुद प्रकट होकर अपने हाव-भाव के साथ बोलता है तो वह और भी प्रभावशाली बन पड़ता है।

13. सिमसेट

सिमसेट भी ख़बरों को जल्दी बताने का एक आसान रास्ता है। कहीं भी कोई घटना घटी और उसके दृश्य आने में वक्त हो तो अपने संवाददाता को खड़ा कर दो और बस समाचार प्रवाह प्रारंभ हो जाता है। चैनलों में सिममेट का बहुत ज़्यादा महत्त्व है। इनमें ब्रेकिंग न्यूज़ की तरह एक चौंकाने वाला तत्त्व होता है जो न्यूज़ चैनलों की विशेषता होती है। सिमसेट चैनलों की ख़बरों को गति प्रदान करते हैं।

न्यूज़ चैनलों में कई बार बस एक लाइन की ख़बर होती है और उसमें दृश्यों की उस तरह की कोई गुंज़ाइश भी नहीं होती, तब इस फार्मेट का इस्तेमाल किया जाता है। मसलन, किसी संवाददाता को उसके सूत्रों से ख़बर मिलती है कि फलाँ मंत्री का इस्तीफ़ा होने वाला है। अब ऐसी ख़बरों की कोई अधिकारिक सूचना तो मिलती नहीं है, मगर है ख़बर दमदार। इस स्थिति में संवाददाता से कहा जाता है कि सिमसेट में सारी जानकरी दे दे। इसी तरह से ब्रेकिंग न्यूज़ के समय तुरंत दिखाने के लिए कुछ नहीं होता तो सिमसेट का सिलसिला शुरू कर दिया जाता है। मान लीजिए कि मुंबई में किसी फिल्म निर्माता की हत्या हो गई है और शक़ है कि इसमें अंडरवर्ल्ड का हाथ है। अब फौरन मुंबई संवाददाता से कहा जाएगा कि वह सिमसेट में घटना का विवरण देना शुरू कर दे। दिल्ली में भी न्यूज़ रूम में ही किसी संवाददाता को खड़ा करके सिमसेट लिया जाने लगता है। वह अंडरवर्ल्ड और फिल्मी दुनिया के संबंधों, धमकियों के सिलसिले और पिछले अपराधों के बारे में जानकारी देने लगता है। इस तरह चैनल उस

वक्त की सबसे अहम ख़बर पर टिकने का जुगाड़ कर लेता है जो कि दर्शकों को जोड़े रखने के लिहाज़ से उसके लिए बेहद ज़रूरी होता है।

सिमसेट का हिसाब-किताब बहुत सीधा है। संवाददाता एंकर द्वारा पूछे गए सवालों का जवाब देता जाता है और इस तरह से पूरी ख़बर दे देता है। फोनो और सिमसेट में केवल इतना फर्क होता है कि इसमें संवाददाता स्क्रीन पर बोलता हुआ नज़र आता है लेकिन इसकी विश्वसनीयता अधिक होती है, क्योंकि इससे ये साबित होता है कि संवाददाता घटनास्थल पर मौजूद है। फोनो के मामले में यह संदिग्ध होता है, क्योंकि दृश्य के अभाव में पता नहीं चलता कि वह सचमुच में कहाँ है, वहीं जहाँ बताया जा रहा है या कहीं और। दूसरे, जब संवाददाता खुद प्रकट होकर अपने हाव-भाव के साथ बोलता है तो वह और भी प्रभावशाली बन पड़ता है। हालाँकि इसका दूसरा पक्ष यह भी है कि अगर संवाददाता का स्क्रीन प्रजेंस प्रभावशाली न हुआ तो ख़बर का प्रभाव भी घट जाता है।

सिमसेट का इस्तेमाल बहुत ही व्यापक स्तर पर होता है। ये किसी भी विषय पर कभी भी किए जाते हैं। सानिया की रैकिंग उठी या गिरी तो खेल संवाददाता चालू हो जाएगा। शहर में अपराध की कोई वारदात हुई तो क्राइम रिपोर्टर सिमसेट के लिए तैयार हो जाएगा। मौसम में कोई बदलाव आ रहा है, सर्दी या गरमी घट-बढ़ रही है तो कोई भी मौसम भवन के सामने खड़ा होकर मौसम के हाल बताना शुरू कर देगा। राजनीति से लेकर फैशन शो तक हर जगह सिमसेट का इस्तेमाल होता है और खूब होता है। संवाददाताओं में भी सिमसेट को लेकर खूब होड़ चलती है।

सिमसेट को लेकर झगड़े भी होते हैं। संवाददाता शिकायत करते हैं कि सिमसेट उसका होना चाहिए था और लिया किसी और का गया। सिमसेट के मामले में अच्छा दिखने और अच्छा बोलने वालों को चैनलों में हमेशा अहमियत दी जाती है। कुछ तो ऐसे क्षेत्र तय हो गए हैं, जिनमें महिला संवाददाताओं को ही प्राथमिकता दी जाती है।

रिपोर्टर किसी भी घटना पर कोशिश करते हैं कि सिमसेट हो जाए क्योंकि इससे उन्हें स्क्रीन पर आने का मौका मिलता है। सिमसेट को लेकर झगड़े भी होते हैं। संवाददाता शिकायत करते हैं कि सिमसेट उसका होना चाहिए था और लिया किसी और का गया। सिमसेट के मामले में चैनल थोड़ा पक्षपाती इस अर्थ में होते हैं कि अगर मान लीजिए कि ख़बर सुनील लेकर आया है मगर वह अच्छा दिखता नहीं है या स्क्रीन पर ठीक ढंग से बोल नहीं पाता है तो उसकी जगह राकेश से कहा जाएगा कि सुनील से जानकारी लेकर वह सिमसेट दे दे। अच्छा दिखने और अच्छा बोलने वालों को चैनलों में हमेशा अहमियत दी जाती है। कुछ तो ऐसे क्षेत्र तय हो गए हैं, जिनमें महिला संवाददाताओं को ही प्राथमिकता दी जाती है, मसलन–फिल्म, फैशन, कला-संस्कृति और मनोरंजन। सिमसेट दो तरह के होते हैं :

सिमसेट के लिए हमेशा ज़रूरी नहीं है कि लाइव ही हों। कई बार ओबी या लीज्ड लाइन नहीं होती और ख़बर को सिमसेट के रूप में ही लिया जा सकता है। ऐसी सूरत में संवाददाता से कहा जाता है कि वह अपना सिमसेट रिकॉर्ड करके ले आए या भेज

दे। ऐसे सिमसेट में संवाददाता कैमरे के सामने खड़ा होकर उस ख़बर के बारे में विस्तृत जानकारी दे देता है। इस सिमसेट को रन डाउन में एक छोटे से एंकर इंट्रो के साथ डाल दिया जाता है। अगर इस रिकॉर्डेड सिमसेट को चैनल लाइव की तरह दिखाना चाहता है, तो एंकर से ऐसे प्रश्न करने के लिए कहा जाता है, मानो वह लाइव हो और फिर प्रश्न पूरा होने के बाद रिकॉर्डेड सिमसेट को प्ले कर दिया जाता है। जब ऐसा नहीं करना होता तो एंकर ईमानदारी के साथ कह देता है कि यह बातचीत हमने थोड़ी देर पहले रिकार्ड की थी। कई बार एक लाइव सिमसेट को बार-बार इस्तेमाल करने की ज़रूरत होती है, तो उस सूरत में वह सिमसेट भी रिकॉर्डेड ही हो जाता है।

14. टिकटेक

संवाददाता जब किसी भी व्यक्ति के साथ स्टूडियो के बाहर कोई संक्षिप्त बातचीत करता है तो उसे टिकटेक कहते हैं। यह बातचीत बाइट के रूप में नहीं बल्कि इंटरव्यू के तौर पर इस्तेमाल होती है। आम तौर पर इस तरह के इंटरव्यू या टिकटेक तभी इस्तेमाल किए जाते हैं, जब उसमें कोई ख़ास बात हो। यह ख़ास बात या तो कोई ख़ास व्यक्ति की वजह से हो सकती है या फिर उसमें कोई विशेष बात कही गई हो जो न्यूज़

के लिहाज़ से महत्त्वपूर्ण हो। उदाहरण के लिए किसी रिपोर्टर को कहीं अमिताभ बच्चन मिल जाएँ और वह उनसे छोटा-सा इंटरव्यू रिकॉर्ड करके ले आता है। अब अगर इस इंटरव्यू में अमिताभ कोई महत्त्वपूर्ण बात बोल देते हैं तो फिर वह बड़ी ख़बर बन जाएगी।

वाक थ्रू

जैसा कि नाम से ही ज़ाहिर है कि न्यूज़ के इस फार्मेट में संवाददाता घटनास्थल पर घूमते हुए, कुछ चीज़ें दिखाते हुए, कुछ लोगों से बात करते हुए घटना का ब्यौरा देता है। यह एक रेडीमेड चीज़ होती है, जिसके संपादन की ज़रूरत नहीं होती है और चैनल पर तुरंत चलाया जा सकता है। कोई महत्त्वपूर्ण घटना हो जाती है या कोई आयोजन होने जा रहा होता है तब वाक थ्रू का इस्तेमाल खूब किया जाता है। मसलन, कोई आयोजन है जिसमें राष्ट्रपति हिस्सा लेने जा रहे हैं। अब संवाददाता अपने वाक थ्रू में घूमते हुए बताएगा कि वहाँ उनके स्वागत की कैसी तैयारियाँ की गई हैं और सुरक्षा व्यवस्था को किस तरह से चाक-चौबंद बनाया गया है।

एक और मिसाल लेते हैं। एक जगह भीषण अग्निकांड हुआ है। आग बुझने के बाद घटनास्थल पर घूमते हुए संवाददाता बताता है कि सबसे पहले आग यहाँ से शुरू हुई

कोई महत्त्वपूर्ण घटना हो जाती है या कोई आयोजन होने जा रहा होता है तब वाक थ्रू का इस्तेमाल खूब किया जाता है। मसलन, कोई आयोजन है जिसमें राष्ट्रपति हिस्सा लेने जा रहे हैं। अब संवाददाता अपने वाक थ्रू में घूमते हुए बताएगा कि वहाँ उनके स्वागत की कैसी तैयारियाँ की गई हैं और सुरक्षा व्यवस्था को किस तरह से चाक-चौबंद बनाया गया है।

और फिर ऐसे बढ़ते हुए फैलती चली गई। लोगों ने बचने के लिए इस गेट से भागना चाहा मगर आग यहाँ इतनी फैल चुकी थी कि वे निकल नहीं सके। लोगों ने आग में फँसे हुए लोगों को उस तरफ से बचाने की कोशिश की और वे कुछ लोगों को बचाने में कामयाब भी हो गए, आदि-आदि।

15. इंटरव्यू

यों तो इंटरव्यू ख़बरों से ज़्यादा करेंट अफेयर्स के करीब माना जाता है, क्योंकि अमूमन यह पहले से योजना बनाकर किया जाता है। मगर ऐसा अक्सर होता है कि इंटरव्यू से कोई बड़ी ख़बर बन जाती है। कई लोगों के तो इंटरव्यू ही अपने आप में ख़बर होते हैं। सोनिया गाँधी बहुत कम इंटरव्यू देती हैं, इसलिए जब भी वह किसी चैनल या किसी पत्रकार को इंटरव्यू देती हैं तो वह बड़ी ख़बर होती है। संवाददाता ख़बर बनाने के लिए भी इंटरव्यू का रास्ता अख़्तियार करते हैं।

11

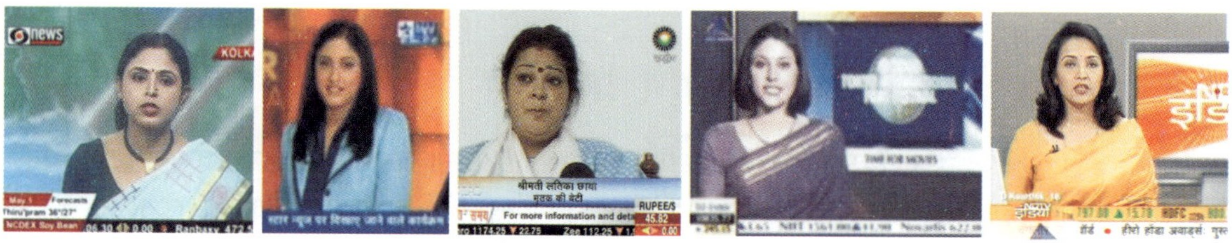

मीडिया का अंडरवर्ल्ड

लोकतंत्र में मीडिया की भूमिका को बहुत महत्त्व दिया गया है। उसे लोकतंत्र का चौथा खंभा तक कहा गया है। वह बाक़ी तीनों स्तंभों यानी विधायिका, कार्यपालिका और न्यायपालिका में चल रही गतिविधियों की सूचना भर नहीं देता, बल्कि उन पर नज़र रखने का काम भी करता है। ज़ाहिर है, मीडिया इस ज़िम्मेदारी का ईमानदार ढंग से निर्वाह तभी कर सकता है जबकि वह खुद ईमानदार रहे। समाचारों में किसी की नाजायज़ तरफ़दारी न करे, किसी दबाव या लालच में न आए और निर्भीकता के साथ सत्य के लिए लड़े।

मौजूदा संदर्भ में जब हम टीवी न्यूज़ में उक्त बातें तलाशते हैं तो ये विशुद्ध आदर्शवादी और हवाई लगती हैं, मानो इन पंक्तियों को किताबों के लिए गढ़ा गया हो और व्यवहार में इनका कोई उपयोग न हो! लेकिन इसका यह मतलब नहीं है कि इनका कोई अस्तित्व या आवश्यकता नहीं है। बल्कि आज सबसे ज़्यादा ज़रूरत इस बात की है कि पत्रकारिता को उन मूल्यों और उद्देश्यों से जोड़ा जाए जिनके लिए उसे जाना और माना जाता है। इनको परे रखकर पत्रकारिता अपनी विश्वसनीयता गँवा बैठेगी और ज़ाहिर है कि उसकी प्रतिष्ठा भी ख़त्म हो जाएगी। लेकिन पत्रकार यह तभी कर सकते हैं जबकि उन्हें पता हो कि मीडिया कहाँ-कहाँ पर भटक जाता है और कौन-कौन से ऐसे कारक हैं जिनकी वजह से वह निष्पक्ष और ईमानदार नहीं रह पाता। सर्वप्रथम तो किसी पत्रकार को यह समझ लेना चाहिए कि वे कौन-सी शक्तियाँ हैं जो मीडिया का या अगर हम टीवी न्यूज़ की बात कर रहे हैं तो टीवी न्यूज़ का चरित्र तय करती हैं या कर रही हैं।

टीवी न्यूज़ को सबसे पहले तो प्रभावित करता है उस चैनल या प्रोडक्शन हाउस का स्वामित्व, जिसके लिए वह बनाई जा रही है। स्वामित्व अपने हितों को ध्यान में रखकर तय करता है कि उसे क्या दिखाना है और कैसे दिखाना है। अब स्वामित्व चाहे निजी हाथों में हो या फिर सरकार के–ख़बरों पर उसका प्रभाव पड़ता ही पड़ता है।

सरकारी स्वामित्व में टीवी न्यूज़

याद कीजिए, आज से पन्द्रह-बीस साल पुराना ज़माना जब ख़बरों के लिए टीवी चैनल के रूप में दूरदर्शन ही होता था। हिंदुस्तान के तमाम टीवी दर्शक आठ से नौ बजे के बीच प्रसारित होने वाली न्यूज़ बुलेटिनों की प्रतीक्षा करते थे। इन ख़बरों की ज़बर्दस्त दर्शक संख्या होती थी। यहाँ तक कि ये मनोरंजन के कार्यक्रमों तक को पछाड़ देती थीं। सब जानते थे कि दूरदर्शन सरकारी भोंपू है। वह सरकार की पसंद की बात करता है और आलोचना को खा जाता है। मगर लोग फिर भी देखते थे, क्योंकि ख़बरें देखने के लिए कोई और विकल्प उनके पास नहीं था। सरकार विकल्प देना भी नहीं चाहती थी। वह तो चाहती थी कि लोग सत्यम् शिवम् सुंदरम् के दर्शन दूरदर्शन में ही करें और अपनी सरकार के बारे में सकारात्मक राय बनाएँ। दूरदर्शन में ऐसे ही अधिकारियों की नियुक्ति होती थी जो सरकार के एजेंडे को समझते हुए समाचार बनवाएँ और दिखाएँ। जो भी अधिकारी इस मामले में ज़रा भी चूक करता था, उसकी फ़ौरन छुट्टी हो जाती थी। बहरहाल, पूर्व प्रधान मंत्री इंदिरा गाँधी ने टेलीविज़न की इस ताक़त को पहचान लिया था। सन् 1964 में जब लाल बहादुर शास्त्री की सरकार में वे सूचना एवं प्रसारण

पूर्व प्रधानमंत्री इंदिरा गाँधी

कारगिल युद्ध के दौरान सत्तारूढ़ दल ने दूरदर्शन का इस्तेमाल अपनी लोकप्रियता बढ़ाने के लिए किया

मंत्री बनी थीं, तभी उन्होंने दूरदर्शन के ढाँचे में बदलाव और विस्तार का सिलसिला शुरू कर दिया था। फिर एशियाई खेलों के रंगीन प्रसारण और उससे मिली वाहवाही से उन्हें बढ़ावा मिला और उन्होंने हिंदुस्तान में टीवी के विस्तार की महत्वाकांक्षी योजना पर अमल शुरू कर दिया। उस समय हर दिन कहीं न कहीं टीवी ट्रांसमीटर का उद्‌घाटन होता था। इसका मक़सद लोगों को टेलीविज़न का प्रसारण उपलब्ध करवाकर खुश करना तो था ही मगर मुख्य लक्ष्य तो यही था कि सरकार की तथाकथित सफलताओं की कहानी कैसे उन तक पहुँचाई जाए और नाकामियों पर परदा कैसे डाला जाए। इंदिरा गाँधी दूरदर्शन का पूरी तरह से लाभ नहीं उठा पाईं, क्योंकि 1984 में ही उनकी हत्या कर दी गई। मगर माना जाता है कि उनकी हत्या के बाद जो ख़बरें दिखाई गईं और उनकी अंतिम यात्रा का जो लाइव प्रसारण किया गया, उसने सत्तारूढ़ दल के पक्ष में सहानुभूति लहर बनाने में महत्त्वपूर्ण भूमिका अदा की। दूरदर्शन का यह इस्तेमाल बाद की सरकारों ने भी जमकर किया। नरसिंह राव सरकार ने घोटालों की ख़बरों पर एक तरह से पाबंदी लगा दी थी। इसी तरह जब तहलका मामले का पर्दाफ़ाश हुआ तो दूरदर्शन वाजपेयी सरकार के बचाव में खड़ा हुआ। कारगिल के युद्ध के समय भी सरकार ने अपनी नाक़ामियाँ छिपाने और अपनी छवि के निर्माण के लिए इसका भरपूर प्रयोग किया। हालाँकि उसके पहले की सरकार ने प्रसार भारती का गठन कर दिया था मगर दूरदर्शन को स्वायत्त होने ही नहीं दिया गया।

पूर्व प्रधान मंत्री नरसिंह राव

नरसिंह राव सरकार ने घोटालों की ख़बरों पर एक तरह से पाबंदी लगा दी थी। इसी तरह जब तहलका मामले का पर्दाफ़ाश हुआ तो दूरदर्शन वाजपेयी सरकार के बचाव में खड़ा हुआ। कारगिल के युद्ध के समय भी सरकार ने अपनी नाक़ामियाँ छिपाने और अपनी छवि के निर्माण के लिए इसका भरपूर प्रयोग किया।

कहने का मतलब यह है कि दूरदर्शन के एकाधिकार के युग में टीवी ख़बरें सत्तारूढ़ दल के एजेंडे का अनुसरण करती थीं। मगर एकाधिकार के युग से निकलने के बाद दूरदर्शन को मुक्ति मिल गई हो ऐसा भी नहीं है। पहले के मुक़ाबले उसमें थोड़ा-सा खुलापन आना तो शुरू हुआ, मगर सूचना सेवा के अधिकारियों की मानसिकता सरकारी गुलामी में ढली हुई है और वे सरकार की सेवा को ही पब्लिक ब्राडकास्टिंग मानकर चलते हैं। इसलिए न सरकार दूरदर्शन को मुक्त करना चाहती है और अफ़सर तो ख़ैर उसकी इच्छा को ही सर्वोपरि मानकर चलते हैं। प्रसार भारती के गठन के बाद दूरदर्शन का कामकाज अब मुख्य कार्यकारी अधिकारी देखता है इसलिए मंत्री सीधे-सीधे दखल नहीं देते। इसके लिए उन्होंने दूसरे तरीके अपना लिए हैं। कुछ समय पहले सरकार ने ऐसे पत्रकारों को भी ऊँची तनख्वाह पर रखना शुरू कर दिया, जिनकी निष्ठा उनके और उनकी पार्टी के प्रति असंदिग्ध होती है। डीडी न्यूज़ चैनल की जब शुरूआत हुई तो उसकी कमांड ऐसे पत्रकार को सौंपी गई जिसके बारे में जगज़ाहिर है कि वह एक पार्टी विशेष में निष्ठा रखता है। इसके बाद जब दूसरी सरकार आई तो उसने उसे हटाया और ऐसे पत्रकारों को ले आई जो उसके प्रति निष्ठावान् माने जाते हैं।

नब्बे के दशक के पूर्वार्द्ध में निजी कंपनियों ने दूरदर्शन पर जब बुलेटिनों का प्रसारण शुरू किया तो वे सरकारी ख़बरों से थोड़ी भिन्न थीं। उनमें ज़्यादा खुलापन था।

निजी स्वामित्व वाले चैनलों में सबसे ज़्यादा तो ख़बरों को मालिक ही नियंत्रित करते हैं। चूँकि पूँजी लगाने वाले वे होते हैं और उनके पैसे से ही चैनल चलता है इसलिए यह आम तौर पर मानकर चला जाता है कि जो मालिक कहेगा वही होना है। अब यह मालिक पर निर्भर करता है कि उसका अपना चरित्र कैसा है और वह किन उद्देश्यों के लिए चैनल लाना चाहता है या चैनल चला रहा है।

हालाँकि वे भी दूरदर्शन के अधिकारियों द्वारा पूर्व परीक्षण के बाद दिखाई जाती थीं। ये अधिकारी बंद और मंद बुद्धि के होते थे और उनका एक ही काम था कि कैसे ख़बरों के पैनेपन को ख़त्म कर दिया जाए। वे सरकार की आलोचना की कोई भी गुंज़ाइश नहीं छोड़ना चाहते थे और यह भी उम्मीद करते थे कि उसके बचाव के लिए ये प्रोड्यूसर अतिरिक्त उत्साह दिखाएँ। ज़ाहिर है, कोई भी प्रोड्यूसर नहीं चाहता था कि उसकी बुलेटिन का प्रसारण बंद कर दिया जाए, इसलिए वे अच्छे बच्चों की तरह कहा मानते थे। ज़्यादातर प्रोड्यूसर तो और प्रोग्राम लेने के लिए पूरी तरह से बिछने के लिए भी तैयार बैठे रहते थे। हाँ, इतना ज़रूर है कि कुछ लोग बहस करके थोड़ी ज़्यादा स्वतंत्रता हासिल कर लेते थे और जो उनको अतिरिक्त विश्वसनीयता तथा लोकप्रियता दिला देती थी। लेकिन पूर्ण सत्य यही था कि ख़बरें न तो स्वतंत्र थीं और न ही निष्पक्ष।

निजी स्वामित्व में टीवी ख़बरें

सरकारी स्वामित्व वाले टीवी चैनल यानी दूरदर्शन को अक्सर कोसा जाता है कि वह स्वतंत्र नहीं है और सरकारी भोंपू है, मगर निजी स्वामित्व में चलने वाले चैनलों की स्थिति उससे बेहतर हो, ऐसा नहीं है। वे भी किसी न किसी के भोंपू ही होते हैं। फ़र्क यह होता है कि उनको नियंत्रित करने वाले अक्सर अदृश्य होते हैं, आम लोगों को दिखाई नहीं देते।

निजी स्वामित्व वाले चैनलों में सबसे ज़्यादा तो ख़बरों को मालिक ही नियंत्रित करते हैं। चूँकि पूँजी लगाने वाले वे होते हैं और उनके पैसे से ही चैनल चलता है इसलिए ये आम तौर पर मानकर चला जाता है कि जो मालिक कहेगा, वही होना है। अब यह मालिक पर निर्भर करता है कि उसका अपना चरित्र कैसा है और वह किन उद्देश्यों के लिए चैनल लाना चाहता है या चैनल चला रहा है।

टीवी टुडे के सर्वेसर्वा : अरुण पुरी

निजी क्षेत्र में चलने वाले न्यूज़ चैनलों को मोटे तौर पर तीन श्रेणियों में बाँटा जा सकता है : पहले तो वे हैं जो राजनीति के लिए न्यूज़ चैनलों का इस्तेमाल करना चाहते हैं। चैनल के ज़रिए वे अपना और अपनी पार्टी की छवि का निर्माण करते हैं, ताकि चुनाव वगैरह में उसका लाभ मिले। इसके लिए जहाँ वे अपनी उपलब्धियों को बढ़ा-चढ़ाकर पेश करने वाली ख़बरें और कार्यक्रमों का प्रसारण करवाते हैं, वहीं दूसरे नेताओं और पार्टियों को बदनाम करने की हद तक अभियान चलाने से भी नहीं हिचकते। ऐसे में सोचा जा सकता है कि ख़बरों की निष्पक्षता का जनाज़ा किस तरह से निकलता होगा।

दूसरी श्रेणी में वे व्यापारी और उद्योगपति आते हैं जो अपने विभिन्न उद्योग-धंधों के लिए न्यूज़ चैनलों का सुरक्षा कवच खड़ा करना चाहते हैं। सब जानते हैं कि व्यापारी

और उद्योगपति किस तरह की हेराफ़ेरी और गोलमाल करते हैं और इनकी वजह से उन पर हमेशा ख़तरा मँडराता रहता है कि कब कहाँ वे धर लिए जाएँ। चैनल की छतरी होने से जल्दी किसी की हिम्मत नहीं पड़ती, क्योंकि तब चैनल मीडिया की स्वतंत्रता का झंडा बुलंद करके अपने पक्ष में माहौल बनाने के लिए काम कर सकता है।

ज़ी टेलीफिल्म के प्रमुख सुभाष चंद्रा

उद्योगपतियों और व्यापारियों का यह वर्ग अपने उद्योग-धंधों के हित में नीतियाँ बनवाने या काम करवाने के लिए सरकार पर दबाव बनाने के लिए भी ख़बरों और चैनलों का इस्तेमाल करता है। सरकार जानती है कि जनमत के निर्माण में इनकी अच्छी-ख़ासी भूमिका होती है, इसलिए वह इनकी ज़रूरतों का ख्याल रखने को विवश होती है। इसके अलावा सरकार में ऐसे बहुत से काम होते हैं जिनको वह ढँका-छिपा के रखना चाहती है और इसमें मीडिया का सहयोग लाज़िमी होता है। लिहाज़ा वह उसे विभिन्न तरीकों से खुश रखने के जतन करती रहती है। स्पष्ट है कि शासक वर्ग और व्यापारी वर्ग में एक तरह की आपसी समझ बन जाती है, जिसमें ख़बरें हर तरह से प्रभावित होती हैं। अगर यह समझ नहीं बनती तब भी ख़बरें पक्षपातपूर्ण हो जाती हैं, क्योंकि तब नाराज़ चैनलपति खबरों को सरकार विरोधी रुख़ देने लगते हैं। कई बार तो वे एक तरह का अभियान ही छेड़ देते हैं और तब तक जारी रखते हैं जब तक कि सरकार उनसे समझौता करने के लिए तैयार नहीं हो जातीं। अगर इस दौरान सरकार उस चैनल या मीडिया प्रतिष्ठान के खिलाफ कोई कार्रवाई करेगी तो मामला प्रेस की स्वतंत्रता का भी बनाया जा सकता है।

इंडिया टीवी के प्रमुख : रजत शर्मा

सीएनएन-आईबीएन के प्रधान संपादक राजदीप सरदेसाई

स्वामियों का तीसरा वर्ग है जो मीडिया या टीवी की ख़बरों को विशुद्ध रूप से एक व्यवसाय के तौर पर देखता है। उसके लिए किसी भी मूल्य या सरोकार की कोई अहमियत नहीं होती। उसका एक ही उद्देश्य होता है और वह यह कि कैसे ज़्यादा से ज़्यादा मुनाफ़ा कमाया जाए। इसके लिए वह हर हथकंडा अपनाता है। ज़रूरत पड़ने पर वह सरकार का भोंपू बन सकता है और अगर मुनाफ़े की माँग हुई कि विपक्ष के साथ बगावत का झंडा बुलंद करना है तो वह यह भी करेगा। इनकी नीति में न सत्य के लिए जगह होती है और न ही निष्पक्षता के लिए। वे एक-एक ख़बर की कीमत वसूलने में लगे रहते हैं। उनका एक ही लक्ष्य होता है कि कैसे चैनल को अच्छी टीआरपी हासिल हो। इसके लिए वे क्राइम को महिमामंडित कर सकते हैं, किसी के बेडरूम की तस्वीरें दिखा सकते हैं, अंधविश्वास के छप्पन भोज परोस सकते हैं, तमाम महत्त्वपूर्ण ख़बरों को दरकिनार करके घंटों हलकी-फुलकी चटखारेदार ख़बरें और फिल्मी गपशप दिखा सकते हैं। सब कुछ इसी कसौटी पर तौला जाता है कि

फलाँ ख़बर से या प्रोग्राम से कितनी टीआरपी मिली और वह चैनल किस नंबर पर है।

उक्त तमाम तरह के स्वामित्व में चैनलों को चलाने के लिए ख़बरों की जो नीति निर्धारित की जाती है उसमें प्रत्यक्ष या प्रछन्न तौर पर निहित होता है कि उनके हितों की रक्षा कैसे की जानी है। इसके बाद पत्रकारों के पास इसके अलावा कोई चारा नहीं रह जाता कि वे ऊपर से मिली इस लाइन पर ही काम करें, क्योंकि ऐसा न करने पर उसके लिए चैनल में जगह ही नहीं रह जाएगी।

अगर न्यूज़ चैनलों में काम करने वाले पत्रकारों के बीच जनमत संग्रह किया जाए तो यही राय सामने आएगी कि ख़बरें वे नहीं बना रहे, बाज़ार उनसे बनवा रहा है। बाज़ार सबसे बड़ी संपादकीय शक्ति बन गया है, वह एक तरह से पत्रकारिता का नियामक बन बैठा है। पत्रकारों को ख़बरें तय करने से लेकर उन्हें शूट करने, लिखने और संपादन करके दिखाने तक यह ध्यान में रखना पड़ता है कि उनके लिए बाज़ार कैसा है। इसीलिए हम पाते हैं कि महत्वपूर्ण ख़बरें हाशिए पर होती हैं और हल्की-फुल्की चटखारेदार ख़बरें दिन-दिन भर चैनलों पर चलती रहती हैं।

टीवी ख़बरों पर बाज़ार का दबाव

आज के संदर्भ में ख़बरों में आ रही विकृतियों की चर्चा जब भी की जाती है तो यह शिद्दत से महसूस की जाती है कि बाज़ार का दबाव इसके लिए सबसे ज़्यादा दोषी है। उसने ख़बरों का वस्तुकरण कर दिया है और वे केवल उपभोग की चीज बनकर रह गई हैं। बाज़ार ने ख़बरों से न केवल समाचार का तत्त्व निकाल फेंका है, बल्कि उनकी सामाजिक उपयोगिता को ही संदिग्ध बना दिया है।

ऐसा नहीं था कि पहले बाज़ार नहीं था और ख़बरों और चैनलों पर बाज़ार का कोई असर ही नहीं था। मगर यह इतना नहीं था कि ख़बरें अपनी गरिमा और औचित्य ही खो बैठें। अगर न्यूज़ चैनलों में काम करने वाले पत्रकारों के बीच जनमत संग्रह किया जाए तो यही राय सामने आएगी कि ख़बरें वे नहीं बना रहे, बाज़ार उनसे बनवा रहा है। बाज़ार सबसे बड़ी संपादकीय शक्ति बन गया है, वह एक तरह से पत्रकारिता का नियामक बन बैठा है। पत्रकारों को ख़बरें तय करने से लेकर उन्हें शूट करने, लिखने और संपादन करके दिखाने तक यह ध्यान में रखना पड़ता है कि उनके लिए बाज़ार कैसा है। इसीलिए हम पाते हैं कि महत्त्वपूर्ण ख़बरें हाशिए पर होती हैं और हलकी-फुलकी चटखारेदार ख़बरें दिन-दिन भर चैनलों पर चलती रहती हैं। ज़ाहिर है कि हर स्तर पर ख़बरों के साथ खिलवाड़ होता है। उनमें से गंभीर व महत्त्वपूर्ण तत्त्व निकाल दिए जाते हैं और मनोरंजन की चाशनी चढ़ा दी जाती है। इस प्रक्रिया में ख़बरें किसी भी तरह से तोड़ी-मरोड़ी जा सकती हैं। उन्हें वह रूप भी दिया जा सकता है जो वे असल में होती नहीं हैं। किसी ऐसे बिंदु को इतना ज़्यादा उभारा जा सकता है कि ख़बर में मौजूद दूसरी महत्त्वपूर्ण बातें गौण हो जाएँ। उन्हें सनसनीख़ेज बनाया जाता है ताकि दर्शक चैनल की तरफ आकर्षित हो। ख़बरों को पेश करने के ढंग में नाटकीयता लाई जाती है। उन जानकारियों और दृश्यों को बार-बार दोहराया जाता है, जिनसे दर्शक देखने को लालायित हों। ख़बरों को चाट-पकौड़ी बना दिया जाता है, ताकि लोगों की देखते ही

लार टपकने लगे और वे बार-बार उसे देखना चाहें।

बाज़ार के प्रभाव की जब बात की जाती है तो बहुत से लोग समझ नहीं पाते कि आख़िर यह काम कैसे करता है। बाज़ार कोई व्यक्ति नहीं है और न ही उसकी कोई प्रकट सत्ता है। वह एक अदृश्य ताक़त की तरह काम करती है। वह नज़र नहीं आती इसलिए आम लोगों के लिए इसे समझना भी मुश्किल हो जाता है। आइए, इसे थोड़ा करीब से देखते हैं।

बाज़ार के काम करने का ढंग

न्यूज़ या न्यूज़ चैनलों में बाज़ार का दबाव चैनल शुरू होने के पहले से ही शुरू हो जाता है। कोई भी चैनल शुरू करने से पहले मार्केट सर्वे करवाता है या नहीं करवाता है तो

यह आँकने की कोशिश करता है कि ऐसी कौन-सी ख़बरें दिखाएँ जिन्हें दर्शक तो देखें ही मगर विज्ञापनदाताओं की मेहरबानी उन पर सबसे पहले हो।

इस क्रम में सबसे पहले सवाल उठता है कि टारगेट वीवरशिप (लक्षित दर्शक) क्या होगी। इस दर्शक वर्ग का चयन इस आधार पर होता है कि उसकी आर्थिक स्थिति क्या है, उसकी क्रय शक्ति क्या है। विज्ञापनदाताओं की दिलचस्पी उन्हीं दर्शकों तक पहुँचने में होगी जो उनके प्रोडक्ट को खरीद सकें। ऐसे में चैनल लाने वाले के लिए यह ज़रूरी हो जाता है कि वह एक ऐसे दर्शक वर्ग का चुनाव करे जो आर्थिक रूप से सक्षम हो और संख्या बल में भी बड़ा हो। यही वजह है कि हिंदुस्तान में ज़्यादातर न्यूज़ चैनल मध्यवर्ग को टारगेट करते हैं। भारत में मध्यवर्गीय लोगों की तादाद बीस करोड़ के आसपास है।

भारत का मध्यवर्ग इस समय विलासिताप्रिय हो गया है, उसे सिनेमा, सेक्स, हिंसा, सनसनी और क्रिकेट में आनन्द आता है तो न्यूज़ चैनलों में वही छाया रहता है। इस वर्ग को राजनीति चाहे वह अच्छी हो या बुरी, पसंद नहीं है तो वह चैनलों से गायब हो जाती है। उसे गोरे-चिट्टे, ख़ूबसूरत चेहरे अच्छे लगते हैं इसलिए असुंदर चेहरों से परहेज़ किया जाता है। ग़रीबी, बेरोज़गारी, शोषण, दमन, ग़ैर बराबरी और सामाजिक सरोकारों से इस वर्ग का कोई नाता नहीं रह गया है, इसलिए ये सारे मसले चैनलों में हाशिए पर चले गए हैं।

टारगेट वीवरशिप या दर्शक वर्ग सुनिश्चित करने के साथ ही यह भी तय हो जाता है कि आपको ऐसी ख़बरें दिखानी है जो कि इस वर्ग की ज़रूरतों और रुचियों के अनूकुल हों। अब अगर भारत का मध्यवर्ग इस समय विलासिताप्रिय हो गया है, उसे सिनेमा, सेक्स, हिंसा, सनसनी और क्रिकेट में आनन्द आता है तो न्यूज़ चैनलों में वही छाया रहता है। इस वर्ग को राजनीति चाहे वह अच्छी हो या बुरी, पसंद नहीं है तो वह चैनलों से गायब हो जाती है। उसे गोरे-चिट्टे, ख़ूबसूरत चेहरे अच्छे लगते हैं इसलिए असुंदर चेहरों से परहेज़ किया जाता है। ग़रीबी, बेरोज़गारी, शोषण, दमन, ग़ैर बराबरी और सामाजिक सरोकारों से इस वर्ग का कोई नाता नहीं रह गया है, इसलिए ये सारे मसले चैनलों में हाशिए पर चले गए हैं। हाँ, कभी-कभार दिल दहलाने वाले हादसे हो जाते हैं या विचलित करने वाले आँकड़े आ जाते हैं तो उनकी उपेक्षा वे नहीं कर पाते, मगर उन्हें क्रिकेट या फिल्म की ख़बरों की तरह दिन-दिन भर फिर भी नहीं खींचा जाता।

न्यूज़ चैनलों का अंदरूनी ढाँचा उपरोक्त ज़रूरतों के अनुरूप बन गया है। चैनलों में कंटेंट हालाँकि पत्रकार तैयार करते हैं मगर लाइन आती है मार्केटिंग विभाग से। वे बताते हैं कि क्या बिकेगा और क्या नहीं। जो वह बेच सकता है वही आपको तैयार करना होता है। अगर आपने कुछ बनाया और वह बिका नहीं तो नाक़ामी आपके सिर पर लादी जाएगी। ऐसे में कोई जोखिम नहीं लेना चाहता। सब ऐसे कार्यक्रम या ख़बरें सोचते हैं जो मार्केटिंग विभाग को पसंद आएँ। इसी आधार पर मार्केटिंग ही तय करवा देगा कि कौन पत्रकार अच्छा है और उसे कितनी ज़िम्मेदारी दी जा सकती है।

कहने का मतलब यह है कि मार्केटिंग और सेल्स विभाग की सत्ता सर्वोच्च हो गई है और वह सर्वशक्तिमान है। एक तरह से यही विभाग संपादकीय सामग्री को कंट्रोल करता है। संपादक की भूमिका मार्केटिंग की माँगों को पूरा करना भर होता है। जो

जितना पूरा कर सकता है वह उतना सफल संपादक माना जाता है।

मार्केटिंग विभाग के लोग आम तौर पर उच्च मध्यवर्ग के होते हैं और उनके अपने पूर्व निर्धारित और निश्चित विचार होते हैं। वह फौरन बता देगा कि यह डाउनमार्केट है और ये अपमार्केट। जो डाउनमार्केट है, उसे नहीं लेना है। और डाउनमार्केट आम तौर पर होता क्या है? डाउनमार्केट वह होता है, जिसमें संपन्नता की चमक-दमक नहीं होती, जिसका संबंध संपन्न वर्ग से नहीं होता, जिसमें दिखने और बोलने वाले खबूसूरत नहीं होते, जिसमें संपन्न वर्ग का मन-बहलाव नहीं होता। हिंदी डाउनमार्केट है और हिंग्लिश तथा अंग्रेज़ी अपमार्केट। गाँव और कस्बेवाले डाउनमार्केट और शहरों में रहने वाले अपमार्केट। सरकारी स्कूलों में पढ़ने वाले उसके हिसाब से डाउनमार्केट होते हैं और पब्लिक स्कूलों के छात्र अपमार्केट। इस तरह वे समाचारों का दायरा बाँध देते हैं और संपादकीय कर्मियों से उस दायरे के अंदर सोचने और काम करने की अपेक्षा रखते हैं। संपादकीय सामग्री को और भी कई तरह से प्रभावित करता है। अपने क्लाइंट को खुश करने के लिए वह संपादकीय विभाग से पॉजिटिव (सकारात्मक) रिपोर्ट करने के लिए दबाव डालता है। किसी कंपनी का आईपीओ आना होता है तो विभिन्न चैनलों में उसके पक्ष में रिपोर्ट आनी शुरू हो जाती हैं। कोई प्रोडक्ट लांच होना होता है और उसके बारे में चैनल चर्चा शुरू कर देते हैं। लांच हो जाता है तो गुणों का बखान करने लगते हैं और अवगुणों की बात करने से कन्नी काट जाते हैं। बिज़नेस समाचारों में तो यह खूब होता है। कंपनियाँ बिज़नेस रिपोर्टरों की ख़ातिरदारी तो करती ही हैं, विज्ञापनों के वादे भी पहले से ही हो जाते हैं। बिज़नेस चैनलों की संपादकीय सामग्री के बारे में तो यहाँ तक कहा जाता है कि उनकी पचास से अस्सी फ़ीसदी सामग्री प्रायोजित होती है। कंपनियों और उनके मालिकों पर किए जाने वाले तमाम कार्यक्रमों के लिए शुल्क लिया जाता है।

बिकी हुई ख़बरों का यह सिलसिला केवल बिज़नेस के क्षेत्र तक ही सीमित हो, ऐसा नहीं है। अब तो चैनलों ने नेताओं से पैसे लेकर उनके पक्ष में ख़बरें और कार्यक्रम करने शुरू कर दिए हैं। कुछ चैनल तो नेताओं के पैसों पर ही आश्रित हैं और उनका ख़ास खयाल रखते हैं। मगर कुछ चैनलों ने धन उगाही का दूसरा रास्ता भी ढूँढ़ निकाला है। ये चैनल बाकायदा कवरेज़ के रेट तय कर लेते हैं। अगर किसी नेता को कोई पब्लिक मीटिंग या आयोजन लाइव करवाना है तो वह भी हो जाएगा बशर्ते उसकी फीस देने को वह तैयार हो जाए। चुनाव के दौरान तो यह धंधा और भी ज़ोरदार ढंग से चलता है। यह सारा काम मार्केटिंग विभाग और जुगारू पत्रकार करते हैं।

अब तो चैनलों ने नेताओं से पैसे लेकर उनके पक्ष में ख़बरें और कार्यक्रम करने शुरू कर दिए हैं। कुछ चैनल तो नेताओं के पैसों पर ही आश्रित हैं और उनका ख़ास खयाल रखते हैं। मगर कुछ चैनलों ने धन उगाही का दूसरा रास्ता भी ढूँढ़ निकाला है। ये चैनल बाकायदा कवरेज़ के रेट तय कर लेते हैं। अगर किसी नेता को कोई पब्लिक मीटिंग या आयोजन लाइव करवाना है तो वह भी हो जाएगा बशर्ते उसकी फीस देने को वह तैयार हो जाए। चुनाव के दौरान तो यह धंधा और भी ज़ोरदार ढंग से चलता है।

बाज़ार मार्केटिंग विभाग की तरफ़ से अगर सीधे हस्तक्षेप करता है तो परोक्ष रूप से भी ख़बरों को अपने हिसाब से चलाने की कोशिश करता है। दरअसल विज्ञापनदाता को

ज़रूरत होती है ऐसे चैनलों की जो उनके प्रोडक्ट की खूबियाँ ज़्यादा से ज़्यादा दर्शकों तक ले जाएँ। इसलिए वह चैनलों को लोकप्रियता के लिए धकेलता है और यह काम वह चैनलों की आपसी प्रतिस्पर्धा के ज़रिए करता है। यहीं पर टीआरपी (टेलीविज़न रेटिंग पाइंट) का खेल शुरू होता है। न्यूज़ चैनलों की संपादकीय सामग्री के पतन का एक बड़ा कारण यही माना जाता है।

अव्वल तो चैनल मालिकों को खुश रखना होता है और इसके लिए ज़रूरी होता है कि वह उनकी ज़रूरतों का ख्याल रखे। उनके दूसरे धंधों या हितों के हिसाब से रियायतें दे। अगर चैनल मालिकों को उसने पटा लिया तो फिर चैनल की नीति अपने आप उसकी ज़रूरतों के हिसाब से ढल जाती है। कई बार मालिकों की ऐसी माँगें होती हैं, जिन्हें पूरा करना सरकार के बस में नहीं होता या वह उन्हें पूरा नहीं करना चाहती, तब वह हाथ मरोड़ने का काम करती है। इसके लिए वह चैनल मालिकों के दूसरे धंधों को निशाना बनाती है।

एक मार्केटिंग एजेंसी हर हफ़्ते टीआरपी के आँकड़े जारी करती है, जिनसे पता चलता है कि कौन-सा चैनल किस नंबर पर है। ये आँकड़े बहुत विविध और विस्तृत होते हैं। हर शुक्रवार जारी होने वाले इन आँकड़ों से पता चलता है कि पूरे हफ़्ते के दौरान हर आधे घंटे में चैनलों की स्थिति क्या है। ये आँकड़े उम्र और लिंग के हिसाब से भी दिए जाते हैं। इनसे टॉप हंड्रेड कार्यक्रमों की जानकारी मिलती है। अब सारे चैनल इन आँकड़ों को ध्यान में रखकर अपनी रणनीति बनाते रहते हैं कि क्या करें कि टीआरपी बढ़े। इस तरह यह टीआरपी दबाव बनाती है कि चैनल ज़्यादा से ज़्यादा लोक-लुभावन कार्यक्रम बनाएँ और ख़बरें दिखाएँ। ऐसे में होता यह है कि गंभीर और महत्त्वपूर्ण ख़बरें छाँट दी जाती हैं, क्योंकि उनके दर्शकों की संख्या कम होती है।

यह हम जानते हैं कि विज्ञापन किसी भी चैनल के लिए रक्त की तरह काम करते हैं, क्योंकि उनसे होने वाली आय से ही चैनल के खर्चे चलते हैं। विज्ञापनों के बिना इनका काम नहीं चल सकता। मगर होता यह है कि विज्ञापनदाता ही चैनल की संपादकीय सामग्री के भाग्यविधाता बन जाते हैं और यह पूरी प्रक्रिया मीडिया की भूमिका के साथ खिलवाड़ करने लगती है। चैनल मालिक अधिक मुनाफ़ा कमाने के चक्कर में पत्रकारिता के लक्ष्यों से समझौता कर लेते हैं। कहीं कोई संतुलन नहीं रह जाता।

सरकारी दबाव और प्रलोभन

ऊपर हमने सरकारी माध्यमों की बात की थी कि किस तरह से उनमें ख़बरें नियंत्रित और विकृत की जाती हैं। लेकिन जो चैनल उसके नियंत्रण में नहीं होते, वह उनको कैसे नियंत्रित या प्रभावित करे? दूसरे चैनलों को अपनी नीतियों और कार्यक्रमों के अनुकूल बनाने के लिए उसे ख़ासी मशक्कत करनी पड़ती है। अव्वल तो चैनल मालिकों को खुश रखना होता है और इसके लिए ज़रूरी होता है कि वह उनकी ज़रूरतों का खयाल रखे। उनके दूसरे धंधों या हितों के हिसाब से रियायतें दे। अगर चैनल मालिकों को उसने पटा लिया तो फिर चैनल की नीति अपने आप

उसकी ज़रूरतों के हिसाब से ढल जाती है। कई बार मालिकों की ऐसी माँगें होती हैं, जिन्हें पूरा करना सरकार के बस में नहीं होता या वह उन्हें पूरा नहीं करना चाहती, तब वह हाथ मरोड़ने का काम करती है। इसके लिए वह चैनल मालिकों के दूसरे धंधों को निशाना बनाती है। सरकार के हाथ में विज्ञापनों को न देने का दंड भी होता है। पब्लिक सेक्टर के संस्थान बड़े स्तर पर विज्ञापन देते हैं। सोचिए अगर किसी चैनल को उनसे वंचित कर दिया जाए तो चैनलों को कितना नुकसान हो सकता है, यानी सरकारें साम-दाम-दंड-भेद– सारे अस्त्र-शस्त्र इस्तेमाल करती हैं।

चैनल मालिकों के अलावा पत्रकारों को पटाना भी आवश्यक होता है। इसके लिए उसके तरकश में प्रलोभन के तीर होते हैं। वह मंत्रियों और प्रधानमंत्री की देश-विदेश की यात्राओं में साथ जाने और मौज़-मज़े करने के अवसर मुहैया कराती है। यह सरकार के हाथ में होता है कि वह किस पत्रकार को भेजे या न भेजे। जो लोग भेजे जाते हैं उनसे अपेक्षा की जाती है कि वे उन यात्राओं को सफल बताएँगे और नेताओं की भूरि-भूरि प्रशंसा भी करेंगे। जो लोग नहीं करते, उनके लिए आगे के रास्ते बंद हो जाते हैं। विदेश मंत्रालय तो पूरी तरह से इसी लाइन पर काम करता है।

सेना का जन संपर्क विभाग तो यह मानकर ही चलता है कि पत्रकार सेना के बारे में हमेशा अच्छी-अच्छी बातें ही लिखेंगे। उनके हिसाब से जो पत्रकार सेना के बारे में नकारात्मक ख़बरें लिखते हैं, वे देशद्रोही ही होते हैं। उनकी इंट्री बंद कर दी जाती है और उन्हें ख़बरें मिलनी भी बंद हो जाती हैं।

राज्य स्तर पर भी सरकारें मीडिया संस्थानों और पत्रकारों को उपकृत करने या दंड देने का खेल खेलती हैं। पत्रकारों को पैसे, उपहार और मकान आदि की सुविधाएँ दी जाती हैं तो उनके चैनलों को विज्ञापन और चैनल मालिकों के हितों के अनुरूप नीतियों का निर्माण भी कर दिया जाता है।

पत्रकारों का महत्त्व केवल ख़बरें दिखाने के लिहाज़ से ही नहीं होता, बल्कि ख़बरें न दिखाएँ या ख़बरों को दबा दें, इसकी वजह से भी उनकी पूछ होती है। खोजी ख़बरों और स्टिंग ऑपरेशन से जुड़ी ख़बरों के साथ तो ऐसा बहुत होता है। आप स्क्रीन पर वे ख़बरें देख पाते हैं जो कि दिखाई जा रही हैं। उन ख़बरों के बारे में कौन जानता है, जो की गई मगर दबाव में या फिर लेनदेन के बाद दफ़ना दी गई। ज़ाहिर है कि असुविधाजनक ख़बरें न बनने पाएँ, इसके लिए ज़रूरी है कि पत्रकार खुश रहें।

पत्रकारों की भूमिका

यह ठीक है कि चैनलों का स्वामित्व और बाज़ार के दबाव बहुत कुछ तय कर देते हैं मगर पत्रकारों के हाथों में भी ख़बरों को आकार देने की बहुत बड़ी ताक़त होती है। वे तंग दायरे में रहकर भी बहुत कुछ कर सकते हैं। उन्हें ख़बरों को हलका-सा घुमाव देना होता है, बस। इसमें उन्हें महारत हासिल होती है; या वे अगर चाहें तो अपेक्षा के अनुरूप किसी चीज़ का ज़ोरदार ढंग से महिमामंडन करने के बजाय उसे तटस्थ भाव से प्रस्तुत कर दें तब भी बात बनती नहीं।

पत्रकारों का महत्त्व केवल ख़बरें दिखाने के लिहाज़ से ही नहीं होता, बल्कि ख़बरें न दिखाएँ या ख़बरों को दबा दें, इसकी वजह से भी उनकी पूछ होती है। खोजी ख़बरों और स्टिंग ऑपरेशन से जुड़ी ख़बरों के साथ तो ऐसा बहुत होता है। आप स्क्रीन पर वे ख़बरें देख पाते हैं जो कि दिखाई जा रही हैं। उन ख़बरों के बारे में कौन जानता है, जो की गईं मगर दबाव में या फिर लेनदेन के बाद दफ़ना दी गईं। ज़ाहिर है कि असुविधाजनक ख़बरें न बनने पाएँ, इसके लिए ज़रूरी है कि पत्रकार खुश रहें। उनकी इस ताक़त को वे लोग बखूबी जानते हैं जो अपने हिसाब से ख़बरों को प्रभावित करना चाहते हैं। इसलिए सरकारें और निजी प्रतिष्ठान दोनों, चैनल मालिकों को साधने के साथ-साथ पत्रकारों को भी खुश रखने के उपाय करते रहते हैं।

ऊँचे स्तर पर जहाँ सरकारें, मंत्री और नेता पत्रकारों को सीधे धन देकर संतुष्ट रखने की कोशिश करते हैं, वहीं उन्हें अपने पक्ष में रखने के दूसरे हथकंडे भी वे अपनाते हैं। उन्हें ऐसे काम दिए जाते हैं, जिनमें बहुत कम मेहनत हो और मेहनताना ज़्यादा। अन्य तरह की सुविधाओं की चर्चा हम कर ही चुके हैं। कुछ समय पहले उत्तरप्रदेश में पत्रकारों की सूची जारी की गई थी, जिसमें सरकार से पैसा लेने वाले बड़े-बड़े पत्रकारों के नाम शामिल थे।

बहुत से पत्रकार राजनीति में आने और राज्यसभा आदि की सदस्यता पाने के लिए पत्रकारिता को सीढ़ी की तरह इस्तेमाल करते हैं। इसके लिए वे राजनीतिक फ़ायदे को ध्यान में रखकर ख़बरें बनाते हैं। ऐसे बहुत सारे पत्रकारों के नाम लिए जा सकते हैं जिन्होंने पत्रकारिता में किसी पार्टी विशेष का बहुत ख्याल रखा और फिर केंद्र में मंत्री पद तक की शोभा पढ़ाई। हालाँकि अभी तक प्रिंट से जुडे पत्रकारों ने ही ये उपलब्धियाँ हासिल की हैं मगर वे दिन दूर नहीं जब टीवी पत्रकार भी इस रास्ते पर चलकर संसद की शोभा बढ़ाएँगे।

12

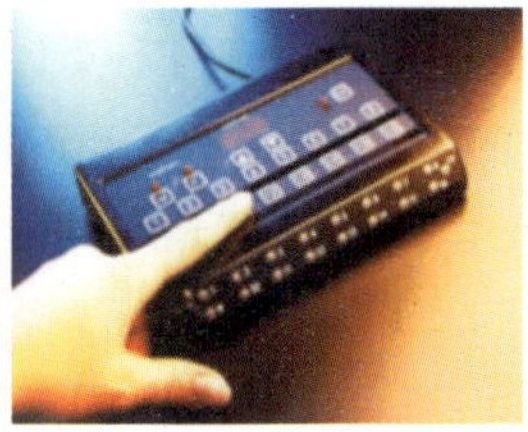
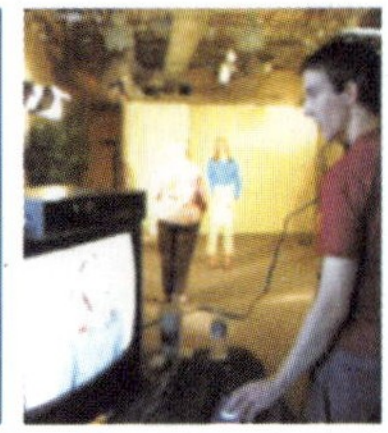

टीआरपी का दुष्चक्र

कुछ समय पहले तक कहा जाता था—कंटेंट इज़ द किंग, यानी संपादकीय सामग्री ही राजा होती है। फिर कहा जाने लगा कि डिस्ट्रीब्यूशन इज़ द किंग, यानी चैनल की वितरण-व्यवस्था ही उसे आगे ले जाती है। मगर आज की तारीख़ में तो यही कहा जाना चाहिए कि टीआरपी इज़ द किंग। इसका मतलब है, जिसकी टीआरपी ज़्यादा है, वही राजा है। और राजा कौन नहीं बनना चाहता, इसलिए सब के सब चैनल टीआरपी के दीवाने हैं।

टेलीविज़न जगत अपनी संपादकीय सामग्री और तेवर को लेकर आए दिन आलोचना के केन्द्र में रहते हैं और इसके लिए सबसे ज़्यादा कोसा जाता है टीआरपी को। टीआरपी का संबंध विज्ञापनों से होता है। जिस चैनल की टीआरपी जितनी अधिक होती है, उसे उतने ज़्यादा विज्ञापन मिलने की संभावना होती है। और विज्ञापनों का मतलब होता है—मुनाफ़ा। अब चूँकि टीवी चैनल मूल रूप से व्यापारिक गतिविधियाँ हैं और व्यावसायिक सफलता उनका मुख्य ध्येय होता है, इसलिए वे टीआरपी बटोरने के उपक्रम में जुटे होते हैं। टीआरपी ने उनमें इस प्रवृत्ति को ज़बर्दस्त तरीके से बढ़ावा दिया है। टीआरपी जनित होड़ की वजह से ही वे अब इस पर ध्यान नहीं देते कि वे जो दिखला रहे हैं, उसका दर्शकों और समाज पर क्या असर पड़ेगा। एक जन माध्यम होने के नाते उनको अपनी ज़िम्मेदारी का खयाल भी नहीं रह गया है। वे एक से बढ़कर एक नकारात्मक एवं ऊलजलूल ख़बरें और कार्यक्रम परोसे जा रहे हैं। आलम यह है कि वे एक खलनायक की शक्ल में रूपांतरित हो गए हैं, जबकि पहले उनकी

भूमिका वैचारिक नेतृत्व प्रदान करने की होती थी, नायक की होती थी।

इस टीआरपी की वजह से सभी त्रस्त हैं। दर्शक वर्ग परेशान है, क्योंकि इसने सभी चैनलों को लगभग एक जैसा बना दिया है। वे पाते हैं कि कोई भी चैनल ख़बरों को लेकर गंभीर नहीं रह गया है। उन्हें ललचाने के लिए न्यूज़ चैनल हलकी-फुलकी ख़बरों और कार्यक्रमों की भरमार कर देते हैं। ख़बरों को अनावश्यक विस्तार देते हैं। महत्त्वपूर्ण ख़बरों को कम कवरेज़ देते हैं और सामाजिक महत्त्व के विषय या तो गायब कर दिए जाते हैं या फिर उनको बहुत कम समय दिया जाता है। ज़िम्मेदार पत्रकारों की बिरादरी इसलिए चिंतित और कुंठित हो रही है कि टीआरपी की वजह से पत्रकारिता के लिए कोई जगह नहीं रह गई है। टीआरपी ने ख़बरों को इस तरह से परिभाषित कर दिया है कि जो सबसे ज़्यादा देखी जाए, वही सबसे बड़ी ख़बर भी है और जिसमें दर्शकों की रुचि कम हो, वह ख़बर ही नहीं है। इसके चलते उन्हें ख़बरों का चयन भी इसी आधार पर करना होता है। उन्हें रूप-रंग भी वैसा ही देना पड़ता है—आकर्षक और मनोरंजक। दूसरे चैनलों से प्रतिस्पर्धा की वजह से उन पर ये दबाव भी काम करता रहता है कि वे ख़बरों को थोड़ा या ज़्यादा सनसनीख़ेज बनाएँ, ताकि दर्शकों की उनमें दिलचस्पी पैदा हो, वे उसे देखें और बार-बार देखें।

ज़िम्मेदार पत्रकारों की बिरादरी इसलिए चिंतित और कुंठित हो रही है कि टीआरपी की वजह से पत्रकारिता के लिए कोई जगह नहीं रह गई है। टीआरपी ने ख़बरों को इस तरह से परिभाषित कर दिया है कि जो सबसे ज़्यादा देखी जाए, वही सबसे बड़ी ख़बर है और जिसमें दर्शकों की रुचि कम हो, वह ख़बर ही नहीं है। इसके चलते उन्हें ख़बरों का चयन भी इसी आधार पर करना होता है। उन्हें रूप-रंग भी वैसा ही देना पड़ता है—आकर्षक और मनोरंजक।

दरअसल, टीआरपी बाज़ार आधारित अर्थव्यवस्था से उपजी एक अवधारणा है और उसका मुख्य उद्देश्य येन-केन-प्रकारेण लाभ कमाने की प्रवृत्ति को बढ़ावा देना है। बाज़ार और उसे चलाने वाली ताक़तों ने सर्वप्रथम तो ख़बरों और टीवी कार्यक्रमों को एक उपभोग सामग्री के रूप में बदला। इस प्रक्रिया में चैनल चटखारेदार और मनोरंजक बनते चले गए और दर्शकों को इसकी लत लग गई । इसके बाद शुरू हुई उपभोक्ताओं के शोषण की कवायद और इसमें टीआरपी आज खलनायक के रूप में देखी जा रही है। मगर असल खलनायक तो है बाज़ार और सबसे बड़े खलनायक हैं इस तरह के अनियंत्रित, निरंकुश, समाज विरोधी बा़ज़ार को आकार देने वाले।

टीआरपी है क्या?

टीआरपी शब्द का अब बड़े पैमाने पर इस्तेमाल होता है। मीडिया जगत ही नहीं, आम दर्शक भी इसका उपयोग धड़ल्ले से करते नज़र आते हैं। मगर बहुत कम लोग ठीक-ठीक समझते हैं कि यह टीआरपी है क्या। अगर आम धारणाओं के हिसाब से चलें तो यह कोई ऐसी चीज़ है, जिसके लिए चैनलों के बीच मार-धाड़ चलती रहती है। कोई इसे चैनलों की लोकप्रियता का पैमाना मानता है तो कई इसे ऐसा दैत्य जो टीवी पर आने वाली सारी अच्छी चीज़ों को निगले जा रहा है। ये सभी धारणाएँ थोड़ा-थोड़ा सही हैं, मगर पूरी तरह नहीं।

सर्वप्रथम तो यह जान लें कि यह मार्केटिंग द्वारा गढ़ा हुआ शब्द है और इसका मुख्य रूप से इस्तेमाल मार्केटिंग की गतिविधियों के लिए किया जाता है। मार्केटिंग एजेंसियाँ ही टीआरपी के आँकड़े जुटाती हैं और विभिन्न चैनलों और टीवी इंडस्ट्री से जुड़े दूसरे पक्षों को ऊँची कीमतों में बेचती हैं, यानी ये एजेंसियाँ दर्शकों की ज़रूरतों या रुचियों के आधार पर या उनके हित के लिए यह सब नहीं करतीं। वे अपना धन्धा कर रही हैं और इस धंधे में लगे दूसरे लोगों को अपना माल (आँकड़े) बेच रही हैं, ताकि वे भी ज़्यादा से ज़्यादा मुनाफ़ा कमा सकें। टीवी चैनल अपने टर्न ओवर के हिसाब से इन आँकड़ों के लिए पाँच लाख से पचास लाख रूपए सालाना तक उन्हें देते हैं।

हर साल करीब सात हज़ार करोड़ रुपए टेलीविज़न विज्ञापनों पर खर्च करने वाले उद्योग जगत की सबसे पहली और बड़ी ज़रूरत यह है कि एजेंसियाँ उन्हें ऐसे आँकड़े दें, जिनके आधार पर वे तय कर सकें कि अपने प्रोडक्ट के प्रचार-प्रसार के लिए वे किन चैनलों का इस्तेमाल करें और किनका न करें। अपने ग्राहकों की इस माँग को ध्यान में रखते हुए टीआरपी बताने वाली रिसर्च एजेंसियों ने देश भर को बाज़ारों में बाँट रखा है। उनके हिसाब से दिल्ली-मुंबई शहर नहीं, मार्केट हैं।

अगर हम टीआरपी मापने के मानदंडों पर ग़ौर करें तो साफ़ हो जाएगा कि ये किस तरह से केवल वाणिज्य-व्यापार से प्रेरित है। अव्वल तो टीआरपी बताने वाली एजेंसियों ने इसे उद्योग-धंधों की आवश्यकताओं को ध्यान में रखकर डिज़ाइन किया है। अब इतने सारे चैनल हैं और सबके अपने-अपने दावे हो सकते हैं कि वे सर्वाधिक लोकप्रिय हैं और दर्शक उन पर ही भरोसा करता है, वग़ैरह-वग़ैरह। ऐसे में विज्ञापनदाताओं के लिए यह तय करना मुश्किल हो जाता है कि कौन सही बोल रहा है और कौन ग़लत। इसलिए हर साल करीब सात हज़ार करोड़ रूपए टेलीविज़न विज्ञापनों पर खर्च करने वाले उद्योग जगत की सबसे पहली और बड़ी ज़रूरत यह है कि एजेंसियाँ उन्हें ऐसे आँकड़े दें, जिनके आधार पर तय कर सकें कि अपने प्रोडक्ट के प्रचार-प्रसार के लिए वे किन चैनलों का इस्तेमाल करें और किनका न करें। अपने ग्राहकों की इस माँग को ध्यान में रखते हुए टीआरपी बतानेवाली रिसर्च एजेंसियों ने देश भर को बाज़ारों में बाँट रखा है। उनके हिसाब से दिल्ली-मुंबई शहर नहीं, मार्केट हैं। उत्तर प्रदेश और मध्य प्रदेश आदि को भी वे बाज़ार के रूप में ही पहचानती हैं। वे अपनी रिपोर्ट भी इन्हीं बाज़ार के बारे में देती हैं। आप चाहें तो इन्हें टेलीविज़न का दर्शक बाज़ार कह सकते हैं।

लेकिन केवल मार्केट कहने से बात नहीं बनती जब तक कि उसे उपभोक्ताओं के हिसाब से भी परिभाषित न किया जाए। इसलिए उपभोग की सामग्री के हिसाब से दर्शकों के वर्ग भी तय कर दिए जाते हैं। इस वर्गीकरण का सबसे प्रमुख आधार आय होता है। दर्शकों को उनकी आर्थिक हैसियत के आधार पर विभिन्न उच्च, मध्य एवं निम्न आय वर्गों में विभाजित किया जाता है। विज्ञापनदाता इसे सबसे बड़ी कसौटी मानते हैं। किसी सस्ते गुटखे का विज्ञापन आपको उच्च आय वर्ग द्वारा देखे जानेवाले चैनल में देखने को नहीं मिलेगा और न ही किसी महँगी कार का विज्ञापन निम्न आय वर्ग में लोकप्रिय चैनल में नज़र आएगा, यानी चैनलों या कार्यक्रमों की दर्शक संख्या जिस आय वर्ग में ज़्यादा होगी, उसे उस तरह के विज्ञापन मिलेंगे।

आय के अलावा दर्शकों को अन्य वर्गों में भी बाँटा जाता है। एक वर्गीकरण लिंग के

आधार पर होता है, यानी विज्ञापनदाताओं को यह बताया जाता है कि फलाँ चैनल या कार्यक्रम स्त्री या पुरुष वर्ग में कितना लोकप्रिय है। इस तरह महिलाओं के लिए जिन उत्पादों को प्रचारित किया जाना होता है, उनके लिए ऐसे चैनल और कार्यक्रम चुने जाते हैं जिन्हें महिलाएँ ज़्यादा देखती हैं। लिंग के बाद आयु वर्ग के हिसाब से लोकप्रियता का लेखा-जोखा लिया जाता है। ऐसा इसलिए कि आयु के हिसाब से रुचियों में बदलाव आता रहता है। बुज़ुर्गों में धार्मिक कार्यक्रमों का आकर्षण ज़्यादा पाया जाता है जब कि बच्चों में खेल और मनोरंजन के कार्यक्रमों का। वयस्क ख़बरों, अपराध और सेक्स आदि में ज़्यादा दिलचस्पी रखते हैं। आयु के हिसाब से बच्चे, वयस्क और बुज़ुर्ग—मुख्य रूप से ये तीन श्रेणियाँ होती हैं, यानी 15 वर्ष से कम, 15 से 45 वर्ष की आयु के दर्शक और फिर 45 वर्ष से ज़्यादा उम्र के दर्शक।

हालाँकि रेटिंग एजेंसियाँ हर वक्त के आँकड़े उपलब्ध कराती हैं, मगर उन्हें टाइम बैंड के हिसाब से भी देखा जाता है। मुख्य रूप से चार टाइम बैंड चैनलों के लिए महत्त्वपूर्ण माने जाते हैं। ये हैं—सुबह, दोपहर, शाम और देर रात। इन टाइम बैंड पर अलग-अलग तरह के दर्शक चैनल पर आते हैं और दर्शक संख्या भी कम-ज़्यादा होती है। दर्शकों की संख्या के हिसाब से ही विज्ञापन की दरें भी निर्धारित होती हैं। इसलिए विज्ञापनदाता भी अपने टारगेट को ध्यान में रखकर रणनीति तैयार करते हैं।

अतः टीआरपी मुख्य रूप से एक व्यापारिक गतिविधि है। लेकिन इससे आगे बढ़ें तो यह एक ऐसी व्यवस्था है जिसके विभिन्न स्तरों पर अलग-अलग मायने और रूप हैं। मसलन, टीआरपी यह तो बताती ही है कि कोई चैनल या कोई कार्यक्रम कितना लोकप्रिय है, मगर इसके साथ वह और भी तरह की जानकारियाँ देती है।

टीआरपी बतानेवाली एजेंसियाँ

जब तक निजी चैनलों का आगमन नहीं हुआ था तब तक दूरदर्शन का अपना अनुसंधान विभाग डार्ट (DART) ही कार्यक्रमों की लोकप्रियता के बारे में जानकारी देता था। दूरदर्शन ये आँकड़े अपने और आकाशवाणी के क्षेत्रीय कार्यालयों की मदद से इकट्ठी की गई जानकारी के आधार पर तैयार करता था। लेकिन एकमात्र चैनल होने के नाते ये आँकड़े उस पर चलने वाले विभिन्न कार्यक्रमों के ही होते थे। ये रेटिंग बताती थीं कि कौन से धारावाहिकों और समाचार एवं समसामयिक विषयों के कार्यक्रमों की क्या स्थिति है। इस तरह कार्यक्रमों को लोकप्रिय बनाने की होड़ दूरदर्शन-युग में ही शुरू हो गई थी। अस्सी के दशक के उत्तरार्द्ध में ही इन रेटिंगों की वजह से कम देखे जाने वाले कार्यक्रमों को (भले ही वे कितने ही अच्छे क्यों न हों) हाशिए पर धकेलना शुरू कर दिया गया था। ऐसे कार्यक्रमों को कम महत्त्व देने या

कार्यक्रमों को लोकप्रिय बनाने की होड़ दूरदर्शन-युग में ही शुरू हो गई थी। अस्सी के दशक के उत्तरार्द्ध में ही इन रेटिंगों की वजह से कम देखे जाने वाले कार्यक्रमों को (भले ही वे कितने ही अच्छे क्यों न हों) हाशिए पर धकेलना शुरू कर दिया गया था। ऐसे कार्यक्रमों को कम महत्त्व देने या इनकी उपेक्षा करने की प्रवृत्ति मंडी हाउस में ज़ोर पकड़ने लगी थी, क्योंकि रेटिंग अच्छी न होने की वजह से वे विज्ञापनदाताओं को आकर्षित भी नहीं कर पाते थे।

इनकी उपेक्षा करने की प्रवृत्ति मंडी हाउस में ज़ोर पकड़ने लगी थी, क्योंकि रेटिंग अच्छी न होने की वजह से वे विज्ञापनदाताओं को आकर्षित भी नहीं कर पाते थे। इसका असर दो तरह से हुआ। एक तो गंभीर और सामाजिक महत्त्व के कार्यक्रम कम होते चले गए; दूसरे, निर्माताओं ने उन्हें गंभीर रूप देने के बजाय उत्तेजक और आकर्षक बनाना शुरू कर दिया। कहने का मतलब यह है कि ख़बरों के संसार में हम आज टीआरपी के जो प्रभाव देख रहे हैं, उनकी शुरुआत खुद दूरदर्शन ने की थी। अब चूँकि उस समय वही एक अकेला चैनल था, इसलिए उसका रूप इतना बीभत्स नहीं हुआ।

निजी चैनलों के आगमन के बाद दूरदर्शन के एकाधिकार का युग ख़त्म हो गया तो उसकी रेटिंग का महत्त्व भी धीरे-धीरे कम होने लगा। मार्केट रिसर्च एजेंसियों के लिए यह एक सही मौका था। लिहाज़ा चैनल बाज़ार में उन्होंने अपने पाँव पसारने शुरू कर दिए। सन् 1994 में मार्केट रिसर्च एजेंसी ओआरजी मार्ग ने इनटैम (इंडियन टेलीविज़न आडिएंस मेज़रमेंट) के नाम से टेलीविज़न बाज़ार के आँकड़े देने वाली एजेंसी की शुरुआत कर दी। बहुत से लोग मानते हैं कि इसकी स्थापना निजी चैनलों और विज्ञापनदाताओं ने मिलकर दूरदर्शन के वर्चस्व को तोड़ने के लिए किया था। दूरदर्शन की विज्ञापन दरें काफी ज़्यादा होती थीं और निजी चैनलों को उसके मुक़ाबले बहुत कम में संतोष करना पड़ रहा था। हालाँकि दूरदर्शन के आँकड़े ज़्यादा विश्वसनीय कहे जा सकते थे क्योंकि उसके सैंपल काफी ज़्यादा होते थे, मगर जैसे-जैसे निजी चैनलों की संख्या बढ़ी, इनटैम की स्वीकार्यता बढ़ती चली गई क्योंकि बाज़ार को ये ज़्यादा

दूरदर्शन के एकाधिकार का युग ख़त्म हो गया तो उसकी रेटिंग का महत्त्व भी धीरे-धीरे कम होने लगा। मार्केट रिसर्च एजेंसियों के लिए यह एक सही मौका था। लिहाज़ा चैनल बाज़ार में उन्होंने अपने पाँव पसारने शुरू कर दिए। सन् 1994 में मार्केट रिसर्च एजेंसी ओआरजी मार्ग ने इनटैम के नाम से टेलीविज़न बाज़ार के आँकड़े देने वाली एजेंसी की शुरुआत कर दी। बहुत-से लोग मानते हैं कि इसकी स्थापना निजी चैनलों और विज्ञापनदाताओं ने मिलकर दूरदर्शन के वर्चस्व को तोड़ने के लिए किया था।

माफ़िक बैठ रहे थे।

इस बीच सन् 1998 में टैम (TAM टेलीविज़न आडिएंस मेज़रमेंट) के नाम से एक एजेंसी टेलीविज़न चैनलों से संबंधित आँकड़े देने के लिए मैदान में उतर पड़ी। टैम ए. सी. नील्सन, कंटार मीडिया रिसर्च और आई.एम.आर.बी. का साझा उपक्रम थी। यहाँ यह बता देना ठीक होगा कि ए.सी. नीलसन अमेरिकी एजेंसी है और इसकी स्थापना 1940 में आर्थर नीलसन ने की थी। इसके आने से जहाँ बाज़ार में प्रतिस्पर्धा बढ़ी, वहीं इनटैम और टैम के अलग-अलग आँकड़ों ने भ्रम की स्थिति पैदा कर दी। इस बची एक महत्त्वपूर्ण घटना घटी, जिसने इन एजेंसियों की विश्वसनीयता को ही संदिग्ध बना दिया। सितंबर, 2001 में सीएनबीसी ने मुंबई में लगे पीपल्स मीटर की सूची सार्वजनिक कर दी, जबकि टैम इसे अत्यंत गोपनीय रखने का दावा करती थी। इस रहस्योद्घाटन ने चैनलों और विज्ञापनदाताओं के भरोसे को हिलाकर रख दिया। पूछा जाने लगा कि कहीं टीआरपी फर्ज़ी तो नहीं होतीं या निहित स्वार्थ इसका इस्तेमाल तो नहीं करते। इस घटना के बाद हुआ यह कि इनटैम और टैम का आपस में विलय हो गया। इसके बाद से टैम इंडिया का रेटिंग के क्षेत्र में एकाधिकार हो गया है। वह जो भी आँकड़े देती है उसे ब्रह्म सत्य मानकर टीवी इंडस्ट्री अपनी विज्ञापन और संपादकीय नीतियाँ तैयार करती है। दो साल पहले एमैप (AMAP) के नाम से एक और एजेंसी ने चैनलों और कार्यक्रमों की रेटिंग देनी शुरू की है, मगर अभी तक उसे टैम जैसी मान्यता या स्वीकार्यता नहीं मिल पाई है। हालाँकि एमैप फौरन आँकड़े देने की बात करती है, जबकि टैम सप्ताह में एक बार गुरुवार की रात या शुक्रवार को अपने आँकड़े जारी करती हैं। मगर चूँकि एमैप की पहुँच अभी कुछ शहरों तक सीमित है, इसलिए उसे वैसा महत्त्व नहीं मिल पाता।

टैम इंडिया का रेटिंग के क्षेत्र में एकाधिकार हो गया है। वह जो भी आँकड़े देती है उसे ब्रह्म सत्य मानकर टीवी इंडस्ट्री अपनी विज्ञापन और संपादकीय नीतियाँ तैयार करती है। दो साल पहले एमैप के नाम से एक और एजेंसी ने चैनलों और कार्यक्रमों की रेटिंग देनी शुरू की है, मगर अभी तक उसे टैम जैसी मान्यता या स्वीकार्यता नहीं मिल पाई है।

कैसे तैयार होते हैं आँकड़े

कोई भी मार्केटिंग एजेंसी आँकड़े देने के लिए सैंपल यानी नमूनों पर निर्भर करती है। जिस भी विषय पर रायशुमारी करनी होती है, वह उसके नमूने इकठे करती है और फिर उसके आधार पर बताती है कि आँकड़े क्या कहते हैं। इसे आप चुनाव के दौरान होने वाले जनमत सर्वेक्षणों से भी समझ सकते हैं। सर्वेक्षण करने वाली एजेंसियाँ मतदाताओं को प्रश्नावलियाँ देकर उनके उत्तर उनमें दर्ज़ कर लेती हैं। इसके बाद इन प्रश्नावलियों से जो आँकड़े मिलते हैं, उनके आधार पर बताया जाता है कि मतदाताओं की राय क्या है, वे किसको वोट देंगे और कौन जीतेगा, वग़ैरह-वग़ैरह।

टेलीविज़न चैनलों और कार्यक्रमों के बारे में आँकड़े जुटाने का काम ज़रा टेढ़ा होता है। एक तो इसे नियमित रूप से चौबीसों घंटे और तीन सौ पैंसठ दिन करना होता है।

दूसरे, यह काम बहुत बड़े पैमाने पर किया जाता है। ऐसे में नमूने इकट्ठे करने का काम व्यक्तियों द्वारा करवाना असंभव नहीं, तो मुश्किल ज़रूर होता है। इसलिए रिसर्च एजेंसियाँ मशीनों का सहारा लेती हैं।

टैम इंडिया जिन मशीनों के सहारे सैंपल एकत्र करती है, उन्हें पीपल्स मीटर कहा जाता है। पीपल्स मीटर बहुत महँगे उपकरण होते हैं और विदेशों से आयात किए जाते हैं। पहली बार जब इन्हें आयात किया गया था तो वे पुराने थे और उनको लेकर सवाल भी उठाए गए। बहरहाल, ये मीटर चुनिंदा व्यक्तियों के घरों में टीवी सेट्स के साथ लगा दिए जाते हैं। ये मीटर चौबीसों घंटे चैनल की फ्रीक्वेंसी के आधार पर दर्ज़ करते रहते हैं कि उस घर के निवासी क्या देख रहे हैं और कितना देख रहे हैं। हफ़्ते के आख़िर में टैम के कर्मचारी मशीन से आँकड़े ले लेते हैं और उन्हें मुख्यालय भेज देते हैं। मुख्यालय में तमाम जगहों से आए आँकड़ों को मिलाकर नतीजे निकाले जाते हैं और फिर उन्हें तमाम ग्राहकों को भेज दिया जाता है।

पीपल्स मीटर

फ्रीक्वेंसी मॉनीटरिंग के अलावा टैम एक और टेक्नोलॉजी का प्रयोग करती है। इस टेक्नोलॉजी को पिक्चर मैचिंग टेक्नीक पीपल्स मीटर कहते हैं। इसमें पीपल्स मीटर उस तस्वीर का एक छोटा-सा हिस्सा रिकॉर्ड करते रहते हैं, जिसे दर्शक टीवी सेट पर देख रहा होता है। इसी के साथ-साथ एजेंसियाँ चैनल से संबंधित दूसरे तरह की जानकारियाँ भी तस्वीरों के हिस्से के रूप में ही रिकॉर्ड करती है। घरों से इकट्ठी की गई इन जानकारियों को मुख्य डाटा बैंक की जानकारियों से मिलाकार निष्कर्ष निकाले जाते हैं। एमैप एक दूसरी ही टेक्नोलॉजी पर काम करती है। इसमें एक कंप्यूटर चिप होती है जिसे टीवी सेट्स में लगा दिया जाता है और वह हर वक्त मुख्यालय को जानकारी देती रहती है कि किन घरों में क्या देखा जा रहा है। इसलिए एमैप किसी भी समय किसी भी कार्यक्रम के बारे में जानकारी देने में सक्षम होती है। अब यहाँ यह प्रश्न उठता है कि आख़िर ये एजेंसियाँ किन घरों में कैसे और कितने पीपल्स मीटर लगाती हैं।

रेटिंग बताने वाली एजेंसियाँ मूलतः व्यापार एवं उद्योग जगत की आवश्यकताओं को पूरा करने के लिए ही ये आँकड़े जुटाती हैं। लिहाज़ा सैंपल या नमूने इकट्ठे करते समय भी यही बात सर्वप्रमुख होती है। वे ऐसे सैंपल यानी ऐसे परिवार या घर चुनती हैं, जो इस व्यापार और उद्योग जगत के उपभोक्ता हैं या हो सकते हैं। इस तरह अव्वल तो उच्च और मध्यवर्ग के परिवार इसके तहत आ जाते हैं।

हमने पहले ज़िक्र किया था कि रेटिंग बताने वाली एजेंसियाँ मूलतः व्यापार एवं उद्योग जगत की आवश्यकताओं को पूरा करने के लिए ही ये आँकड़े जुटाती हैं। लिहाज़ा सैंपल या नमूने इकट्ठे करते समय भी यही बात सर्वप्रमुख होती है। वे ऐसे सैंपल यानी ऐसे परिवार या घर चुनती हैं, जो इस व्यापार और उद्योग जगत के उपभोक्ता हैं या हो सकते हैं। इस तरह अव्वल तो उच्च और मध्यवर्ग के परिवार इसके तहत आ जाते हैं। इसके बाद विज्ञापनदाताओं को लगता है कि उनके खरीदार मुख्य रूप से बड़े और मझौले स्तर के शहरों में रहते हैं, यानी उपभोक्ता और टीवी समाज के प्रतिनिधि परिवार शहरों में रहने वाले ही होते हैं। रेटिंग एजेंसियाँ सर्वेक्षण के ज़रिए विभिन्न शहरों के ऐसे परिवारों का चयन करती हैं और फिर उनसे बात करके उनके टीवी सेट

पर पीपल्स मीटर लगा देती हैं। एजेंसियों के मुताबिक इन परिवारों के साथ एक समझौता होता है जिसके तहत उन्हें पीपल्स मीटर लगे होने की बात हर तरह से गुप्त रखनी होती है। इसके बदले में वे इन परिवारों को तरह-तरह के तोहफों से नवाज़ती हैं, जिनमें विदेश यात्राएँ तक शामिल होती हैं।

टीआरपी में खोट

टैम पर दबाव बढ़ा तो उसने रेटिंग के लिए कुछ और शहरों को ले लिया और नमूनों की संख्या बढ़ी दी। मगर इसके बावजूद टैम की विश्वसनीयता क़ायम नहीं हो सकी। आज यह एजेंसी केवल चौदह राज्यों के करीब तिहत्तर शहरों से 7800 पीपल्स मीटरों के ज़रिए नमूने इकट्ठा करती है, मगर विशेषज्ञों के मुताबिक ये भी बहुत कम हैं। टैम का कहना यह है कि दुनिया में सबसे ज़्यादा सैंपल हिंदुस्तान में लिए जाते हैं। मगर वह भूल जाती है कि भारत एक अरब से ज़्यादा लोगों का मुल्क हैं। यहाँ 19 धर्म हैं और सत्रह भाषाएँ एवं 488 बोलियाँ बोली जाती हैं।

हालाँकि पूरा विज्ञापन जगत टैम इंडिया द्वारा हफ़्ते में दी जाने वाली रेटिंग के आधार पर ही चल रहा है और उसका एक तरह से बाज़ार पर वर्चस्व ही स्थापित हो गया है। मगर टीआरपी जानने की इसकी प्रणाली और आँकड़ों की विश्वसनीयता पूरी तरह से संदिग्ध है और इसकी बहुत सारी ठोस वजहें हैं। ये वजहें इस प्रकार हैं :

1. नमूनों का आकार

टैम इंडिया ने जब रेटिंग देनी शुरू की थी तो उसने करीब बीस-बाईस शहरों को लिया था और इन शहरों में भी बहुत कम पीपल्स मीटर लगाए गए थे। सन् 1997 से 2001 के बीच करीब 3200 पीपल्स मीटर लगाए गए थे। ज़ाहिर है कि भारत जैसे विशाल और विविधतापूर्ण देश के लिए इतने कम नमूनों से निकाले जाने वाले परिणामों का कोई मतलब नहीं था। उस समय दूरदर्शन इन सबसे कई गुना ज़्यादा नमूनों के आधार पर रेटिंग दे रहा था मगर चूँकि दूरदर्शन के ख़िलाफ़ लामबंदी कर दी गई थी, इसलिए अविश्वसनीय होते हुए भी इसे स्वीकार कर लिया गया। लेकिन इसके बावजूद विरोध की आवाज़ें उठती रहीं। टैम पर दबाव बढ़ा तो उसने रेटिंग के लिए कुछ और शहरों को ले लिया और नमूनों की संख्या बढ़ी दी। मगर इसके बावजूद टैम की विश्वसनीयता क़ायम नहीं हो सकी। आज यह एजेंसी केवल चौदह राज्यों के करीब तिहत्तर शहरों से 7800 पीपल्स मीटरों के ज़रिए नमूने इकट्ठा करती है, मगर विशेषज्ञों के मुताबिक ये भी बहुत कम हैं। वे उदाहरण देते हैं कि चुनाव सर्वेक्षण के दौरान एजेंसियाँ टैम के मुक़ाबले कहीं ज़्यादा नमूनों के आधार पर अपने निष्कर्ष निकालने का काम करती हैं और फिर भी ग़लत निकलती हैं। कभी-कभी तो यह ग़लती इतनी बड़ी होती है कि उनके इस दावे की धज्जियाँ ही उड़ जाती हैं कि सर्वेक्षण का उनका तरीका पूरी तरह से वैज्ञानिक पद्धति पर आधारित है। ऐसे में टैम के आँकड़े तो और भी असत्य हो सकते हैं। टैम का कहना यह है कि दुनिया में सबसे ज़्यादा सैंपल हिंदुस्तान में लिए जाते हैं। उसके मुताबिक अमेरिका में 5500 नमूनों से अगर काम हो रहा है तो भारत में तो इससे कहीं ज़्यादा नमूने लिए जा रहे हैं। मगर वह भूल जाती है कि भारत एक अरब से ज़्यादा लोगों का मुल्क है। यहाँ 19 धर्म हैं और सत्रह भाषाएँ एवं 488

बोलियाँ बोली जाती हैं। इतनी विविधता किसी भी पश्चिमी मुल्क में नहीं है इसलिए नमूनों की संख्या का ये दावा कोई मतलब नहीं रखता।

2. कैसे नमूने, किसके नमूने ?

टैम दावा करती है कि वह राष्ट्रीय स्तर पर दर्शकों की पसंद-नापसंद बतलाती है। लेकिन जिस तरह के नमूने वह इकट्ठा करती है, क्या उन्हें सही मायनों में दर्शकों की राय मनाना ठीक होगा? इसका जवाब नहीं में ही हो सकता है। एक तो नमूनों के चयन से ही यह बात साबित हो जाती है कि टीआरपी मुख्य रूप से शहरी उच्च-मध्य वर्ग की राय को प्रतिबिंबित करती है। गाँव, ग़रीब, किसान, मजदूर और अनपढ़ इस साप्ताहिक रायशुमारी से बाहर हैं। मुख्य रूप से ये नमूने उन घरों से लिये जाते हैं जिनमें केबल कनेक्शन होते हैं। इसका मतलब है कि जहाँ केबल नहीं है, वहाँ के लोगों की कोई राय नहीं होती। फिर इस टीआरपी में दूरदर्शन का दर्शक वर्ग भी शामिल नहीं है, जबकि सबसे बड़ा तंत्र उसी का है और आज भी कस्बों और गाँवों में वही सबसे ज़्यादा देखा जाता है। क्रिकेट मैचों के अधिकार भी उसे प्राप्त होते हैं और तब तो उसकी रेटिंग और भी छलाँग लगाती है। मगर टीआरपी में यह कहीं नहीं दिखती। इसलिए यह बिलकुल साफ़ है कि टीआरपी के लिए इकट्ठे किए जाने वाले नमूनों में कोई दम नहीं है।

3. नमूने इकट्ठे करने की दोषपूर्ण प्रक्रिया

नमूनों की संख्या कम होने की वजह से परिणाम तो दोषपूर्ण हो सकते हैं, मगर टैम की नमूने इकट्ठा करने की प्रणाली को भी दोषपूर्ण माना जाता है। एक तो जिन पीपल्स मीटर को वह लगाती है, उनके ग़लत इस्तेमाल की संभावना होती है। दूसरे, इन मीटरों से डाटा इकट्ठा करने का काम मशीन नहीं, आदमी ही करते हैं और उनसे भूल भी हो सकती है और वे जान-बूझकर किन्ही चैनलों के पक्ष या विपक्ष में उन्हें तोड़-मरोड़ भी सकते हैं। फिर हमें यह भी नहीं भूलना चाहिए कि कई बार बिजली भी जाती है और टीवी ऑन होने के बावजूद कोई कुछ नहीं भी देख रहा होता। इस तरह के कारकों को इसमें शामिल नहीं किया जाता।

टैम की नमूने इकट्ठा करने की प्रणाली को भी दोषपूर्ण माना जाता है। एक तो जिन पीपल्स मीटर को वह लगाती है, उनके ग़लत इस्तेमाल की संभावना होती है। दूसरे, इन मीटरों से डाटा इकट्ठा करने का काम मशीन नहीं, आदमी ही करते हैं और उनसे भूल भी हो सकती है और वे जान-बूझकर किन्हीं चैनलों के पक्ष या विपक्ष में उन्हें तोड़-मरोड़ भी सकते हैं।

4. गोपनीयता का झूठा दावा

टैम इंडिया का दावा है कि वह इस बात को पूरी तरह से गोपनीय रखने की कोशिश करती है कि टीआरपी शहर कौन से हैं और किन घरों में मीटर लगे हैं। मगर उसका

यह दावा कोरा ही है, क्योंकि चैनल डिस्ट्रीब्यूशन से जुड़े तमाम लोगों, बल्कि इंडस्ट्री के हर जानकार को पता होता है कि टीआरपी शहर कौन से हैं। ये लोग इसी आधार पर अपनी डिस्ट्रीब्यूशन नीति तैयार करते हैं। मसलन, अगर उन्हें पता है कि छत्तीसगढ़ का एक भी शहर टीआरपी शहर नहीं है, तो वे इस बात की परवाह ही नहीं करते कि वहाँ चैनल दिख रहा है या नहीं। इसके उलट उन्हें पता है कि इंदौर-भोपाल टीआरपी शहर हैं, इसलिए वे मोटा पैसा खर्च करके केबल वालों को खुश रखते हैं, ताकि उनका चैनल अच्छी जगह पर दिखे और साफ़-सुथरा दिखे। टीआरपी शहरों के केबल ऑपरेटरों की इसीलिए चाँदी हो गई है, क्योंकि हर चैनल वाला उन्हें ख़ुश रखना चाहता है और इसके लिए सालाना मोटी रकम का भुगतान तो करता ही है, उन्हें कीमती तोहफ़ों से नवाज़ता है और उन्हें विदेशों की सैर भी करवाता है। चैनलों का कंटेट भी इस वजह से इन शहरों पर बहुत ज़्यादा केंद्रित हो गया है।

यह तो हुई शहरों की बात मगर शहर के अंदर किन इलाक़ों में मीटर लगे हैं, ये जानकारी तक बहुत आम होती है। डिस्ट्रीब्यूशन और मार्केटिंग से जुड़े तमाम लोग जानते हैं कि दिल्ली के किन इलाकों में मीटर लगे हैं और यह भी कि उस हिस्से के केबल ऑपरेटर की टीआरपी वैल्यू कितनी है। इस टीआरपी वैल्यू के हिसाब से भी उस ऑपरेटर की वैल्यू घटती-बढ़ती है। जब इस हद तक जानकारी आम है तो पीपल्स मीटर के घरों की गोपनीयता कैसे बनी रह सकती है भला! टैम का यह दावा भी खोखला है। सन् 2001 में सीएनबीसी ने मुंबई के ऐसे घरों की सूची जारी करके हड़कम्प मचा दिया था। इस पर्दाफ़ाश ने साबित कर दिया था कि पीपल्स मीटर वाले घरों की जानकारी हासिल करना कोई बड़ी बात नहीं है।

5. आँकड़ों में हेरफेर की गुंजाइश

टीवी इंडस्ट्री के बहुत-से लोगों का मानना है कि रेंटिग का खेल चूँकि एक व्यापारिक कवायद है, इसलिए इसके बेज़ा इस्तेमाल की संभावनाएँ भी हैं। कहने का मतलब यह है कि व्यापार में हर तरह के हथकंडे अपनाए जाते हैं, छल-कपट से भरे दाँव-पेंच चलते हैं और बहुत-सा फर्ज़ीवाड़ा भी होता है। बाईस फ़ीसदी की रफ़्तार से बढ़ रहे आठ हज़ार करोड़ रुपए के विज्ञापनों के बाज़ार में अपना हिस्सा बढ़ाने के लिए कौन चैनलपति इस तरह के उपायों को नहीं आज़माना चाहेगा। इसलिए यह क्यों संभव नहीं हो सकता कि कोई एजेंसी किसी चैनल से मोटा पैसा लेकर उसके पक्ष में आँकड़ों को आकार दे दे? या फिर खुद एजेंसी की ही किसी चैनल विशेष में दिलचस्पी उसे ऐसा करने के लिए प्रेरित करे? आख़िरकार चुनाव सर्वेक्षणों के मामलों में यह जोड़-तोड़ तो होती ही है। प्रायोजित सर्वेक्षण होते हैं और किसी पार्टी से बँधे सर्वेक्षणकर्ता उसके हिसाब से आँकड़े गढ़ देते हैं। ध्यान रहे कि कई बार कार्यक्रम

व्यापार में हर तरह के हथकंडे अपनाए जाते हैं, छल-कपट से भरे दाँव-पेंच चलते हैं और बहुत-सा फर्ज़ीवाड़ा भी होता है। बाईस फ़ीसदी की रफ़्तार से बढ़ रहे आठ हज़ार करोड़ रुपए के विज्ञापनों के बाज़ार में अपना हिस्सा बढ़ाने के लिए कौन चैनलपति इस तरह के उपायों को नहीं आज़माना चाहेगा। इसलिए यह क्यों संभव नहीं हो सकता कि कोई एजेंसी किसी चैनल से मोटा पैसा लेकर उसके पक्ष में आँकड़ों को आकार दे दे? या फिर खुद एजेंसी की ही किसी चैनल विशेष में दिलचस्पी उसे ऐसा करने के लिए प्रेरित करे ?

निर्माताओं और चैनल मालिकों ने रेटिंग पर उँगलियाँ उठाई हैं। यही नहीं, एक चैनल ने तो अलग रेटिंग एजेंसी बनाने की घोषणा तक कर डाली थी। इसलिए इस आशंका को ख़ारिज नहीं किया जा सकता।

6. पारदर्शिता का अभाव

जिस एजेंसी के आँकड़ों पर टेलीविज़न चैनलों का पूरा कारोबार चल रहा है, उसकी कार्यप्रणाली में बिलकुल भी पारदर्शिता नहीं है। कोई भी इस बात का परीक्षण नहीं कर सकता कि वह जो आँकड़े दे रही है, उनमें कितनी सचाई है। इंडस्ट्री से लगातार यह माँग उठती रहती है कि टैम के आँकड़ों की विश्वसनीयता की जाँच होनी चाहिए। आख़िरकार जिसके द्वारा दिए गए आँकड़ों के आधार पर हज़ारों करोड़ का वारा-न्यारा होता है उसे जाँच-परख से छूट कैसे दी जा सकती है? टैम का कहना है कि वह आंतरिक परीक्षण करती है और वे अंतर्राष्ट्रीय मानदंडों के अनुरूप ही होते हैं। मगर कोई निष्पक्ष संस्था के द्वारा जाँच की व्यवस्था को स्वीकार करने के लिए वह क्यों तैयार नहीं है, जबकि इससे उसकी विश्वसनीयता बढ़ेगी? एजेंसी के तैयार नहीं होने से लोगों का शक़ भी बढ़ता जाता है।

टीआरपी बताने वाली एजेंसियों की एक बड़ी खामी यह है कि वे केवल इतना बता देती हैं कि फलाँ चैनल नंबर वन, टू, थ्री आदि है, यह नहीं बताती कि वे उस स्थान पर क्यों हैं। वे ऐसी कौन-सी सामग्री परोस रहा है जिसकी वजह से आगे या पीछे है। इसके अलावा वे चैनल की साख के बारे में चुप रहती हैं। दर्शकों के बीच किस चैनल की विश्वसनीयता क्या है और वे किस चैनल को निर्भीक, निष्पक्ष या सच बोलने वाला मानते हैं, यह भी बताया जाना चाहिए, क्योंकि ख़बरों के ये सबसे अहम पहलू हैं।

7. कलर टीवी बनाम ब्लैक एंड व्हाइट टीवी

टैम इंडिया बहुत सारे आँकड़ों के लिए नेशनल रीडरशिप सर्वे (एनआरएस) पर निर्भर करती है। ख़ास तौर पर ब्लैक एंड व्हाइट टेलीविज़न सेट्स के मामलों में। इन ब्लैक एंड व्हाइट टीवी पर चैनलों की संख्या कम होती है। अभी भी देश में इन सेट्स की संख्या अच्छी-ख़ासी है। टैम इन टीवी दर्शकों की राय को अनदेखा कर देती है। फिर इन टीवी सेट्स के बहुत-से धारकों ने कलर टीवी ले लिये हैं, मगर उनकी गिनती भी रंगीन टेलीविज़न देखने वालों के साथ नहीं हो रही है और इसका मतलब है कि उनकी राय भी टीआरपी में शामिल नहीं होती।

8. केवल लोकप्रियता, साख नहीं

टीआरपी बतानेवाली एजेंसियों की एक बड़ी खामी यह है कि वे केवल इतना बता देती हैं कि फलाँ चैनल नंबर वन, टू, थ्री आदि है, यह नहीं बताती कि वे उस स्थान पर क्यों हैं। वे ऐसी कौन-सी सामग्री परोस रहा है जिसकी वजह से आगे या पीछे है। इसके अलावा वे चैनल की साख के बारे में चुप रहती है। दर्शकों के बीच किस चैनल की विश्वसनीयता क्या है और वे किस चैनल को निर्भीक, निष्पक्ष या सच बोलने वाला

मानते हैं यह भी बताया जाना चाहिए, क्योंकि ख़बरों के ये सबसे अहम पहलू हैं। कोई चैनल हो सकता है कि दर्शक-संख्या के मामले में पीछे हो मगर साख के स्तर पर अव्वल। अगर यह बात हर हफ़्ते सामने आएगी तो चैनलों के बीच लोकप्रियता के साथ-साथ साख के लिए भी स्पर्धा होगी जो समाचारों के प्रदूषित वातावरण को साफ करने में मददगार साबित हो सकती है। मगर एजेंसियों की दिलचस्पी बाज़ार से है, पत्रकारिता से नहीं इसलिए वे ऐसा नहीं करतीं।

9. सीमित विषयों पर रायशुमारी

रेटिंग एजेंसी टैम बहुत ही सीमित विषयों के बारे में राय देती है। इनसे मार्केट के ट्रेंड भर का अंदाज़ा लगता है। अगर यह जानना हो कि टेलीविज़न कार्यक्रमों का समाज पर क्या असर पड़ रहा है, तो वह संभव नहीं होता। पश्चिमी देशों में रेटिंग देने वाली एजेंसियाँ बहुत तरह की जानकारियाँ देती हैं जिनसे विभिन्न सामाजिक प्रवृत्तियों का अध्ययन मुमकिन हो जाता है। भारत में इसकी कमी खटकने वाली है। इस कमी की वजह से टेलीविज़न के समाज, राजनीति और आर्थिक स्तर पर पड़ने वाले प्रभावों का एक भी गंभीर अध्ययन हमारे यहाँ नहीं हो सका है।

टैम इंडिया द्वारा दी जा रही टीआरपी रेटिंग के संबंध में उपरोक्त वजहों से भारी असंतोष है। न केवल चैनलों, कार्यक्रम निर्माताओं, पत्रकारों और बुद्धिजीवी वर्ग में, बल्कि विज्ञापन जगत भी इनसे असंतुष्ट है। यही वजह है कि लगातार यह बात उठ रही है कि और भी एजेंसियाँ होनी चाहिए ताकि उनके बीच होड़ हो और सच्ची तस्वीर सामने आ सके। इस दिशा में भारत सरकार ने भी क़दम उठाने का ऐलान किया है और दूरदर्शन ने भी पीपल्स मीटर के इस्तेमाल से अपनी रेटिंग व्यवस्था को दुरुस्त करने का काम शुरू कर दिया है। एमैप की टेक्नोलॉजी को ज़्यादा विश्वसनीय माना जाता है और अगर उसका विस्तार होता है तो आने वाले समय में मुमकिन है कि वह टैम को कड़ी टक्कर दे। असल में सारा मामला धन का है। इतने बड़े मुल्क में हर हफ़्ते नमूने इकट्ठे करके निष्कर्ष बताना एक बहुत ही खर्चीला काम है। एक पीपल्स मीटर की कीमत एक से डेढ़ लाख होती है और अगर देश भर में इन मीटरों को लगाना हो तो समझा जा सकता है कि कितने बड़े निवेश की ज़रूरत पड़ेगी। हाँ, कोई सस्ती तकनीक आ जाए या चैनल मालिकों की संस्था मिलकर इस दिशा में क़दम उठाए तो मुश्किल नहीं होनी चाहिए।

13

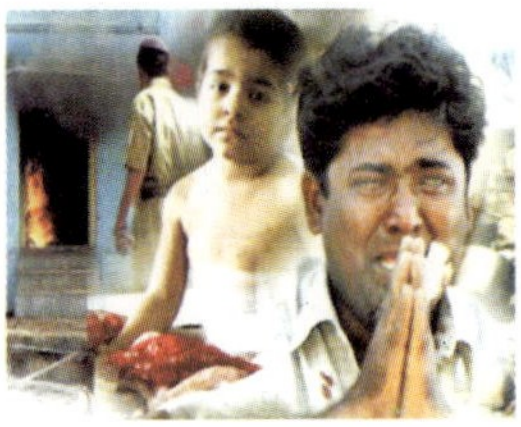

टीवी न्यूज़ के पूर्वग्रह और दुराग्रह

अक्सर हम समाचारों में निष्पक्षता और सत्यता की बात करते हैं। हम उम्मीद करते हैं कि वे किसी भी तरह के राग-द्वेष से मुक्त होंगे और सत्य जैसा है, वैसा दिखाएँगे। एक चैनल का तो नारा ही है कि हक़ीक़त जैसी, ख़बर वैसी। हर चैनल सच दिखाने का अपनी-अपनी तरह से दावा करता है। सच का एक बाज़ार है। सच की माँग भी बहुत है इसलिए सच की दुकानें भी बहुत हैं और लगातार खुलती जा रही हैं। मगर यथार्थ यह है कि कोई भी चैनल पूरी तरह से सच नहीं दिखाता। पिछले अध्याय में हमने देखा कि किस-किस तरह के प्रलोभन और दबाव कैसे ख़बरों को सच से दूर ले जाते हैं। टीवी ख़बरों को प्रभावित करने वाले कारकों में सामाजिक और राजनीतिक पूर्वग्रह भी बड़े पैमाने पर काम करते हैं। पत्रकार जिस आर्थिक-सामाजिक पृष्ठभूमि से आते हैं, उसका असर लाज़िमी तौर पर ख़बरों पर पड़ता है। पत्रकारों की मानसिक बनावट जैसी होगी, वह ख़बरों को भी उसी तरह से देखेगा और दिखाएगा।

टीवी पत्रकारिता और पत्रकारों में निम्न तरह से पूर्वग्रह या दुराग्रह देखने को मिलते हैं :

1. वर्गीय पूर्वग्रह
2. राजनीतिक पूर्वग्रह तथा
3. सामाजिक पूर्वग्रह।

टेलीविज़न पत्रकारिता के शुरुआती दौर में मोटे तौर पर उच्च वर्ग के लोग ही आए। ये खाते-पीते घर के लोग थे, अच्छे स्कूलों में इनकी शिक्षा-दीक्षा हुई थी और टेलीविज़न इनका शौक था। इनकी भाषा, खान-पान, रहन-सहन, सोच-विचार हिंदुस्तानी नहीं ऐंग्लो-इंडियन था। इनके सरोकार भी बिलकुल अलग किस्म के थे। ये लोग असली भारत से पूरी तरह अनजान थे। इनमें से ज़्यादातर ने गाँव देखे ही न थे और देखे भी थे तो कौतूहल के भाव से। ऐसे में ज़ाहिर है कि टीवी ख़बरों को देखने का उनका अपना नज़रिया था, ख़बरों को दिंखाने का भी।

वर्गीय पूर्वग्रह

भारत में टेलीविज़न पत्रकारिता के शुरुआती दौर में मोटे तौर पर उच्च वर्ग के लोग ही आए। ये खाते-पीते घर के लोग थे, अच्छे स्कूलों में इनकी शिक्षा-दीक्षा हुई थी और टेलीविज़न इनका शौक था। इनकी भाषा, खान-पान, रहन-सहन, सोच-विचार हिंदुस्तानी नहीं, ऐंग्लो-इंडियन था। इनके सरोकार भी बिलकुल अलग किस्म के थे। ये लोग असली भारत से पूरी तरह अनजान थे। इनमें से ज़्यादातर ने गाँव देखे ही न थे और देखे भी थे तो कौतूहल के भाव से। ग़रीबी, भुखमरी और निरक्षता इन्होंने किताबों में पढ़ी थी, देखी और भुगती नहीं थी। इनका ताल्लुक सरकार में काबिज़ ऊँचे अफ़सरों, नेताओं और ठेकेदारों से था। ऐसे में ज़ाहिर है कि टीवी ख़बरों को देखने का उनका अपना नज़रिया था, ख़बरों को दिखाने का भी।

ऐसे पत्रकार रिपोर्टिंग के लिए ऐसे विषयों का चयन करते थे जिनमें ग्लैमर हो, उच्च वर्ग में जिनकी चर्चा हो और उनकी तारीफ़ के पुल बाँधे जाएँ। बड़े नेताओं के साक्षात्कार, अंतर्राष्ट्रीय घटनाओं पर टीका-टिप्पणियाँ आदि इनमें प्रमुख होते थे। ग्रामीण पत्रकारिता किस चिड़िया का नाम है, यह इन्हें पता ही नहीं था। ख़ालिस देसी विषयों पर वे कुछ करते ही न थे। इस हिन्दुस्तनवा के लिए उनके मन में या तो नफ़रत का भाव था या फिर घोर उपेक्षा का। वह तो शुक्र है समाजवादी आग्रहों का कि टेलीविज़न को शुरू से सामाजिक दायित्व के एजेंडा से बाँध दिया गया था, अन्यथा यह वर्ग भारतीय टेलीविज़न को पूरी तरह से उच्चवर्गीय बना डालता।

टीवी न्यूज़ के दूसरे दौर में उच्च मध्य वर्ग के लोग आने शुरू हुए तो हालात थोड़ा बदले। टीवी कैमरे शहरों से हटकर कभी-कभार गाँव भी जाने लगे। नज़रिए में भी

बदलाव आने लगा, मगर बहुत ज़्यादा नहीं। भाव अभी भी यही होता था कि दुनिया इक्कीसवीं सदी में पहुँच गई और ये हैं कि अभी भी आदिम युग में पाँव फँसाए बैठे हैं। उनके हालात को समझे वग़ैर उन्हें कोसना उनका प्रिय शगल था और इसे वे अपना राष्ट्रीय कर्तव्य भी मानते थे। दूसरी तरफ़, सरकार की चमकीली छवि दिखाने के लिए गाँव की अविश्वसनीय-सी चमकदार तस्वीरें दिखाने की फूहड़ कोशिशें होती थीं, यानी वास्तविकता का सर्वत्र अभाव था।

हाल के वर्षों में निम्न मध्यवर्ग के लोग बड़ी तेज़ी से इस माध्यम में आए हैं। इसकी बड़ी वजह तो क्षेत्रीय और स्थानीय चैनलों का आना रहा है। इस वर्ग के पत्रकार बहुत कम पैसों में काम करने को तैयार होते हैं क्योंकि उनके पास कोई विकल्प ही नहीं होता। उच्च वर्ग के पास तमाम विकल्प हैं इसलिए वह इस स्तर पर काम करने के बजाय मैनेजमेंट को तरज़ीह देने लगा है। यही वजह है कि अब उच्च तबका बाज़ार के साथ में है और बाज़ार को चलानेवाला वर्ग वही है जो कभी टीवी को चलाता था। इसीलिए पूर्वग्रह ज्यों के त्यों हैं। निम्न वर्ग के लोगों के आने से स्थिति में कोई मौलिक बदलाव नहीं आया है। इसे ऐसे समझिए कि अंग्रेजों की सेना में हिंदुस्तानी सिपाही काम कर रहे हैं।

अगर आप ख़बरों पर ग़ौर करें तो आपको ये पूर्वग्रह बहुत साफ़-साफ़ दिखलाई दे जाएँगे। टीवी न्यूज़ में रेल की दुर्घटना में पीड़ितों के साथ अलग व्यवहार होता है और हवाई हादसे के पीड़ितों के प्रति ज़्यादा हमदर्दी उमड़ने लगती है। पब्लिक स्कूलों की संख्या सरकारी स्कूलों की तुलना में आधा फ़ीसदी भी नहीं है मगर टीवी पर पब्लिक स्कूल और वहाँ के बच्चों का ही ज़िक्र होता है। झुग्गी-झोंपड़ियों में लोग मरते-सड़ते रहें, मगर वहाँ की ख़बरें देखने को नहीं मिलेंगी। हाँ, संपन्न लोगों की कॉलोनी में एक

टीवी न्यूज़ में रेल की दुर्घटना में पीड़ितों के साथ अलग व्यवहार होता है और हवाई हादसे के पीड़ितों के प्रति ज़्यादा हमदर्दी उमड़ने लगती है। पब्लिक स्कूलों की संख्या सरकारी स्कूलों की तुलना में आधा फ़ीसदी भी नहीं है मगर टीवी पर पब्लिक स्कूल और वहाँ के बच्चों का ही ज़िक्र होता है। झुग्गी-झोंपड़ियों में लोग मरते-सड़ते रहें, मगर वहाँ की ख़बरें देखने को नहीं मिलेंगी। हाँ, संपन्न लोगों की कॉलोनी में एक दिन पानी न आए तो पत्रकारों में उबाल आ जाता है।

दिन पानी न आए तो पत्रकारों में उबाल आ जाता है। एक-एक ख़बर इस मध्य और उच्च वर्ग को ध्यान में रखकर सोची और तैयार की जाती है। अगर मध्यवर्ग मनोरंजन चाहता है तो ख़बरों में मनोरंजन का पुट बढ़ा दिया जाएगा। अगर वह सेक्स और सनसनी से आनंदित होता है तो चैनलों में उसकी भरमार हो जाती है। ग़रीबी और ग़रीब तभी उसमें नज़र आते हैं जबकि वे मनोरंजन या रोमांच पैदा करते हों।

टीवी की ख़बरों में मज़दूरों के हितों और उनकी समस्याओं को जगह नहीं मिलती। यही नहीं, वे इनके हितों के ख़िलाफ़ भी मोर्चा खोलते रहते हैं। मज़दूरों की हड़तालों के समय यह बात ख़ास तौर पर देखने में आती है। सारे चैनल मज़दूरों को समाज और विकास का विरोधी बताने में जुट जाते हैं। अगर मज़दूरों ने निजीकरण और आर्थिक उदारवाद का विरोध किया तब तो उनकी ख़ैर नहीं। जो राजनीतिक पार्टियां उनका समर्थन करती हैं, वे चैनलों का कोपभाजन बन जाती हैं।

टीवी न्यूज़ का यह पूर्वग्रह मेहनतकश वर्ग के मामले में भी नज़र आता है। टीवी की ख़बरों में मज़दूरों के हितों और उनकी समस्याओं को जगह नहीं मिलती। यही नहीं, वे इनके हितों के ख़िलाफ़ भी मोर्चा खोलते रहते हैं। मज़दूरों की हड़तालों के समय यह बात ख़ास तौर पर देखने में आती है। सारे चैनल मज़दूरों को समाज और विकास का विरोधी बताने में जुट जाते हैं। उन्हें मज़दूरों की समस्याएँ नहीं दिखतीं। मज़दूर बेरोज़गारी का दंश झेल रहे हों, भूखे मर रहे हों या आत्महत्या करने के लिए मजबूर हो रहे हों, उन्हें कोई फर्क नहीं पड़ता। हाँ, उनकी हड़तालों से लोगों को होने वाली परेशानियों को वे बढ़ा-चढ़ाकर ज़रूर बताते हैं। अगर मज़दूरों ने निजीकरण और आर्थिक उदारवाद का विरोध किया तब तो उनकी ख़ैर नहीं। जो राजनीतिक पार्टियाँ उनका समर्थन करती हैं, वे चैनलों का कोपभाजन बन जाती हैं। यही टीवी ख़बरों का वर्गीय चेहरा है।

राजनीतिक पूर्वग्रह

हमने ऊपर चर्चा की थी कि कैसे चैनलों की नीति में ही एक तरह की राजनीति निर्धरित कर दी जाती है। जिन दलों, सरकारों या नेताओं को बचाना है या उन्हें सजा-सँवारकर दिखाना है, वह सीधे-सीधे या परोक्ष रूप से बता दिया जाता है। हर रिपोर्टर जानता है कि उसे किन पर वार करके नौकरी नहीं गँवानी है। लेकिन यह तो चैनल के स्वामित्व या बाज़ार की ज़रूरतों के हिसाब से थोपी गई राजनीति होती है। पत्रकार खुद भी राजनीति से परे नहीं रहते। उनकी एक राजनीति तो स्वार्थों से प्रेरित होती है। अगर किसी नेता या दल से उसे मुद्राएँ मिल रही हैं तो वह उनका और उनकी राजनीति का खयाल भी रखेगा। ऐसा भी होता है कि संवाददाता किसी नेता या दल को कवर करते-करते उसके बहुत करीब चला जाता है और उसे उनकी हर बात सही लगने लगती है। कई बार पत्रकार इस उम्मीद में नेताओं को खुश करने के लिए उनकी इच्छा के अनुरूप ख़बर लगा देते हैं, ताकि भविष्य में बड़ी ख़बरें मिलें। लेकिन ऐसा राजनीति में ही नहीं, हर क्षेत्र में होता है। रिपोर्टर का पूरा काम ही संपर्कों और संबंधों पर निर्भर करता है। यही उनकी पूँजी होती है और इसे सँभालने के लिए थोड़ा-बहुत समझौता करने में उन्हें कोई गुरेज़ नहीं होता।

नेता और राजनीतिक दल राजनीतिक फ़ायदे के लिए पत्रकारों का उपयोग भी खूब करते हैं। वे महत्त्वपूर्ण मसलों पर चुनिंदा जानकारियाँ लीक करते हैं और पत्रकार उन्हें एक्सक्लूसिव समझकर दिखा देते हैं। नेतागण (दूसरे क्षेत्रों, मसलन–नौकरशाही और दूसरी जगहों में भी होता है) किसी प्रतिद्वंद्वी नेता या दलों को बदनाम करने के लिए तथाकथित घोटालों आदि की फ़ाइलें भी पत्रकारों तक पहुँचा देते हैं। याद कीजिए, जब बोफोर्स मामला उछल रहा था तो सरकार ने सेंट किट्स घोटाले के नाम पर वीपी सिंह और उनके पुत्र अजेय सिंह को बदनाम करने के लिए ख़बरें प्लांट करवाई थीं।

मगर सब पत्रकार तो लालची और भ्रष्ट होते नहीं हैं और न ही नेताओं तथा राजनीति के हाथों में खेलने के लिए खुद को प्रस्तुत कर देते हैं। प्रतिबद्ध पत्रकारों की संख्या कम सही, मगर है। इनकी भी अपनी विचारधारा होती है, दृष्टि होती है और ज़ाहिर है कि ख़बरों में भी उनका असर पड़ता ही है। अगर कोई पत्रकार यकीन रखता है कि सरकार जनहित में काम नहीं कर रही है तो वह उन ख़बरों और एंगल की तलाश में रहेगा जिनसे उसे अपनी बात को पुष्ट करने का मौका मिलता हो।

कोई भी व्यक्ति चाहे उसका ताल्लुक किसी भी पेशे से हो, एक राजनीतिक समझ और नज़रिया रखता है और इसी आधार पर चीज़ों को देखने-परखने की कोशिश भी करता है। पत्रकारों की जमात चूँकि ज़्यादा जाग्रत होती है, इसलिए उसमें यह ज़्यादा नज़र आती है। लेकिन इस तरह के आग्रह रखना कोई ग़लत नहीं है, बशर्ते तथ्यों को तोड़ा-मरोड़ा न जाए और इसके पीछे नीयत खराब न हो।

गाँव-शहर पूर्वग्रह

कहा जाता है कि हिंदुस्तान गाँवों में बसता है, मगर यह शिकायत अक्सर की जाती है कि टीवी न्यूज़ में गाँव और ग्रामीण नहीं दिखते या दिखते भी हैं तो नकारात्मक वजहों से। इस शिकायत में दम है, क्योंकि हमारे न्यूज़ चैनल निश्चित ही शहरों को ध्यान में रखकर अपना कलेवर तैयार करते हैं। इसकी कई वजहें हैं। अव्वल तो यह कि टीआरपी मापने के जो पीपल्स मीटर होते हैं, वे गाँव में लगाए ही नहीं गए हैं। यानी चैनलों को गाँवों से कोई टीआरपी हासिल नहीं होती। टीआरपी मीटर गाँवों में न लगाने के पीछे यह सोच कम करता है कि अच्छे महँगे उत्पादों की खपत गाँव में नहीं है, क्योंकि वहाँ लोगों की क्रय शक्ति ही नहीं है। महँगे उत्पाद

खरीदने की ताक़त शहरी लोगों में ही ज़्यादा है, क्योंकि शहरियों की आय भी अधिक है और वे खर्च करने में भी यकीन रखते हैं, यानी शहरी मध्यवर्ग ही विज्ञापनदाताओं को माफ़िक बैठता है इसलिए उनकी दिचलस्पी भी यही जानने में होती है कि वहाँ कौन सा चैनल सबसे ज़्यादा देखा जाता है। यही सोचकर रिसर्च एजेंसी टैम इंडिया ने अपने मीटर शहरों में लगा रखे हैं। विज्ञापन एजेंसियों ने ही यह धारणा बनाकर रखी हुई है कि शहरों का मतलब अपमार्केट और गाँव यानी डाउनमार्केट। यह धारणा संपादकीय विभागों में भी घर कर गई है।

गाँव को पिछड़ेपन का प्रतीक ही माना जाता है। गाँव-देहात का होना शर्म की बात मानी जाती है और लोग अपनी ग्रामीण पृष्ठभूमि को छिपाने की भरसक कोशिश करते हैं। इसके विपरीत शहर मतलब अच्छी शिक्षा, बेहतर स्वास्थ्य-सुविधाएँ और रोज़गार तथा तरक्की के सुनहरे अवसर। ऐसे में गाँव की ख़बरें दिखाकर कोई दर्शकों का ज़ायका भला क्यों खराब करेगा? इस सबके बावजूद अगर कभी किसी चैनल में गाँव की ख़बर दिखेगी भी तो वह उक्त धारणा को पुष्ट करनेवाली ही होगी। ये ख़बरें ऐसी होंगी जिनमें गाँव के उजड्डपने और पिछड़ेपन की तस्वीर ही दिखे।

अगर बाज़ार और टीआरपी को छोड़ दें तो भी हमारे समाज में गाँव को पिछड़ेपन का प्रतीक ही माना जाता है। गाँव-देहात का होना शर्म की बात मानी जाती है और लोग अपनी ग्रामीण पृष्ठभूमि को छिपाने की भरसक कोशिश करते हैं। इसके विपरीत शहर मतलब अच्छी शिक्षा, बेहतर स्वास्थ्य-सुविधाएँ और रोज़गार तथा तरक्की के सुनहरे अवसर। ऐसे में गाँव की ख़बरें दिखाकर कोई दर्शकों का ज़ायका भला क्यों खराब करेगा? इस सबके बावजूद अगर कभी किसी चैनल में गाँव की ख़बर दिखेगी भी तो वह उक्त धारणा को पुष्ट करने वाली ही होगी। ये ख़बरें ऐसी होंगी जिनमें गाँव के उजड्डपने और पिछड़ेपन की तस्वीर ही दिखे। बताया जाएगा कि देश तो इक्कीसवीं सदी में पहुँच गया है मगर गाँव अभी भी अठारहवीं सदी या उससे भी पहले के किसी युग में रह रहे हैं।

कृषि बनाम उद्योग का पूर्वग्रह

देश की करीब सत्तर फ़ीसदी जनता खेती पर निर्भर करती है, मगर न्यूज़ चैनलों में एक फ़ीसदी ख़बरें भी खेती, किसानों और खेतिहर मज़दूरों के बारे में नहीं होतीं। अगर किसान आत्महत्या करने लगें या अनाज के दाम एकदम से बढ़ने लगें तो और बात

है, वर्ना कोई भी खेती-किसानी की खैर-ख़बर नहीं लेता। इसके बरक्स अगर उद्योग और व्यापार जगत की ख़बरों का जायज़ा लिया जाए तो चैनलों पर वे पटी पड़ी होती हैं। नए उत्पादों की लांचिंग हो, कंपनियों के तिमाही परिणाम आए हों, शेयर बाज़ार की उथल-पुथल हो या रिज़र्व बैंक की मौद्रिक नीति की घोषणा–हर जगह उद्योग-धंधों का ही ज़िक्र होता है। न्यूज़ चैनलों में बिज़नेस की दैनिक बुलेटिन होती है मगर कृषि पर साप्ताहिक कार्यक्रम भी देखने को नहीं मिलते। एक-दो नहीं, कई-कई बिज़नेस चैनल भी आ चुके हैं मगर कृषि का ज़िम्मा दूरदर्शन के सिर पर डाल दिया गया है। वहाँ भी एक कृषि समाचार है जो युगों-युगों से उसी अंदाज़ में पेश किया जा रहा है। न कोई कल्पनाशीलता, न समय के हिसाब से कोई बदलाव, मानो एक कर्मकांड है जो संपन्न कर दिया जाता है।

निश्चय ही, यहाँ भी बाज़ार की ही भूमिका है। चैनलों को कृषि-जगत से कोई विशेष आय नहीं होती। खाद और ट्रैक्टर वग़ैरह के विज्ञापन बहुत सीमित होते हैं, जबकि

उद्योगों द्वारा बनाए जा रहे उत्पादों के विज्ञापनों की भरमार होती है। ज़ाहिर है कि चैनलों का झुकाव उद्योगों की तरफ हो जाता है। वे उनकी ही तरफ़दारी करते हैं और कई बार कृषि-विरोधी रवैया भी अख़्तियार कर लेते हैं।

चैनलों का उद्योग-व्यापार जगत से इतना अधिक प्रेम है कि वे उसकी हर जायज़-नाजायज़ माँग के पक्ष में खड़े हो जाते हैं। वे खेती को मिलनेवाली सुविधाओं का विरोध करने लगते हैं, उद्योगपतियों के पक्ष में नीतियाँ बनवाने के लिए सरकार पर दबाव डालने लगते हैं और अगर सरकार ऐसा नहीं करती है तो वे उसके खिलाफ मोर्चा भी खोल देते हैं। चैनलों में उद्योगपतियों और व्यापारियों की प्रशंसा वाले कार्यक्रम दिखाए ही जाते हैं। कभी किसी चैनल पर विरोध में ख़बरें चलती भी हैं तो व्यापारिक प्रतिद्वंद्विता की वजह से।

चैनलों का उद्योग-व्यापार जगत से इतना अधिक प्रेम है कि वे उसकी हर जायज़-नाजायज़ माँग के पक्ष में खड़े हो जाते हैं। वे खेती को मिलनेवाली सुविधाओं का विरोध करने लगते हैं, उद्योगपतियों के पक्ष में नीतियाँ बनवाने के लिए सरकार पर दबाव डालने लगते हैं और अगर सरकार ऐसा नहीं करती है तो वे उसके खिलाफ मोर्चा भी खोल देते हैं। चैनलों में उद्योगपतियों और व्यापारियों की प्रशंसा वाले कार्यक्रम दिखाए ही जाते हैं। कभी किसी चैनल पर विरोध में ख़बरें चलती भी हैं तो व्यापारिक प्रतिद्वंद्विता की वजह से।

सामाजिक पूर्वग्रह

समाचार जिस स्थान विशेष को संबोधित होते हैं या जहाँ से बने हैं वहाँ की सामाजिक-सांस्कृतिक संरचना का असर उन पर पड़ना स्वाभाविक है। भारत तो वैसे भी विविधताओं से भरा और बहुस्तरीय देश है। जहाँ वर्ण व्यवस्था ने समाज को बाँट रखा है, वहीं बहुसंख्यक बनाम अल्पसंख्यक के कृत्रिम विभाजन भी पैदा कर दिए गए हैं। दलित, आदिवासी और महिलाएँ भेदभावपूर्ण सामाजिक-आर्थिक व्यवस्था में सबसे ज़्यादा पीड़ित हैं। ज़ाहिर है, भेदभाव के पीछे पूर्वग्रहों का हाथ होता है और पूर्वग्रहों की वजह से भेदभाव भी किया जाता है। आइए, प्रमुख सामाजिक पूर्वग्रहों को थोड़ा विस्तार के साथ देखते हैं।

जातीय पूर्वग्रह

सामाजिक पूर्वग्रहों के मामले में टीवी न्यूज़ में सबसे ज़्यादा जातियों को लेकर पूर्वग्रह काम करते हैं। यह स्वाभाविक ही है कि चूँकि समाज का सबसे शिक्षित तबका सवर्णों का है इसलिए मीडिया में भी उनकी संख्या बहुत ज़्यादा है। दलित जातियाँ नाम को होंगी और जनजातियाँ तो ख़ैर ढूँढ़ने से भी मिलनी मुश्किल हैं। ऐसे में यह भी बहुत स्वाभाविक है कि उनके जातीय पूर्वग्रह भी साथ आएँ और टीवी न्यूज़ में झलकें। मसलन, उनमें खुद को लेकर एक तरह का श्रेष्ठताबोध होता है, जबकि दलितों एवं पिछड़ों को वे हीन भाव से देखते हैं। वे मानकर चलते हैं कि इन जातियों के लोग अयोग्य और प्रतिभाहीन होते हैं। अगर इन जातियों का कोई व्यक्ति सफलता हासिल करता है या उच्च पद तक पहुँचता है तो वे उसे उसका श्रेय भी देने से इनकार कर देते हैं। मगर दूसरी तरफ संरक्षणवादी रवैया भी अख़्तियार करते हैं, मानो वे पितातुल्य हैं और दलित या पिछड़े छोटे बच्चे!

ऐसे बहुत-से मौके आते हैं जब उनके ये पूर्वग्रह सतह पर आ जाते हैं। ख़ास तौर पर जब कभी आरक्षण का सवाल उठता है तो न्यूज़ चैनल खुलकर आरक्षण के विरोध में उतर आते हैं। वे पूरे कंटेंट को इसी रंग में रँग देते हैं। संवाददाता चुन-चुनकर ऐसे लोगों से बात करते हैं जो आरक्षण विरोधी होते हैं। डेस्क पर काम करनेवाले ये भूमिका स्क्रिप्टिंग और पैकेजिंग में निभाते हैं और एंकर स्टूडियो चर्चा आदि में अपने पूर्वग्रहों का प्रदर्शन कर देते हैं। ये लोग आरक्षण को जातिवाद की राजनीति बताते हैं। मगर जातिवाद केवल राजनीति में नहीं है, बल्कि यह समाज में ही है और युगों-युगों से है।

चूँकि समाज का सबसे शिक्षित तबका सवर्णों का है इसलिए मीडिया में भी उनकी संख्या बहुत ज़्यादा है। दलित जातियाँ नाम को होंगी और जनजातियाँ तो ख़ैर ढूँढ़ने से भी मिलनी मुश्किल हैं। ऐसे में यह भी बहुत स्वाभाविक है कि उनके जातीय पूर्वग्रह भी साथ आएँ और टीवी न्यूज़ में झलकें। मसलन, उनमें खुद को लेकर एक तरह का श्रेष्ठताबोध होता है, जबकि दलितों एवं पिछड़ों को वे हीन भाव से देखते हैं। वे मानकर चलते हैं कि इन जातियों के लोग अयोग्य और प्रतिभाहीन होते हैं। अगर इन जातियों का कोई व्यक्ति सफलता हासिल करता है या उच्च पद तक पहुँचता है तो वे उसे उसका श्रेय भी देने से इनकार कर देते हैं।

रंगभेदी पूर्वग्रह

समाज में अगर नस्लभेद है तो रंगभेद भी और यही हाल टीवी न्यूज़ का है। टेलीविज़न में तो यह रंगभेद और भी खुलकर ज़ाहिर होता है। एंकरिंग के इच्छुक लोगों के लिए एक तरह से यह ज़रूरी होता है कि वे गोरे हों और अगर वे गोरे नहीं हैं तो अपनी इच्छा का गला घोंट दे। इक्का-दुक्का अपवादों को छोड़ दें तो सारे चैनलों पर गोरे ही ख़बर पढ़ते नज़र आते हैं। रंग को लेकर यह आग्रह केवल एंकर तक ही सीमित नहीं है। टेलीविज़न पर आने वाले दूसरे चेहरों के बारे में भी रंग-रूप का पूरा खयाल रखा जाता है। कोशिश की जाती है कि रिपोर्टर भी प्रदर्शनीय (प्रेंजेंटेबल) हों, जिसका मतलब होता है–गोरा, चुस्त-दुरुस्त और खूबसूरत। यही नहीं, उनसे यह भी कहा जाता है कि वे जिनके इंटरव्यू करें, वे भी गोरे-चिट्टे (गुड फेसेस) हों। इसी तरह स्टूडियो में बहस-मुबाहिसे के लिए बुलाए जाने वाले मेहमानों के चयन की कसौटी भी सुंदरता ही होती है और ज़ाहिर है कि सुंदरता के पैमाने में हमारे यहाँ सबसे ज़्यादा महत्त्व रंग को ही दिया जाता है। कहने का मतलब यह है कि टीवी का रंगभेद विचारों और विवेक को पीछे ढकेलकर रंग और रूप को सर्वोच्च स्थान देता है।

सांप्रदायिक पूर्वग्रह

मीडिया पर हावी सांप्रदायिकता को लेकर चिंता अरसे से ज़ाहिर की जाती रही है। हिन्दी और क्षेत्रीय मीडिया चाहे वह किसी भी भाषा का हो, इसके लिए और भी बदनाम रहा है, उसका रिकॉर्ड बहुत खराब रहा है। मंदिर-मस्जिद आंदोलन के दौरान उसकी भूमिका

बहुत ही नकारात्मक रही थी। यहाँ तक कि प्रेस परिषद ने कई अख़बारों को इसके लिए चिह्नित और दंडित भी किया था। इन अख़बारों ने उन्माद पैदा करने में न केवल राजनीतिक दलों का साथ दिया था, बल्कि तथ्यों को तोड़-मरोड़कर और सांप्रदायिक विद्वेष फैलानेवाली बातों को छापकर स्थिति को विस्फोटक बना दिया था। बाबरी

टेलीविज़न न्यूज़ भी इन सांप्रदायिक दुराग्रहों से मुक्त नहीं है। गुजरात नरसंहार के बारे में ज़्यादातर चैनलों का रुख़ या तो आँखें मूँद लेने का रहा या फिर उन्हें किसी न किसी रूप में सही ठहराने का। एक-दो चैनल ही ऐसे रहे जिन्होंने आगे बढ़कर यह दिखाया कि कैसे पुलिस, प्रशासन और सरकार मिलकर अल्पसंख्यकों का कत्लेआम करवा रही है। इन्हीं चैनलों की वजह से यह संभव भी हो सका कि बहुत सारे ऐसे मामले खुलने लगे जो कि दफ़न कर दिए गए थे।

मस्जिद गिराए जाने के बाद भड़के दंगों में भी इन्होंने आग में घी डालने का काम किया था। इसी तरह गोधरा के बाद गुजरात में जो नरसंहार हुए, उनके बारे में भी अगर अपवादों को छोड़ दें तो हिंदी और स्थानीय मीडिया की भूमिका अच्छी नहीं रही। वास्तव में हर दंगे के आगे-पीछे मीडिया की भूमिका प्रश्नों के घेरे में रहती आई है।

दरअसल, न्यूज़ चैनल एक तरह के टकराव की स्थिति में खूब फलते-फूलते हैं। जैसे ही किसी मसले का ध्रुवीकरण होता है या टकराव की स्थिति बनती है, उनकी दर्शक-संख्या एकदम से बढ़ जाती है। इसलिए वे ऐसे मसलों को उछालने में देर नहीं करते। इन मसलों में भले ही सीधे-सीधे सांप्रदायिकता दिखलाई न पड़ती हो मगर फिर भी वे सांप्रदायिक विद्वेष को बढ़ाते तो हैं ही।

टेलीविज़न न्यूज़ भी इन सांप्रदायिक दुराग्रहों से मुक्त नहीं है। गुजरात नरसंहार के बारे में ज़्यादातर चैनलों का रुख़ या तो आँखें मूँद लेने का रहा या फिर उन्हें किसी न किसी रूप में सही ठहराने का। एक-दो चैनल ही ऐसे रहे जिन्होंने आगे बढ़कर यह दिखाया कि कैसे पुलिस, प्रशासन और सरकार मिलकर अल्पसंख्यकों का कत्लेआम करवा रही है। इन्हीं चैनलों की वजह से यह संभव भी हो सका कि बहुत सारे ऐसे मामले खुलने लगे जो कि दफ़न कर दिए गए थे।

लेकिन टीवी ख़बरों पर सांप्रदायिकता का यह आग्रह केवल दंगों के दौरान ही दिखता हो ऐसा नहीं है। यह सतत रूप में चलता रहता है। कभी वंदेमातरम् को लेकर, कभी वेलेंटाइन डे को लेकर, कभी धर्मांतरण के मुद्दे पर, कभी अंतर्धर्मीय शादियों को लेकर, गौवध के सवाल पर तो कभी कोई और प्रसंग ढूँढ़ लिया जाता है। दरअसल, न्यूज़ चैनल एक तरह के टकराव की स्थिति में खूब फलते-फूलते हैं। जैसे ही किसी मसले का ध्रुवीकरण होता है या टकराव की स्थिति बनती है, उनकी दर्शक-संख्या एकदम से बढ़ जाती है। इसलिए वे ऐसे मसलों को उछालने में देर नहीं करते। इन मसलों में भले ही सीधे-सीधे सांप्रदायिकता दिखलाई न पड़ती हो मगर फिर भी वे सांप्रदायिक विद्वेष को बढ़ाते तो हैं ही। होता यह है कि जैसे ही वे ऐसे मुद्दे उठाना शुरू करते हैं, सांप्रदायिक सोच वाले लोगों को प्रचार पाने का एक मंच मिल जाता है। वे बहुत ही उग्र भाषा में तथ्यों को तोड़-मरोड़कर पेश करना शुरू कर देते हैं जिससे माहौल में तनाव और गरमी बढ़ने लगती है। इस तरह से वे अपने उद्देश्यों के लिए टीवी का इस्तेमाल भी कर लेते हैं। इसीलिए इन्हें तूल न देना ही ठीक होता है।

टेलीविज़न न्यूज़ के सांप्रदायिक पूर्वग्रह और भी तरह से दिखते हैं। इसकी भी वजह यही है कि अल्पसंख्यक समुदाय को लेकर कुछ स्टीरियोटाइप धारणाएँ हिंदू टीवी पत्रकारों में बनी हुई हैं। ज़्यादातर पत्रकार मानते हैं कि मुसलमान आपराधिक प्रवृत्ति के होते हैं और आतंकवाद से उनका सीधा संबंध होता है। अब इस पूर्वग्रह की वजह से होता यह है कि जब पुलिस किसी मुसलमान को अपराधी या आतंकवादी बताते हुए मार डालती है तो उनके मन में संदेह भी नहीं उठता कि कहीं कोई और वजह तो नहीं थी? कहीं फर्ज़ी मुठभेड़ में तो नहीं मार दिया गया उसे? ठीक इसके विपरीत मुस्लिम पत्रकारों में से अधिकांश इस पूर्वग्रह से पीड़ित दिखते हैं कि उनके साथ अन्याय हो रहा है, भेदभाव हो रहा है।

इतना सब कहने के बाद भी यह कहा जा सकता है कि टेलीविज़न न्यूज़ में धर्म निरपेक्षता को लेकर भी आग्रह कम नहीं है। ज़्यादातर चैनल कोशिश करते हैं कि संयम से काम लें। ख़ास तौर पर सांप्रदायिक टकराव की स्थिति में वे यथासंभव सांप्रदायिक पहचानों को ज़ाहिर नहीं करते। वे ऐसी जानकारियों को नहीं जाने देते जिनसे स्थिति बिगड़े। अफ़वाहों पर कान नहीं देते और तथ्यों को बार-बार परख लेते हैं। ऐसे मौकों पर वे एक मानवीय दृष्टिकोण अपनाकर लोगों को और उदार बनने के लिए प्रेरित भी करते हैं। लेकिन फिर भी सांप्रदायिक पूर्वग्रह चैनलों में है और वे काम भी करते रहते हैं।

चैनल महिलाओं की यही छवियाँ बेचते हैं

महिला-पुरुष पूर्वग्रह

न्यूज़ चैनलों में महिलाओं की संख्या देखकर लोगों को लग सकता है कि कम से कम यह एक जगह है जहाँ पर महिलाएँ आगे हैं और उनके साथ भेदभाव नहीं होता होगा। मगर ऐसा है नहीं। यहाँ भी पुरुषों की ही सत्ता चलती है। पुरुषों का ही बोलबाला है और वही तय करने वाले हैं कि क्या और कैसे होना है। महिलाओं की उपस्थिति कमोबेश हिंदी फिल्मों में शोभा बढ़ाने वाली अभिनेत्रियों जैसी ही है।

सर्वप्रथम तो महिला पत्रकारों के चयन की कसौटियाँ ही इस तथ्य को रेखांकित कर देती हैं। उन्हें उनके कद, काया, सौंदर्य और सेक्स अपील के आधार पर सबसे पहले परखा जाता है। एंकर के चयन के लिए तो ये मानदंड होते ही हैं, यहाँ तक कि रिपोर्टिंग में भी उनका टेलीजेनिक होना अनिवार्य माना जाता है। उनमें पत्रकारीय गुण नहीं देखे जाते या देखे भी जाते हैं तो भी वे इतने महत्त्वपूर्ण नहीं माने जाते। उनसे बहुत ज़्यादा ज्ञान और बुद्धिमानी की अपेक्षा तो की ही नहीं जाती। वे टीवी चैनलों के लिए सजावट की वस्तु समझी जाती हैं। उन्हें ख़बरों के बाज़ार में सेल्स गर्ल के तौर पर लिया जाता है।

महिला पत्रकारों के चयन की कसौटियाँ ही इस तथ्य को रेखांकित कर देती हैं। उन्हें उनके कद, काया, सौंदर्य और सेक्स अपील के आधार पर सबसे पहले परखा जाता है। एंकर के चयन के लिए तो ये मानदंड होते ही हैं, यहाँ तक कि रिपोर्टिंग में भी उनका टेलीजेनिक होना अनिवार्य माना जाता है। उनमें पत्रकारीय गुण नहीं देखे जाते या देखे भी जाते हैं तो भी वे इतने महत्त्वपूर्ण नहीं माने जाते।

अब जबकि महिलाओं के चयन का आधार ही सुंदरता और सेक्स अपील है तो समझा जा सकता है कि किस तरह की महिलाएँ टीवी न्यूज़ चैनलों में जगह बना पाती होंगी, और अगर समझदार महिला पत्रकारों के लिए जगह नहीं है तो केवल सुंदरता के बल पर आई महिलाओं का प्रदर्शन कैसा रहता होगा। सचाई तो यही है कि ज़्यादातर महिलाएँ एंकर न होकर न्यूज़ रीडर ही होती हैं। संवाददाताओं या किसी मेहमान से वे खुद सवाल नहीं पूछ पातीं या पूछती हैं तो गड़बड़ा जाती हैं। मुश्किल परिस्थितियों को सँभालने का माद्दा उनमें नहीं होता। विषयों पर उनकी पकड़ कमज़ोर होती है, ख़ास तौर पर राष्ट्रीय तथा अंतर्राष्ट्रीय राजनीति, आर्थिक मामलों और खेल में। इसीलिए उन्हें इनसे दूर रखा जाता है। विशेष मौकों, मसलन—चुनाव आदि के वक्त

तो वे स्क्रीन से गायब ही हो जाती हैं। रिपोर्टिंग में भी उनको हलकी-फुलकी मानी जानेवाली बीट ही दी जाती है। इनमें कला, संस्कृति, फैशन, मनोरंजन आदि शामिल हैं। टीवी में इन विषयों को गंभीरता से नहीं लिया जाता है और इसमें भी फोकस ग्लैमर पर ज़्यादा होता है। खूबसूरत महिला रिपोर्टर भी उसमें इज़ाफा ही करती है।

अगर कुछेक अपवादों को छोड़ दिया जाए तो टेलीविज़न न्यूज़ में भी महिलाओं की छवि मंदबुद्धि और कमज़ोर की ही होती है।

मगर यह तो बात हुई टीवी न्यूज़ में काम करने वाली महिलाओं की। टीवी चैनलों के बाहर महिलाओं के बड़े समाज को लेकर भी उसके पूर्वग्रह कम नहीं हैं। विभिन्न प्रकार की ख़बरों में ये दिख भी जाते हैं। एक तो महिलाओं की उन्हीं खबरों को प्राथमिकता दी जाती है जिनमें ग्लैमर हो, मनोरंजन हो। प्रसिद्ध महिलाओं (यहाँ भी खूबसूरती जरूर देखी जाती है) पर केंद्रित ख़बरें और कार्यक्रम बनाए जाते हैं। ये ज़्यादातर फैशन और फिल्म की दुनिया से ताल्लुक रखती हैं। खेल के आयोजनों में इन्हें सजावटी गुड़िया के तौर पर इस्तेमाल किया जाता है।

शहरों में काम करने वाली मध्यवर्ग की महिलाएँ टीवी न्यूज़ से बाहर हैं। इन महिलाओं के बारे में कभी टेलीविज़न पर ख़बरें देखने को नहीं मिलतीं। इनका आर्थिक-शारीरिक शोषण न्यूज़ चैनलों के कैमरे कभी क़ैद नहीं करते। हाँ, उनके साथ बलात्कार हो जाए तो वे हमदर्द बनकर ज़रूर टूट पड़ेंगे, क्योंकि ऐसी ख़बरों में सनसनी होती है और पुरुष समाज को परोक्ष आनंद मिलता है।

14

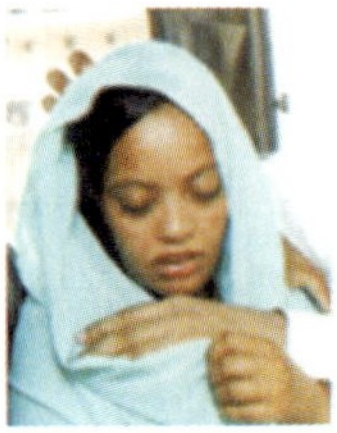

टीवी न्यूज़ का बदलता चेहरा

दुनिया में हर शै परिवर्तनशील है। कहा जाता है कि अगर कोई चीज़ स्थायी है तो वह है परिवर्तन। इसलिए जब सब कुछ बदल रहा हो तो न्यूज़ जैसी चीज़ कैसे बिना बदले रह सकती है। वह न केवल खुद बदलती है, बल्कि बदलाव की सूचना भी हमें देती है। यही नहीं, एक क़दम आगे बढ़कर वह परिवर्तन की भूमिका तैयार करने में भी महत्त्वपूर्ण योगदान देती है।

टेलीविज़न न्यूज़ पिछले एक-डेढ़ दशकों में तेज़ी से बदली है और ऐसी बदली है कि उसका हुलिया भी पहचानना मुश्किल हो जाता है। कंटेंट से लेकर प्रस्तुति तक, सब कुछ बदल गया है। इस बदलाव की थोड़ी-बहुत चर्चा हमने *टीवी न्यूज़ का इतिहास* में की थी। मगर वहाँ हम ऐतिहासिक परिप्रेक्ष्य में इस परिवर्तन को देख रहे थे। यहाँ हम अब समग्र रूप से टीवी न्यूज़ में आए और आने वाले बदलावों को जाँचने-परखने की कोशिश करेंगे।

एक-डेढ़ दशक पहले टीवी न्यूज़ का मतलब होता था प्रधानमंत्री और मंत्रियों के भाषण, घोषणाएँ, सरकारी आयोजन, आपदाएँ, सरकार के एजेंडे के हिसाब से तैयार की गई रिपोर्ट, खेल की कुछ ख़बरें, मौसम की जानकारी, आदि। सरकारी नियंत्रण में चलनेवाले किसी भी प्रतिष्ठान से और कुछ की उम्मीद की भी नहीं जा सकती थी। उस समय टीवी न्यूज़ लोगों तक जानकारियाँ पहुँचाने से ज़्यादा सरकारी प्रोपेगंडा का हथियार थी। मगर चूँकि उस समय समाजवाद का ज़ोर था और कल्याणकारी राज्य की अवधारणा सरकार ने छोड़ी नहीं थी, इसलिए ख़बरें थोड़ा अनुशासन में भी बँधी

हुई थीं। उन्हें सनसनीख़ेज नहीं बनाया जाता था। अपराध या फिल्मों की ख़बरों को सीमित महत्त्व ही दिया जाता था। यह मानकर चला जाता था कि चूँकि टेलीविज़न परिवारों में सामूहिक तौर पर देखा जाता है, इसलिए ख़बरों और दृश्यों का चयन एवं ट्रीटमेंट सावधानी से होना चाहिए।

वह दौर था जब ख़बरों का काम बहुत गंभीर माना जाता था और यह गंभीरता हर स्तर पर दिखलाई पड़ती थी। बिना पुष्टि के कोई भी ख़बर दिखाई नहीं जाती थी। न्यूज़ रीडर पूरी गंभीरता के साथ ख़बरें पढ़ते थे। उनके हाव-भाव और पहनावे में भी एक तरह की परिपक्वता झलकती थी। उच्चारण के दोषों को तो अक्षम्य माना जाता था। नुक्तों का पूरा ध्यान रखा जाता था।

समय बदला और चीज़ें तेज़ी से बदलनी शुरू हो गईं। निजी चैनलों के आगमन और निजी ख़बर निर्माताओं ने दूरदर्शन के ख़बर-ढाँचे को तोड़ना शुरू कर दिया। इस विखंडन और नवनिर्माण से ख़बरों की दुनिया बदलनी शुरू हो गई। इस परिवर्तन के अच्छे और बुरे दोनों असर हुए। सबसे अच्छा असर तो यह हुआ कि ख़बरें सरकारी नियंत्रण से आज़ाद हो गईं। ख़बरों के अन्य पक्ष भी लोगों को दिखने लगे। ख़बरों का दायरा भी बढ़ गया।

फिर समय बदला और चीज़ें तेज़ी से बदलनी शुरू हो गईं। निजी चैनलों के आगमन और निजी ख़बर निर्माताओं ने दूरदर्शन के उपर्युक्त ख़बर-ढाँचे को तोड़ना शुरू कर दिया। इस विखंडन और नवनिर्माण से ख़बरों की दुनिया बदलनी शुरू हो गई। इस परिवर्तन के अच्छे और बुरे दोनों असर हुए। सबसे अच्छा असर तो यह हुआ कि ख़बरें सरकारी नियंत्रण से आज़ाद हो गईं। ख़बरों के अन्य पक्ष भी लोगों को दिखने लगे। ख़बरों का दायरा भी बढ़ गया। लोगों को हर रोज़ प्रधानमंत्री की ऊबाऊ घोषणाएँ सुनने से मुक्ति मिलने लगी। इसके विपरीत सबसे बुरा असर यह हुआ कि समाचार से जुड़े लोगों ने खुद को किसी भी तरह के सामाजिक दायित्व से ऊपर और मुक्त मान लिया। वे ख़बरों को खिलवाड़ की चीज़ समझने लगे।

आइए, अब टीवी न्यूज़ में आए इन परिवर्तनों को ज़रा विस्तार के साथ देखें। टीवी न्यूज़ में आए इन परिवर्तनों को हम मुख्य रूप से तीन हिस्सों में बाँटकर देख सकते हैं।

1. चाल
2. चरित्र और
3. चेहरा।

चाल

ख़बरों को चाहे वे किसी भी तरह की हों और निजी ज़िंदगी से ही जुड़ी क्यों न हों, जल्दी से जल्दी जानने की जिज्ञासा हर किसी में होती है। कोई भी घटना होती है और हम झट से रेडियो-टीवी खोलकर जानने की कोशिश करते हैं कि क्या हुआ और कैसे हुआ। जल्दी से जानने की यह मानव-वृत्ति यहीं नहीं रुकती। वह उसके आगे की जानकारी जुटाने और उसके विश्लेषण करने में भी जुट जाती है। हालाँकि काफी

कुछ घटना के आकार-प्रकार पर भी निर्भर करता है। अगर घटना बड़ी हुई तो ज़ाहिर है कि जिज्ञासा भी बड़ी होगी और ज़्यादा लंबे समय तक क़ायम रहेगी। अगर घटना बहुत सारे सवाल खड़ा करती होगी तो भी जिज्ञासा का प्रबल होना लाज़िमी होगा।

बहरहाल, जब तक दूरदर्शन अकेला था, उसने इस मानव वृत्ति को अनदेखा किया। यहाँ तक कि शुरू-शुरू में आए निजी चैनलों ने भी इस पर विशेष ध्यान नहीं दिया। सबसे पहले *आजतक* ने इसे समझा और उसने सबसे पहले ख़बर देने के लक्ष्य के

साथ शुरुआत करते हुए चंद महीनों में ही मैदान मार लिया। सबसे तेज़ चैनल होने का उसने शोर ही नहीं मचाया, बल्कि साबित भी किया कि वह सबसे पहले ख़बर देता है।

आजतक ने अन्य मामलों में भी अपनी रफ़्तार का लोहा मनवाया। पहले ख़बर देने के बाद उसने फालोअप में भी सबको पछाड़ना शुरू कर दिया। घटनाओं के बाद की ख़बरों और फिर विचार-विश्लेषण में आगे होने का लाभ उसे मिला और वह सफलता की सीढ़ियाँ चढ़ता चला गया। बहुत जल्द वह नंबर वन बन गया और आज तक इक्का-दुक्का अवसरों को छोड़कर सबसे आगे बना हुआ है।

यानी सबसे तेज़ सबसे आगे बने होने का फार्मूला बन गया। *आजतक* की सफलता ने सभी ख़बर देने और दिखाने वालों को शिद्दत से यह एहसास करवा दिया कि अगर कामयाब होना है तो सबसे पहले ख़बरें देने की कोशिश करनी होगी। इस तरह

ख़बरों की दुनिया अचानक तेज़ भागने लगी। इससे जहाँ दर्शकों को फौरन ख़बरें मिलने लगीं, वहीं ख़बर देने वालों का आत्म नियंत्रण भी जाता रहा। ब्रेकिंग न्यूज़ मज़ाक बनकर रह गईं। उसका महत्त्व और मर्यादा दोनों ख़त्म हो गई। कोई भी ख़बर ब्रेकिंग न्यूज़ बन सकती थी। उसका संबंध कोई ज़रूरी नहीं कि महत्त्वपूर्ण ख़बर से हो या वह उसे सबसे पहले मिल गई हो। मुमकिन है कि तीन दिन पहले की कोई ख़बर भी ब्रेकिंग न्यूज़ बताकर चला दी जाए। यह भी होने लगा कि जिस ख़बर को कोई चैनल पहले ही ब्रेक कर चुका होता है उसे थोड़ी देर बाद बाक़ी के चैनल भी ब्रेक करने लगें। ख़बरें ब्रेक करना सफलता का पैमाना बन गया। और लोग इसे किसी भी कीमत पर हासिल करना चाहते हैं। वैसे भी दर्शकों को कहाँ पता चलता है कि कोई ख़बर सबसे पहले किस चैनल पर चली, क्योंकि वह सब चैनल तो एक साथ देखता नहीं है। ऐसे में चैनल ब्रेकिंग न्यूज़ को लेकर यह भ्रम बनाने में तो सफल हो ही जाते हैं कि ख़बर उन्होंने ही ब्रेक की है और वे दूसरे को श्रेय लेने से भी वंचित कर देते हैं।

ख़बरों की दुनिया अचानक तेज़ भागने लगी। इससे जहाँ दर्शकों को फौरन ख़बरें मिलने लगीं वहीं ख़बर देनेवालों का आत्म-नियंत्रण भी जाता रहा। ब्रेकिंग न्यूज़ मज़ाक बनकर रह गई। उसका महत्व और मर्यादा दोनों ख़त्म हो गई। कोई भी ख़बर ब्रेकिंग न्यूज़ बन सकती थी। उसका संबंध कोई ज़रूरी नहीं कि महत्वपूर्ण ख़बर से हो या वह उसे सबसे पहले मिल गई हो। ख़बरें ब्रेक करना सफलता का पैमाना बन गया।

दरअसल, ब्रेकिंग न्यूज़ दर्शकों का ध्यान खींचकर किसी तरह से उसे अपने चैनल पर रोके रखने का ज़रिया बनती चली गई। जल्दी ख़बर देने की इस होड़ ने पत्रकारों को थोड़ा ग़ैर ज़िम्मेदार भी बना दिया। तेज़ भागने के चक्कर में वे सिग्नल, बैरियर तोड़ने लगे और इससे दुर्घटनाएँ भी होने लगीं। पत्रकारिता का यह बुनियादी नियम है कि बिना जाँचे-परखे ख़बर को छापा, सुनाया या दिखाया नहीं जाना चाहिए। मगर अधकच्ची और अपुष्ट ख़बर दिखा दी जाती है। जब पता चलता है कि ख़बर ग़लत है तो उसे चुपचाप हटा दिया जाता है। न खेद प्रकट किया जाता है और न माफ़ी माँगी जाती है। दो-चार दिन बाद फिर यही ग़लती बिना अपराधबोध के दोहरा दी जाती है।

चैनलों की इस प्रवृत्ति ने ख़बरों की विश्वसनीयता को कम करने में बहुत बड़ा योगदान दिया है। हो सकता है कि न्यूज़ चैनलों को इससे तात्कालिक लाभ मिल जाता हो, मगर लंबे समय में यह फ़ायदे का सौदा नहीं है। ख़बरों में सचाई उसका सबसे महत्त्वपूर्ण हिस्सा होता है। उसके बिना उसकी महत्ता ख़त्म हो जाती है। दर्शक उन पर भरोसा करना छोड़ देंगे या छोड़ भी रहे हैं। वे एक में ब्रेंकिग न्यूज देखने के बाद अब दूसरे चैनल भी देखते हैं, ताकि यकीन कर सकें कि ख़बर वाकई में सही है या नहीं या उस ख़बर विशेष में कितनी सचाई है।

बहरहाल, ख़बरों की रफ़्तार बढ़ गई। बेशक इसमें टेक्नोलॉजी का बहुत बड़ा योगदान है, क्योंकि अगर अस्सी के दशक में दूरदर्शन चाह भी लेता तो भी वह ख़बरों की गति बढ़ा नहीं सकता था। उस दौर में शूटिंग और एडिटिंग दोनों ही कामों में काफ़ी वक्त लगता था, क्योंकि इनके लिए उपकरण या मशीनें तेज़ गति से काम करनेवाली

नहीं थीं। न तो न्यूज़रूम का आटोमेशन हुआ था, और न ही ट्रांसमिशन ही स्वचालित था। सब कुछ मानव संचालित होने की वजह से ज़्यादा वक्त लगता था। और तो और दूर संचार के क्षेत्र में भी इतनी तरक्की नहीं हुई थी। उस समय एक फोन करना ही बड़ा श्रमसाध्य काम होता था, जबकि आज मोबाइल और सैटेलाइट फोन के ज़रिए देश भर के रिपोर्टर मुख्यालय से जुड़े हुए हैं और कोई भी ख़बर सीधे प्रसारित की जा सकती हैं। ओबी और डीएसएनजी वैन के ऑपरेशन भी बहुत आसान हो गए हैं, इसलिए लाइव करना आज चुटकियों का खेल हो गया है।

कहने का मतलब यह है कि टेक्नोलॉजी ने रफ़्तार को बढ़ाने में अभूतपूर्व योगदान दिया है। इसने काम करने वालों की मानसिकता को भी बदला है। वे भी टेक्नोलॉजी का लाभ उठा रहे हैं और ख़बरों को निर्बाध गति से दौड़ाए जा रहे हैं। यह सिलसिला आगे भी जारी रहने की संभावना है, क्योंकि दोनों ही स्तरों पर तेज़ बदलाव आ रहे हैं। टेक्नोलॉजी लगातार बदल रही है और चैनलों की संख्या के बढ़ने के साथ-साथ होड़ में भी इज़ाफा होता जा रहा है।

टेक्नोलॉजी ने रफ़्तार को बढ़ाने में अभूतपूर्व योगदान दिया है। इसने काम करने वालों की मानसिकता को भी बदला है। वे भी टेक्नोलॉजी का लाभ उठा रहे हैं और ख़बरों को निर्बाध गति से दौड़ाए जा रहे हैं। यह सिलसिला आगे भी जारी रहने की संभावना है, क्योंकि दोनों ही स्तरों पर तेज़ बदलाव आ रहे हैं। टेक्नोलॉजी लगातार बदल रही है और चैनलों की संख्या के बढ़ने के साथ-साथ होड़ में भी इज़ाफा होता जा रहा है।

चरित्र

ऊपर हमने देखा कि बाज़ारजनित स्पर्धा और टेक्नोलॉजी ने कैसे ख़बरों की चाल को बदल दिया है। ये दोनों तत्त्व या कारक (फैक्टर) ख़बरों के चरित्र में आए और आ रहे बदलाव में भी भूमिका निभा रहे हैं।

बाज़ार की माँग थी कि सोई हुई ख़बरें जागें और उठकर भागें। पहले एक चैनल ने इसे समझा और फिर बाक़ी को इसका एहसास हुआ। इस तरह ख़बरों की दौड़ शुरू हो गई। लेकिन ख़बरों की चाल में आए इस परिवर्तन ने उनके चरित्र को भी बदलना शुरू कर दिया। हमने ऊपर ज़िक्र किया है कि तेज़ चलने के चक्कर में ख़बरों ने विश्वसनीयता खोई है। ये नुक़सान ख़बरों के चरित्र में आए बदलाव की तरफ़ ही संकेत करता है।

अब थोड़ा बाज़ार की तरफ मुड़ते हैं। ख़बरों पर बाज़ार के असर की चर्चा हमने पिछले अध्यायों में भी की है। आगे बढ़ने से पहले थोड़ा बाज़ार को समझ लेना ठीक होगा।

मानव सभ्यता में बाज़ार बहुत पुरानी चीज़ है। वस्तुओं के विनिमय से इसकी शुरुआत हुई थी और फिर यह खरीदने-बेचने के उपक्रम में तबदील हो गई। लेकिन बाज़ार का मौजूदा स्वरूप बहुत ही क्रूर है। आज बाज़ार का संबंध केवल खरीद-फ़रोख़्त से रह गया है। उसका अपना कोई मूल्य नहीं है, कोई सरोकार नहीं है। वह केवल और केवल मुनाफ़ा पर आधारित होकर रह गया है। ज़्यादा से ज़्यादा मुनाफ़ा कमाने के इरादे से उसने ख़बरों को भी वस्तुओं में तबदील कर दिया है। इसे वस्तुकरण

(कमोडिटिफिकेशन) की प्रक्रिया कहते हैं। जब किसी भी चीज़ का वस्तुकरण होता है तो वह अपने मूल उद्देश्य और अर्थों को खो देती है। उसमें निहित सारे मूल्य या तो ख़त्म हो जाते हैं या गौण हो जाते हैं। वे केवल उपभोग के लिए होती हैं, उनका कोई भी और उपयोग नहीं होता। प्रमुख हो जाता है उसके खरीदने और बेचने का संदर्भ और मुनाफ़े का गणित।

ख़बरें भी वस्तुओं में तबदील हो गई हैं। उन्हें उपभोग के लिए तैयार किया जा रहा है और उसमें उपभोक्ता यानी ग्राहक की इच्छाएँ सर्वोपरि हो जाती हैं। ऐसे में उपभोक्ता वर्ग कौन है, उसकी ज़रूरतें क्या हैं, उसकी आदतें, उसकी आकांक्षाएँ आदि चीज़ें ख़बरों के चरित्र को निर्धारित करने लगती हैं। ख़बरों के चरित्र में आए बदलाव को इस संदर्भ में भी देखना होगा।

कोई भी परिवर्तन अचानक नहीं होता। परिवर्तन के पीछे कुछ सामाजिक-आर्थिक-राजनीतिक शक्तियाँ होती हैं और इनका अपना एजेंडा भी होता है। ठीक यही बात समाचारों पर भी लागू होती है।

पिछली सदी के अस्सी के दशक से देश में परिवर्तन का सिलसिला शुरू हुआ था। इस परिवर्तन के केन्द्र में थीं आर्थिक नीतियाँ। नई आर्थिक नीतियों में विकास की जिन अवधारणाओं को तरज़ीह दी गई थी, उनके मूल में समान और संतुलित विकास नहीं था। इनसे संपन्नता और सुविधाओं का विस्तार एक सीमित वर्ग तक केंद्रित होना था और यह होने लगा। सन् 1991 इस मामले में सबसे महत्त्वपूर्ण और निर्णायक मोड़ था। इसने उक्त प्रक्रिया को एकदम से गति दे दी और देखते ही देखते समाज बदलने लगा। कुछ ही समय में मध्यवर्ग का आकार कई गुना बढ़ गया। ख़बरों के बाज़ार को इसी उपभोक्ता वर्ग की तलाश थी, जो उसे मिल गया।

भारत में मध्य वर्ग पहले भी था, मगर उससे बाज़ार का काम नहीं चल सकता था, क्योंकि उसकी आदतें उसकी ज़रूरतों से मेल नहीं खाती थीं। यह मध्यवर्ग बचत में यकीन रखता था, जबकि बाज़ार को चाहिए था खर्च करने वाला। यह मध्य वर्ग महँगी चीज़ों को इस्तेमाल करना विलासिता समझता था। बाज़ार को आवश्यकता थी एक विलासी मध्यवर्ग की। पुराना मध्यवर्ग सामाजिक सरोकारों की थोड़ी-बहुत चिंता करता था। बाज़ार चाहता था कि वह केवल अपनी चिंता करे।

नई आर्थिक नीतियों ने मध्यवर्ग की मानसिकता को भी बदलना शुरू कर दिया। मीडिया और ख़ास तौर पर इलेक्ट्रॉनिक मीडिया ने इसमें उसको भरपूर सहयोग दिया। टेलीविज़न पर आने वाले लुभावने विज्ञापनों ने उसकी इच्छाओं को उकसाया और वह बाज़ार के इशारों पर नाचने के लिए उतावला हो गया। इस तरह बाज़ार के लिए ज़मीन तैयार हो गई।

आर्थिक उदारवाद के सूत्रधार मनमोहन सिंह, पी. चिंदबरम और मोंटेक सिंह अहलुवालिया

ख़बरों के चरित्र में आया बदलाव दरअसल, टीवी न्यूज़ और उसके दर्शक समाज के बीच संबंधों में आए इस बदलाव का ही नतीजा है। अब टीवी न्यूज़ बृहत्तर भारत के लिए नहीं, अपने दर्शक वर्ग की ज़रूरत के हिसाब से तैयार हो रही है। बहुत-से लोग इस बदलाव को समझते नहीं और सिर धुनते हैं कि यह क्या हो रहा है। ऐसे लोग अपनी आवश्यकताओं के हिसाब से अपेक्षाएँ रखते हैं और दुखी होते हैं, जबकि टीवी न्यूज बनाने-दिखाने वालों की टारगेट वीवरशिप में वे आते ही नहीं हैं।

बहरहाल, नए मध्यवर्ग की ज़रूरत के हिसाब से जब टीवी ख़बरों में बदलाव आने शुरू हुए तो उनका चरित्र भी पूरी तरह बदल गया। अब ज़रूरत थी उत्तेजना की, इसलिए ख़बरों में सनसनी लाई गई। मध्यवर्ग में असुरक्षा का एहसास बढ़ा, हिंसा और सेक्स में आनंद लेने की प्रवृत्तियाँ बढ़ीं, तो अपराधों से जुड़ी घटनाएँ ख़बरों में छा गईं।

परिवर्तन की इस आँधी में केवल कंटेंट ही नहीं बदला, उसका ट्रीटमेंट भी बदल गया। मसलन, फिल्मी ख़बरों की ज़्यादा संख्या सहन की जा सकती थी, बशर्ते उन्हें एक गंभीरता और समझदारी के साथ पेश किया जाता। मगर ऐसा नहीं हुआ। वे और भी सतही होती चली गईं। वे गपशप और अश्लील दृश्यों तक सीमित हो गईं। अपराध की ख़बरों में लोगों को आगाह करने के बजाय नाटकीय और मनोरंजक ढंग से प्रस्तुत

करने की प्रवृत्ति हावी हो गई। स्टिंग ऑपरेशन पत्रकारिता का एक बड़ा हथियार है मगर लोग उसे लेकर बेडरूम में घुस गए। चरित्र में आए इन परिवर्तनों ने कुछ फार्मूलों का रूप ले लिया है, जिन्हें मौजूदा चैनल तो आज़मा ही रहे हैं, आनेवाले नए चैनल भी उन्हीं के बल पर सफल होना चाहते हैं। ये फार्मूले इस तरह से हैं :

सनसनीख़ेज पत्रकारिता (टेब्लॉयड जर्नलिज़्म)

सनसनी आज की टीवी पत्रकारिता की पहचान बन गई है। टेब्लॉयड अख़बार पाठकों को आकर्षित करने के लिए चौंकाने वाली सुर्ख़ियाँ लगाते हैं और उनमें भी आधा सच चीख-चीखकर ध्यान खींचने का काम करता है। इसके विषय भी आम तौर पर सेक्स और अपराध होते हैं। ठीक इसी तरह न्यूज़ चैनल भी एक सामान्य-सी ख़बर को उछालते हैं। एंकर ज़ोर-ज़ोर से ड्रामाई अंदाज़ में ख़बरों को पढ़कर यह जताने की कोशिश करते हैं कि सचमुच में आसमान टूट पड़ा है और क़यामत बस आने ही वाली है। दरअसल, यह मुमकिन नहीं है कि हर रोज़ हर चैनल के पास इतनी ख़बरें हों जो वाकई में महत्त्वपूर्ण हों और जिनमें दर्शकों की रुचि भी हो। चैनलों के बीच स्पर्धा इतनी बढ़ गई है कि उनमें दर्शकों के लिए आपस में छीना-झपटी मची रहती है। सुबह-शाम के प्राइम टाइम में तो यह होड़ और भी बढ़ जाती है। ऐसे में वे ज़रूरी समझने लगते हैं कि सामान्य ख़बरों को ही मसाला लगाकर उन्हें महत्त्वपूर्ण बताते हुए प्रस्तुत किया जाए। ख़बरों के महत्त्व को स्थापित करने के लिए उनके पास तरह-तरह के नुस्ख़े भी होते हैं। मसलन, किसी ख़बर पर पक्ष और विपक्ष के लोगों की राय, एक्टिविस्ट और विशेषज्ञों के फोनो, सिमसेट या स्टूडियो चर्चा के द्वारा उसे गरमाया जाता है। ज़रूरत होती है तो नेताओं और मंत्रियों को भी इसमें शामिल कर लिया जाता है। और इस तरह देखते ही देखते मुद्दा राष्ट्रीय स्वरूप ग्रहण कर लेता है। कुल मिलाकर चैनलों द्वारा तिल का ताड़ बनाकर पेश करना ही टेब्लॉयड पत्रकारिता है और यह प्रवृत्ति फल-फूल रही है।

चैनलों के बीच स्पर्धा इतनी बढ़ गई है कि उनमें दर्शकों के लिए आपस में छीना-झपटी मची रहती है। ऐसे में वे ज़रूरी समझने लगते हैं कि सामान्य ख़बरों को ही मसाला लगाकर उन्हें महत्त्वपूर्ण बताते हुए प्रस्तुत किया जाए। ख़बरों के महत्त्व को स्थापित करने के लिए उनके पास तरह-तरह के नुस्ख़े भी होते हैं। चैनलों द्वारा तिल का ताड़ बनाकर पेश करना ही टेब्लॉयड पत्रकारिता है।

फ़ीलगुड पत्रकारिता

फ़ीलगुड पत्रकारिता इस निष्कर्ष पर आधारित है कि आज का टीवी न्यूज़ दर्शक (यानी मध्यवर्ग) ऐसी ख़बरें नहीं देखना चाहता, जिनमें दुख हो, चिंता हो, तनाव हो। उसे ऐसी ख़बरों की ज़रूरत है जो उसको प्रफुल्लित करे, उसका मनोरंजन करे। इस धारणा का जन्म विज्ञापन जगत में हुआ और पत्रकारिता ने इसे ब्रह्म सत्य मानकर खुशी से या नियति मानकर दबाववश स्वीकार कर दिया। नतीजा यह हुआ कि ग़रीबी, भुखमरी, बेरोज़गारी, ग़ैरबराबरी आदि की ख़बरें टीवी से गायब होने लगीं। उनकी

जगह तरक्की, मुनाफ़े और मनोरंजन की ख़बरें लेने लगी। ये फ़ीलगुड पत्रकारिता है। इसमें खुशहाल दर्शकों की खुशी में खलल न डालने की अलिखित शर्त का पालन करते हुए ख़बरों को बनाया और दिखाया जाता है।

पेज-3 पत्रकारिता

पेज-3 पत्रकारिता भी दरअसल फ़ीलगुड पत्रकारिता का ही विस्तार है। इसमें यह मानकर चला जाता है कि दर्शकों की समाज के जाने-माने कामयाब लोगों की मौज़-मस्ती वाली जीवन-शैली, ख़ास तौर पर पार्टी वग़ैरह के बारे में जानने में दिलचस्पी होती है। वे उनके किस्सों को चटखारे लेकर देखते-सुनते हैं। इस तरह की ख़बरें और कार्यक्रम ख़ास तौर पर रात के समय ज़्यादा दिखाए जाते हैं। माना जाता है कि दिन भर काम करने के बाद दर्शक थक जाता है और रात में पार्टी का आनंद

लेना चाहता है। मगर जो पार्टी में नहीं जाते, वे टीवी पर पार्टी देखकर आनंद उठाते हैं। पार्टी यानी डांस, म्यूजिक और मस्ती। डिस्को जॉकी द्वारा चलाई जा रही धुनों पर हाथों में जाम थामे खूबसूरत लोग जब सेक्सी अंदाज़ में जिस्म से जिस्म टकराते हुए नाचते हैं तो उसे आनंद से सराबोर कर देते हैं। इस तरह का आनंद बाँटना ही पेज-3 की पत्रकारिता कहलाती है।

दर्शकों की समाज के जाने-माने कामयाब लोगों की मौज़-मस्ती वाली जीवन शैली, ख़ास तौर पर पार्टी वग़ैरह के बारे में जानने में दिलचस्पी होती है। वे उनके किस्सों को चटखारे लेकर देखते-सुनते हैं। इस तरह की ख़बरें और कार्यक्रम ख़ास तौर पर रात के समय ज़्यादा दिखाए जाते हैं। माना जाता है कि दिन-भर काम करने के बाद दर्शक थक जाता है और रात में पार्टी का आनंद लेना चाहता है। मगर जो पार्टी में नहीं जाते, वे टीवी पर पार्टी देखकर आनंद उठाते हैं। पार्टी यानी डांस, म्यूजिक और मस्ती।

सेलेब्रिटी सर्वोपरि

आज की ख़बरें बहुत हद तक जाने-माने चेहरों के इर्द-गिर्द केन्द्रित रहती हैं। समाज के इन चर्चित चेहरों को सेलेब्रिटी कहा जाता है। सेलेब्रिटियों का यह समाज फिल्म, मीडिया, फैशन, कला, साहित्य, संगीत, खेल, सरकार, व्यापार आदि की हस्तियों से मिलकर बनता है। इन सेलेब्रिटी की दुनिया में कुछ भी होता है, ख़बर बन जाती है। कौन सेलेब्रिटी इन दिनों क्या कर रहा है, इसकी जानकारी देना टीवी पत्रकारिता का अहम हिस्सा बन चुका है। इन सेलेब्रिटी के प्रेम-प्रसंग हों तो इसमें पत्रकारों की रुचि और बढ़ जाती है।

यही नहीं, दुनिया में घटनेवाली तमाम घटनाएँ भी सेलेब्रिटी से जोड़ दी जाती हैं। इन घटनाओं पर सेलेब्रिटी के विचार लिये जाते हैं और उन्हें बढ़ा-चढ़ाकर दिखाया जाता है। सेलेब्रिटी भी ऑल राउंडर होते हैं। वे इराक़ पर अमेरिकी हमले से लेकर क्रिकेट में भारत के खराब प्रदर्शन तक सारे विषयों पर पूरे आत्मविश्वास के साथ बातचीत कर सकते हैं। स्टूडियो में होने वाली चर्चाओं में भी उनकी शिरकत आवश्यक मानी जाती है। ज़्यादातर टॉक शो इन्हीं सेलेब्रिटी पर केन्द्रित होते हैं।

सेलेब्रिटियों का यह समाज फिल्म, मीडिया, फैशन, कला, साहित्य, संगीत, खेल, सरकार, व्यापार आदि की हस्तियों से मिलकर बनता है। इन सेलेब्रिटी की दुनिया में कुछ भी होता है, ख़बर बन जाती है। कौन सेलेब्रिटी इन दिनों क्या कर रहा है, इसकी जानकारी देना टीवी पत्रकारिता का अहम हिस्सा बन चुका है। इन सेलेब्रिटी के प्रेम-प्रसंग हों तो इसमें पत्रकारों की रुचि और बढ़ जाती है। यही नहीं, दुनिया में घटनेवाली तमाम घटनाएँ भी सेलेब्रिटी से जोड़ दी जाती हैं।

सुंदर चेहरे, अच्छे वक्ता

टीवी पत्रकारिता की दुनिया में ख़ूबसूरती पर बहुत ज़ोर दिया जाता है। वह कंटेंट से ज़्यादा इस पर ग़ौर करती है कि जिन्हें वह टीवी पर दिखा रही है, वे देखने में कैसे हैं। एंकर का गोरे-चिट्टे और आकर्षक होना परम आवश्यक माना जाता है। ऐसे लोग ज़ाहिर है कि समाज के उच्च वर्ण और आभिजात्य वर्ग में ही ज़्यादा मिल पाते हैं। अंग्रेजी पत्रकारिता में तो यह और भी ज़्यादा है। लेकिन यह मानसिकता केवल एंकर तक ही सीमित नहीं है। संवाददाताओं को यह ताकीद की जाती है कि वे ऐसे लोगों की बाइट-विज़ुअल लें जो टेलीजेनिक हों। ग़लती से कोई असुंदर व्यक्ति का इंटरव्यू ले आता है तो ऊँचे अफ़सरों की भृकुटियाँ तन जाती हैं। इसके उलट अगर कोई खूबसूरत चेहरा हुआ तो वे प्रफुल्लित होकर देर तक और बार-बार दिखाने के लिए कहेंगे। स्टूडियो में अगर किसी को गंभीर चर्चा के लिए बुलाना है तो यह भी देखा जाता है कि वे टीवी पर कैसे दिखते हैं।

स्टिंग ऑपरेशन के शिकार फिल्म अभिनेता शक्ति कपूर

सौंदर्य के अलावा दूसरी चीज़ यह देखी जाती है कि वह बोलता कैसा है। अगर वह अंग्रेजी या हिंदी में धारा-प्रवाह बोलता है, ज़ोरदार ढंग से बहस कर सकता है तो उसे तरज़ीह दी जाती हैं। अक्सर ऐसा भी होता है कि इस गुण की वजह से कथित सुंदर लोगों को बुला लिया जाता है, जबकि विषय से उनका ताल्लुक ही नहीं होता या उस बारे में उनकी जानकारी सीमित होती है।

प्रेमियों पर पुलिस का कहर : स्टिंग ऑपरेशन की एक और मिसाल

स्टिंग पत्रकारिता

कई सफल स्टिंग ऑपरेशन के बाद ये विधा टीवी पत्रकारिता में अच्छी तरह से स्थापित हो चुकी है। स्टिंग ऑपरेशन से चैनलों को ऊँची टीआरपी तो मिलती ही है, देशव्यापी प्रचार भी मुफ़्त में मिल जाता है। इनसे चैनलों की साख भी बढ़ती है, क्योंकि तब लोगों को लगता है कि चैनल बहुत साहसी है। किसी भी न्यूज़ चैनल की सफलता के लिए कुछ हंगामाखेज़ स्टिंग की ज़रूरत आज सभी महसूस करते हैं। यही वजह है कि बड़े चैनलों ने या तो अपने यहाँ इसके लिए विशेष टीमें गठित कर ली हैं या फिर वे विशेषज्ञों को इसके लिए अनुबंधित करते हैं। कई ऐसे संस्थान भी अस्तित्व में आ गए हैं जो मोटी फीस लेकर विभिन्न चैनलों के लिए स्टिंग ऑपरेशन करने का ही काम करते हैं। कुछ ऐसे संस्थान भी खुल गए हैं जो सिर्फ स्टिंग पत्रकारिता का प्रशिक्षण देते हैं।

रियलिटी शो

टेलीविज़न में रियलिटी शो कई तरह के होते हैं। ज़्यादातर लोग मनोरंजन चैनलों के रियलिटी शो से ही परिचित हैं। मगर टीवी पत्रकारिता का भी इनसे ताल्लुक है, हालाँकि टॉक शो को भी रियलिटी शो की श्रेणी में ही रखा जाता है, मगर असली रियलिटी शो तब बनते हैं जब इसके लिए खबरों या घटनाओं को कच्चे माल के तौर पर इस्तेमाल किया जाता है, जैसा कि कुछ समय पहले गुड़िया नाम की महिला को लेकर किया गया था। पहले पति के लापता हो जाने के बाद गुड़िया की दूसरी शादी

कर दी गई थी। लेकिन अचानक पहले पति के आ जाने के बाद यह प्रश्न उठ गया कि उसे किसके साथ रहना चाहिए। इस मसले पर एक चैनल ने बाकायदा अदालत ही बैठा दी और लगभग फैसला ही सुनाने का इंतज़ाम कर डाला। बिछड़े हुओं को मिलाने, पुराने झगड़ों को निपटाने या इसी तरह के सामाजिक सवालों से जुड़े किरदारों को खड़ा करके रियलिटी सृजन करने की कवायद आए-दिन टीवी के परदों पर की जाती है।

असली रियलिटी शो तब बनते हैं जब इसके लिए खबरों या घटनाओं को कच्चे माल के तौर पर इस्तेमाल किया जाता है, जैसा कि कुछ समय पहले गुड़िया नाम की महिला को लेकर किया गया था। बिछड़े हुओं को मिलाने, पुराने झगड़ों को निपटाने या इसी तरह के सामाजिक सवालों से जुड़े किरदारों को खड़ा करके रियलिटी स्रजन करने की कवायद आए-दिन टीवी के परदों पर की जाती है।

बहरहाल, रियलिटी शो में रियलिटी का वास्ता हक़ीक़त से उतना नहीं होता। वह सचाई मनगढ़त होती है। दृश्यों और साउंड इफेक्ट के ज़रिए उसमें नाटकीयता डाली जाती है और इस तरह तैयार रियलिटी टेलीविज़न पर एक बिकाऊ माल बन जाती है। रियलिटी टीवी पत्रकारिता में इसी रूप में इस्तेमाल करने से जुड़ी हुई है।

अपराध पत्रकारिता

हिंदी पत्रकारिता में अपराध से जुड़ी पत्रिकाओं की भरमार रही है। इनकी प्रसार संख्या भी लाखों में रही है। ये पत्रिकाएँ अपराध की घटनाओं को मिर्च-मसाला लगाकर परोसती हैं। इनकी सफलता का यही राज़ भी रहा है।

टीवी न्यूज़ ने अपराधों को इसी रूप में देखा है। उन्होंने मनोहर कहानियों की इस परंपरा को और भी चटखारेदार बनाने में सफलता पाई है। नाटकीय ढंग से चीखते-चिल्लाते प्रस्तोता अपराध को ख़बरों की तरह नहीं, मदारियों या गली-नुक्कड़ों में तेल या मंजन

बेचने वालों की तरह प्रस्तुत करते हैं। कुछ चैनल प्रस्तुति के लिए किसी खूबसूरत महिला एंकर की सेक्सी अदाओं का सहारा भी ले लेते हैं। दर्शक उनके इस अंदाज़ के कायल हो जाते हैं। यही वजह है कि हर हफ़्ते आने वाले सफलता के चार्ट में वे सबसे ऊपर होते हैं।

अपराध की ख़बरों में दर्शकों की दिलचस्पी हमेशा से रही है। इसकी वजह उनकी असुरक्षा भावना तो होती ही है, मगर अपराधों में जो सनसनी, सेक्स, भय और रोमांच का तत्त्व होता है, वह उन्हें ख़ास तौर पर आकर्षित करता है। हमारी अपराध पत्रकारिता दर्शकों को घटनाओं से अवगत कराने या उन्हें अपराधियों से सावधान करने के लिए ख़बरें नहीं दिखाती, बल्कि उसका उद्देश्य मनोरंजन है। वह दर्शकों की उक्त भावनाओं का दोहन करने के लिए अपराधों को अलग ढंग से प्रस्तुत करती है।

टीवी न्यूज़ ने मनोहर कहानियों की परंपरा को और भी चटखारेदार बनाने में सफलता पाई है। नाटकीय ढंग से चीखते-चिल्लाते प्रस्तोता अपराध को ख़बरों की तरह नहीं, मदारियों या गली-नुक्कड़ों में तेल या मंजन बेचनेवालों की तरह प्रस्तुत करते हैं। कुछ चैनल प्रस्तुति के लिए किसी खूबसूरत महिला एंकर की सेक्सी अदाओं का सहारा भी ले लेते हैं। दर्शक उनके इस अंदाज़ के कायल हो जाते हैं।

टीवी न्यूज़ या न्यूज़ चैनलों पर अपराधों का साया बहुत गहरा गया है। अपराध की ख़बरों का अनुपात अन्य क्षेत्रों की ख़बरों के मुक़ाबले काफी ज़्यादा है। अपराध पत्रकारिता ने अगर उन्हें लोकप्रियता दी है तो उन पर ये आरोप भी लगे हैं कि वे ग़ैरज़िम्मेदार हैं, उन्हें समाज की परवाह नहीं है।

प्रेत पत्रकारिता

पिछले दो-तीन साल में टीवी पत्रकारिता में अंधविश्वासों से जुड़ी खबरें एक ट्रेंड या प्रवृत्ति के तौर पर विकसित हुई हैं, मगर अपराध समाचारों की तरह ये भी उस पर छा गई हैं। न्यूज चैनलों ने ऐसी ख़बरों के प्रति अत्यधिक प्रेम दिखाया है जिससे इस तरह की सोच रखनेवाले संवाददाताओं का अत्यधिक उत्साहवर्धन हुआ है। वे अब ढूँढ़-ढूँढ़कर ऐसी ख़बरें लाते हैं जो आए दिन चैनलों पर चमकती रहती हैं। कई लोग चैनलों के टीआरपी-लोभ का फ़ायदा भी उठाते हैं जैसे कुंजीलाल। मध्य प्रदेश के कुंजीलाल ने अपनी मृत्यु की घोषणा करके तमाम न्यूज़ चैनलों को पूरे दिन छकाए रखा और अंत में यह कहकर चल दिया कि मृत्यु टल गई। या तो चैनलों को चलाने वाले भी कम अंधविश्वासी नहीं हैं या फिर जनता को बेवकूफ़ बनाकर अपना उल्लू सीधा करना चाहते हैं। इसीलिए भविष्यवक्ताओं और ज्योतिष के नियमित कार्यक्रमों की बाढ़ आई हुई है।

चमत्कार को नमस्कार की तर्ज़ पर न्यूज़ चैनलों ने ऐसे करतबों को भी शामिल कर लिया है जिन्हें अजीब-ओ-ग़रीब या चित्र-विचित्र की श्रेणी में रखा जाता है। यह ठीक है कि इस तरह के मामलों में रहस्य और रोमांच भरपूर होता है जिससे मनुष्य की जिज्ञासा बढ़ जाती है। वह आश्चर्य के भाव से घंटों इन्हें देखता रहता है। चैनलों

का इससे स्वार्थ सधता है, क्योंकि आख़िरकार वे यही तो चाहते हैं। मगर मुश्किल यह है कि वे इनके वैज्ञानिक कारणों की पड़ताल करने के बजाय उन्हें चमत्कार की तरह ही पेश करते हैं और दर्शकों की जिज्ञासा को वैज्ञानिक सामाधान की बजाय अंधविश्वास की तरफ मोड़ देते हैं। वे तर्कवादियों, वैज्ञानिकों आदि को बुलाते तो ज़रूर हैं, मगर उनका ज़ोर चमत्कार पर ही रहता है।

दरअसल, भारत जैसे अल्पविकसित, अर्द्धशिक्षित देश में अवैज्ञानिक और तर्कों से परे इन समाचारों का इतने बड़े पैमाने पर दिखाया जाना, देश को अज्ञानता और अंधेपन के गड्ढे में ढकेलने जैसा है। इससे लोगों की वैज्ञानिक ढंग से सोचने-समझने की शक्ति कुंद होती है और वे चमत्कारवादी-भाग्यवादी होते जाते हैं।

यह ठीक है कि इस तरह के मामलों में रहस्य और रोमांच भरपूर होता है जिससे मनुष्य की, जिज्ञासा बढ़ जाती है। वह आश्चर्य के भाव से घंटों इन्हें देखता रहता है। चैनलों का इससे स्वार्थ सधता है, क्योंकि आख़िरकार वे यही तो चाहते हैं। मगर मुश्किल यह है कि वे इनके वैज्ञानिक कारणों की पड़ताल करने के बजाय उन्हें चमत्कार की तरह ही पेश करते हैं और दर्शकों की जिज्ञासा को वैज्ञानिक सामाधान की बजाय अंधविश्वास की तरफ मोड़ देते है।

बाबा पत्रकारिता

ज़्यादातर चैनलों में सुबह-सुबह किसी न किसी बाबा को ज्ञान बाँटते देखा जा सकता है। ये बाबा अपनी प्रसिद्धि बढ़ाने के इरादे से चैनलों को खुद धन देते हैं। इस तरह ये साधु-संत अपने निजी जीवन के कुकर्मों को छिपाने और अपना बाज़ार बढ़ाने के दोहरे उद्देश्य को हासिल करने का प्रयास करते हैं। यह ठीक है कि चैनलों को चलाने के लिए आय चाहिए और यह भी उसका एक स्रोत है। लेकिन यह स्लॉट खरीदकर, दिखाने तक सीमित हो तो ठीक है। अक्सर एक अनचाहा दबाव बन जाता है जिसकी वजह से चैनल इन बाबाओं के कुकर्मों का पर्दाफ़ाश करने की हिम्मत नहीं जुटा पाते हैं।

इस दिशा में दूसरी बात यह हुई है कि पत्रकार और चैनल अब इन बाबाओं के आयोजनों को जमकर दिखाने भी लगे हैं। जो रिपोर्ट तीस सेकंड या एक मिनट में बताई जा सकती है वह कई मिनटों की होती है। बाबाओं के आयोजनों के लाइव प्रसारण किए जाते हैं। उन पर प्रशंसात्मक ढंग से विशेष कार्यक्रम भी दिखाए जाते हैं।

काम-व्यापार

सेक्स दर्शकों की एक और कमज़ोरी है। यह चैनलों पर खूब बिकता है, इसलिए ख़ूब दिखता है। इसे कई तरह से परोसा जाता है। फिल्मों और ख़ास तौर पर विदेशी फिल्मों के टुकड़े इसमें बहुत काम आते हैं। विवादास्पद दृश्यों को बार-बार दोहराया जाता है और उसमें कोई नैतिक एंगल लेकर चर्चाएँ की जाती हैं। फैशन शो भी यही काम करते हैं। कम पोशाक पहनी मॉडल दर्शकों की कामनाएँ जाग्रत् करने के लिए काफ़ी

होती हैं। देसी-विदेशी म्यूज़िक एलबम में भी इस तरह के दृश्यों की भरमार होती है। हिंदी फिल्मी गानों के टुकड़े भी कई बार चैनलों को इस काम के लिए बेहद उपयोगी लगते हैं। गाहे-बगाहे बड़े होटलों में होनेवाली पार्टियों या किसी मेगा शो में किसी बेली डांसर की क़ातिल अदाएँ और मांसल कायाएँ चैनलों को सेक्स की गरम सामग्री

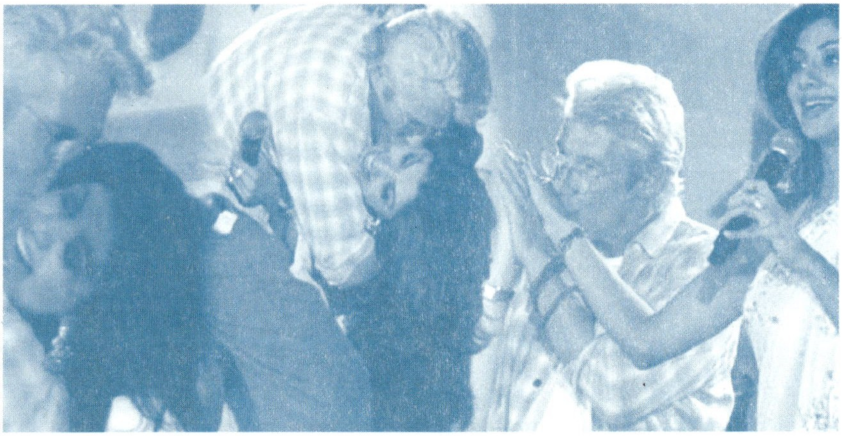

मुहैया करवा देती हैं। कई बार इंटरनेट की वेबसाइट्स या मोबाइल फोन के ज़रिए खींचे जाने वाले चित्र-एमएमएस भी चैनलों के काम के होते हैं।

कम पोशाक पहनी मॉडल दर्शकों की कामनाएँ जाग्रत् करने के लिए काफ़ी होती है। देसी-विदेशी म्यूज़िक एलबम में भी इस तरह के दृश्यों की भरमार होती है। हिंदी फिल्मी गानों के टुकड़े भी कई बार चैनलों को इस काम के लिए बेहद उपयोगी लगते हैं। गाहे-बगाहे बड़े होटलों में होनेवाली पार्टियों या किसी मेगा शो में किसी बेली डांसर की क़ातिल अदाएँ और मांसल कायाएँ चैनलों को सेक्स की गरम सामग्री मुहैया करवा देती हैं।

कई न्यूज़ चैनल सेक्स एजूकेशन के नाम पर भी सेक्स का दोहन करते हैं। सेक्स संबंधी सलाह के कार्यक्रमों में आम तौर पर इस तरह के सवाल-जवाब होते हैं जो समाधान के बजाय काम-भावनाएँ जाग्रत् करते हैं। हालाँकि ये कार्यक्रम देर रात में दिखाए जाते हैं, जब मोटे तौर पर वयस्क दर्शक ही टीवी देखते हैं, मगर इन्हें दिखाने के पीछे नीयत और तौर-तरीके संदिग्ध होते हैं।

ख़बरों और कार्यक्रमों की प्रस्तुति के लिए भी इसका उपयोग किया जाता है। एंकर को और ख़ास तौर पर महिला एंकर को ऐसे वस्त्रों और मेकअप में दिखाया जाता है जो सेक्सी हों। यहाँ इरादा यह होता है कि अगर दर्शक की दिलचस्पी प्रोग्राम में न हो तो वह एंकर को देखने के लिए कार्यक्रम को देखता रहे।

बाइट जर्नलिज़्म

टीवी पत्रकारिता में साउंड बाइट का बहुत महत्त्व है। बिना साउंड बाइट के स्टोरी नहीं बनती है और अच्छी साउंड बाइट रिपोर्ट को ऊपर उठा सकती है। कई बार एक हंगामेदार बाइट चैनल के लिए दिन-भर का मसाला बन जाती है। बाइट के इस महत्व

की वजह से ही टीवी जर्नलिज़्म को कई लोग बाइट जर्नलिज़्म कहते हैं और बाइट के लिए भटकते पत्रकारों को बाइट कलेक्टर।

आयटम जर्नलिज़्म

न्यूज़ चैनलों की नज़रें ऐसी ख़बरों पर रहती हैं जो दिन भर के लिए दर्शकों को चैनल से जोड़ दें। उन्हें इससे मतलब नहीं होता कि उन ख़बरों में ख़बर का तत्त्व है या नहीं, या उन ख़बरों का समाज पर क्या असर पड़ेगा। एकमात्र उद्देश्य ऐसी ख़बरों की तलाश होती है जो दर्शकों को उसी तरह खींचे जैसे कि फिल्मों के आइटम सांग लोगों को सिनेमा हॉल तक खींच लाते हैं। इन ख़बरों में सनसनी का तत्त्व ज़्यादा होता है। चैनलों के इनपुट विभाग अपने संवाददाताओं से आजकल अच्छी ख़बरों की नहीं, आयटम की माँग करते हैं।

दर्शकों को आकर्षित करने के चक्कर में न्यूज़ चैनल मनोरंजन की शरण में चले गए हैं। उन्होंने ख़बरों को मनोरंजक बना डाला है। वे ऐसी ख़बरों को चुनते हैं जिनमें मनोरंजन का तत्त्व ज़्यादा हो। यही वजह है कि ऐसी ख़बरें टीवी से गायब हो गई हैं जो देश और समाज के लिए ज़रूरी हैं मगर वे दर्शकों का मनोरंजन नहीं करती हैं। फिर अगर ख़बर गंभीर है और उसे लेना ज़रूरी है तो वे उसके ऐसे पक्ष को तलाशते हैं, जिससे दर्शक बोर न हों, उनका मनोरंजन हो।

मनोरंजन को प्रधानता

ज़्यादा से ज़्यादा दर्शकों को आकर्षित करने के चक्कर में न्यूज़ चैनल मनोरंजन की शरण में चले गए हैं। उन्होंने ख़बरों को मनोरंजक बना डाला है। वे ऐसी ख़बरों को चुनते हैं जिनमें मनोरंजन का तत्त्व ज़्यादा हो। यही वजह है कि ऐसी ख़बरें टीवी से गायब हो गई हैं जो देश और समाज के लिए ज़रूरी हैं मगर वे दर्शकों का मनोरंजन नहीं करती हैं। फिर अगर ख़बर गंभीर है और उसे लेना ज़रूरी है तो वे उसके ऐसे पक्ष को तलाशते हैं, जिससे दर्शक बोर न हों, उनका मनोरंजन हो। मनोरंजक बनाने के लिए ज़ाहिर है, उसे सनसनीख़ेज बनाना या उसमें ऐसे एंगल डालना ज़रूरी हो जाता है जो कि समाचारों की गंभीरता को कम करते हैं।

यहाँ तक कि चैनलों ने उन विषयों और उनके ट्रीटमेंट को भी उठा लिया है जो कि मनोरंजन चैनलों के माने जाते हैं। फिल्मों की ख़बरों को दिखाना और फिल्मी कलाकारों से बातचीत तक तो ठीक है, मगर आने वाली फिल्मों पर समर्पित कार्यक्रम ही दिखा देना विशुद्ध मनोरंजन की राह पकड़ लेना है। इसी तरह मनोरंजन चैनलों द्वारा दिखाए जा रहे हास्य के कार्यक्रमों को ज्यों का त्यों दिखाना या उन्हीं कलाकारों से वैसे ही कार्यक्रम तैयार करवाना और उन्हें चैनलों पर बारंबार दिखाना भी ऐसी ही एक कवायद है।

दिन-रात क्रिकेट की बात

क्रिकेट भारत में सर्वाधिक लोकप्रिय खेल है। क्रिकेट प्रेमी इस खेल के बारे में बारीकी

से जानने के लिए बेचैन रहते हैं। इसलिए क्रिकेट की कोई भी ख़बर या क्रिकेट पर कोई भी कार्यक्रम जमकर देखा जाता है। जमकर देखने का मतलब ऊँची टीआरपी और विज्ञापनों की भरमार होती है। फिर क्रिकेट में भरपूर पैसा भी है। यह खेल भारत में एक बड़े उद्योग का रूप ले चुका है। करोड़ों-अरबों रुपये इसमें दाँव पर लगे होते

हैं। ऐसे में न्यूज़ चैनल इसे कैसे अनदेखा कर सकते हैं? इसलिए संवाददाताओं की फौज क्रिकेट के पीछे लगी होती है। थोड़ा-सा कुछ होता है और चैनल टूट पड़ते हैं क्रिकेट को भुनाने के लिए। यही वजह है कि न्यूज़ चैनलों का तकरीबन एक-चौथाई वक्त क्रिकेट को समर्पित रहता है। अगर विश्वकप जैसा कोई टूर्नामेंट हुआ या कोई ज़ोरदार सीरीज़ हुई तब तो चैनलों पर क्रिकेट ही क्रिकेट दिखता है। यही हाल क्रिकेट से जुड़े किसी मसालेदार विवाद के खड़े होने पर होता है। वैसे भी क्रिकेट को मसालेदार बनाने के लिए चैनल तरह-तरह के हथकंडे इस्तेमाल करते रहते हैं।

क्रिकेट की कोई भी ख़बर या क्रिकेट पर कोई भी कार्यक्रम जमकर देखा जाता है। जमकर देखने का मतलब ऊँची टीआरपी और विज्ञापनों की भरमार होती है। फिर क्रिकेट में भरपूर पैसा भी है। यह खेल भारत में एक बड़े उद्योग का रूप ले चुका है। करोड़ों-अरबों रुपये इसमें दाँव पर लगे होते हैं। ऐसे में न्यूज़ चैनल इसे कैसे अनदेखा कर सकते हैं? इसलिए संवाददाताओं की फौज क्रिकेट के पीछे लगी होती है। थोड़ा-सा कुछ होता है और चैनल टूट पड़ते हैं क्रिकेट को भुनाने के लिए।

पापारेजी

पापारेजी पश्चिम की पत्रकारिता से जन्मा शब्द है। पापारेजी उन फ़ोटोग्राफर को कहा जाता है जो जाने-माने लोगों के पीछे पड़े रहते हैं और उनकी ऐसी तस्वीरों की ताक में रहते हैं जो एक्सक्लूसिव हों, सनसनीखेज़ हों। टेब्लॉयड अख़बार या कभी-कभी बड़े अख़बार भी इन तस्वीरों के लिए उन्हें बहुत बड़ी कीमत देते हैं। पापारेजी को पत्रकारिता में बहुत अच्छी दृष्टि से नहीं देखा जाता है।

ऐश्वर्य-अभिषेक की बहुचर्चित शादी और उसे कवर करने के लिए लड़ते टीवी पत्रकार (दाएं) ➔

भारत में ये पापारेजी संस्कृति इस रूप में तो कम ही है मगर न्यूज़ चैनल ही इसे अपनाने पर उतर आए हैं। किसी जानी-मानी फिल्मी हस्ती या सेलेब्रिटी के घर पर शादी हो रही हो या फिर कोई निजी आयोजन हो तो वे कैमरे लेकर वहाँ तैनात हो जाते हैं। उन्हें भगाया जाता है, धकियाया जाता है मगर वे डटे रहते हैं। ऐसी ख़बरें

भी आती रही हैं कि चैनलों ने इन सेलेब्रिटी से संबंधित एमएमएस क्लिप्स, किसी पार्टी के फोटोग्राफ आदि भी बड़ी कीमत देकर खरीदे हैं।

भारत में ये पापारेजी संस्कृति इस रूप में तो कम ही है मगर न्यूज़ चैनल ही इसे अपनाने पर उतर आए हैं। किसी जानी-मानी फिल्मी हस्ती या सेलेब्रिटी के घर पर शादी हो रही हो या फिर कोई निजी आयोजन हो तो वे कैमरे लेकर वहाँ तैनात हो जाते हैं। उन्हें भगाया जाता है, धकियाया जाता है मगर वे डटे रहते हैं।

पीत पत्रकारिता

पिछले अध्याय में हमने ज़िक्र किया था कि किस तरह से प्रलोभन और दबाव के चलते ख़बरों को दबाया और तोड़ा-मरोड़ा जाता है। पैसे लेकर ख़बरें प्लांट करना या किसी घटना का कवरेज करना भी पीत पत्रकारिता के अंतर्गत ही आता है। ये सारी प्रवृत्तियाँ हाल के वर्षों में बढ़ी हैं। बहुत से पत्रकार तो अपने स्तर पर ये सब करते ही करते हैं मगर चैनल खुद ही बाकायदा नीति बनाकर इसे प्रोत्साहित करने में लगे हुए हैं। वे चुनाव के समय उम्मीदवारों से सकारात्मक कवरेज की कीमत लेते हैं। नेताओं और पार्टियों से उनकी रैलियों और सभाओं को लाइव दिखाने का शुल्क भी उन्होंने तय कर दिया है। यहाँ तक कि वे स्टूडियो में आने को इच्छुक उम्मीदवारों से भी पैसे वसूल लेते हैं।

ब्लैकमेलिंग पीत पत्रकारिता का एक अहम हिस्सा है। लोगों को डराकर धन वसूलना इसके तहत आता है। कई चैनलों ने इसे अपनी आय का स्रोत बना लिया है। किसी तरह से स्टिंग ऑपरेशन करके असुविधाजनक दृश्य रिकॉर्ड कर लिए गए और फिर संबंधित नेता, अफ़सर या व्यापारी को ब्लैकमेल किया जाता है।

राजनीतिक ख़बरों का बहिष्कार

चैनलों का मानना है कि अब लोग नेताओं और राजनीति की ख़बरों से बोर हो गए हैं और वे उन्हें देखना नहीं चाहते। लिहाज़ा उन्होंने उनका अघोषित रूप से बहिष्कार कर दिया है। इसीलिए अब चैनलों में राजनीति की ख़बरें कम ही दिखती हैं। राजनीति कवर करने वाले पत्रकार पहले बहुत महत्त्वपूर्ण माने जाते थे, मगर वे अब हाशिए पर चले गए हैं। अपराध, खेल और फिल्म की पत्रकारिता की तुलना में अपना काम दिखाने का उन्हें अब कम ही मौका मिलता है जबकि वे पहले छाए रहते थे। एक

बड़े चैनल ने अपने इसी सोच की वजह से प्रधानमंत्री की प्रेस कॉन्फ्रेंस तक का कवरेज छोड़ दिया था। वैसे चैनल राजनीति से जुड़ी नकारात्मक ख़बरें दिखाने से बाज़ नहीं आते, बल्कि उन्हें बढ़ा-चढ़ाकर ही दिखाते हैं। अगर भ्रष्टाचार और सेक्स स्कैंडल की ख़बरें हुईं तो फ़िर उसे दिन-रात चलाते हैं।

अब चैनलों में राजनीति की ख़बरें कम ही दिखती हैं। राजनीति कवर करने वाले पत्रकार पहले बहुत महत्त्वपूर्ण माने जाते थे, मगर वे अब हाशिए पर चले गए हैं। अपराध, खेल और फिल्म की पत्रकारिता की तुलना में अपना काम दिखाने का उन्हें अब कम ही मौका मिलता है जबकि वे पहले छाए रहते थे। एक बड़े चैनल ने अपने इसी सोच की वजह से प्रधानमंत्री की प्रेस कॉन्फ्रेंस तक का कवरेज छोड़ दिया था। वैसे चैनल राजनीति से जुड़ी नकारात्मक ख़बरें दिखाने से बाज़ नहीं आते, बल्कि उन्हें बढ़ा-चढ़ाकर ही दिखाते हैं।

यह सही है कि आम दर्शक ख़ास तौर पर मध्यवर्ग अब राजनीति में दिलचस्पी नहीं ले रहा क्योंकि एक तो उसकी जरूरतें वैसे ही पूरी हो रही हैं और दूसरे वह नहीं चाहता कि अब देश और समाज की चिंता उसके आराम में खलल डाले। मगर उन्हें राजनीति से दूर रखना भी एक तरह की राजनीति ही है, क्योंकि यही एक वर्ग है जो परिवर्तन का नेतृत्व करता है। फिर राजनीति में सब कुछ बुरा हो, ऐसा भी नहीं है।

पी आर पत्रकारिता

एक बड़े चैनल समूह के चैनल उत्तर प्रदेश के एक दल का पी आर करता है और बदले में उसे उसका आशीर्वाद प्राप्त रहता है। पत्रकारों को नेता अपनी या उनकी ज़रूरत के हिसाब से चैनलों में नौकरी दिलाते रहते हैं। एक मंत्री ने तो एक पत्रकार को एक सरकारी चैनल का सर्वेसर्वा ही बना डाला था। बहुत से पत्रकारों को खुश करने के लिए चैनलों में कार्यक्रम दे दिए जाते हैं।

पी आर पत्रकारिता भी एक तरह की पीत पत्रकारिता ही है। इसमें ऐसी ख़बरें या कार्यक्रम बनाए जाते हैं, जिनका उद्देश्य सामने वाले को खुश करना होता है। ज़ाहिर है, वे लोग जो चीज़ें जिस रूप में बताना चाहेंगे उसी रूप में प्रस्तुत किया जाएगा। उनसे आड़े-टेढ़े सवाल करके उन्हें परेशान नहीं किया जाएगा। ऐसे पत्रकार और चैनल उनकी सेवा के लिए सदा प्रस्तुत रहते हैं। ख़ास तौर पर नेतागण समय के हिसाब से उनका इस्तेमाल करते रहते हैं। ऐसा नहीं है कि ऐसे संबंध एकतरफ़ा होते हों। बदले में पत्रकार और चैनलों को भी उनका संरक्षण प्राप्त होता है। एक बड़े चैनल समूह के चैनल उत्तर प्रदेश के एक दल का पी आर करता है और बदले में उसे उसका आशीर्वाद प्राप्त रहता है। पत्रकारों को नेता अपनी या उनकी ज़रूरत के हिसाब से चैनलों में नौकरी दिलाते रहते हैं। एक मंत्री ने तो एक पत्रकार को एक सरकारी चैनल का सर्वेसर्वा ही बना डाला था। बहुत से पत्रकारों को खुश करने के लिए चैनलों में कार्यक्रम दे दिए जाते हैं। वैसे कई पत्रकार किसी दल या विचारधारा विशेष में निष्ठा की वजह से भी स्वयंसेवा करते रहते हैं।

साहित्य-संस्कृति से परहेज़

न्यूज़ चैनलों ने साहित्यिक और सांस्कृतिक गतिविधियों को दिखाना लगभग बंद कर दिया है। कौन-सी अच्छी किताबें आई हैं या साहित्य की दुनिया में क्या कुछ घटित हो रहा है, इसमें उनकी तब तक कोई दिलचस्पी नहीं होती जब तक कि उसमें मनोरंजन के तत्त्व न हों या फिर कोई सेलेब्रिटी की भागीदारी न हो। साहित्य तो उनके लिए बिलकुल सूखा विषय है और वे मानते हैं कि इसमें किसी की भी दिलचस्पी नहीं होती। सांस्कृतिक कार्यक्रमों में उनकी थोड़ी-बहुत दिलचस्पी इसलिए होती है, क्योंकि उनमें मनोरंजन का तत्त्व होता है। इसमें भी वे चुनींदा चीज़ों को ही जगह देते हैं। मसलन, अगर गायन और नृत्य है तो ठीक है। मगर यहाँ भी शर्त यही होती है कि नामी-गिरामी कलाकारों के कार्यक्रम ही कवर किए जाएँगे। अगर शिव कुमार शर्मा और अमजद अली ख़ान के पुत्र कोई कार्यक्रम कर रहे हैं तो उन्हें ज़रूर कवरेज मिल

जाता है, लेकिन अच्छा मगर गुमनाम कलाकार अँधेरे में ही रह जाता है।

पेंटिंग या मूर्ति कला जैसी विधाओं को भी चैनलों का ऐसा ही सौतेला व्यवहार झेलना पड़ता है। केवल प्रसिद्ध कलाकारों की प्रदर्शनियों और काम को ही चैनलों में जगह मिल पाती है। हिंदी समाज की सांस्कृतिक दरिद्रता का रोना अक्सर रोया जाता है। हमारे चैनल इस दरिद्रता को बढ़ाने का ही काम कर रहे हैं।

विचारों की विदाई

चैनलों ने न केवल राजनीति का बहिष्कार कर दिया है बल्कि वे विचारों को भी विदाई दे चुके हैं। एकाध को छोड़कर ज़्यादातर न्यूज़ चैनल ऐसे कोई कार्यक्रम नहीं दिखाते जिनमें किसी मसले पर गंभीर चर्चा की गुंजाइश हो। कुछ चैनलों पर अगर टॉक शो हैं भी तो उनमें कोशिश यही होती है कि विचार ज़्यादा न हों, वे दर्शकों का मनोरंजन करें।

दरअसल, यहाँ भी यही अवधारणा काम कर रही है कि दर्शक को जो कि मध्यवर्गीय है, विचारों से परेशानी होती है, क्योंकि वे उसे उन मुद्दों पर सोचने के लिए मजबूर करते हैं जिनसे वह पलायन करना चाहता है। पलायन के लिए उसे विचार नहीं, मनोरंजन चाहिए और अगर विचार भी आएँ तो मनोरंजन की शक्ल में। इसीलिए टॉक

साहित्य उनके लिए बिलकुल सूखा विषय है और वे मानते हैं कि इसमें किसी की भी दिलचस्पी नहीं होती। सांस्कृतिक कार्यक्रमों में उनकी थोड़ी-बहुत दिलचस्पी इसलिए होती है, क्योंकि उनमें मनोरंजन का तत्त्व होता है। इसमें भी वे चुनींदा चीज़ों को ही जगह देते हैं। मसलन, अगर गायन और नृत्य है तो ठीक है। मगर यहाँ भी शर्त यही होती है कि नामी-गिरामी कलाकारों के कार्यक्रम ही कवर किए जाते हैं।

शो को मुक़ाबले या बिग फाइट में तबदील कर दिया जाता है, उनमें सेलेब्रिटी को डाला जाता है और उनके विषय ऐसे चुने जाते हैं जिनमें गर्मी ज़्यादा होती है और विचार कम।

वैसे विचारों का बहिष्कार भी एक तरह की विचारधारा की ही उपज है। ये विचारधारा पूंजी के भूमंडलीकरण और बाज़ार के विस्तार से जुड़ी हुई है। चूँकि विरोधी विचार उसकी राह में रोड़ा खड़ा करते हैं, इसलिए बेहतर है कि उनको गायब ही कर दिया जाए। जो समर्थक विचार हैं, वे तो विभिन्न रूपों में ख़बरों और कार्यक्रमों के ज़रिए आ ही जाते हैं। अगर चैनल संपन्नता की बात करते हैं तो लोग मान लेते हैं कि ये उदारवाद की ही देन है और अगर ग़रीबी और पिछड़ेपन का मसला उठता है तो उसे समाजवाद एवं सार्वजनिक क्षेत्र से जोड़ दिया जाता है। ये दबे-छिपे ढंग से काम करनेवाली विचारधारा है।

विचारों का बहिष्कार भी एक तरह की विचारधारा की ही उपज है। यह विचारधारा पूँजी के भूमंडलीकरण और बाज़ार के विस्तार से जुड़ी हुई है। चूँकि विरोधी विचार उसकी राह में रोड़ा खड़ा करते हैं, इसलिए बेहतर है कि उनको गायब ही कर दिया जाए। जो समर्थक विचार हैं, वे तो विभिन्न रूपों में ख़बरों और कार्यक्रमों के ज़रिए आ ही जाते हैं।

च्यूइंगम जर्नलिज़्म

टीवी न्यूज़ में बाज़ार प्रेरित एक बदलाव यह आया है कि न्यूज़ चैनल ख़बरों को अनावश्यक विस्तार देने लगे हैं। हर दिन चैनलों पर एक-दो ख़बरें ऐसी होती हैं जो दिन भर चलती रहती हैं। इन ख़बरों में दम हो या न हो मगर दिन भर उनकी बाल की खाल निकाली जाती है और उन्हें तरह-तरह से बार-बार दिखाया जाता है। ख़बरों को इतना खींचा और निचोड़ा जाता है कि वे बेस्वाद हो जाती हैं, च्यूइंगम की तरह।

ख़बरों का इस तरह से खींचा जाना दर्शकों को खटकना स्वाभाविक है, मगर इसके पीछे पूरा गणित है। पहला गणित तो यह है कि दर्शकों को जितनी अधिक देर तक चैनल पर रोका जा सकेगा, टीआरपी उतनी अधिक मिलेगी। टीआरपी इस आधार पर तय की जाती है कि दर्शकों ने उस चैनल पर कितना वक्त बिताया। इसे टाइम स्पेंट कहा जाता है। अब चैनलों के लिए यह ज़रूरी हो जाता है कि वे ऐसे जतन करें कि दर्शक ज़्यादा से ज़्यादा देर तक चैनल पर टिका रहे और प्रतिद्वंद्वी चैनलों की तरफ न भागने पाए। फिर यह ज़रूरी नहीं है कि जब कोई ख़बर आप दिखा रहे हों तो हर दर्शक उसे देख ही रहा हो। दर्शक अलग-अलग वक़्त पर किसी चैनल पर जाते हैं और जब वे जाते हैं तो उन्हें उस दिन की वह सबसे हंगामाखेज़ ख़बर मिलनी चाहिए, ताकि वह उसे थोड़ा रुककर देखे। इसलिए ख़बरों का दोहराव भी होता है और उन्हें खींचा भी जाता है। इसके अलावा जब कोई ख़बर बार-बार दिखाई जाती है तो आम दर्शकों में ये धारणा बनती है कि ज़रूर ख़बर महत्त्वपूर्ण होगी। कभी-कभी सस्पेंस पैदा करने और उसे बनाए रखने के लिए भी इस तरह के उपाय किए जाते हैं।

मीडिया ट्रायल

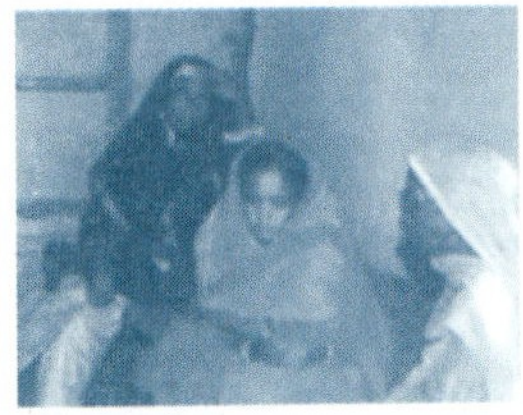
मीडिया ट्रायल की शिकार गुड़िया

टेलीविज़न न्यूज़ के विस्तार और चैनलों में होड़ की वजह से टीवी पत्रकारिता में खुद ही सुनवाई करने और फ़ैसला सुनाने की प्रवृत्ति एकदम से बढ़ गई है। कोई घटना हुई नहीं कि कसूरवार ढूँढ़ने का काम पत्रकार शुरू कर देते हैं। अगर कसूरवार मिल गया तो उनका अगला क़दम यह होता है कि कैसे यह साबित करें कि वही दोषी है, जबकि यह काम अदालत का होता है। यही नहीं, एक क़दम आगे जाकर वे फ़ैसला भी सुना देते हैं। अपनी इस कवायद में वे जनता को भी शामिल कर लेते हैं। जगह-जगह भीड़ इकट्ठी करके और एमएमएस पोल के ज़रिए वे उसके ख़िलाफ़ रायशुमारी कर डालते हैं। और ये सब काम बहुत अफरा-तफरी में किया जाता है। कोशिश की जाती है कि यह प्रक्रिया जल्दी से जल्दी निपटा ली जाए, क्योंकि दर्शकों के ऊबने का ख़तरा होता है।

न्यूज़ चैनलों द्वारा इस तरह से मीडिया ट्रायल किया जाना अव्वल तो पत्रकारिता के उसूलों के ख़िलाफ़ है, क्योंकि उसकी भूमिका सच को सामने लाने की है न कि सुनवाई करने और फ़ैसला सुनाने की। इसके लिए हमारे लोकतंत्र में न्याय व्यवस्था का प्रावधान है। न्याय व्यवस्था किसी भी मामले की तह में जाती है और कानूनों की रोशनी में हालात को समझकर तथा गवाहों के बयानात सुनकर किसी निष्कर्ष तक पहुँचती है। न तो चैनलों को ऐसा करने का अधिकार है और न ही उनके पास इस किस्म की विशेषज्ञता होती है। वे अपने संवाददाताओं द्वारा जुटाई गई आधी-अधूरी जानकारियों के बल पर ही निष्कर्ष निकालने की उतावली दिखाने लगते हैं।

न्यूज़ चैनलों द्वारा इस तरह से मीडिया ट्रायल किया जाना अव्वल तो पत्रकारिता के उसूलों के ख़िलाफ़ है, क्योंकि उसकी भूमिका सच को सामने लाने की है न कि सुनवाई करने और फ़ैसला सुनाने की। इसके लिए हमारे लोकतंत्र में न्याय-व्यवस्था का प्रावधान है।

हाल में ऐसे बहुत सारे मामले हुए हैं जिनमें न्यूज़ चैनलों ने जज बनने की हड़बड़ी दिखाई और गलत फ़ैसले भी सुनाए। बाद में अदालतों ने उन्हें मीडिया ट्रायल के लिए फटकारा भी। पत्रकारों को पत्रकारिता की मर्यादाओं को समझना चाहिए और लक्ष्मण रेखाएँ नहीं लाँघना चाहिए, क्योंकि इससे कई बार बेकसूर लोगों के साथ अन्याय भी हो जाता है।

सक्रियतावाद का बुख़ार

अक्सर हमारे चैनल जनता की आवाज़ बनने की कोशिश करते हैं, ताकि दर्शक उनसे जुड़ें, उन पर भरोसा करें और उन्हें देखे। इसके लिए तरह-तरह के कार्यक्रम भी वे करते रहते हैं और जन-समस्याओं तथा जनहित से जुड़े मसलों को उठाते हैं। ये एक अच्छी बात है, क्योकि जनतंत्र में मीडिया की यह भी एक भूमिका है कि वह जनता को मंच प्रदान करे, उसे अभिव्यक्ति का मौका दे। इस तरह के प्रयास चैनलों की विश्वसनीयता बढ़ाते हैं और जनता में उनकी छवि जुझारू पत्रकारिता करने वाले चैनल

की बनती है।

मगर यहाँ भी उसके वही पूर्वग्रह आड़े आ जाते हैं। द ग्रेड इंडियन मिडिल क्लास को खुश करने के लिए वे उन्हीं मुद्दों और घटनाओं पर जुझारूपन दिखाता है जिनका संबंध उच्च-मध्य वर्ग से होता है या जो उसे लुभाते हैं। वे कभी किसान-मजदूरों की समस्याओं को लेकर आंदोलित नहीं होते और गाँव-देहात में होने वाले अत्याचारों पर वे कभी मुहिम नहीं छेड़ते। पॉश इलाके के किसी रेस्तराँ में रात को शराब परोसने वाली खूबसूरत मॉडल की हत्या उसे इस कदर परेशान कर देती है कि दिन-रात फिर उसी की कहानी चलती रहती है। मगर विदर्भ के ग्रामीण इलाक़े में एक दलित महिला के साथ बलात्कार की घटना कहीं कोने में दबकर रह जाती है। मेधा पाटकर नर्मदा घाटी के विस्थापितों की लड़ाई लड़ती रहती हैं, मगर उनकी तरफ़ उसका ध्यान ही नहीं जाता। इस विरोधाभास में ही छिपी है उसके सक्रियतावाद की असलियत।

शहरी मध्यवर्ग का सक्रियतावाद

फटाफट ख़बरें

असली जन-आंदोलनों की अनदेखी

चूँकि चैनलों ने मान लिया है कि उनका दर्शक मध्यवर्ग का है और वह शहरों में रहता है, इसलिए उन्होंने यह निष्कर्ष भी निकाल लिया है कि ख़बरें छोटी और तेज़ होनी चाहिए। उन्हें लगता है कि सुबह दर्शक दफ़्तर जाने की जल्दी में होता है, इसलिए उसे संक्षेप में फटाफट खबरें चाहिए होती हैं। इसी को ध्यान में रखकर टॉप टेन की तर्ज़ पर ख़बरों का सिलसिला शुरू हुआ और ख़बरें सुपरफास्ट, न्यूज़ एक्सप्रेस आदि पूरी की पूरी बुलेटिन ही शुरू हो गईं।

टुकड़ा पत्रकारिता

न्यूज़ चैनलों को कभी-कभार हंगामखेज़ दृश्यों के टुकड़े मिल जाते हैं और वे उन्हीं को लेकर पिल पड़ते हैं। बार-बार वही दृश्य दोहराए जाते हैं और उन पर घंटों जानकारी देने और बहस करने-कराने का सिलसिला चलता रहता है। ये दृश्य आम तौर पर हिंसा या सेक्स से संबंधित होते हैं। कभी किसी दफ्तर में मारपीट हो जाती है, कभी पति-पत्नी का आपसी झगड़ा होता है, तो कभी किसी होटल में अश्लील नाच के दृश्य चैनलों को हाथ लग जाते हैं। ज़ाहिर है कि टीवी में ऐसे दृश्यों की महिमा होती है और उन्हीं की ताक़त टीवी न्यूज़ की ताक़त बनती है। मगर कभी-कभी इस तरह की टुकड़ा पत्रकारिता मसलों की अहमियत और दायरे को बहुत सीमित कर देती है और मात्र सनसनी पैदा करने का साधन बन जाती है।

लाइव ही लाइव

टीवी न्यूज के वर्तमान दौर में लाइव की अहमियत बहुत ज़्यादा है इसीलिए तेज़ी और ताज़गी बरकरार रखने के लिए चैनल ज़्यादा से ज़्यादा लाइव पर निर्भर करते हैं। टीवी स्क्रीन पर लिखा लाइव शब्द ही दर्शकों को इस एहसास से भर देता है कि कुछ महत्त्वपूर्ण आ रहा है, कुछ नई चीजें हो सकती हैं। लाइव देखकर उसके मन में ये एहसास भी पैदा होता है कि वह किसी घटना को सीधे घटनास्थल से देख रहा है। अगर कोई चैनल किसी रेल दुर्घटना का लाइव कवरेज कर रहा है और संवाददाता घटनास्थल से विवरण देता है तो उसकी विश्वसनीयता भी बढ़ जाती है। लाइव का संबंध ख़बरों को तेज़ी से दर्शक तक पहुँचाने से भी होता है। इसके लिए हर चैनल यथाशक्ति व्यापक बंदोबस्त करने की कोशिश भी करता है। अपने तमाम ब्यूरो को लाइव कनेक्टिविटी से जोड़ देता है, महत्त्वपूर्ण स्थानों पर ओबी या डीएसएनजी वैन रखता है ताकि ज़रूरत पड़ने पर फौरन घटनास्थल पर पहुँचकर ख़बरें दी जा सकें।

> **टीवी स्क्रीन पर लिखा लाइव शब्द ही दर्शकों को इस एहसास से भर देता है कि कुछ महत्त्वपूर्ण आ रहा है, कुछ नई चीजें हो सकती हैं। लाइव देखकर उसके मन में यह एहसास भी पैदा होता है कि वह किसी घटना को सीधे घटनास्थल से देख रहा है। लाइव का संबंध ख़बरों को तेज़ी से दर्शक तक पहुँचाने से भी होता है। इसके लिए हर चैनल यथाशक्ति व्यापक बंदोबस्त करने की कोशिश भी करता है।**

ख़बरों में लगातार ताज़गी लाने का एक बड़ा ज़रिया है लाइव। बार-बार किसी घटना या आयोजन के नए दृश्यों को लाइव दिखाकर बुलेटिन में ताज़गी लाई जाती है। कई बार ऐसा भी होता कि दृश्य तो तेजी से बदलते नहीं; हाँ, सूचनाएँ आती रहती हैं। ऐसे में बार-बार संवाददाता सिमसेट के ज़रिए बताता रहता है कि ताज़ा स्थिति क्या है या अब वहाँ क्या हो रहा है। लाइव के लिए फोनो का भी इस्तेमाल खूब होता है। किसी भी चैनल के पास हर समय हर जगह पर लाइव की सुविधा तो होती नहीं है और ऐसी स्थिति में फोन के ज़रिए यह काम आसानी से हो जाता है।

लाइव रहने से स्टूडियो चर्चाओं में भी अतिरिक्त जान आ जाती है। भाग लेने वालों को मालूम होता है कि कार्यक्रम लाइव है, इसलिए कोई भी काट-छाँट नहीं होगी। इसलिए वे अपनी बात खुलकर कह सकते हैं। मगर उन्हें अतिरिक्त सावधानी भी बरतनी पड़ती है क्योंकि उनके मुँह से निकला कोई भी ग़लत वाक्य उनके लिए मुसीबत बन सकता है। न्यूज़ चैनल को लाइव करने से फ़ायदा यह होता है कि चर्चाएँ ज़्यादा जीवंत हो जाती हैं, गरम हो जाती हैं जो कि दर्शनीयता का तकाज़ा भी है। इसके अलावा समय की बचत होती है और पोस्ट प्रोडक्शन की झंझटों से भी मुक्ति मिल जाती है।

आम तौर पर न्यूज़ चैनल सुबह छः बजे से रात बारह बजे तक तो लाइव रहते ही हैं, मगर जब कभी महत्त्वपूर्ण खबरें ब्रेक होती हैं तो रात में किसी वक्त भी लाइव जाने के लिए तैयार रहते हैं। इससे चैनलों को किसी भी वक्त कोई भी ख़बर तुरंत दिखाने की सुविधा मिल जाती है, ख़बरों और चैनल की रफ़्तार तो तेज़ होती ही है। लाइव होने की वजह से काम करने वाले भी हर समय चौकन्ने रहते हैं।

इंटरक्टिव जर्नलिज़्म

टीवी न्यूज़ के पिछले युग में ख़बरें देने वाले चैनल श्रेष्ठता के भाव से ग्रस्त दिखते थे। मानो जो हम दिखा रहे हैं और बता रहे हैं वही अंतिम सत्य है। लेकिन नए दौर की टीवी पत्रकारिता ने इसे बदल दिया है। वे ज़्यादा से ज़्यादा कोशिश करते हैं कि किसी भी घटना या ख़बर पर विशेषज्ञों की ही नहीं, आम दर्शकों की प्रतिक्रियाएँ भी शामिल करें। कहीं भी ओबी लगाकर दर्शकों से बातचीत करना अब रोज़मर्रे की बात हो गई है। किसी क्रिकेट मैच में भारत हारता या जीतता है तो स्टूडियो में बैठे विशेषज्ञ भले ही उसका पोस्टमार्टम करें मगर आम दर्शकों की विशेषज्ञता को भी चैनल नज़रअंदाज नहीं करते। ओबी के ज़रिए या फ़ोन पर उन्हें मौका देते हैं कि वे अपनी राय व्यक्त करें।

चैनल ऐसे बहुत से कार्यक्रम करते हैं, जिनमें दर्शकों की सीधी भागीदारी हो। ऐसे कई टॉक शो हैं जिनमें दर्शक स्टूडियो में बुलाए जाते हैं और वे महज मूक दर्शक नहीं होते । जन समस्याओं पर तो आए दिन गली-मोहल्लों में भीड़ इकट्ठी करके रायशुमारी की जाने लगती है। इस तरह के आयोजन दर्शकों को एक मंच भी मुहैया कराते हैं, जहाँ वे सरकार प्रशासन या फिर व्यवस्था के दूसरे हिस्सों से अपनी समस्याओं का पुरज़ोर ढंग से जिक्र कर सकते हैं।

फौरी प्रतिक्रियाओं के अलावा भी चैनल ऐसे बहुत से कार्यक्रम करते हैं, जिनमें दर्शकों की सीधी भागीदारी हो। ऐसे कई टॉक शो हैं जिनमें दर्शक स्टूडियो में बुलाए जाते हैं और वे महज़ मूक दर्शक नहीं होते। जनसमस्याओं पर तो आए दिन गली-मोहल्लों में भीड़ इकट्ठी करके रायशुमारी की जाने लगती है। इस तरह के आयोजन दर्शकों को एक मंच भी मुहैया कराते हैं, जहाँ वे सरकार, प्रशासन या फिर व्यवस्था के दूसरे हिस्सों से अपनी समस्याओं का पुरज़ोर ढंग से जिक्र कर सकते हैं। ख़ास तौर पर स्थानीय या क्षेत्रीय चैनलों ने इस भूमिका को समझा है और वे ऐसे कार्यक्रम करते रहते हैं।

विभिन्न तरह की सलाह देने का काम भी अब इंटरक्टिविटी से जोड़ दिया गया है। पहले डॉक्टर स्टूडियो में आकर एंकर द्वारा पूछे गए सवालों का जवाब दे देते थे और एकाध दर्शक का पत्र पढ़कर बीमारी का इलाज भी बता देते थे। मगर आज दर्शकों को सीधे जोड़ने की कोशिश की जाती है। फोन पर वे सीधे सवाल करते हैं और डॉक्टर या सौदर्य विशेषज्ञा से बात करके अपनी समस्या का समाधान पाते हैं।

चुनाव का एक मौका ऐसा होता है जब पुराने जन प्रतिनिधियों के कामकाज का लेखा-जोखा लिया जाता है और नए उम्मीदवारों की क्षमताओं तथा उनके वादों को कसौटी पर कसा जा सकता है। ये काम वहाँ की जनता के बिना संभव नहीं है। इसीलिए चैनल विभिन्न चुनाव क्षेत्रों में जाकर लोगों और उम्मीदवारों को आमने-सामने कर देते हैं।

इंटरक्टिविटी का एक रूप विभिन्न ज्वलंत मुद्दों पर लोगों की राय जानने का भी है। तमाम चैनल रोज़ किसी मुद्दे पर एसएमएस पोल करते हैं। इनका उद्देश्य एसएमएस के जरिए धन कमाना तो होता ही है, साथ ही लोगों को अपने विचार व्यक्त करने का अवसर देना भी होता है।

टीवी ख़बरों की भाषा

न्यूज़ चैनलों ने हिंदी को अधिक लोकप्रिय बनाने और उसकी प्रतिष्ठा बढ़ाने में बहुत बड़ा योगदान दिया है। आज चैनलों के बाज़ार में हिंदी का सिक्का धड़ल्ले से चल रहा है और अंग्रेजी हाशिए में दुबकी हुई है। इससे न केवल हिंदी भाषा को बल मिला है बल्कि हिंदी में काम करने वाले टीवी पत्रकारों के हौसले भी बढ़े हैं।

भाषा का स्वभाव होता है कि वह समय और ज़रूरत के हिसाब से खुद को ढालती है। हिंदी ने भी टेलीविज़न न्यूज़ के हिसाब से खुद को ढाला है। एक तो टेक्नोलॉजी की अपनी माँग होती है, इसलिए उसके मद्देनज़र भी हिंदी बदली है। फिर टारगेट वीवरशिप को ध्यान में रखकर भी उसमें बदलाव आए हैं । मोटे तौर पर मध्यवर्ग उसका दर्शक है। मान्यता है कि यह वर्ग फिलहाल विचारों से मुक्त हलकी-फुलकी भाषा चाहता है, ताकि उसे अपने दिमाग़ को ज़्यादा तकलीफ़ न देना पड़े। इसके अलावा इसमें अंग्रेज़ीपरस्ती भी है, इसलिए भाषा को इन दोनों स्तरों पर बदला जा रहा है। हिंदी के स्थान पर हिंग्लिश का इस्तेमाल इसी वजह से बढ़ा है।

टीवी न्यूज़ की भाषा में गिरावट की शिकायत अक्सर लोग करते हैं। ये शिकायत काफ़ी हद तक सही भी है। दरअसल, टीवी में ऐसे लोगों की भरमार हो गई है जिन्हें भाषा का पर्याप्त ज्ञान नहीं है। इसलिए वर्तनी की अशुद्धियाँ तो वे बड़े पैमाने पर करते

ही हैं, ग़लत शब्दों का प्रयोग भी कर जाते हैं, जिससे कई बार तो अर्थ का अनर्थ भी हो जाता है।

ख़बरें छोटी करने के पीछे कई धारणाएँ एक साथ काम कर रही हैं। अव्वल तो यह मान लिया गया है कि दर्शकों के पास वक़्त नहीं है कि लंबी रिपोर्ट देखे। वह फटाफट जानकारी चाहता है, बस। फिर यह माना जाता है कि लंबी रिपोर्ट बोझिल हो जाती हैं और वे जैसे ही बोझिल होती हैं, दर्शक चैनल बदल लेता है। इससे चैनल को फ़ायदे की जगह नुकसान ही होता है। तीसरी और सबसे महत्वपूर्ण वजह यह है कि लंबी ख़बरें चैनल की गति को रोकती हैं। ऐसे में जब चैनलों को तेज़ भागना होता है, एक ख़बर से दूसरी ख़बर पर जाने की हड़बड़ी होती है, लंबी ख़बरें रास्ता छेक लेती हैं।

ख़बरों की बनावट

टीवी न्यूज़ की बदलती ज़रूरतों ने ख़बरों की बनावट को भी बदल डाला है। पहले ख़बरें तीन-चार मिनट के पैकेज की शक्ल में होती थीं, मगर आज बमुश्क़िल ही कभी इतनी बड़ी अवधि की रिपोर्ट किसी चैनल पर देखने को मिलती है। एक-डेढ़ मिनट की रिपोर्ट काफी मान ली जाती है। हाँ, अगर ख़बर मनोरंजन, खेल या अपराध से जुड़ी हुई तो थोड़ी और छूट दे दी जाती है।

ख़बरें छोटी करने के पीछे कई धारणाएँ एक साथ काम कर रही हैं। अव्वल तो यह मान लिया गया है कि दर्शकों के पास वक्त नहीं है कि लंबी रिपोर्ट देखे। वह फटाफट जानकारी चाहता है, बस। फिर यह माना जाता है कि लंबी रिपोर्ट बोझिल हो जाती हैं और वे जैसे ही बोझिल होती हैं, दर्शक चैनल बदल लेता है। इससे चैनल को फ़ायदे की जगह नुकसान ही होता है।

तीसरी और सबसे महत्त्वपूर्ण वजह यह है कि लंबी ख़बरें चैनल की गति को रोकती हैं। ऐसे में जब चैनलों को तेज़ भागना होता है, एक ख़बर से दूसरी ख़बर पर जाने की हड़बड़ी होती है, लंबी ख़बरें रास्ता छेक लेती हैं। इंतज़ार करना पड़ता है कि वे कब ख़त्म हों और वे कोई लाइव लें या ताज़ा ख़बर को दर्शकों तक जल्दी से जल्दी पहुँचा दें। इसके अलावा न्यूज़ चैनलों में ख़बरों को लगातार अपडेट करना होता है, क्योंकि नई जानकारियाँ आती रहती हैं। लंबी ख़बरों में इनका बार-बार समावेश करना ज़्यादा समय की माँग करता है, जो कि चैनलों के पास होता भी नहीं है।

ख़बरों को देने की इस जल्दबाज़ी ने ख़बरों की अवधि को ही कम नहीं किया है, बल्कि उनकी बनावट को भी बदल दिया है। अब वे पारंपरिक ढंग से नहीं बनतीं। आजकल पैकेज कम ही बनाए जाते हैं। बनाए भी जाते हैं तो विशेष कार्यक्रमों में या फिर शाम के लिए जब एक हद तक ख़बरें पूरी तरह से आकार ग्रहण कर लेती हैं। हो सकता है कि वे केवल विज़ुअल आधारित हो जाएँ, उनमें किसी की साउंड बाइट हो ही न, या फिर केवल बाइट हो!

ख़बरों की बनावट को सरल बनाने की प्रवृत्ति भी इसके पीछे काम कर रही है। आजकल वीडियो एडिटिंग का काम पत्रकार खुद भी करते हैं। ख़बरों की ऐसी बनावट जिन्हें तकनीकी रूप से बहुत सक्षम न होने वाले पत्रकार भी आसानी से समझ लें और जल्दी ख़बरें बनाने का काम कर सकें, यह बहुत ज़रूरी हो गया है। बहुत ज़्यादा इस्तेमाल होने वाले वे शॉट, एंकर बाइट या एंकर ग्राफिक्स जैसे फार्मेट इसी श्रेणी में आते हैं।

ग्राफिक्स का कमाल

पहले टीवी न्यूज़ सीमित जानकारियाँ देती थी, क्योंकि न तो आज की तरह समझ थी, न ज़रूरत महसूस की जाती थी और न ही इसके लिए साधन होते थे। मगर टेक्नोलॉजी के माध्यम से टीवी न्यूज़ में जो महत्त्वपूर्ण बदलाव आए हैं, उनमें ग्राफिक्स का बड़ा योगदान है। ग्राफिक्स की ऐसी बहुत सारी मशीनें और सॉफ़्टवेयर आ गए हैं जो स्क्रीन पर एक साथ बहुत सारी जानकारियाँ देने में सक्षम होते हैं। स्क्रीन के नीचे वाली पट्टियाँ (टिकर) चौबासों घंटे ताज़ातरीन महत्त्वपूर्ण ख़बरें और जानकारियाँ देती रहती हैं। इन पट्टियों का इस्तेमाल कई तरह से होता है। यहाँ तक कि विज्ञापनों के लिए भी ये कारगर साबित हो रही हैं। ग्राफिक्स ब्रेकिंग न्यूज को आकर्षक ढंग से प्रस्तुत करने से लेकर विभिन्न शहरों के तापमान, समय, तारीख़ आदि सब कुछ व्यवस्थित ढंग से दिखाते हैं। शेयर बाज़ार में पल-पल आने वाले उतार-चढ़ाव को भी ग्राफिक्स की सहायता से बेहतर ढंग से प्रस्तुत किया जा सकता है या किया जा रहा है।

दरअसल, किसी भी न्यूज़ चैनल में ग्राफिक्स की कई भूमिकाएँ होती हैं। वे चैनल की पहचान का एक महत्त्वपूर्ण हिस्सा होते हैं। उनके रंग, डिज़ायन और इफेक्ट्स चैनल को आकर्षक बनाते हैं। अच्छे ग्राफिक्स दर्शकों को चैनल पर लाने और उन्हें जोड़े रखने में सहायक होते हैं। इसके अलावा ग्राफिक्स से स्क्रीन पर एक तरह की गतिशीलता बनी रहती है, जिससे नया जानने या देखने के अभ्यस्त या जिज्ञासु दर्शकों को चैनल पर बनाए रखने में मदद मिलती है। ये चैनलों की तेज़ चलो मुहिम के अनुरूप ही है।

विशेष मौकों पर ग्राफिक्स की भूमिका तो और भी बढ़ जाती है। मसलन, चुनाव के समय ग्राफिक्स की मदद से विभिन्न प्रकार के आँकड़े और समीकरण आसानी से समझाए जा सकते हैं। इसी तरह रेल और आम बजट के प्रसारण के दौरान पेचीदा चीज़ों को आसान बनाकर दिखाने के लिए तरह-तरह के ग्राफिक्स प्रयोग में लाए जाते हैं।

ऊपर हमने न्यूज़ चैनलों में आए बदलाव की विस्तार के साथ चर्चा की। इनमें से बहुत सारी प्रवृत्तियाँ नई हैं तो कुछ पुरानी हैं, मगर वे नया रूप धरकर सामने आई हैं। कुछ ऐसी चीज़ें हैं जो धीरे-धीरे ख़त्म हो रही हैं और कुछ धीरे-धीरे आ रही हैं। ये परिवर्तन की प्रक्रिया का हिस्सा हैं। टीवी न्यूज़ कभी जड़ नहीं हो सकती इसलिए इस समय भी जब आप ये पंक्तियाँ पढ़ रहे हैं, वे किसी न किसी रूप में बदल रही हैं। परिवर्तन का यह शाश्वत नियम केवल ख़बरों पर ही लागू नहीं होता, यह उस मध्यवर्ग पर भी उतना ही लागू होता है, जिसे केन्द्र में रखकर टीवी न्यूज़ का निर्माण या उत्पादन होता

है। कल को ये मध्यवर्ग उठकर कह सकता है कि उसे ऐसी ख़बरों में कोई दिलचस्पी नहीं है जिनमें सेक्स, सनसनी, घटिया मनोरंजन आदि हों। तब न्यूज़ चैनलों का यह साहस नहीं होगा कि वे अपने इस बाज़ार को अनदेखा करके वही परोसते रहें जो आज परोस रहे हैं।

चेहरा

पिछले कुछ वर्षों में टीवी न्यूज़ की अगर सम्पादकीय सामग्री बदली है तो उसका रूप-रंग भी पहले जैसा नहीं रहा है। बाज़ार के इस सिद्धान्त ने यहाँ भी अपना जलवा दिखाया है कि वस्तु में दम हो न हो, मगर उसकी पैकेजिंग ज़रूर आकर्षक होनी चाहिए। यही वजह है कि छोटा-सा चैनल भी अपनी पैकेजिंग पर पूरा ध्यान देता है। इस पर वह लाखों रुपए खर्च करता है। कुछ चैनल तो अपनी पैकेजिंग देश के बाहर करोड़ों रुपए खर्च करके करवाते हैं।

दरअसल, चैनल का रंग-रूप या पैकेजिंग ही चैनल की पहचान होती है। इसी से चैनल का व्यक्तित्व बनता है। दर्शक सबसे पहले उसके रंग रूप को देखकर ही अपनी धारणा बनाता है। चैनल की पैकेजिंग के लिए लुक एंड फील नामक जुमले का इस्तेमाल जमकर होता है। इसका मतलब यह है कि चैनल का क्या लुक है, उसे देखकर दर्शक क्या फील करता है। वह उसमें अपने प्रति आकर्षण जगाते हैं या नहीं और जगाते हैं तो किस तरह का। उसके रंग संयोजन, उसके ग्राफिक्स, एनीमेशन आदि अपने आप में एक संदेश देते हैं। इसी तरह स्क्रीन पर आने वाले एंकर और रिपोर्टर भी चैनल के चेहरे होते हैं। कोई भी चैनल इनका चयन करते वक्त बहुत सावधानी बरतता है। वास्तव में चैनल की पैकेजिंग चैनल की ब्रांडिग का ही हिस्सा होती है। इसका फैसला टारगेट वीवरशिप को ध्यान में रखकर किया जाता है।

टीवी न्यूज़ के चेहरे या पैकेजिंग में बदलाव को देखने के लिए उसके चारों भागों को देखना होगा। ये चार भाग हैं :

1. ऑन एयर ग्राफिक्स
2. न्यूज़ एवं प्रोग्राम की पैकेजिंग
3. एंकर एवं रिपोर्टर और
4. प्रोमो।

1. ऑन एयर ग्राफिक्स

पहले टीवी चैनलों में ऑन एयर ग्राफिक्स के नाम पर चैनल का बग भर होता था।

हालाँकि वे न्यूज़ चैनल थे भी नहीं। मगर जब वे ख़बरें प्रसारित करते थे तब भी स्क्रीन पर चैनल का लोगो ही होता था और केवल सेट तथा एंकर से ही पता चलता था कि न्यूज़ चल रही है। लोग ख़बरों को प्रसारण के समय से भी याद रखते थे। मगर अब चैनल खोलते ही ऐसी बहुत-सी चीजें तुरंत नज़र आती हैं, जिनसे न्यूज़ चैनल के होने का पता चल जाता है। ये चीज़े ऑन एयर ग्राफिक्स का हिस्सा होती हैं। ये निम्नलिखित काम करती हैं :

1. ऑन एयर ग्राफिक्स का सबसे पहला काम तो दर्शकों को आकर्षित करना होता है। इसमें सर्वाधिक महत्त्वपूर्ण बात होती है चैनल के रंग। रंग दर्शकों को आकर्षित करते हैं या अरुचि पैदा करते हैं।

2. दूसरा काम चैनल की पहचान को स्थापित करना होता है। इस मामले में रंग संयोजन तो महत्त्वपूर्ण भूमिका निभाते ही हैं, कुछ और चीज़ों का भी योगदान होता है। चैनल का बग (लोगो या चिह्न) का इस मामले में सबसे अहम स्थान होता है। अव्वल तो उसे इस तरह से डिज़ाइन किया जाता है कि वइ स्क्रीन पर सबसे आकर्षक दिखे। फिर उसे ऐसी जगह रखा जाता है ताकि दर्शकों की निगाह सीधे उस पर पड़े। कुछ चैनल इसे स्क्रीन के ऊपर रखते हैं तो कुछ नीचे की तरफ।

3. टिकर कितने हैं, उनकी बनावट कैसी है और किस तरह से चल रहे हैं ?

चैनल का रंग-रूप या पैकेजिंग ही चैनल की पहचान होती है। इसी से चैनल का व्यक्तित्व बनता है। दर्शक सबसे पहले उसके रंग-रूप को देखकर ही अपनी धारणा बनाता है। चैनल की पैकेजिंग के लिए लुक एंड फील नामक जुमले का इस्तेमाल जमकर होता है। इसका मतलब यह है कि चैनल का क्या लुक है, उसे देखकर दर्शक क्या फील करता है। वह उसमें अपने प्रति आकर्षण जगाते हैं या नहीं और जगाते हैं तो किस तरह का ? उसके रंग संयोजन, उसके ग्राफिक्स, एनीमेशन आदि अपने आप में एक संदेश देते हैं।

उनमें जानकारी देने का अंदाज़ क्या है, क्या उनमें विज्ञापन भी दिए जा रहे हैं? मौसम, समय और तारीख को कौन-सा स्थान दिया गया है? ख़बरों में आने वाले व्यक्तियों के नाम के बैंड किस ढंग के हैं और वे किस तरह से दिखाए जा रहे हैं?

4. ब्रेकिंग न्यूज़ किस इफेक्ट के साथ आ रही है और उसमें बड़ी ख़बर का प्रभाव पैदा करने की कितनी क्षमता है? आने वाली ख़बरों तथा अन्य आकर्षण की जानकारी आदि लगातार स्क्रीन पर आती रहती हैं। कुछ चैनल शेयर बाज़ार के उतार-चढ़ाव को लगातार दिखाते रहते हैं।
5. इसके अलावा कुछ और ग्राफिक्स होते हैं जो नियमित नहीं होते। मसलन, क्रिकेट मैचों के समय स्कोर और चुनाव के समय सीटों की तालिका।

6. किसी भी चैनल की पैकेजिंग के ऑन एयर लुक का एक और महत्त्वपूर्ण हिस्सा होते हैं स्टूडियो और सेट। स्टूडियो और सेट जितने भव्य और चकाचक होंगे, चैनल के बारे में दर्शकों की राय भी वैसी ही बनेगी।

ये सारे तत्त्व चैनल को खूबसूरती तो प्रदान करते ही हैं, उसे गतिमान भी रखते हैं। दर्शकों को यह महसूस कराया जाता है कि ख़बरों में ढेर सारी हलचलें हो रही हैं, चैनल पर बहुत महत्त्वपूर्ण ख़बरें हैं और चैनल बहुत तेज़ है, आकर्षक है।

2. न्यूज़ एवं प्रोग्राम की पैकेजिंग

न्यूज़ एवं प्रोग्राम की पैकेजिंग में भी यह ध्यान रखा जाता है कि वह चैनल को आकर्षक और गतिशील बनाए। इसीलिए न्यूज़ शुरू होने के पहले चलने वाले मोंटाज का संगीत बहुत धूम-धड़ाके वाला होता है। उसके ग्राफिक्स और एनीमेशन चमकदार और तेज़तर्रार होते हैं।

न्यूज़ की पैकेजिंग

1. न्यूज़ में ख़बरों की लंबाई छोटी रखी जाती है, बशर्ते उसमें ऐसे दृश्य या समाचार तत्त्व न हों जिनमें दर्शकों की दिलचस्पी सामान्य से कहीं ज़्यादा हो।
2. विजुअल की अवधि कम से कम रखी जाती है ताकि ख़बर की गति तेज़ रहे।
3. ख़बरों में यथासंभव ग्राफिक्स का इस्तेमाल किया जाता है। ग्राफिक्स के रंग और स्टाइल दृश्यों की एकरसता को तोड़ते हैं और उसे दिलचस्प बनाते हैं।
4. खबरों की रोचकता बढ़ाने के लिए एनीमेशन का इस्तेमाल किया जाता है।

प्रोग्राम की पैकेजिंग

नए दौर में प्रोग्राम की पैकेजिंग काफी कुछ बदल गई है, क्योंकि प्रोग्राम भी बदल गए हैं। अब लाइव आदि की सुविधा होने की वजह से एक नए तरह की पैकेजिंग की ज़रूरत पड़ती है। कार्यक्रमों में गति और चमक-दमक भी बढ़ गई है। दर्शकों की भागीदारी वाले कार्यक्रमों की संख्या भी बढ़ी है।

1. कार्यक्रमों की पैकेजिंग सबसे पहले तो इस बात पर निर्भर करती है कि वह कार्यक्रम है किस तरह का। अगर वह खेल पर है तो उसमें खेल के तत्त्व इस्तेमाल होंगे और अगर फिल्म का तो फिर उसे फिल्मी लुक दिया जाता है। इसके बाद उसका मूड या माहौल देखा जाता है। कार्यक्रम में अगर नोक-झोंक या गरमागरमी हुई तो उसमें लड़ने-लड़ाने के तत्त्व डाले जाते हैं।

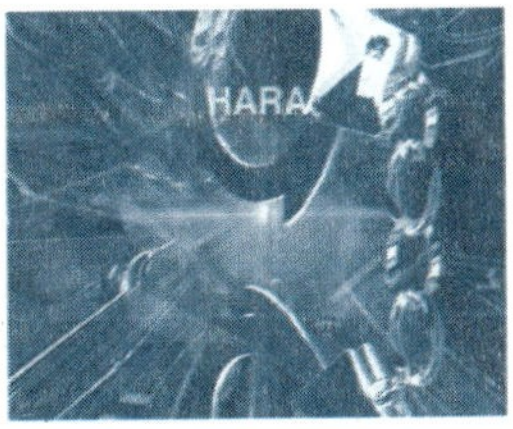

2. किसी भी प्रोग्राम की शुरुआत मोंटाज से होती है। इस मोंटाज में ही उसकी पैकेजिंग के ज़्यादातर तत्त्व मौजूद होते हैं। रंगों का जो संयोजन इसमें होता है वही बाक़ी के कार्यक्रम में रखा जाता है। ये रंग भी चैनल के रंगों से मिलते-जुलते रखे जाते हैं। इसी तरह से इसमें जो एनीमेशन इस्तेमाल किए जाते हैं, उसके पैटर्न कार्यक्रम के दौरान बने रहते हैं।

3. मोंटाज का महत्त्वपूर्ण हिस्सा होता है म्यूजिक। आजकल संगीत आम तौर पर लाउड और पश्चिमी रखा जाता है, यह मानकर कि आज का दर्शक पश्चिमी ढंग का संगीत पसंद करता है।

4. इसके बाद सेट का नंबर आता है। इसमें कार्यक्रम की प्रस्तुति के अंदाज़ पर ध्यान दिया जाता है। आजकल समाचार भी खड़े होकर पढ़े जाते हैं और कार्यक्रम इनडोर या आउटडोर दोनों होते हैं। अतः सेट की डिज़ाइनिंग के समय इन चीज़ों का खयाल रखा जाता है।

3. एंकर और रिपोर्टर

एंकर और रिपोर्टर चैनल के चेहरा माने जाते हैं। लोग उन्हें देखकर चैनल के बारे में अपनी राय बनाते हैं। यही वजह है कि कोई भी चैनल इन पर विशेष ध्यान देता है। अव्वल तो उनके चयन में ही सुंदर और टेलीजेनिक होना एक बड़ी कसौटी होती है। फिर कोशिश की जाती है कि वे जवान हों, स्मार्ट हों और इसके अलावा समझदार भी हों।

पहले के मुक़ाबले अब एंकर-रिपोर्टर के महत्त्व को और भी ज़्यादा स्वीकार किया जाता

है और उनके सौंदर्य एवं रूप-सज्जा पर काफी काम भी किया जाता है। कुछ साल पहले एक चैनल की मुख्य कार्यकारी अधिकारी ने अपने तमाम रिपोर्टर-एंकर की मूँछें ही उड़वा दी थीं। बहुत-से चैनल उनके कपड़े नामी फैशन डिज़ाइनर से डिज़ायन करवाते हैं। इसी तरह हेयर ड्रेसर और ब्यूटी केयर का इंतज़ाम भी होता है। मेकअप आर्टिस्ट तो ख़ैर हर दिन उनके हुस्न को निखारने के लिए तैनात ही होते हैं।

ज़्यादातर चैनलों ने अपने एंकर-रिपोर्टर के लिए बाकायदा ड्रेस कोड निर्धारित किया हुआ है। उन्हें यह हिदायत होती है कि क्या पहनना है और क्या नहीं। यह पहले भी था मगर दूरदर्शन जहाँ महिला एंकर को साड़ी पहनाता था, वहीं आजकल एंकर के लिए आम तौर पर पश्चिमी लिबास को ही प्राथमिकता दी जाती है। महिला एंकर के लिए सलवार सूट की छूट दे दी जाती है और तीज-त्यौहार के मौकों पर साड़ी वे पहन सकती हैं, मगर बाक़ी के दिनों में उन्हें पश्चिमी कपड़े ही पहनाए जाते हैं। अगर

कार्यक्रम फिल्म, फैशन और मनोरंजन के हुए तो अंग-प्रदर्शन अनिवार्य माना जाता है। पुरुषों के लिए पहले भी टाई-कोट चलता था और आज भी उन्हीं का रिवाज़ है। होली-दीवाली पर वे कुर्ते पहन सकते हैं। रिपोर्टर आम तौर पर फार्मल कपड़े यानी पैंट-शर्ट पहनते हैं। कुर्ता-पाजामा उनके लिए प्रतिबंधित ही है।

4. प्रोमो

न्यूज़ चैनल अपनी ख़बरों की पहचान बताने और दर्शकों को आकर्षित करने के लिए कई तरह से खुद का विज्ञापन करते हैं। चैनल में चलने वाले ये प्रोमो भी चैनल के चेहरे को आकार देते हैं। ये प्रोमो कई तरह के होते हैं :

1. कई प्रोमो ऐसे होते हैं जिनमें चैनल के गुणों का बखान किया जाता है। मसलन, कुछ चैनल बताते हैं कि वे सबसे पहले या तेज़ ख़बरें देते हैं, कुछ सचाई दिखाने का दावा करते हैं तो कुछ हक़ीक़त बयान करने का। इन प्रोमो का संबंध चैनल के चेहरे से भी होता है और उनके चरित्र से भी। जो कहा जाता है या उसमें जो संदेश दिया जाता है वह तो चरित्र का बखान करता है, मगर इस संदेश को प्रभावी अंदाज़ में दिखाने के लिए जिन तत्त्वों का इस्तेमाल होता है, वे चेहरे का निर्माण करते हैं। मसलन, ग्राफिक्स के द्वारा पैदा की गई भव्यता और रंगों द्वारा गढ़ा गया आकर्षण बताता है कि चैनल कितना भव्य और आकर्षक है। ऐसे प्रोमो में चैनल के संसाधनों को भी

बढ़ा-चढ़ाकर दिखाया जाता है।

2. दूसरे तरह के प्रोमो में चैनल दर्शकों के हितैषी होने का दावा करते हैं। वे बताते हैं कि हम आपको सही सूचनाएँ देकर या आपकी आवाज़ बनकर आपके साथ खड़े हैं, ताकि आपके अधिकारों की रक्षा हो सके। इसी तरह किसी हादसे के समय भी वे एक स्वयंसेवी की तरह व्यवहार करते हैं और फिर बार-बार यह जताने के लिए कि चैनल आपका कितना ध्यान रखता है, वे प्रोमो का इस्तेमाल करते हैं।

3. तीसरी तरह के प्रोमो वे होते हैं, जिनमें आम तौर पर किसी कार्यक्रम की खूबियों को बखाना जाता है और उसे देखने का आग्रह किया जाता है। इनका उद्देश्य दर्शकों को कार्यक्रम की जानकारी देना और उन्हें देखने के लिए प्रेरित करना होता है।

15

पारिभाषिक शब्दावली

न्यूज़ चैनल : ऐसे टीवी चैनल जो मुख्य रूप से ख़बरों का प्रसारण करते हैं।

वीडियो एडिटिंग : रिपोर्ट की ज़रूरत के अनुसार सिलसिलेवार ढंग से दृश्यों को जोड़ना। हालाँकि न्यूज़ चैनलों में वीडियो एडिटिंग सामान्य ख़बरों के अलावा अन्य कई स्तरों पर भी की जाती है, मसलन, कार्यक्रमों और चैनल की पैकेजिंग आदि में।

आउटडोर शूटिंग : जब किसी कार्यक्रम या रिपोर्ट की शूटिंग स्टूडियो के बाहर होती है तो उसे आउटडोर शूटिंग कहा जाता है।

हैंडी कैम : छोटे वीडियो कैमरे, जिनका संचालन हाथ में रखकर किया जाता है।

साउंड रिकॉर्डर : साउंड रिकॉर्ड करने वाला उपकरण। पहले कैमरों से अलग होता था, मगर अब उसके साथ ही आता है।

लीनियर एडिटिंग : इसमें कैमरा द्वारा लिए गए दृश्यों का चयन, उन्हें तरतीबवार ढंग से लगाने और उनमें काट-छाँट करने का काम वीडियो टेप पर ही होता है। आडियो रिकॉर्डिंग का काम भी वीडियो टेप पर किया जाता है।

नॉन लीनियर एडिटिंग : इस तरह की एडिटिंग डिजिटल वीडियो टेक्नोलॉजी पर आधारित होती है। इसमें वीडियो और आडियो डाटा को कंप्यूटर के हार्ड डिस्क में डिजिटाइज कर लिया जाता है और फिर किसी एडिटिंग सॉफ़्टवेयर की मदद से एडिटिंग कर ली जाती है। इस एडिटिंग में कई तरह की सुविधाएँ होती हैं और कई स्तरों से गुज़रने के बावजूद क्वालिटी का नुकसान नहीं होता।

एबी रोल : वीडियो एडिटिंग का एक तरीका जिसमें एक साथ दो स्रोतों से वीडियो लिया जाता है और उन्हें विशेष इफेक्ट पैदा करने के लिए मिलाया जाता है। आम तौर पर डिज़ाल्व के लिए इसका प्रयोग किया जाता है।

एबीसी रोल : इसमें भी प्रक्रिया एबी रोल की ही होती है, मगर दो के बजाय तीन वीडियो स्रोतों का इस्तेमाल एक साथ किया जाता है।

इफेक्ट्स : पोस्ट प्रोडक्शन में एडिटिंग के वक्त ऐसी चीज़ें रची जाती हैं, जो वास्तविक नहीं होती हैं। इनकी रचना मशीनों की सहायता से होती है। आम तौर पर इस्तेमाल होने वाले इफेक्ट्स में वाइप और डिज़ाल्व वगैरह हैं। वैसे इन इफेक्ट्स का इस्तेमाल शूटिंग के वक्त भी किया जा सकता है।

ऑटोमेशन या स्वचालन : न्यूज़ चैनलों में अब बहुत-से काम सर्वर आधारित तकनीक से होता है। समूचा सिस्टम नेटवर्क के ज़रिए सर्वर से जुड़ा होता है और सर्वर बहुत-से काम अपने आप कर देता है।

न्यूज़ रूम : समाचार चैनलों का वह कक्ष, जहाँ तमाम ख़बरें आती हैं और संपादकीय विभाग द्वारा उन्हें प्रसारण के लिए तैयार किया जाता है।

प्रोडक्शन हाउस : ऐसे संस्थान जो स्वतंत्र रूप से विभिन्न चैनलों और संस्थानों के लिए कार्यक्रम तैयार करते हैं। ये किसी चैनल के मातहत नहीं होते।

स्क्रिप्ट : वह आलेख जिसके आधार पर कोई ख़बर या कार्यक्रम तैयार किया जाता है।

न्यूज़रीडर : समाचार पढ़ने वाला या समाचार वाचक।

एंकर : समाचारों और कार्यक्रमों को प्रस्तुत करने वाले।

बुलेटिन : विभिन्न तरह के समाचारों का एक सुनियोजित संकलन।

विजुअल कवरेज़ : ऐसा कवरेज़ जिसमें दृश्यों को इकट्ठा किया जाता है।

करेंट अफेयर्स : समसामयिक विषय।

आजकल में घटने वाली घटनाएँ, समाचार नहीं।

रिकॉर्डेड बुलेटिन : ऐसी बुलेटिन जो पहले रिकॉर्ड की जाती हैं।

लाइव बुलेटिन : ऐसी बुलेटिन जो रिकॉर्ड नहीं की जातीं, बल्कि सीधे प्रसारित की जाती हैं।

डेफर्ड लाइव : ऐसे समाचार या कार्यक्रम जिनका सीधा प्रसारण तो नहीं होता मगर वे रिकॉर्डिंग के फौरन बाद दिखाए जाते हैं।

ग्राफिक्स : एक तरह का कलात्मक कार्य जिसके तहत लोगों के नाम, कार्यक्रम के नाम आदि तैयार होते हैं। ग्राफिक्स के दायरे में विभिन्न आँकड़ों को आकर्षक ढंग से प्रस्तुत करने से लेकर जटिल एनीमेशन तक आते हैं। चैनल के रंग-रूप

को गढ़ने में इसी का इस्तेमाल होता है।

एनीमेशन : कंप्यूटरों के ज़रिए स्थिर ग्राफिक्स को गति प्रदान करना। इसमें ग्राफिक्स के एक-एक फ्रेम को इस तरह से बनाया और फिर सिलसिलेवार ढंग से जोड़ा जाता है कि वे गतिशील नज़र आने लगते हैं।

साउंड बाइट : किसी भी व्यक्ति से बातचीत का टुकड़ा।

डेडलाइन : एक निर्धारित समय जिसके अंदर कार्य करना होता है।

टेक्स्ट हेडलाइंस : ऐसे समाचार, जिनके साथ दृश्यों को नहीं दिखाया जाता। ये समाचार ग्राफिक प्लेट पर बनते हैं और इनमें छोटे-छोटे वाक्यों का प्रयोग किया जाता है, जैसा कि अख़बारों के शीर्षक होते हैं।

आर्काइव या लाइब्रेरी फूटेज : ऐसे दृश्य जो कभी पहले शूट किए गए थे और लाइब्रेरी से लिये जाते हैं।

न्यूज़ गैदरिंग सिस्टम : समाचारों को एकत्र करने का तंत्र।

इनपुट तथा असाइनमेंट : वह विभाग जो समाचारों को एकत्र करने का काम करवाता है। यह न्यूज़ रूम और संवाददाताओं के बीच की महत्त्वपूर्ण कड़ी होता है।

आउटपुट : वह विभाग जो इनपुट द्वारा एकत्र किए गए समाचारों को तैयार करके प्रसारित करवाता है। एक तरह से यही विभाग बुलेटिन का निर्माण करता है।

असाइनमेंट डेस्क : इनपुट विभाग का ही एक अन्य नाम है। कई जगह इसे केवल आउट स्टेशन संवाददाताओं से ख़बरें मँगाने की ज़िम्मेदारी दी जाती है।

न्यूज़ नेटवर्क : किसी भी चैनल का वह संजाल या तंत्र तो ख़बरें एकत्र करता है।

ओबी (आउटडोर ब्रॉडकास्ट) वैन : स्टूडियो से बाहर, दूर-दराज़ के क्षेत्रों में सैटेलाइट के ज़रिए सीधे प्रसारण (लाइव) की व्यवस्था वाला वाहन। इसमें शूटिंग और फिर उसे अपलिंक करने के तमाम उपकरण लगे होते हैं।

डीएसएनजी (डाइरेक्ट सेटेलाइट न्यूज़ गैदरिंग) वैन : ये ओबी वैन का ही एक सस्ता और कम सुविधाओं वाला विकल्प होता है। हमेशा जल्दी में रहने वाले न्यूज़ चैनलों के लिए ये ज़्यादा उपयोगी होती हैं, क्योंकि ओबी के मुक़ाबले छोटी होती है।

ब्राडबैंड : इंटरनेट के ज़रिए डाटा एक स्थान से दूसरे स्थान तक भेजने में प्रयुक्त होने वाला माध्यम। सामान्य बैंड की तुलना में ब्राडबैंड से एक साथ ज़्यादा और भारी डाटा भेजा जा सकता है। ऐसी डाटालिंक 2 मेगाबाइट प्रति सेकंड की दर से डाटा भेज सकती है।

टारगेट वीवरशिप : वह दर्शक वर्ग जिसको लक्ष्य करके टीवी चैनल के संपादकीय

विभाग सामग्री का चयन करते हैं। इसका निर्धारण आम तौर पर मार्केटिंग को ध्यान में रखकर किया जाता है। इसमें दर्शकों के आय वर्ग और उनकी क्रय शक्ति सबसे बड़ा पैमाना होती है।

टीआरपी (टीवी रेटिंग पाइंट) : मार्केट रिसर्च एजेंसियाँ हर हफ़्ते टीवी चैनलों के संबंध में आँकड़े जारी करती हैं। इन आँकड़ों से यह तो पता चलता ही है कि कौन-सा चैनल किस नंबर पर है, साथ ही उनके कार्यक्रमों की लोकप्रियता के बारे में भी जानकारी मिलती है।

पीपल्स मीटर : रेटिंग देने वाली एजेंसियाँ देश भर के विभिन्न शहरों में लोगों के घर में विशेष तरह के मीटर लगाती हैं। इन मीटरों के ज़रिये सैंपल इकट्ठे किये जाते हैं और फिर उनके आधार पर निष्कर्ष निकाले जाते हैं। हालाँकि टीवी इंडस्ट्री इन आँकड़ों के आधार पर चल रही है, मगर इनकी विश्वसनीयता के बारे में भी सवाल उठते रहे हैं।

डिस्ट्रीब्यूशन : दर्शकों को चैनल उपलब्ध करवाने की प्रक्रिया डिस्ट्रीब्यूशन कहलाती है। डिस्ट्रीब्यूशन कई तरह से होता है। ये सैटेलाइट के ज़रिए भी होता है और टेरेस्ट्रियल भी। केबल वाले इसकी महत्त्वपूर्ण कड़ी हैं। इसके अलावा डाइरेक्ट-टू-होम यानी डीटीएच और कंडीशनल एक्सेस सिस्टम यानी कैस के माध्यम से भी चैनल अपना वितरण करते हैं।

पोस्ट प्रोडक्शन : शूटिंग के बाद रिपोर्ट या कार्यक्रम तैयार करने की प्रक्रिया पोस्ट प्रोडक्शन कहलाती है। इसमें कॉपी लेखन, वीडियो एडिटिंग आदि शामिल होते हैं।

शिफ़्ट : काम करने की अवधि। आम तौर पर आठ घंटे की शिफ़्ट मानी जाती है मगर टीवी इंडस्ट्री में अभी तक इसके कोई नियम नहीं हैं। आठ से लेकर दस घंटे की शिफ़्ट चैनलों में चल रही हैं।

लाइव : किसी भी बुलेटिन, कार्यक्रम या घटना को बिना किसी काट-छाँट के सीधे प्रसारित करना।

चैट : संवाददाता द्वारा किसी व्यक्ति से बातचीत करना।

फोनो : संवाददाता या अन्य किसी व्यक्ति से फोन के ज़रिए बातचीत करना फोनो कहलाता है।

डे प्लान : दिन-भर के कार्यक्रमों और कवरेज़ की योजना।

प्राइम टाइम : वह समय जब दर्शक सबसे ज़्यादा टेलीविज़न देखते हैं। मोटे तौर पर सुबह आठ बजे से दस बजे और शाम को सात बजे से 11 बजे तक के समय को प्राइम टाइम माना जाता है।

न्यूज़ वैल्यू : ख़बर में मौजूद वे तत्त्व जो उसे महत्त्वपूर्ण बनाते हैं।

न्यूज़ सेंस : समाचारों के महत्त्व को पहचानने की समझ या बोध।

सर्वर : न्यूज़ चैनलों के ऑटोमेशन सिस्टम

का मस्तिष्क जहाँ सारी सूचनाएँ जमा होती हैं। इसी के ज़रिए पूरे सिस्टम का संचालन होता है।

इनजेस्ट : ख़बरों को सर्वर में भेजने की मशीनें और स्थान। शूटिंग के बाद यहीं से ख़बरें सर्वर में भेजी जाती हैं, जो बाद में एडिटिंग आदि के लिए उपलब्ध हो जाती हैं।

न्यूज़ डेस्क : वह स्थान जहाँ पर ख़बरें तैयार होती हैं और फिर उन्हें बुलेटिन की शक्ल दी जाती है।

ग्राफिक टेम्पलेट्स : पहले से तैयार ऐसी प्लेट जिनको ज़रूरत पड़ने पर फौरन इस्तेमाल कर लिया जाता है। ये रंग-रूप में एक तरह की होती हैं और ज़रूरत पड़ने पर उनमें शीर्षक और जानकारियाँ आदि लिख दी जाती हैं।

टिकर : न्यूज़ चैनलों में नीचे चलने वाली पट्टियाँ, जिनमें ख़बरें, विज्ञापन और दूसरी जानकारियाँ दी जाती हैं।

ब्रेकिंग न्यूज़ : जब कोई बड़ी ख़बर सबसे पहले दिखाई जाती है तो ब्रेकिंग न्यूज़ कहलाती है। हाल के वर्षों में ब्रेकिंग न्यूज़ का इस्तेमाल हलकी-फुलकी ख़बरों के लिए भी किया जाने लगा है।

पैनल प्रोड्यूसर : वह प्रोड्यूसर जो पीसीआर में बैठकर एंकर को ज़रूरी निर्देश देता है और पीसीआर में भी संपादकीय गतिविधियों को संचालित करता है।

पीसीआर (प्रोडक्शन कंट्रोल रूम) : वह स्थान जहाँ से स्टूडियो की गतिविधियों को नियंत्रित एवं संचालित किया जाता है।

विज़न मिक्सर : पीसीआर में उपयोग होने वाला एक उपकरण। इसके ज़रिए सही दृश्यों का चयन करके उन्हें मिक्स करके प्रसारण के योग्य तैयार किया जाता है।

कॉपी : किसी भी रिपोर्ट या कार्यक्रम की पटकथा को कॉपी भी कहा जाता है।

कॉपी एडीटर : कॉपी को लिखने वाले कॉपी एडीटर कहलाते हैं।

आउटपुट डेस्क : वह जगह जहाँ ख़बरों को स्क्रिप्टिंग आदि के बाद प्रसारण के लायक बनाया जाता है। यहीं ख़बरों का चयन होता है और बुलेटिन को अंतिम रूप दिया जाता है।

पैकेज : वे ख़बरें जो एक तरह से पूर्ण होती हैं। इनमें दृश्य और साउंड बाइट दोनों का उपयोग होता है।

पैकेज प्रोड्यूसर : पैकेज बनाने वाले लोग पैकेज प्रोड्यूसर कहलाते हैं।

वर्क स्टेशन : न्यूज़रूम में लगाए गए वे कंप्यूटर जिन पर पत्रकार रिपोर्ट लिखने, ख़बरें बनाने या रन डाउन तैयार करने का काम करते हैं।

लिप माइक : लिप माइक होंठों के पास लगाकर आवाज़ रिकॉर्ड करने के काम आते हैं। ये माइक बहुत ही सेंसेटिव होते हैं और बिलकुल करीब की आवाज़

रिकॉर्ड करते हैं। इस तरह इनका इस्तेमाल भीड़-भाड़ वाले न्यूज़रूम में भी किया जा सकता है।

वॉयस ओवर : किसी भी रिपोर्ट की स्क्रिप्ट लिखे जाने के बाद उसकी कमेंट्री रिकॉर्ड की जाती है। ये कमेंट्री ही वॉयस ओवर कहलाती है। बाद में इस पर ही दृश्यों का संपादन होता है।

आई डी : आटोमेशन वाले चैनल में सर्वर में जाने वाली हर चीज़ के लिए एक कूट संख्या या नाम दिया जाता है, जिसे आईडी कहा जाता है। सिस्टम इन्हीं आई डी से चीज़ों को पहचानता है और आदेश (कमॉड) मिलने पर उन्हें चलाता है। इस तरह जो भी ख़बरें, ग्राफिक्स, संगीत या कार्यक्रम चैनल पर चलते हैं, सबकी अलग-अलग आई डी होती हैं।

मॉनीटरिंग : सभी चैनलों में अपने और दूसरे चैनलों पर निगरानी रखने की व्यवस्था होती है। इस व्यवस्था को ही मॉनीटरिंग कहते हैं।

वीडियो एडिटिंग : दृश्यों का संपादन करके उन्हें एक रिपोर्ट या कार्यक्रम का रूप देना वीडियो एडिटिंग कहलाता है। वैसे न्यूज़ चैनलों में कई तरह की एडिटिंग होती है। इसमें प्रोमो, मोंटाज आदि के निर्माण में भी वीडियो एडिटिंग की महत्त्वपूर्ण भूमिका होती है।

एमसीआर (मास्टर कंट्रोल रूम) : न्यूज़ चैनलों में पीसीआर के ज़रिए जो भी सामग्री तैयार की जाती है वह एमसीआर के ज़रिए ही प्रसारण के लिए आती हैं। एमसीआर से चैनलों के मोंटाज, ग्राफिक्स और विज्ञापन आदि सीधे प्रसारित किए जाते हैं। कभी पीसीआर में कोई गड़बड़ी आ जाने पर भी एमसीआर से सीधे प्रसारण किया जाता है।

एसेंबलिंग : ख़बरों या कार्यक्रम के विभिन्न हिस्सों को तरतीबवार ढंग से लगाने को एसेंबलिंग कहा जाता है।

क्यू : रिकॉर्डिंग शुरू करने या बंद करने के लिए दिए जाने वाले संकेत को क्यू कहा जाता है।

रन डाउन : ख़बरों की वह फ़ेहरिस्त जिसमें उन्हें प्रसारित करने के क्रम को निर्धारित किया जाता है।

एजेंसी : ऐसी संस्थाएँ जो ख़बरें देती हैं मसलन–रॉयटर, एपीटीएन, एएनआई आदि।

रिसर्च : किसी भी ख़बर या कार्यक्रम के लिए आवश्यक जानकारी जुटाने की कवायद रिसर्च या शोध कहलाती है।

फ्लैश : अचानक आने वाली या ताज़ातरीन महत्त्वपूर्ण ख़बरें फ्लैश की श्रेणी में आती हैं। ये पत्रकारों के वर्क स्टेशन पर एजेंसियों से आने वाली ख़बरें भी होती हैं और न्यूज़ चैनलों की स्क्रीन पर दिखाई जाने वाली ख़बरें भी।

फोल्डर : आटोमेशन में काम करने वाले चैनलों में विभिन्न तरह की सामग्रियों और जानकारियों को व्यवस्थित करने

के लिए वैसे ही अलग-अलग फोल्डर बना दिए जाते हैं, जैसे कि सामान्य कंप्यूटरों में भी होते हैं।

कट टू कट एडिटिंग : दो दृश्यों को सीधे-सीधे जोड़ने वाली संपादन कला। इसमें किसी तरह के इफेक्ट्स की गुंज़ाइश नहीं होती।

प्रोमो : चैनल अपने प्रचार के लिए जो छोटे-छोटे प्रचारात्मक संदेश दिखाते हैं उन्हें प्रोमो कहते हैं। इनमें आम तौर पर चैनल की, कार्यक्रमों की और उनमें काम करने वालों की विशेषताओं का बखान किया जाता है।

पैकेजिंग : ख़बरों को स्क्रिप्टिंग और वीडियो एडिटिंग करके तैयार करने की प्रक्रिया पैकेजिंग कहलाती है।

रोल : बुलेटिन या कार्यक्रम शुरू करना।

मॉनीटर : टीवी सेट्स के आकार के उपकरण जिन पर रिकॉर्डिंग के वक्त वीडियो की निगरानी की जाती है।

प्रीव्यू : शूटिंग के बाद और ख़बरों को तैयार करने के पहले दृश्यों और साउंड बाइट को देखना।

ऑडियो मिक्सर : पीसीआर तथा एडिटिंग में इस्तेमाल होने वाला यंत्र। इसका इस्तेमाल ध्वनि को नियंत्रित और संपादित करने के लिए किया जाता है।

टेलीप्राम्पटर : एंकर ख़बरों या कार्यक्रमों के आमुख टेलीप्राम्पटर में देखकर ही पढ़ता है। ये एंकर के ठीक सामने कैमरे के साथ ही लगा होता है।

वीटीआर (वीडियो टेप रिकॉर्डर) : दृश्यों के संपादन के लिए इस्तेमाल में आने वाली मशीनें।

फोन-इन-यूनिट : चैनलों में फोन पर बातचीत करने के लिए उपयोग में आने वाली मशीन।

टॉक बैक सिस्टम : ऐसी व्यवस्था जिसमें चैनल के विभिन्न भागों में बैठे या कार्यरत लोगों के बीच बातचीत होती है। इस व्यवस्था से आम तौर पर पीसीआर, एमसीआर, न्यूज़ रूम और इनपुट विभाग जुड़े होते हैं।

पोस्ट प्रोडक्शन : शूटिंग के बाद ख़बरों और कार्यक्रमों को तैयार करने की प्रक्रिया पोस्ट प्रोडक्शन कहलाती है।

प्रेस कॉन्फ्रेंस : प्रिंट और टेलीविज़न से जुड़े पत्रकारों को बुलाकर उनसे बात करना।

लाइन अप : शूटिंग या दूसरे कार्यों को सिलसिलेवार ढंग से पहले ही निर्धारित करना।

ट्रीटमेंट : किसी भी ख़बर या कार्यक्रम के कलेवर को तैयार और प्रस्तुत करने की विधि।

पीटीसी (पीस टू कैमरा) : ख़बरों के अंत में पत्रकार अपनी तरफ से जो कहता है, उसे पीस टू कैमरा कहा जाता है। पीटीसी का इस्तेमाल ख़बरों के बीच में भी किया जाता है।

रीक्रिएशन : दृश्यों की पुनर्रचना। किसी घट चुकी घटना को समझाने के लिए उसे दोबारा से निर्मित किया जाता है। एक तरह से ये नाटकीय रूपांतर होता है।

शूटिंग शेड्यूल : शूटिंग का कार्यक्रम।

फ़ूटेज : शूट किए गए दृश्य।

लेपल माइक : ऐसे माइक जिन्हें शर्ट या कॉलर में लगाकर रिकॉर्डिंग की जाती है। ये माइक यूनिडाइरेक्शनल होते हैं और बहुत कम दूरी की ध्वनि को ही रिकॉर्ड करते हैं। स्टूडियो में इन्हीं माइक का इस्तेमाल होता है।

लाइट्स : इनडोर शूटिंग या स्टूडियो में रिकॉर्डिंग के लिए लाइट्स की ज़रूरत होती है जबकि आउटडोर रिकॉर्डिंग अगर रात में होनी हो तो वहाँ भी लाइट्स आवश्यक होती हैं।

स्टोरी ब्रेक करना : किसी भी ख़बर को दूसरे चैनलों से पहले दिखा देना।

हेडलाइंस या सुर्खियाँ : ख़बरों की शुरुआत में बताई जाने वाली बुलेटिन की ख़ास-ख़ास ख़बरें।

ड्राई : ऐसी ख़बरें जिनमें दृश्य नहीं होते।

एंकर ग्राफिक्स : ये ग्राफिक्स आधारित ख़बरें होती हैं और इन्हें एंकर ही पढ़ता है।

एंकर बाइट : इन ख़बरों में एंकर जानकारी देता है और उसके बाद ख़बर से संबंधित व्यक्ति की बाइट दिखाई जाती है।

एंकर शॉट : इसमें दृश्य चलते रहते हैं और उन पर एंकर कमेंट्री करता जाता है।

फोनो : फोन पर किसी घटना या ख़बर पर बातचीत।

सिमसेट (लाइव और रिकॉर्डेड) : एंकर और संवाददाता के बीच बातचीत।

टिकटेक : संवाददाता द्वारा किसी व्यक्ति से बातचीत। इसमें कैमरा संवाददाता और इंटरव्यू देने वाले दोनों को ही बारी-बारी से दिखाता रहता है।

इंटरव्यू : किसी भी व्यक्ति से सवाल जवाब।

फ़ायर : तुरंत चालू करना। आम तौर पर ग्राफिक्स को कम समय के अंदर दिखाना होता है और तब फायर शब्द का इस्तेमाल होता है। फ़ायर कहते ही ग्राफिक्स को स्क्रीन पर दिखा दिया जाता है।

कमेंट्री : किसी ख़बर में दृश्यों के साथ-साथ जो जानकारी बोलकर दी जाती है, कमेंट्री कहलाती है।

बिल्ड अप : किसी भी ख़बर को शुरू करने के पहले माहौल बनाने या ध्यान खींचने के लिए कुछ दृश्यों और आवाज़ों को विशेष ढंग से प्रस्तुत किया जाता है, इसी को बिल्डअप कहते हैं।

मोंटाज : मोंटाज आम तौर पर कार्यक्रमों के होते हैं और कभी-कभी बड़ी या विशेष ख़बरों में भी इस्तेमाल किए जाते हैं। ये मोंटाज एक तरह से कार्यक्रमों के

रंग-रूप और कलेवर के बारे में संकेत देते हैं।

लीड आउट : ख़बरों के अंत को प्रभावशाली बनाने के लिए दृश्यों या संगीत का महत्त्वपूर्ण हिस्सा बिना किसी कमेंट्री के दे दिया जाता है। इसे ही लीड आउट कहते हैं।

इयरफोन : स्टूडियो में एंकर इयरफोन का इस्तेमाल करते हैं। इन्हीं के ज़रिए उन्हें पीसीआर से निर्देश प्राप्त होते हैं।

कनेक्टिविटी : ख़बरों को मँगाने या भेजने के लिए वी सैट या लीज़्ड लाइन की ज़रूरत पड़ती है, इसी को कनेक्टिविटी कहते हैं।

वी सेट : इनके ज़रिए ख़बरें या कार्यक्रम सैटेलाइट के ज़रिए एक स्थान से दूसरे स्थान तक भेजे जाते हैं। इनकी मदद से लाइव प्रसारण भी किया जाता है।

सैटेलाइट फोन : बहुत-से ऐसे दुर्गम इलाक़े होते हैं जहाँ सामान्य फोन या मोबाइल फोन काम नहीं करते। ऐसी जगहों पर सैटेलाइट फोन का इस्तेमाल किया जाता है।

फोनो प्लेट : वे ग्राफिक्स प्लेट जिनमें फोनो करते समय यह बताया जाता है कि किससे और कहाँ से बात की जा रही है।

पब्लिक ब्रॉडकास्टर : वे चैनल या प्रसारक जो व्यावसायिक आधार पर नहीं चलते, बल्कि जिनका लक्ष्य समाज की सूचना, शिक्षा और मनोरंजन संबंधी ज़रूरतों को पूरा करना और उसके विकास के लिए काम करना होता है। बीबीसी और दूरदर्शन को इसी श्रेणी में रखा जाता है।

टाइम स्पेंट : दर्शक किसी चैनल को जितनी देर देखते हैं उसे टाइम स्पेंट कहते हैं। ये विज्ञापन जगत के लिए बहुत महत्त्वपूर्ण जानकारी होती है, क्योंकि इसके आधार पर भी वे तय करते हैं कि किस चैनल को विज्ञापन देना चाहिए और किसको नहीं। इसके आधार पर चैनलों की रेटिंग का भी निर्धारण होता है।

अपमार्केट : विज्ञापन जगत की यह धारणा है कि जिस ख़बर, कार्यक्रम या चैनल को उच्च, मध्यवर्ग देखता-सराहता है, वही अपमार्केट होता है क्योंकि विज्ञापनदाता इसी आधार पर फैसला करते हैं। इसमें चैनल में काम करनेवाले लोगों के रूप-रंग और उनके रहन-सहन तक को शामिल कर लिया जाता है।

डाउन मार्केट : अपमार्केट का ठीक उल्टा।

ख़बरें प्लांट करना : ख़बरों को उनकी गुणवत्ता के आधार पर न लेकर निजी स्वार्थों के लिए दिखाना। यह पत्रकारिता के उसूलों के सख़्त ख़िलाफ़ माना जाता है।

स्टीरियोटाइप : एक तरह के पूर्वग्रह बना लेना और उसी के आधार पर निर्णय लेना। मसलन–अंग्रेज़ मानते हैं कि हिंदुस्तान सँपेरों और मदारियों का मुल्क है।

वस्तुकरण : किसी भी चीज़ को वस्तु के रूप में तबदील कर देना। बाज़ार ने ख़बरों को भी वस्तु के रूप में बदल डाला है। वे उपभोग की चीज़ें बन गई हैं। उनके समाचार तत्त्वों का ह्रास कर दिया गया है।

टेब्लॉयड जर्नलिज़्म : ऐसी पत्रकारिता जिसमें ख़बरों को सनसनीख़ेज बनाया जाता है। इनमें ख़बरों के तथ्यों को तोड़ने-मरोड़ने के अलावा ऐसे ढंग से प्रस्तुत किया जाता है, जिससे दर्शक चौंक जाए और उसे देखने लगे। इसके अलावा ऐसी ख़बरों को चुनकर उछाला जाता है, जिनमें लोगों की ज़्यादा रुचि होती है, मसलन—अपराध, हिंसा, सेक्स, स्कैंडल आदि।

पेज-3 पत्रकारिता : समाज के उच्च वर्ग की देर रात तक चलनेवाली रंगीन पार्टियों को बताने या दिखाने वाली पत्रकारिता। इन पार्टियों में मोटे तौर पर सेलेब्रिटी शामिल होते हैं। अंग्रेजी अख़बारों में इस तरह की ख़बरें पेज-3 पर छपती हैं, इसलिए इन्हें पेज-3 की पत्रकारिता कहा जाता है।

बाइट जर्नलिज़्म : टेलीविज़न पत्रकारिता में साउंड बाइट का बहुत महत्त्व है। कई बार तो बाइट ले लेने से ही ख़बरें बन जाती हैं। बहुत से पत्रकार बाइट लेने के लिए ही भागते रहते हैं। इस बाइट आधारित पत्रकारिता को ही बाइट जर्नलिज़्म कहा जाता है।

पापारेजी : पापारेजी वैसे तो उन स्वतंत्र फोटोग्राफरों को कहा जाता है जो जाने-माने लोगों की अंतरंग तस्वीरें खींचने के लिए मँडराते रहते हैं और मिल जाने पर उन्हें मोटी कीमतों पर बेच देते हैं। टेलीविज़न में भी यह प्रवृत्ति आ चुकी है और कैमरा-परसन के साथ-साथ संवाददाता भी इस तरह की पत्रकारिता में दिलचस्पी लेने लगे हैं।

स्टिंग ऑपरेशन : एक तरह की खोजी पत्रकारिता। गुप्त या छिपे हुए कैमरे की मदद से लोगों की काली करतूतों को शूट कर लेना और फिर उन्हें दिखाना ही स्टिंग ऑपरेशन कहलाता है।

मीडिया ट्रायल : कई बार चैनल किसी मसले पर, ख़ास तौर पर आपराधिक घटनाओं के मामले में खुद ही निष्कर्ष निकालकर फैसला सुनाने लगते हैं। यह काम मीडिया का नहीं, अदालतों का है मगर वे जाने-अनजाने लक्ष्मण-रेखाओं को लाँघने लगते हैं। इसी को मीडिया ट्रायल कहते हैं।

लुक एंड फील : किसी भी चैनल की खूबसूरती और उसको देखकर जो कुछ एक दर्शक महसूस करता है, वह लुक एंड फील के अंतर्गत आता है। यह चैनल की पहचान होती है और इससे चैनल के व्यक्तित्व का पता चलता है।

चैनल पैकेजिंग : किसी भी चैनल के लुक एंड फील को निर्धारित एवं निर्मित करना ही चैनल पैकेजिंग कहलाती है।

ऑन एयर लुक : किसी भी चैनल को खोलते वक्त जो भी चीज़ें स्थायी तौर

पर नज़र आती हैं, वे ऑन एयर लुक का हिस्सा होती हैं। इनमें चैनल के लोगो के साथ-साथ टिकर, ग्राफिक्स, सेट्स आदि होते हैं। रंग-संयोजन इसका हिस्सा होते हैं।

चैनल बग या लोगो : हर चैनल का उसकी पहचान को दर्शाने वाला एक चिह्न होता है जो टीवी स्क्रीन पर किसी कोने में निरंतर बना रहता है। यही चैनल बग या लोगो कहलाता है।

सेट्स : स्टूडियो के अंदर विभिन्न चीज़ों के संयोजन से ऐसे स्थान निर्मित किए जाते हैं जहाँ से ख़बरें या कार्यक्रम रिकॉर्ड या प्रसारित होते हैं। सेट्स के कई हिस्से होते हैं और इसमें टेबल-कुर्सी से लेकर बैकग्राउंड और रंग-संयोजन तक सब कुछ शामिल होता है। सेट्स का मक़सद होता है कि टीवी स्क्रीन पर चैनल भव्य और खूबसूरत दिखे।

टेलीजेनिक : ऐसे गुण जिनकी बदौलत कोई व्यक्ति टीवी स्क्रीन पर आकर्षक और खूबसूरत नज़र आता है। यह ज़रूरी नहीं है कि वह आम ज़िंदगी में भी वैसा हो।

परिशिष्ट

अनुक्रमणिका